山东大学口述历史丛书

以美启真

曾繁仁的山大记忆

曾繁仁　口述
张洪刚　撰文

山东大学出版社
SHANDONG UNIVERSITY PRESS
·济南·

图书在版编目(CIP)数据

以美启真：曾繁仁的山大记忆 / 曾繁仁口述 ；张洪刚撰文. --济南：山东大学出版社，2025. 7.

(山东大学口述历史丛书). --ISBN 978-7-5607-8585-1

Ⅰ. K825.72

中国国家版本馆 CIP 数据核字第 2025H6G032 号

责任编辑　李　淼

封面设计　艺友设计

以美启真

曾繁仁的山大记忆

YI MEI QIZHEN：ZENG FANREN DE SHANDA JIYI

出版发行　山东大学出版社

社　　址　山东省济南市山大南路 20 号

邮政编码　250100

发行热线　(0531)88363008

经　　销　新华书店

印　　刷　东港股份有限公司

规　　格　720 毫米×1000 毫米　1/16

23.25 印张　2 插页　373 千字

版　　次　2025 年 7 月第 1 版

印　　次　2025 年 7 月第 1 次印刷

定　　价　86.00 元

曾繁仁

2023 年 4 月 26 日，曾繁仁口述史录制现场

2023 年 5 月 10 日，曾繁仁及其妹妹与参加口述史录制的工作人员合影

序　言

山东大学出版社计划围绕山大校史出版系列口述史，本人即是这个系列口述史的口述者之一。从2023年初开始即由我口述，文学院张洪刚同志记录整理，前后一共口述9次。此后，由张洪刚同志整理成文。张洪刚同志为整理工作进行了比较充分的准备，前期他详细查阅了有关文献资料，与我共同构建了提纲，基本上按照提纲进行口述。采访结束后，张洪刚同志又在有关文献资料的基础上进行加工整理。现在呈现于读者面前的"口述史"虽然主体部分是我的口述，但背景材料与有关延伸以及整理成文，都是张洪刚的工作，他付出的努力是巨大的。当然还包含了山大出版社领导与编辑的劳动。这本"口述史"陈述了我在山大64年的学习、工作与生活历程。我从18岁进校念书，毕业留校后从事教学工作，可以说我在山大度过了一生。没有山大就没有我的一切，是山大教育并培养了我。这本口述史也是我对山大、对我的老师和同学的感恩史。我力图呈现特定历史背景下山大与山大人坚强不屈与努力拼搏的精神，历经万难，奋力前行，发展到今天的国家高水平大学。本书也是从个人视角对山大发展前进的记录。相信，山大的明天会更好，这也是本书所寄托的中心要旨。

曾繁仁

2024年12月9日

目 录

第一章 我的家世和求学经历

曾繁仁于 1941 年 1 月 11 日出生在安徽泾县一个知识分子家庭。曾祖父是牧师。祖父曾依农毕业于湖北大学英文系，一辈子在农村的中学教英文。父亲曾庆藻毕业于上海圣约翰大学化工系，一辈子从事化工工作。母亲朱志金，是其父亲在广益中学的学生，思想进步，新中国成立之初，参加了中国人民解放军，曾在华东妇联、上海市妇联工作，毕生奉献给了祖国的妇女儿童事业。

曾繁仁 1947 年在南陵县乐育小学读书；1953 年夏，考入了芜湖第一初中。这一时期，他对文学产生了浓厚的兴趣，开始研读鲁迅、郁达夫、蒋光慈、冰心、曹禺等作家的作品。1954 年夏，转入上海位育中学就读；1956 年，作为优秀生免试直接保送位育中学就读高中。1959 年 8 月 14 日，加入了中国共产党，同年秋天被吴富恒先生的夫人陆凡教授招录进入山东大学，从此开启了与山大一个甲子的不了情。曾繁仁深情追忆了自己的家世以及求学经历……

第一节
我的家世

张洪刚(以下简称张):百廿山大,薪火相传。今天我们非常荣幸地采访著名美学家、当代中国生态美学的奠基人之一、山东大学终身教授曾繁仁先生。曾先生您好!您1959年9月考入山东大学,到目前已在山东大学学习工作了64年,您从一名学生留校任讲师、副教授、教授,到现在成为山大终身教授;从担任中文系副主任、山大教务长、副校长、党委书记到山大校长,可以说走过了一条曲折而光荣之路。您是60余载山大历史的亲历者、贡献者、创造者。今天我们请您讲述您与山大的故事。

曾繁仁(以下简称曾):我从1959年8月中旬,由上海到山东大学读书,至今已有64年,其中有三年人事编制没有在山大,但仍然在山大带研究生,是山大的兼职教授,住在山大南院(山大中心校区南院教职工家属院),实际上并没有离开山大。今天的口述史是我力图将百年山大的光荣传统与丰厚学术遗产,以自己微薄之力与个人视角将其保存下来,使之传诸后世的一种努力,这是我对母校与培养我的老师的一种感恩。

山东大学与我们祖国同命运,走过坎坷曲折的120多年,经历了曲折光荣的历史,培养了包括我在内的万千学生,为民族和国家做出了巨大的贡献。它作为一座丰碑,应永留中华民族走向伟大复兴的历史上。山大培养教育了我64年,这是我人生成长贡献最重要的源泉与根基。我今天代表文科万千学生,通过个体的口述历史,表达我对母校,对培养我的老师,尤其是已经仙逝的老师诚挚的敬仰和由衷的感恩。

张:曾先生,您在1959年离开上海来到山东大学求学,从那时到现在,倏忽半个世纪过去了,您当时为什么报考山大呢?

曾:山东大学成立于1901年,是我国历史最悠久的著名高校之一。她在120多年的历史中,吸收了齐鲁悠久的文化神韵。山大在青岛时期开创了以蔡元培、杨振声为代表的先进文化精神,以及华东大学的革命精神。她以文史见长、理工学科创新的鲜明特点,成为我国著名的享誉中外的重点大学，是我们心中的丰碑。我是1959年8月从上海考进山东大学的。山东大学在上海当时招了15名学生，从我这一届开始，上海的学生逐渐减少了。1958年山东大学由青岛搬迁到济南后，也就是从1959年以后，山东大学的生源以山东的学生为主了。山东大学享有盛誉，再加上青岛环境优美。我在上海的高中老师以为山东大学还在青岛，他鼓励我报考了山东大学。我是个安徽的孩子，怎么会到山大来上学？那么我先从我的家世以及我的求学经历讲起。

1963年曾繁仁全家在上海合影

前排右二父亲、右三外祖母、右四母亲，后排右三曾繁仁

我出生在一个知识分子家庭

张：刚才您提到了祖籍是安徽，据了解您六岁在南陵乐育小学上学，毕业后到芜湖读中学，又到上海读高中，请根据您的家世谈谈您的求学经历。

曾：下面就讲讲我的家世和求学经历。我的祖籍是安徽省繁昌县。我家对学习比较重视，可以说我出生在一个知识分子家庭。曾祖父是牧师。祖父曾依农是教师，毕业于湖北大学英文系，一辈子在农村的中学教英文。

张：请谈谈您对您祖父的印象。

曾：我和祖父相处的时间并不多，初次见到他的时候他已经有点糊涂了。祖父当了一辈子的中学老师，在农村是属于能吃饱饭的人。他的兴趣就是喝点小酒，钓个小鱼。我初次见祖父的时候，他可能不到 60 岁，但我感觉他已经很老了。为什么老了？高血压导致他有点反应迟钝，说话说不了长句子。吃饭，一顿一碗饭，大碗是一碗，中碗是一碗，小碗也是一碗。

我祖父对学习很重视，把三个孩子都培养到大学毕业。那时上大学费用很贵，我父亲高中毕业后，家里就没钱供他上大学了。父亲就在繁昌考芜湖教会学校。为什么考教会学校呢？芜湖教区有两个名额，要考好了才能上这个学。我父亲硬考上了上海圣约翰大学，靠每年考一二名获得奖学金，才把学业完成。上海圣约翰大学是在华办学历史最悠久的一所教会大学，无出其右，曾被海内外广泛称为近代中国"外交家的摇篮""东方剑桥"和"东方哈佛"。

我祖父 60 多岁在上海去世了。去世的时候，我在芜湖上学，父亲没有告诉我祖父去世的消息，我不知道。祖父留给我唯一的东西就是一个木箱子，里面有一本精美的集邮册，全部都是老邮票。我不知道那些邮票有收藏价值，就送给我表哥了。祖父曾叮嘱我要把这些东西珍藏好，可是我送人了。后来才知道这本集邮册很有收藏价值。祖父这一辈子除了喝点酒，再就是集邮，把邮票传给我了。事后父亲问起这本集邮册的时候，我才告诉他我送人了。这本集邮册始终是我的一个心病。祖父传给了我，我没有保存好，把它弄丢了，非常遗憾。那时候我十三四岁不知道东西珍贵，不知道要留做纪念，箱子也搞没了。这就是我对祖父的印象。祖母很早就去世了，我没见过她。

我的父亲母亲

张：您父亲毕业于上海圣约翰大学化工系，一辈子从事化工工作。请您谈谈您父亲的情况。

曾：我的父亲曾庆藻出生于 1914 年 4 月，他考入上海圣约翰大学应该是十八九岁，四年毕业以后，又读了两年多的研究生。研究生还没读完，抗日战争就全面爆发了。为了维持家庭生活，父亲先后在芜湖与湖南工作。新中国成立后，他在上海高桥化工厂担任教授级高级工程师，参与研制人工石油。后来他调到上海化工局情报研究所工作。直至去世前，他的书桌上还放着有关塑料降解的外文文献和中文译稿。父亲一生工作勤勤恳恳，得到单位领导和同事的高度评价。

曾繁仁的父亲母亲（1990年5月，摄于鹳山公园）

张：您父亲在圣约翰大学读什么专业？

曾：他一开始读英文专业。英文系在外国学校里面，就和我们中文系一样，是非常重要的一个专业。我父亲能背诵莎士比亚的古典英文原著，古典英文和现代英文不一样，变化非常大，但他能背下来。当年，圣约翰对成绩优异的学生给予免费或一定的补助，每年资助名额在学院中占较大比重。父亲因为要考高分获得奖学金维持生活，曾经累得吐血，然后转到了化工学院。读了一年英文就换了化工学院。正好英文的底子也为父亲从事化工专业学习打下了良好的外语基础。

张:山东大学外语学院黄嘉德[①]先生和您的父亲都毕业于上海圣约翰大学,他们是同学吗?

曾:他们关系很密切。我父亲和黄嘉德先生的弟弟黄嘉音[②]是同学。黄嘉德先生是福建晋江人,1931 年上海圣约翰大学毕业后留校任教。1951 年,他去华东革命大学学习,1952 年 9 月去青岛山东大学外文系任教,1958 年随校迁来济南。来山大以前他曾任圣约翰大学文学院院长兼新闻系主任,主要从事新闻学的教学工作。黄先生到山大后讲授翻译、英语精读、英国文学史等课程,曾任欧美文学教研室主任、外文系代主任、山东大学学术委员会委员、《文史哲》编委等。他长期从事外国文学的研究,成为著名的外国文学评论家、萧伯纳研究专家。黄嘉德先生是我老师,教我英文。

黄嘉音比我父亲大一岁,1933 年他追随黄嘉德的求学脚步,考入圣约翰大学历史系,兼修心理学、新闻学。1936 年,林语堂、黄嘉德成立西风社,黄嘉音任主编兼发行人,出版《西风》月刊、《西风》副刊、《西书精华》等,致力于介绍西方文化。我父亲曾于 1945 年在《西风》月刊[③]杂志发表过翻译作品[④]。我父亲和黄嘉音先生关系还是很密切的。

继续说我父亲。父亲搞化工,业务基础很牢固,我们后来都很震惊,他对初中高中、大学的数学包括微积分非常熟悉,并且解题思路清晰。他从小指导我数学,解题解得比老师还快。七八十岁的时候,他又指导我儿子的数学,仍然很厉害,所以我儿子对他崇拜极了,说比我强多了。

① 黄嘉德(1908—1993),晋江潘湖田洋人,著名作家、翻译家。1952 年到山东大学任外文系教授,直至去世。译作有:《萧伯纳传》,萧伯纳的《乡村求爱》《萧伯纳情书》等,林语堂的《生活的艺术》《老子的智慧》等。

② 黄嘉音(1913—1961),著名翻译家,笔名黄诗林。

③ 《西风》月刊为综合性刊物,1936 年 9 月创刊于上海,译名为 The West Wind Monthly。宗旨是"译述西洋杂志精华,介绍欧美人生社会"。黄嘉德、黄嘉音曾任主编和发行人,西风月刊社出版,第 1—107 期由林语堂任顾问编辑。由于日本侵华,刊物由上海迁往桂林;后因太平洋战争爆发,1942 年 1 月后停刊(第 65 期);1944 年 7 月在重庆复刊(第 66 期),1945 年 12 月起迁至上海出版,停刊于 1949 年 5 月第 118 期。

④ 经查曾庆藻曾发表《利用看不见的黑光》,《西风》第 77 期(1945 年 6 月);《无线电之父》,《西风》第 79 期(1945 年 8 月)。

曾繁仁(右二)和黄嘉德(右一)等先生

我父亲会英文、德文,俄文略通。抗日战争期间我父亲曾拜会冯玉祥先生,冯先生还亲自给他介绍工作。冯玉祥先生是中国国民革命军陆军一级上将,西北军阀,有“基督将军”“倒戈将军”“布衣将军”之称。

抗日战争期间我父亲到了大西南,在一个化工厂工作。他刚到重庆的时候没工作,当时冯玉祥先生对青年很关心,他拜访过一次冯玉祥,冯先生给他介绍了工作。父亲晚年带着我爬泰山时专门拜谒冯玉祥先生的墓,致以虔诚的敬礼。没有冯先生给介绍工作,他当时的生活就会没着落。冯先生说,你青年才俊,必须要有工作,我们国家这样的人才这么少,怎么能没工作呢?冯先生给介绍工作的事,我父亲记忆犹新,他多次讲给我听。

父亲从大西南回来以后,一开始在广益中学也就是芜湖三中教书,教英文和化学两门课。当时的中学老师每月有50—100元钱,养一大家人。上有老下有小,父亲要赡养我的祖父母,还要供他弟弟妹妹上学。我的外祖父、外祖母也年迈了,再加上要养活我们兄弟姐妹,比较困难。为了养活这么多人,他就用自己所学的化工知识,于1946年在长江边上开了一家小酱油作坊,用发酵的手段来做酱油,比人工酿制的酱油又快又鲜,酱油生意做得挺好,还雇了两个工人。酱油厂建在长江边一个叫大有仓的地方。这个小小的酱油厂大约维持了两年,1948年青弋江发洪水,就把酱油厂冲垮了，酱油缸和原材料之类的东西都被冲走了，然后就倒闭了。

新中国成立后，我父亲圣约翰大学的同学张忠诂，在上海的龙华郊区开了一家化工厂，这个化工厂一共20多个人，制药，父亲是总工程师。父亲自以为他是张忠诂聘用的，所以开会的时候他自然跟张忠诂在一起。张忠诂给了他所谓的“干股”（这个“干股”只有名分，没有钱，从来没分过红），所以1956年工商业改造的时候，就把父亲划为了资方代理人，直到1978年改正为职员。

当我入党时组织上说我父亲是资方代理人，我们都很意外，觉得不可能。我们家的住房条件还是挺艰苦的，在上海我就住在楼下的客厅里面。客厅里面怎么睡呢？用门板搭了一张床。我姑妈从杭州调到上海来没地方住，也住到客厅里面，于是又给我姑妈搭了一张床，我们两人的床在一起，我和姑妈是室友，就这么一个环境。

1956年公私合营以后，父亲就到了高桥化工厂，专门研究人造石油。在李四光先生发现大庆油田和玉门油矿之前，中国自认为是个贫油国家，所以要人造石油。人造石油的技术也过关了，这个工艺流程主要是我父亲设计的。

父亲退休以后又被上海化工局返聘到上海情报所搞科研和翻译工作。他搞的领域大多跟国际生态有关系，比如污水处理、塑料的可降解，等等。1993年6月，我父亲突发脑溢血去世了。他去世之前，桌子上还放着塑料可降解的英文资料和他写的文章。他这一辈子很勤奋，工作很认真，他的成果获得过上海自然科学二等奖，还有各种发明奖。他的一个同事——一位老先生跟我说，你父亲太用功了，结果因劳累过度去世。这是我父亲的情况。

我们家很传统，作为长子，家里诸多事都让我做，但我父亲对我唯一的希望就是要念好书，再怎么困难，也要去最好的学校上学。有父亲与母亲的坚持，我才能在位育中学和山东大学读书。孩子从小要接受最好的教育，要去最好的学校，跟着最好的老师，这是我父亲经常说的话。

张：您父亲兄弟姐妹几人？

曾：三人。他的妹妹是中央大学经济系毕业，弟弟也是大学毕业。他的弟弟妹妹上学，父亲都有经济支持。他认为我上山大也可以，山大文科很有名，有著名教授。

张：您的母亲在新中国成立之初，参加了中国人民解放军，曾在华东妇联、华东妇联幼儿园、上海市妇联工作，可以说一生都奉献给了祖国的妇女儿童事业。请您讲一讲您母亲的家世。

曾：我的母亲朱志金，出生于1921年12月2日，逝世于2021年10月27日，活了101岁。母亲比父亲小七岁，是父亲广益中学的学生。母亲上学的时候思想比较激进，一直要求进步。母亲高中毕业后，任小学教师。母亲有一点认识非常清晰，不管父亲干得多好，工资多高，她必须工作，家里请两个保姆也得工作。她在上海工作的时候，一个月70块钱，保姆花的钱都比这个多，但她也要工作。妇女要工作，这一点我母亲很坚定。母亲要求我念好书是头等重要的。我们的生活比较艰苦，家里孩子多，上有老下有小。父亲工资虽然比较稳定，但是他告诉我在上海的房子是"顶"的，后来才有产权，比较艰苦。我记得小时候始终没穿过什么好衣服，上高中的时候，同学们都十六七岁，打扮得光鲜亮丽。同学的裤子都有条笔直的裤线，我的裤子怎么就没有线呢？我把裤子叠起来，含一口水喷上去，把它放在枕头底下，早上起来，这个线压出来了，然后一穿又没有了——裤子的质量不行。我同学家中有钱的很多，后来他们告诉我，你什么裤子啊，你是咔叽布的，我们是料子的。我才头一次知道原来裤子是有区别的。我们家一天买一块钱的菜，六个孩子加保姆一起吃，各种菜放在一起。我现在的生活也是这种模式。

我母亲思想比较进步，在广益中学求学时就倾向共产党。当时新四军总部与广益中学比邻，母亲就参加新四军的各种活动。皖南事变后她怕被反动派追查，就逃走了。新中国成立前，我刚满18岁的表哥因被诱惑差点参加国民党的军队，被我母亲强行拉了回来，说你怎么能当国民党的兵呢？那是反革命的。百万雄师过大江，就是从芜湖附近过去的。芜湖刚解放，母亲在芜湖参加了解放军。1949年3月24日至4月3日，我母亲参加了中国妇女第一次全国代表大会，这次大会在北京中南海怀仁堂召开。她很自豪，参会的有毛主席、周总理、邓大姐、蔡大姐等，她认识人很多。

新中国成立初期，她就参加工作了，担任芜湖市妇联与上海市妇联的干部，穿着那种黄颜色的衣服。上海市妇联主任沈粹缜，把她带到上海，进入上海华东妇联，任幼儿园园长。她有一张穿军装的照片。母亲因为我父亲的成分问题一直没入党，但是她很进步，曾担任上海市华东妇联的妇幼科科长。改革开放以后，父亲的家庭成分问题解决了，不是什么资本家、资方代理人而是一般职员，母亲很快就入党了，担任上海轻工业局的人事科科长。她当科长的时候严于律己。她管人事，负责人员调配，解决了很多老干部的孩子插队回来的安置问题，但我弟弟妹妹一个也没解决，后来经过其他组织渠道才得以解决。这就是我的父母。

张：您对外祖父、外祖母有哪些印象？

曾：外祖父家属于徽商世家，我的外祖父朱石帆从小做学徒，后来做了当铺经理、衣店老板等，可是一场大火又使他几乎濒临破产，晚年仅依靠碾米的设备和房产谋生。他一生中的大部分时间住在芜湖，1950年后则主要生活在南陵。外祖父是商人，接受的是旧式教育，因此在家里是位严厉的家长，家里的大人和小孩都非常惧怕他。但他对我却关爱有加，或许是由于非常疼爱我母亲的原因，也或是因为我从小会编故事哄外祖父高兴。在我刚到山东大学读书不久，外祖父就病故了，我再没有见到这位严厉而慈祥的老人。

我的外祖母刘蓝田，江西吉安人，是外祖父的填房。她嫁过来时，外祖父前妻的两个孩子与她年龄相仿，她那时只有16岁。她完全依靠自己的劳动与坚强协助外祖父，一手操持了这个家庭，并育有我母亲和我小姨两个女儿。20世纪70年代，外祖母病逝，此时“文化大革命”正在如火如荼地开展，没有人通知我回去为老人送终。后来回忆起来，我才体会到这种隔代之爱是多么的深厚，多么的珍贵。这就是我的家世。

第二节

我的求学经历

张：曾先生您详细讲述了您的家世，您出生在一个知识分子家庭，父母的言传身教深深影响了您的一生，让您成长为一名大学教授、知名学者和著名美学家。下面请您谈谈您的求学经历。

曾：1941年1月11日，我出生于安徽泾县。我出生时皖南事变刚刚爆发不久，日本鬼子已经打进了安徽，兵荒马乱，我们安徽人东跑西躲。

那时新四军总部在黄田，我母亲朱志金在黄田的一个抗日中学上学，该校实际上是芜湖的广益中学搬过去的，在那里她读到高中毕业。我父亲在这所学校当老师，两人是师生关系，后来相恋并结婚。我出生以后正逢皖南事变爆发，母亲因在学校里面思想进步，有被通缉的风险。她生下我不久，就取道江西，到湖南找我父亲去了。我父亲那时候到了大后方，在湖南的化工厂工作。

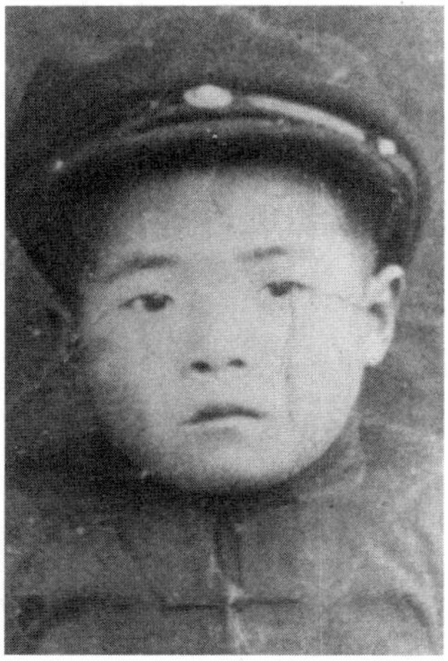

幼年时期的曾繁仁

张：曾先生，您对家乡还有哪些印象？

曾：我的出生地安徽泾县溪头都，是黄子山脚下的一个小村庄，属于黄山山脉，树高林深，野兽出没。我表姐砍柴的时候，还见过老虎。她看见草丛里面有“一盏灯”，其实是老虎的眼睛，这只老虎可能吃饱了，没有咬她，侥幸逃回来了。这个地方山高林密，晚上一般没有人出来，出来的时候要带火把。火把就是用向日葵秆绑上布头，浇上松油做成的。我就出生在这样一个地方。

我从小在外祖父家，跟着舅母长大。舅母姓胡，叫胡秀英，是安徽胡家人。安徽胡家关系到很多名人，跟胡适都有点关系。安徽胡家的祖居址之一就是溪头都，抗日战争时期日本人去不了，山高林密还有老虎，怎么敢进去呢？这里就把日本鬼子给堵下了。

我的家乡盛产茶叶、竹笋、板栗和水稻。特别是板栗树，在我们村就有好多棵。秋天，将栗子剥好后放在一个篮子里，吊在屋梁上，到了冬天糖化后，吃起来特别甜。

我出生不久，父母亲先后离开了老家，到了湖南工作，而将我留在了外祖父家，由我寡居的舅母胡秀英抚养、照顾，直到我 12 岁小学毕业后到芜湖读中学。舅母没文化，小脚，21 岁就守寡了，而且还有听力障碍，只有我讲话她才听得见，别人讲话都听不见，别人讲话要我给她“翻译”。我就是在这种环境里面长大的。到了 1945 年 8 月 15 日，抗日战争胜利以后，我们就从溪头都搬出来了。

张：您离开安徽溪头都去了哪里？

曾：1946 年，我刚刚 5 岁，抗日战争胜利，日本鬼子投降了。外祖父一家又要到芜湖去做米行的生意，我就随着他们搬去了芜湖。可能是考虑购房与开销等各方面的原因，外祖父没有在芜湖买房，而是在芜湖与泾县之间的南陵县买了一处三进纵深，并带有一个小园子的大房子。我还清楚地记得，它的门牌号码是新华街 45 号，位于南陵县的东关，距离东门大桥还有一段路。于是，我就跟随从小抚养我的舅母永远地离开了我的出生地——泾县溪头都。

我模模糊糊地记着，那是一个明媚的春天，舅母先是带着我乘轿子，然后又乘船前往南陵。沿岸茂林修竹，群山壁立，河水清澈鉴人，真的是美极了。现在想来，我们走的是青弋江水路，然后转漳河，到达南陵码头。那时皖南所有的县城与小镇都通水路，都有码头。所谓“城市”就是码头，也就是交通要道之地。我们就在南陵县住下了，从 1945 年一直待到 1953 年。

张：您对南陵还有哪些印象？

曾：南陵县是我完成小学学业的地方，是我步入少年生活的地方，是在我的童年记忆里留下痕迹最多的地方。南陵县与泾县相比，应该是皖南山区的边缘地带，总的地势是南高北低。南接黄山山脉，丘陵起伏，有“五里岗”这样的地名。北边连接青弋江、长江，还有当时有名的奎潭湖，因此又有一部分圩田。在我的记忆里此地曾经发生过破圩，水淹南陵城这样的事情。南陵的城外，有一条漳河，其水清澈见底，盛产鱼虾。南陵又是一座历史古城，我记得城里有一个广场，其原名即为点将台，传说中是周瑜点将练兵之处。南陵附近还有小乔墓、黄盖渡等三国时吴国遗迹之处，只是不知道这些古迹之真假，但这也在一定程度上说明了南陵历史之悠久。

我 6 岁在南陵县乐育小学读书

张：1947 年您 6 岁开始上小学，当时就读南陵哪所学校？

曾：我 6 岁在南陵县乐育小学读书。这所学校以前是一所教会学校，由美国圣公会主办。校长是县教堂里唯一的中国牧师宁牧师，我们叫他宁校长。圣公会是美国天主教里面的一个新教门派，从小我们上学，就有美国的嬷嬷到那去讲话。我们的宁校长是县里边唯一对外开放的人物，新中国成立后任中苏友好协会的会长。宁校长的特点是满脸的麻子，但是人很和善,他住在学校附近的一栋小洋楼里。我当时在这个学校里受到的唯一的熏陶,就是每个星期天做礼拜。我上学时 6 岁,你说做礼拜,6 岁孩子懂啥啊。做礼拜的时候发耶稣受难的图片,那个图片有的是名画,画得非常精美,我们每个人都收集一摞这个图片。那时候没有小画书,就看这些图片,也就是很多的国际名画。感恩节、圣诞节我们要过节。

上小学时期的曾繁仁

怎么过节的? 挺有意思。感恩节的时候,他们撒了一些白果在一条胡同里面,然后叫我们这些孩子捡白果,捡了以后上交。这个白果被比喻为耶稣的圣体。把这个白果上交后可以换奶酪、糖果、牛奶等,还可以换些图画。这就是在这所学校的感受之一。

另一位就是宁校长的女儿,叫宁玲珠,是我的班主任,语文老师,貌美如花,在我这个 6 岁的孩子眼里边漂亮得不得了。后来我的一个远房舅舅,在铁路上工作,他回到老家参加房产分配继承,经人介绍宁老师就嫁给他了。于是宁老师就成了我的舅母。当时的孩子和现在的孩子不一样,现在孩子 6 岁什么都明白了,当时的孩子还懵懵懂懂的,上课上着上着就睡着了。宁老师就把我抱回宿舍了。我醒来以后发现怎么这么暖和的一个地方啊,这么软的一床被子! 宁老师还给我好多东西吃,这么一来,我很愿意上学,因为老师对我偏爱。宁老师漂亮,好多学生说一些不礼貌的话,我就跟他们打架,维护宁老师——我的舅母。我 6 岁上学的时候,家住南陵城区,因腿上长疮被感染了,腿是弯的,走路不稳当,舅母胡秀英就背我上学。她那小脚真是三寸金莲啊,我不知道她到底怎么背动我的。我当时 6 岁不愿意上学,早上起不来,但舅母背着我去。

张:当时您腿是怎么受伤的?

曾:长疮。疮后来也好了,但这个腿是弯的。我舅母跟我讲,你父母亲在外边,在上海,你不上学没出路,你不能没有文化啊。我就懵懵懂懂地上了学。

张:您的腿疾多长时间就好了?

曾:到了 7 岁就好了。我上学比较早,只有 6 岁,上学的时候又发生了一件事。我们那个地方山上有板栗,秋天把它采下来以后,用一个篮子把它挂在房梁上风干,风干以后,到了天冷的时候,拿下来吃就很甜了。有一天,我看着房檐下面挂了一篮子栗子,但我个子矮够不着,便拿了个凳子,站在上面来够栗子,一够就摔了下来,跌到了地上,右手接着就弯曲了,变成直角形了。当时不知道疼,我就端着我的手,找我舅母。舅母就带我找了社会上一个治跌打损伤的郎中,把我手接起来了。没有石膏,弄了两块板,郎中用麻绳给我系住了。第二天整个手全部肿了,发高烧,不能上学了,一耽误就耽误了半年,这不休学了吗?

我 6 岁上的学,学校那个时候叫乐育小学。1949 年新中国成立的时候,我 9 周岁,这个小学就改成公办学校——南陵县城关小学,还是宁校长当校长,他那时候还任中苏友好协会的会长。这个小学没有乐育小学正规。记得当时学校让学生自己买书桌搬到学校,我买了一套,上面写上我的名字。然后还有一个奇怪的现象,以前我们上学时一个年级就是一个班,后来二年级和三年级合为一个班,老师给二年级上完课,再给三年级讲。也就是说,一个年级的同学做作业,另一个年级的同学就听课,老师照讲不误。

张:曾老师您还记得读小学时的老师吗?

曾:我印象深刻的有位王肇华老师,他是安徽人,可能是在外当过兵,有东北口音。他讲了很多鲜为人知的经历,很丰富,还讲小说和文学作品,对我影响比较大。1960 年我回老家,还去看过他。还有位老师我忘了姓什么,这位老师年龄比较大,他在课堂上给我们讲了一遍完整的《西行漫记》,打这里我知道了共产党和毛泽东,这是一种启蒙教育。

王肇华老师还给我们介绍毛泽东的著作。我第一次到图书馆的时候,才十岁左右,到南陵县的图书馆借了《毛泽东选集》来读,印象最深刻的一篇文章是《反对自由主义》。有一次我们的一个老师乱批评,他批评我和几位同学,我用了一句话把他吓一跳。我说:“你这是‘事不关己,高高挂起’。”他说:“这句话你从哪学来的?”我说:“毛主席说的,《反对自由主义》是有这句话。”他说:“你看过?”我说:“我看过。”他很惊讶。还有一次说“挂羊头卖狗肉”,也是从《毛泽东选集》里面学的。《毛主席选集》内容很深,但是对于少年的我来说,这些比较浅显的词给我留下了很深的印象。老师就表扬我说我把毛主席的文章都用上了。这就是我上学时候的一个小故事，挺有意思。这并不是说我有多高的觉悟，而是说老师讲了毛主席有什么著作，我觉得很了不起，就到县图书馆，看见有《毛泽东选集》，我就去看，别的看不懂，只有《反对自由主义》看得很明白。这算一个小经历吧！

还有就是我的一个音乐老师，他担任班主任，忘记姓什么了，和我很密切。他对我非常好，发现我嗓音比较好，而且也很愿意讲话，就帮助我、教育我做了不少事。一个就是参加了学校的演讲比赛，其实我的普通话到现在也不标准，但居然得了一个第二名。为什么得第二名呢？他告诉我：你普通话不标准，但讲得清楚。

张：小学阶段您参加过哪些有意义的活动呢？

曾：我读小学的时候真的是非常积极，参加了学校组织的各种演出活动。反对美帝侵略朝鲜时，我们到大街上演出活报剧，宣传动员群众。还在学校里排练了一幕较为大型的话剧，内容是批判恐美、崇美的思想和行为。我出演一位国民党外交官家庭背景的、非常崇美的小男孩。记得老师给我设计了穿着夹克衫、脚着锃亮的皮鞋并梳着涂了油的飞机头的造型。这些行头非常不好淘换，还好我的母亲给我从上海捎来了一件夹克衫，飞机头由老师摆弄，但那时我们没有皮鞋，于是老师在自己的一双皮鞋里塞了许多棉花让我穿上，尽管马马虎虎能穿，但也有点卓别林的味道。我们还演过“除四害”，许多人身上背着蚊子、苍蝇、老鼠、麻雀的模型，每人说出自己危害人类的恶迹。

在动员农民交售公粮时，我们演出了较为大型的歌舞剧《双送粮》。这是一部以湖南花鼓戏为基调的歌舞剧，由我与一位叫谢金华的女同学联合演出，我演推车的老头儿，她演拉车的女儿。老师用木头为我们扎了一个车，还做了一个车轱辘，但在台上演出时，由于车轱辘不结实跑掉了，我就灵机一动，用手端着车架子做推车状，照样演出，博得台下一片掌声。这出戏当时拍摄了一张剧照挂在学校的墙上，我也因此感到很光荣。因为这是毕业演出，所以县里很重视，组织了全县观摩。

那个时候我在学习上也非常用功，但在班里并不是名列前茅。我们班考试第一的是一位女同学，比我大几岁，她每次都第一，我就非常崇拜。我父母住在上海，家里就把上海的图画——西洋景啊，高楼大厦啊，挂在家里。舅母告诉我，你父母亲都在上海，你不好好念书就在南陵县待下去吧，所以我从小学习非常用功，喜欢背书。背书时候爱打瞌睡，家里用煤油灯，背书时打瞌睡，把头放在灯的地方，头发被烧着了，就醒了。

张：您上小学的时候，上什么课还记得吧？

曾：记得啊！最重要的就是语文。语文第一课就是孙中山的家乡，介绍孙中山，这个印象比较深。有语文、算数、英文，还有博物，就是自然科学，这就是小学课程。我那时特别用功，但无论怎么用功，也进不了前几名。

张：曾老师您背书背的都是什么内容呢？

曾：背语文、历史，还有地理，小学就有地理了，算数公式也背。背了一辈子，到现在也是背。太用功了，不用家长说，也没有人催促我。我舅母的教育方针就是要求老师管教孩子，甚至打了孩子，说明重视孩子，要谢谢老师。我舅母话也讲不好，还裹小脚，但她认识每个老师，都和他们有交往，还向老师们了解我的情况。

舅母对我的教育，还有一个比较重要的就是要诚实。曾经发生这样一件事：当时在学校开始写毛笔字。一天，我看到路上一个卖毛笔的店里有一支毛笔特别好，我特别喜欢，但我没钱买，我就顺手把毛笔拿回家了。舅母给我检查书包，发现了这支毛笔，问我从哪来的，我不说，不说就跪着，不准吃饭。等到冷了也饿了，我就交代了。舅母就领着我，到毛笔店去，把毛笔还给人家，人家说孩子都用了，学习的用品就给孩子吧，不用给钱了。舅母让我在老板面前说，永远不偷东西，永远不拿人家东西，拿人家东西是坏孩子，大了就是坏人。小时候偷针，大了就偷金，人家的东西一定不能要，不管什么东西。所以没有舅母的允许，别人给我的礼物我也不敢要，这个很严格。

当时南陵县在安徽还算是一个中等发达的县，不是很好也不是很坏，但是经常发大水，一发大水就淹死好多人。我有个教音乐的老师，她的男朋友在柏山渠水库工作，是山东人，我们高小的时候，他领我们去水库参观。我第一次听到山东人说话，把太阳说成日头。他给我们介绍了柏山渠的情况，我们知道了水患危害很大，要修渠道治理河，这就是当时南陵县的情况。

1953年夏我考入了芜湖第一初中

张：1953年夏，您考入了芜湖第一初中，请您谈谈当时的报考情况。

曾：我1953年毕业的时候南陵中学才刚刚开办，舅母和我父母都认为这个南陵中学刚开办，教学质量不行。他们商量让我到上海上学，但是当时我父母亲又生活得不安定，不可行。最后选择让我到芜湖读中学。芜湖有好多中学，它是安徽的第一大城市，一开始是省会，合肥是后来才发展起来的。在安徽，城市是按照芜湖、合肥、安庆、淮南这么排序的。四乡百里都要去芜湖考学，录取比例据说是3∶1，其实远远不止。当时真的十分紧张，唯恐考不上。上不了芜湖的学校，我就到黄山林校去上学。

考试结束后，小姨陪我去看榜，密密麻麻的人头挤在榜前，大家都在看那张写满人名的大红纸。我的头脑有些晕眩，看见上面的字都是黑乎乎的，怎么也看不清，实在是太紧张了。小姨在榜单上发现了我的名字，被芜湖第一初中（下称"一初中"）录取了。这所学校当时刚刚成立，现在不知道校名改了没有。

张：请您谈谈您对芜湖的印象？

曾：芜湖是安徽的经济、文化重镇，素有"长江巨埠，皖之中坚"之称，是我国历史上著名的四大米市之一。芜湖已有2500多年历史，据历史记载春秋战国时期已有此城市，因其周围均有沼泽之地，"蓄水不深而生芜藻"，故称"芜湖"。

当时芜湖对我来说是真正的大都会。来到芜湖之后，我才第一次看见了电灯，第一次看见了宽阔的马路，第一次看见了汽车、火车、轮船，第一次观看了电影……总之，我在芜湖留下了无数个有关"第一次"的记忆。

张：您报考初中时考什么科目呢？您考了多少分？

曾：考了数学、语文、英文三科。只有张榜没有分数。考上之后，小姨很高兴。当时南陵小学就我一个人去考，而且考上了。我小学一位女同学刘和珍考上了卫校，还有一个同学是在合肥考的，没有第二个人去芜湖考试。

张：请谈谈您在芜湖的中学生活。

曾：一初中的校舍一开始在江边李鸿章的故居处。1877年，李鸿章奏请清政府，将镇江七浩口米市迁至芜湖，李氏族人也来到芜湖投资房产、经营产业。李鸿章家族来到芜湖以后，圈买大片荒野地皮，大量建造楼房店面，逐渐形成二街、三街、吉和街、沿河街、集益里以及后来定名的中山路和新芜路等成片、成条的商业区和住宅区。从此，芜湖市面积迅速地扩大起来，李鸿章家族也为自己建造了一批楼台宅第。

一初中在李鸿章故居待了一段时间，后来又搬到另外的地方去。我在一初中上了一年学，一共待了一年。我13岁开始住校。我是农村出来的孩子，根本就不会照顾自己。我家在学校附近办了一个酱油厂，有一间小房子，我偶尔也到那去住，但是基本上住校。学校生活一塌糊涂，一天到晚被同学欺负。上课的时候，我因为年龄小，老想说话。后来学校为了我不被欺负，以及让我上课不乱说话，找了一个25岁结过婚的一个女学生，坐在我旁边管理同时保护我。

张：您何时对文学产生了兴趣？您初中阶段都读什么书？

曾：我初中时培养起对文学的兴趣，对郁达夫等作家写的那些缠绵悱恻的故事，崇拜得不得了。其实我喜欢的这些作家并不是最有名的，鲁迅的作品看了以后反而印象很模糊。在芜湖的印象比较深的，对我影响比较大的，就是交了一些喜欢文学的朋友。初中没人管我，我经常躲到一个亲戚家里面去，他家里的旧书里面有好多小说，有蒋光慈、冰心、鲁迅、曹禺、郁达夫的等等。也看张恨水的小说，看完以后也学着写诗和小说，乱七八糟地写。我最好的一个同学叫章成孝，我们两个人老交换书看。当时最深的印象就是我开始喜欢文学，开始背唐诗三百首，也喜欢现当代文学。

张：据说您1954年中学还未毕业就转学到了上海，为什么转学呢？

曾：因为青弋江发大水，把整个芜湖市都淹了，那是1954年的夏天，历史上有记载。我在一个亲戚家里边住了好几个月，天天看小说，我父亲说这样不行，会耽误学业，就让我转学。转到上海就涉及上什么学校，我学习落下很多，本来小学基础就不牢，再加上因腿部长疮休学一年，我父母商量半天要让我上一个好的学校。

我上海的家在襄阳南路，附近最好的学校是位育中学。位育中学是1943年由李楚材先生在黄炎培等人支持下创办的。李楚材是陶行知先生非常近的弟子，他有陶氏的传统。这个学校不一般，它是上海市重点中学，是上海现代化寄宿制高级中学之一。校名“位育”取自《中庸》“致中和，天地位焉，万物育焉”，用其“生长创造”之意。其实，“位育”之意至为深邃，所谓“位育中和”乃是中国传统文化“天人合一”的深刻内涵，被镌刻在孔庙大殿横额之上，费孝通教授称之为中国传统文化精髓所在。位育中学为我提供了严格而扎实的基础教育，特别是让我开始懂得了做人治学的道理。位育所给予我的惠泽，我是永难忘怀的。学校的老师都是高薪聘请的，很多是留过学的。当时我是第一次知道，上海的中学老师是留过学的，几乎没有一个英语不流利的。

张：您是如何转到位育中学的呢？

曾：我母亲有一个同事，叫刘光琨。刘光琨老师是非常著名的人物，她是刘王立明的女儿，刘王立明是著名的知识分子。刘光琨在上海、北京都待过，普通话、北京话、上海话都好得不得了，英语更不用说，她在美国也待过，人长得也很漂亮。我妈和刘光琨都在妇联，后来她到位育中学教英文和数学，就把我介绍进去了。位育的老师说进来要测试一下，看看是什么情况。测试的语文和英语问题都不大，数学考了 5 分，基本不会。因为当时芜湖发大水，没上课。我父亲一再写信，让我在家里做数学习题，但我全在看小说，所以只考了 5 分。但位育中学又最重视数学，该怎么办？我父亲说那也得上，实际上不具备条件上位育中学，勉强上的。1954 年暑假，我决定转学到上海，同学们都恋恋不舍，于是大家一起到照相馆照了合影。现在拿出来看，自己戴着一顶硬沿的鸭舌帽，而每个人的嘴唇都被涂得红红的，真的是既滑稽又可爱。

张：位育中学测试您的数学只考了 5 分，用什么办法把数学成绩弥补过来的呢？

曾：我父亲一定要我上位育中学，就给我在上海报了数学补习班。补习班很贵。补习班有目标，练习题做不出来不收取费用。所以我整个暑假每天晚上没有 12 点以前睡过觉，父亲陪我在家做习题，硬把这么厚的习题做完了。位育中学一个学期学费 56 元，我父亲硬着头皮供我上学。上了位育中学压力很大，这个学校有陶行知的传统，既关注学生的全面发展，又把学习看得特别重，每一天每一堂课都考试，每次考试都公布成绩，如若成绩不好的话，放在最后你连门都不敢进，因为你的名字老在最后，给一个组都拉成绩。只能拼命，我中午从来不回家吃饭，也从来不休息，晚上都在图书馆里面做习题做到很晚，回去以后我父亲继续陪我做习题，没有闲一天，学习总算逐步补上去了。再一个问题，外语差距其实也很大，我的同学们外语都很好，有的同学外语口语都是电台的范本，他们学的都是英式英语，当时不搞美式英语。我通过一学期的努力，勉勉强强赶上了，有了很大进步，初中的时候就保送到位育高中了。

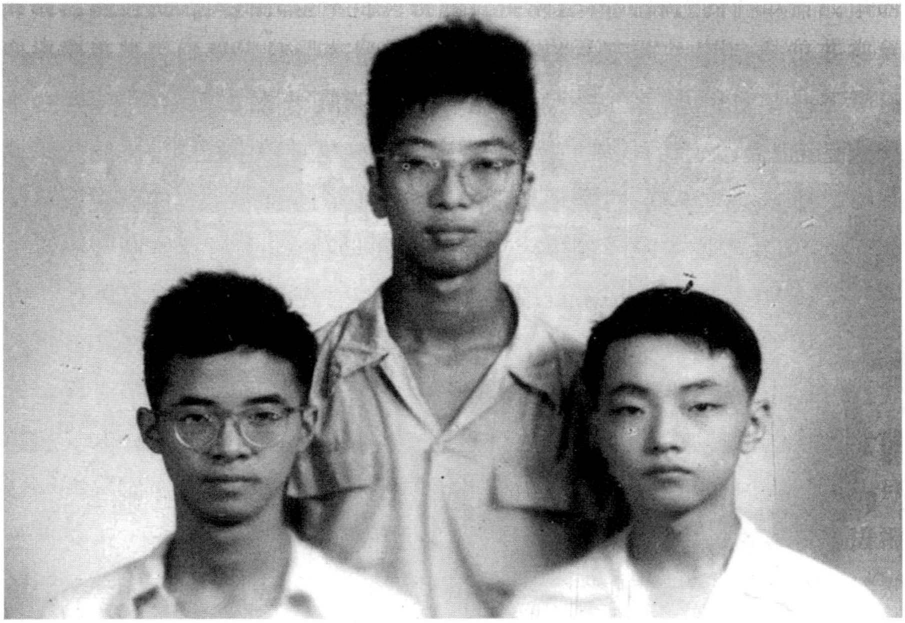

1955 年与位育中学的同学合影

右窦辉、左曾繁仁、后王健瑚

1956 年我作为优秀生免试直接保送位育高中

张：您经过刻苦努力，数学和英语成绩终于赶上来了，并且顺利保送到了位育高中。

曾：1956 年我作为优秀生免试直接保送本校高中。这时位育已经改名为上海市第五十一中学。到了位育中学后我拼命学习的同时，也学会了上海话。老师上课全部讲上海话，一开始不懂，一个月以后听得懂，但不会讲，一学期后会讲了。

张：请您谈谈您印象比较深的高中老师。

曾：我印象最深的有几位老师，一位是数学的汪润老师。这位老师亦师亦母，她对学生比母亲还关爱，我哪一道题做错了，她改得仔细又仔细，一定要让我把它搞清楚了才让我走，陪我一起不吃饭也要把题搞清楚，每天如此。回家我父亲调教我，在学校里汪老师调教我，我就这样坚持下来了。另一位是教导主任朱家泽先生。我们一开始的教导主任陆福遐在学生管理上有问题，后来他到上海师专去了。陆先生很传统，他专门监督学生的日常行为，不准同学谈恋爱，不准同学穿着奇装异服，不准同学破坏纪律，等等。即使在校外，陆先生不知怎么就会出现在你面前，你在外面做的事情，似乎陆先生也能知道。因此，大家都非常惧怕陆先生，多少有些谈虎色变的意思。后来我们的教导主任就换成了朱家泽老师，他真是继承了陶行知先生的传统，让学生如沐春风，他对待学生有一个原则，就是陶行知先生的观点，对学生要以表扬为主。

张：您经常说朱家泽先生对您的教育帮助很大，您能具体谈谈吗？

曾：我在校学习成绩不是很突出，还在努力追赶当中。朱家泽先生几件事影响了我，激励了我。一件事是有一天大扫除，上海有的学生很娇气，大扫除看没有老师监督了，就一个一个溜走了，结果整个操场就我在扫地。朱老师过来了，问我是哪个班的？我说初三四班。他问，你怎么还不走啊？我说，我们分的要扫的任务没有完成。他问，怎么就你自己？我说我不知道，我看这个没有完成就没走。第二天早上他在全校开会表扬了我，我当时听了那个表扬就掉泪了，到上海以后第一次受表扬。在南陵小学的时候我是很有名的学生，演话剧，当中队长，竞选大队长差一票没选上，我当时很活跃，但到上海是第一次受表扬，我当时就兴奋得掉眼泪了。不久就加入了共青团组织，担任团支部委员，学习也跟上去了，也有点小话语权了。这个表扬激励了我，增强了我的自信心，改变了我的面貌。

第二件事是我们到乡下去挖钉螺。因为钉螺里面有吸血虫，毛主席说要治血吸虫、送瘟神，所以大家去挖钉螺。有的同学穿着雪白的鞋，雪白的裤子，怕脏不敢下水挖。我一看这样没办法挖啊，我在老家种菜地，经常帮舅母干农活，我就把裤子卷起来，下水了，在水里边用铁锹把钉螺铲上来。朱老师又看见了，感动得不得了。他问你不怕吗？我说不下来怎么能把这个钉螺搞上去，我没有害怕。他又表扬我。朱老师的几次表扬增长了我的自信心，我一辈子都很感激他！

张：曾老师您讲的这几件事让我很受感动，虽然事不大，但对于一个中学生来说意义重大，这改变了您的人生。请谈谈您的高中生活。

曾:高中生活有几件事情也对我帮助很大。第一个就是朱老师让我当黑板报主编。三块黑板报,稿子不够啊,缺一块,我就找素材写好接着把它抄上去,每个星期两次,每次都要写,给一个题目接着就写,写完很快抄上去,这就锻炼了我。第二件事就是我高二当上团支部书记了,在班里我其实年龄不是最大,但当上团支部书记我要帮助很多人了。有的女同学回家害怕,我要把她送到家门口;有的家里有什么事需要我帮忙,我也积极帮忙。当时我在学校里变成一个很重要的学生干部了。第三个就是参加学校的话剧团,我初中就开始参加,演了好多话剧。其中演过一个儿童剧、一个苏联的反特剧。初中毕业的时候,老师甚至让我考话剧团,上海小伙伴话剧团,我老师说我考得上,但是没招生就没考,直接升到高中了。

在高中印象深刻的就是1957年、1958年"反右"运动,在高中也有反响,正面教育,讨论有关重大问题。当时讨论的一个非常大的问题,在学生里边产生强烈的反响,这个问题在上海的学生里面特别敏感,就是中国的外交政策对还是不对?我们当时选择"一边倒"的外交政策,亲苏。但上海有一部分人认为应该亲美。然后两方展开辩论。我当时参加团代会,上海徐汇区团委书记讲了一句话,我终生难忘。这是小平同志在团中央代表大会上的一句话,到现在仍然牢记。小平同志讲,共青团做了一千件好事,一万件好事,如果在党的领导这件事情上没做对,这些事情都化为乌有,必须保证党的领导,共青团必须坚定党的领导,然后共青团的方向才能正确。这是小平同志讲的,我那时候才15岁,我就记住这句话了,它也是我以后一直的准则。党的领导,社会主义,党坚持"一边倒",肯定对的,我就赞成我们应该和苏联搞外交。两边进行辩论,最后没有处理学生,也没有上升到政治层面,学生们都是中学生嘛。我在这个辩论中担任乙方代表,主要是我发言,这件事一方面坚定了我的政治方向,一方面也让我的讲话能力提高。上海位育这个地方曾经是法租界,学生的基础都很好,有的很聪明很会讲,但他们在道理上也讲不过我。然后那个时候我就很有名了。

张:您在高中学习期间,思想进步,紧紧向党组织靠拢。您在1958年列席了上海青年社会主义积极分子代表大会,请您谈谈当时的情况。

曾:1958年2月召开上海青年社会主义积极分子代表大会,旨在褒奖“三面红旗”背景下为社会主义事业做出突出贡献的青年社会主义积极分子。我作为学校唯一的代表列席了会议。我父母都不知道，他们两个忙得不得了。我父亲一个星期回一次家，我母亲天天晚上很晚才回来，不知道家里孩子的事情，我弟弟妹妹的家长会都是我去。受当时革命风气的影响，《红岩》这个作品看得我热泪盈眶，然后徐汇区委又把我列为培养对象，让我听了很多过去老同志的报告，被敌人逮捕受酷刑但是不屈服的报告，我很感动。我们学校的副校长、党支部书记胡蔚英同志，是我印象比较深的一个老师，对我也很好，他是上海的地下党。上海地下党一个非常重要的特点就是人数并不多，一共四五千人，但是后来由四五千人发展到几十万人，作用非常大，坚持好多年，也遇到了好多危险。胡校长就发展我入党，学校一共发展了两人，我一个，陈银桥同学一个。陈银桥同学上了北大物理系，后来到教育部外事司。我是 1959 年 8 月 14 日加入的中国共产党，8 月 22 日就到了济南，进入山东大学。

张：您在高中阶段就光荣地加入了党组织，当时入党有什么仪式吗？

曾：有入党宣誓，在上海徐汇区位育中学。在高中阶段入党的很少，当时是为大学输送骨干。“反右”期间说很多学生反动，这个不对。其实没有那么多人反动，现在看来只能说有些学生思想有点糊涂。后来到山大中文系我又参加“右派”平反，我也感到很愕然，有的学生没有任何材料，说反动也不对，就是糊涂，受外面世界的影响。上海的环境和山东完全不一样，1956 年以前上海有好多外国人，我们邻居就有外国人，学校也有外国留学生。1956 年以后，外国人都撤走了。1956 年以前中外交流很频繁，特别是白俄很多。还有就是 1958 年上海大炼钢铁，当时就觉得胡闹。我们学校也有高炉，现在看来特别滑稽，把铁门搞下来，炼成一块一块的。那个东西能当钢吗？但当时以为就是钢，连市委领导像我们华东区第三书记魏文伯都说，共产主义马上来临了，马桥公社要建飞机场。我听他的报告就觉得有点操之过急。

张：您参加高考时，为什么选择报考山东大学？

曾：为什么报考山大呢？当时，胡校长和我们班主任老师都没搞明白学校的录取政策，不是特别清楚。胡校长想让我做外事工作，考国际关系学院，学校慎重推荐。于是第一志愿国际关系学院。我当时很向往马列主义，想学新闻，所以第二、第三、第四志愿分别是中国人民大学哲学、北京大学哲学、复旦大学新闻，四个系就报完了，这是我老师指导的。语文老师蒋文生老师，对我特别好，他是无锡人，孤身一人在位育中学教书。我写了一篇作文《雪祭》[①]，得到他的鼓励和肯定。《雪祭》这篇作文就写我们的一个邻居，一个老太太，贫苦无依，大雪天到河边给人洗衣赚钱，结果她身患重病，就是血崩。年纪大的妇女经常有这种病，血流不止，没有救治，死在河边。她儿子喊了我，到河边去抢救她，她被水冲走了，我们走了老远才找到她，这么一个故事。蒋老师看了这个故事掉泪了，然后在全班读这个故事，对我好一顿表扬，说作文有生活、有感情，把我这篇作文好多地方都画了红圈，贴了好几个月。我感到无比光荣。我的同学王生洪，后来曾任复旦大学的校长，对那篇文章很欣赏。这都是对我的肯定。

填报志愿的时候，蒋文生老师建议我不能光报北大、复旦和人大，还要报一个中文专业好的高校。他说："你作文写得这么好，报山大吧，北京、上海都有了，山大在青岛，有冯陆高萧，名校啊。"上海人很喜欢青岛。我到了山大以后，上海籍的一位老师曾告诉我，你们这一级是一个分界线，你之前上海人、南方人在山大占据半壁江山，你之后上海人、南方人就少多了。山大逐步变成一个山东特色特别鲜明的高校，本来是一个全国性的高校。这位上海籍的老师对我说，你老说你安徽人，我们认为你是上海人，上海人的地域观念很强。就这样，我填报了五个志愿，考试以后又加上了山东大学这个志愿。

张：当时高考考什么内容啊？

曾：高考和现在相近。语文、数学、英文、物理、化学五科。

张：您是7月份还是8月份参加的高考？

曾：7月份高考。考完以后，我作为团支部书记，负责给同学送录取通知书。位育中学学生的录取率很高，并且被很多名校录取，北大、清华、哈工大、复旦、同济、上海科技大学都有。我的同学王生洪就被上海科技大学录取了。我很晚才拿到山东大学录取通知书。蒋老师说山东大学不错啊，结果一看校址在济南，我老师也犹豫了，胡校长也犹豫了。胡校长说，济南是个穷地方啊，很多山东人到上海来要饭的，要不你不去吧，明年再考，或者留在学校当团委书记，或者去上海师专，第一批高校已经录完

① 该文2000年7月14日发表在《大众日报》文艺副刊。

了。经过一番考虑，还是选择了山东大学。后来吴富恒校长的夫人陆凡[①]告诉我，她去上海招生，突然在桌子上发现了我的档案，怎么这么好的学生其他高校都不要？她就把我招收到山大了。就这样，我被山东大学中文系录取了！

① 陆凡，浙江萧山人。1945年毕业于云南大学外文系英语专业。1954年开始发表作品。历任上海商学院英语助教，烟台解放区《英文报》编辑，华东大学教师，山东大学讲师、副教授，山东大学美国文学研究所所长、直属党支部书记及教授、系主任。

第二章 我的山大印象

1959年8月，曾繁仁来到济南，成为由青岛搬到济南后的首批山大学生。他入学后住在洪家楼老校2号楼，结识了成仿吾校长，从此结下了深厚的友情。当时学习生活条件特别艰苦，山大中心校区只盖了三栋宿舍楼，上课都是在食堂。

五年大学生活，运动多、劳动多，又经历了三年困难时期，正常的教学秩序被打乱，学习受到了严重干扰，但是山大长期以来形成了以教学为主的优良传统，确保他顺利完成了学业。曾繁仁详细讲述了山大具有北大"兼容并包"的光荣传统，同时又具有鲜明的革命传统以及山大文史哲融汇的特色；结合亲身经历谈了大学生活，尤其是他所经历的三年困难时期的学习生活情况。

第一节

山大初次印象

1959年8月我来到山东大学

张:曾先生,您1959年8月考入山东大学,入学到了现在的洪家楼校区吗?

曾:是洪家楼校区,当时只有这一个校区。

张:据校史记载,1958年10月,山东大学奉命由青岛迁往济南。文科的中文、历史两系和理科的数学、物理、化学、生物四系搬迁济南,海洋、水产和正筹建的地矿三系留在青岛。您是山大迁校济南后的第一届学生,请谈谈您对山大的初次印象。

曾繁仁初入山大时留影

曾:那么我就接着围绕初入山大这么一件事情,谈谈山大印象,包括我初期和后期对山大的了解。我是上海人嘛,到了济南以后有点失落和后悔,后来就习惯了,不后悔了。

张:曾老师,请您介绍一下入学报到时的情景。

曾:我们上海一共15位同学考入山东大学。我是8月22日坐火车来的。这个感受很有意思,8月的上海天气依然很热,我乘火车一路北上,越往北走越感觉清凉,心里却愈加迷惘。进了济南以后就到老火车站(济南站)。在火车站有接站的工作人员,乘解放车把我们送到了洪家楼校区。这个校区始建于1936年的教会学校济南私立懿范女子中学。1948年后,懿范女子中学并入黎明中学(后成为公立济南中学),原校址改作山东省农学院校舍。1958年9月,按照山东省委的决定,农学院迁往泰安,原在青岛办学的山东大学迁至济南,搬到了这个校址。我到洪家楼校区入住2号楼男生宿舍,1号楼是原来的老办公楼。2号楼建于1936年,原为懿范女子中学的学生宿舍和修女院,地上两层,地下一层。

2号楼做了集体宿舍，是居住了很多人的一个宿舍楼。

山东大学洪家楼校区2号楼（此楼为男生宿舍，曾繁仁入学后在此居住）

对山大的印象，感觉洪楼校区很美。洪楼校区和德国建的天主教堂相邻，校园内花木繁多，被学生形象地称为“植物园”。在山大我第一个见的人，是当时接待我们的刘淦同学。他当时在2号楼里面等我们，非常热情。刘淦是1956级山东大学中文系的学生，和项怀诚是同级。1960年7月本科毕业后，考取了山大中文系的研究生，导师是孙昌熙先生。研究生毕业后分配到河北唐山开滦一中工作，1976年经历了唐山大地震，他全家8口人，只有他一个人幸免于难。1987年，他调入齐鲁书社工作。

我们这一级入学的新生学制为五年，原有的二、三、四年级学生的学制为四年。全校学生规模为3600余人，教师有360余人。

1959年11月山大复课

张：您入校后什么时间开始正式上课？

曾：复课的时间我记不大准了，校史里记的也不是很准。我记得是1959年的11月，文科师生开始搬往利农庄新校区（现在的中心校区）。那里原先是一片玉米地，碎石满地，甚至有狼出没，当时还在建设。整个新校由学生参与建设。有的老师讲稿都是用香烟纸代替，非常艰苦。那个时候文史楼还未建成，我们在食堂上课，烧一个炉子，非常冷，滴水成冰。食堂用来上课，我们就在外面吃饭。在外面吃饭很惨，风沙很大，拿到宿舍去路又远，很艰苦。

张：为什么这么晚才开始上课呢？

曾：入校以后主要是参加劳动。因为没地方上课，所以上课的时间有些晚。在老校有个礼堂，入学后就在这里听报告、上大课，之后劳动、建校、搬家。到了深秋，中心校区食堂建起以后，食堂里边隔成一个一个的教室，大家在里面上课。到了冬天，教室里寒风凛冽，滴水成冰，我们老师的手都生冻疮了，殷焕先先生的鼻涕老是不断地流。我们上课很有意思。1958 级入校以后因为大炼钢铁也没上课，张可礼老师就是 1958 级，上课后我们 1958 级、1959 级两个年级的学生在一起上课。

张：曾先生，您入学后举行开学典礼了吗？情况是怎样的？

曾：我记得在开学典礼上，校长兼党委书记成仿吾先生以"山东大学以严谨的校风和学风屹立于学林"激励鼓舞我们 1959 级新生的同时，还特别地称赞了中文系的辉煌和传统。开学典礼上介绍了杨希文副校长、房金堂副书记，然后就是吴富恒教务长，我就记得这几个人。中文系章茂桐主任对入校新生进行专业思想教育的第一课，他说，我们山东大学中文系是培养高等院校师资和研究人才的，不是培养作家的。开学的时候条件非常艰苦，两个年级 100 多人在一起上课，连一个扩音器都没有。

张：第一堂课您还记得是哪位先生上的吗？上什么课程？

曾：记不清了。我们中文系把古典文学放到绝对重要的位置，但第一堂课谁上的就记不清了。中文系老师全部上课，老先生坚持在第一线上课，名师名课是山大的一个经验和传统。我看孔范今[①]老师在《齐鲁晚报》上写的回忆里边也是"冯陆高萧"给他们上课，也有学年论文。我觉得基本上跟我们差不多，也大概有三十几门课。山大中文系一直把古典学作为基础的基础，一直是这个概念。杜泽逊任文学院院长时也是把古典学作为基础，把原典作为基础。我的老师们都讲原典，陆侃如讲《文心雕龙》，高亨讲《左传》《诗经》，冯沅君讲《滑稽列传》，这一点印象很深。

---

① 孔范今（1942—2023），山东曲阜人，1942 年农历正月十七出生。曾任山东大学中文系主任、文学院院长。第一、二届教育部高校中文学科教学指导委员会委员。山东大学首批"杰出人文学者"，文学院关键岗教授，博士生导师。

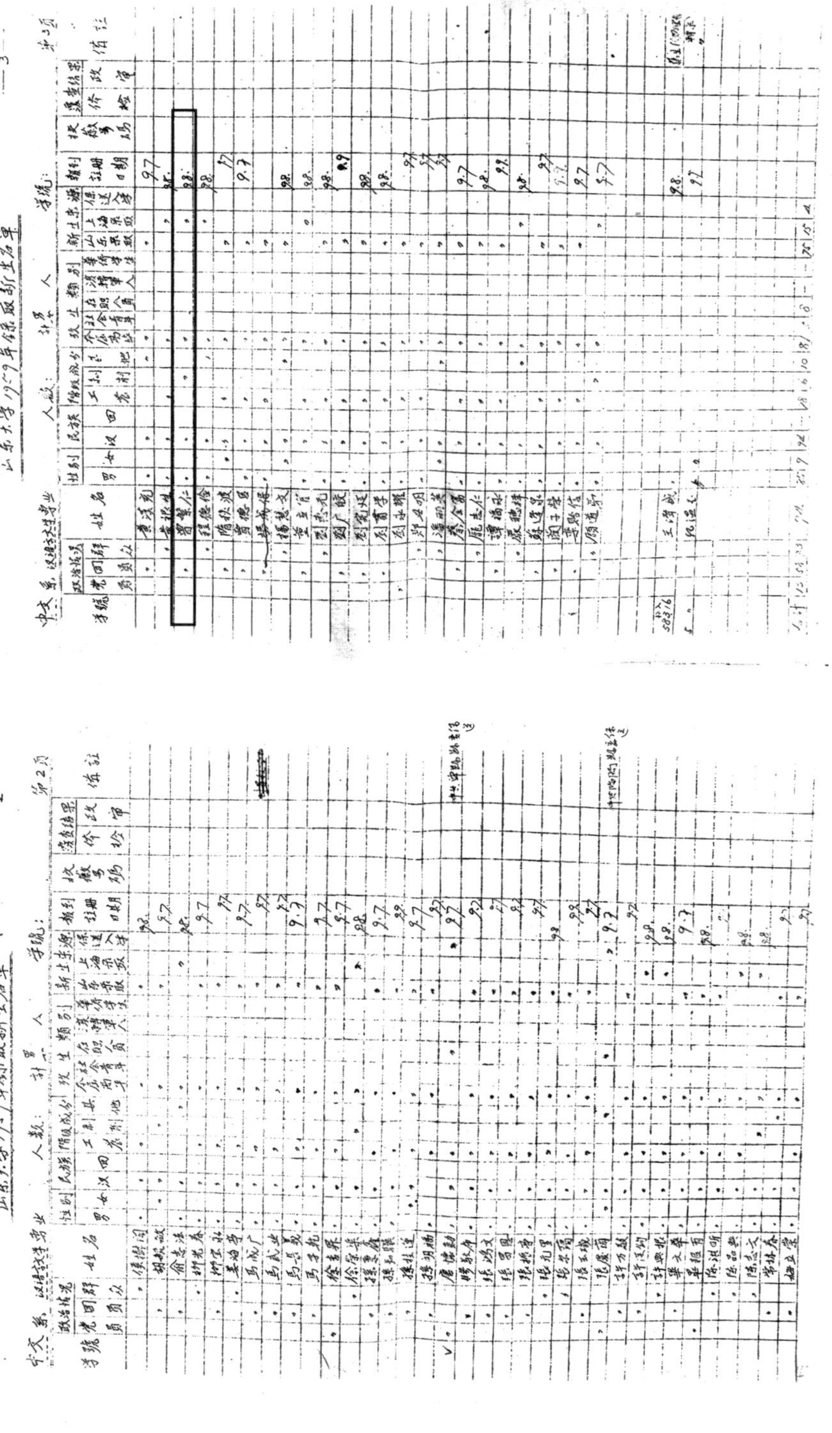

— 2 —

第2页

山东大学1959年录取新生名单

— 3 —

第3页

山东大学1959年录取新生名单

山东大学汉语言文学专业1959年录取新生名单

张:外文系黄嘉德先生给您上过课吗?

曾:黄嘉德是著名作家、翻译家。黄嘉德先生给我们上外语课。他上课我印象深的一个就是,他戴假牙,讲课时假牙掉下来过;再一个他让我们读名著,背名著,背什么我也忘了,也许是莎士比亚的。刘禾是黄先生在山大的学生。我和她有来往,差点把她引荐到山大来,但她的原单位不同意。后来因学校要求的材料来不及准备,刘禾去了清华大学任教。

张:您与黄先生交往多吗?

曾:只要见面就说话,其他的没有别的交往。改革开放以后,黄先生见面就问我,英文没丢吧?我说还给您了。我和黄先生、黄师母都比较熟,关系也很好。

张:陆凡先生给您上过课吗?

曾:陆先生没给我上过课,但是她把我录取到山东大学的。陆先生和公共外语的教研室主任金诗伯先生[①]友情很深。后来我在教务处管排课,和金先生有点小分歧。这分歧就是他强调小班上课,有些课不公开。涉及中文系要不要开第二外语,他说没教师,我说一定要按教学计划开设,就因为这件事,有点分歧。金先生到北京外语出版社写自传,我陪吴校长去看他。据说,“金诗伯”这个名字是陆凡先生起的,意思是具有坚强意志的年长诗者,包含了中国传统文化与犹太文化融为一体的内在含义。金诗伯先生晚年失去语言能力,病危病重的时候,我到他家、到医院去看他。我和他的夫人以及女儿都很熟。

我简单谈一下金诗伯先生。他是中国籍犹太人,山东大学外语系教授,精通俄语、英语、世界语。1914 年出生在西伯利亚地区的赤塔,一岁时随父母来到中国,先后在满洲里、上海等地居住,1947 年参加中国革命,1948 年起任教华东大学俄语系,1951 年随华大并入山东大学外文系,1993 年 10 月 4 日在济南逝世。在其 79 年的人生旅途中,有 78 年是在中国度过的,其中 46 年在山东生活,在山东大学教书的时间更是长达 42 年。1991 年初,作为“国际友人丛书”的一种,金诗伯出版了自传《我在中国的六十年》,在后记中他这样写道:“在这块土地上,我从未感到自己

---

① 金诗伯(1914—1993),著名国际友人和学者。曾任教于华东大学、山东大学。1953 年加入中国国籍。曾撰写和翻译俄语实践课各类教材,参加了《俄语疑难用法辞典》的编写工作。译著有《共产党宣言一百周年》《诗与真实》《美学中的自然主义》《水浒梗概》《元帅外交家》等。

是个犹太人，我时时刻刻感到的是自己是一名中国公民。因为我已不再像旧时代那样，只是环境、物质的奴隶；现在，我成了主人，我所有的一切都属于我。这个国家吸引着我，是因为她使我产生了这样一种感觉：我属于中国，我与中国人民共呼吸共命运；是因为她给了我职业，使我有了用武之地。"金诗伯先生应该讲是非常中国化的一个外国人，他将毕生都献给了中国教育事业。

张：山大中文系1959级有多少人？

曾：我们这一级入学的时候100多人，毕业的时候七八十个人，一个年级就一个班。有的因生活困难就退学了。中文系教师有一个特殊教学要求，就是讲一节课，必须备课8小时，然后要写出2/3以上讲稿，要在教研室试讲通过，且跟随指导教师听课一年，方得上课。这个要求应该说现在也不过时。这是山大中文系教师上课的一个惯例，成了目前山大文学院教师上课的必备程序或法规。我们中文系老师讲课质高且量足，并且讲得都非常精彩。我们老师讲课，不会照抄照搬，而是与前人比较，让同学们注意他怎么讲，与其他人讲的有什么不同。这是山大教师授课的特点，有创新有独见。

文史楼、小树林成了山大的记忆

张：山东大学中心校区是哪一年开始建设的？

曾：1959年6月开始建中心校区，9月文史楼也相继动工了。1958年学校迁济南后，校舍短缺十分严重，需要另选新校址。杨希文副校长带队选新校址，一开始选在南郊宾馆。南郊宾馆没有水的供应，要把水供上很困难，因而作罢。最后选定了中心校区这个校址。原来这个地方正在筹建山东农业展览馆，山东省委放弃建馆，划拨给山大兴建新校舍。原来我们到贸易楼，中间有一条大沟，下雨的时候里面都是水，现在建设都搞好了。中心校区校舍建设、清理杂物等劳动基本上都是学生完成。

再一个，我们从老校搬到新校也是学生完成的，没见过有什么运输车，双人床、所有家具都是我们搬过来的，非常艰苦。文史楼是1959年9月我们来校以后开始筹建的，我参加了建文史楼的劳动。

我还到唐王、孙村参加过劳动。省委搞"万亩丰产田"的劳动，把土地全部搞平整，搞1万亩，这个肯定是和“大跃进”有关系。土地的肥力就被这样毁掉了，我是农村来的我知道，这样弄土地肯定不肥了。还参加过收麦子等劳动。

这次劳动我第一次看见了章丘大葱。我和张伯海老师两个人走到葱地上，张老师拔了一棵给我看，那葱长得和小树苗一样，很喜人！还有建设卧虎山水库，我们这一级同学和老师一起参加建设。建卧虎水库印象最深的是拉车、推车、打炮眼。殷焕先等老师也参加了，冻得鼻涕都流下来了。我们劳动的强度很大，吃的是地瓜面的窝头，一个窝头一斤，我们这些同学一个人吃三个，一干活肚子就空了。我们一天吃九斤粮票，欠了学校很多粮票。没法还啊，我们最后也没还，就毕业走了。

五一劳动节到南部山区掘山植树。山上风特别大，女同学都用布把头发扎着，上去走一步摔一步，挖那个鱼鳞坑，把石头扛在肩膀上，用锄头把坑挖出来，然后把树栽下去。我都怀疑树的成活率到底有多大。我们山大同学参加的这些劳动，强度非常大，手全部磨破了，肩膀都肿老高。

张：您见证了山大中心校区的文史楼和小树林的建设，请谈谈当时的情况。

曾：我记得我入学的时候，中心校区建了三栋宿舍楼，1、2、3号楼，一个食堂。1959年9月开始建文史楼，我们这一级都参加了建文史楼的劳动。1960年秋季文史楼就启用了。这一年深秋以后，具体时间记不准了，我们搬桌子的时候是深秋，不是很冷，我们就到文史楼里面上课了。

文史楼的239教室，是很有名气的教室。项怀诚、李建国等校友都曾经在239教室上过课。他们每次来山大都到239教室去看看，回顾历史。我在里面上过大课，陆侃如等先生上课都在这里头。李建国回来，专门让我陪他到239教室去看看。239教室后来被改造成中文系的一个实验室了。现在的文史楼已经改建成山大校史馆了。我也参与了山大小树林的建设，文科所有的同学都参加了。一开始小树林是两块，一块是现在文史楼东边的这一块，原来文史楼北面还有一块，后来因为建花坛砍掉了。砍的时候我们都很心疼。文史楼、小树林成了山大的记忆，也是我们心向往的地方！

第二节
山大的历史和传统

山大具有北大“兼容并包”的光荣传统，同时又具有鲜明的革命传统

张：曾先生请您讲一讲山东大学的历史和传统。

曾：山东大学有着悠久的历史和优良的传统。来山大才知道，山大的历史很悠久，可以追溯到1901年。1928年省立山东大学与青岛的私立青岛大学合并为国立青岛大学，校址在青岛。杨振声先生是国立青岛大学第一任校长，他是著名作家。杨先生是蔡元培先生推荐来的，所以把北大“兼容并包，学术民主”学风带到山大。因此，山大的学风有几分和北大很像，山大思想解放，学术自由，这个有点像北大。我在北大进行过巡视工作，深入地了解了北大，老师们真敢讲话。山大继承了这个“兼容并包”的学风和传统。山大的“兼容并包”就是允许各种观点并存，这个和北大差不多，包括政治上的不同观点，也容许并存。杨振声先生把闻一多、梁实秋、老舍、沈从文这一批先生请来了，大师云集，崇尚学术，创造了山东大学历史上的第一次辉煌。1932年国立青岛大学易名为国立山东大学，校长是赵太侔，曾留学美国。

张：抗战胜利后，国立山东大学于1946年在青岛原址复校。徐中玉接到山东大学的聘书，举家从上海坐船来到了青岛，任中文系副教授。徐中玉支持学生进步运动，又筹备全国文协青岛分会，受到了反动当局的注意。

曾：是的。1947年9月、10月间，国民党教育部两次给校长赵太侔密电，指令其查明中文系教师徐中玉的共产党嫌疑，赵太侔立即将密电内容告知徐中玉，使其免遭迫害。徐中玉上了逮捕名单，赵校长通知徐中玉赶快走，他就逃到了上海，救了他一命。徐中玉回忆说：“我记得很清楚，密电给我看了。赵先生当时对我说，上面注意你了，我相信你不会有什么问题的，不过你得谅解我的处境，我不能再聘用你了，你有什么困难，需要我

们介绍你到别的大学教书吗？我说，不用了，我会找到工作的。赵说，这学期我已聘了你，一次发给你半年工资。结果，我真领了半年工资，离开了山大。”

徐中玉先生对赵校长非常景仰，多次写文章回忆这件事情。2013 年 11 月，我和时任文学院院长郑春赴上海参加了徐中玉先生百岁华诞庆祝会。徐中玉先生感谢母校师友的关怀，深情追忆了赵太侔校长帮助他逃离青岛的整个过程，并表达了对赵校长的敬仰之情。所以山大历来没有校长整教师，也没有教师整学生，这就是一个原则。

当时山大是特务集中的地方，刘次萧是国民党中统的一个特务头子，曾在山大任训导长。1950 年他就被枪毙了。1947 年到 1948 年，赵太侔对在爱国民主运动中两次被逮捕的 200 多名学生，采取营救措施。亲自修改营救学生的文稿，通过校务委员会作出决议，被关押学生一律不作旷课论，保留他们的学籍。青岛解放前夕，国民党海军司令桂永清令赵太侔乘军舰南逃，赵不愿再随国民党残余流亡，秘密转入山东大学医学院附属医院第四病房，迎接了青岛的解放。中华人民共和国成立后，赵太侔任山东大学外文系教授。

华东大学图书馆

另外，我们山大还有鲜明的革命传统。山东大学和华东大学合并以后，其中有一批思想先进的领导和老师合并到我们山大。山大不仅有“兼容并包”的北大传统，而且还有革命的传统，拥护党、拥护社会主义这样一个传统。所以党的干部在我们学校发挥了很大的作用。

由此，我想到了山东大学孙汉卿书记。孙书记，山东牟平人，1936 年 6 月，他加入中国共产党；1950 年任青岛市委副书记，1963 年任山东大学党委副书记兼副校长；1975 年调到华东石油学院，1978 年任山东大学党委书记。孙汉卿书记配合吴富恒校长在第一线做了很多建设性的工作。我有个看法，我们学校作为一个党委领导的学校，对党委书记的介绍和宣传力度是不够的，对党委书记的作用在校史里边也没有着重记载，所以我着重讲一下孙书记。

孙汉卿，1913 年 9 月出生，山东牟平人，中国共产党优秀党员、原中共山东省顾问委员会常委、原山东大学党委书记、老红军、享受正省级医疗待遇。为祖国的革命与建设事业奉献了毕生精力，于 2012 年 2 月 24 日6 时在济南溘然长逝，享年 99 岁。孙书记一生追求真理，热爱祖国，心系人民。自青年时代起，就胸怀革命理想，坚定马克思主义信仰。他 19 岁加入共产主义青年团，23 岁加入中国共产党。20 世纪 30 年代，为抗日救国，他毅然投身革命，参加了著名的“一二・九”“一二・一六”学生运动，团结青年学生与国民党反动政府作斗争。抗日战争、解放战争时期，在爱国救亡和争取和平、反对内战的斗争中，他积极宣传进步思想，勇于进行革命战斗，历经艰难困苦，不怕流血牺牲，充分体现了共产党人坚强的革命意志和崇高的革命精神。中华人民共和国成立以后，他以强烈的事业心和爱国热忱努力工作，不管是在地方担任领导职务，还是从事高等教育事业，都坚决执行党的路线方针政策，兢兢业业，勤勤恳恳，为社会主义现代化事业殚精竭虑，竭诚奋斗，奉献了毕生精力。

我在中国海洋大学担任过党委书记，我国历来把书记的作用都看得很重。我觉得孙汉卿书记在山东大学的建设中也发挥了重要作用。他自己严格自律，在第一线勤奋工作，每天坚持卷着裤腿骑自行车上下班。七十多岁骑自行车摔倒了，才不骑自行车上下班了！孙书记吃饭的时候，旁边的工作人员还给他汇报工作。我说，孙书记您怎么能把饭吃下去呢，这样非得胃病不可。他说，我就不得胃病。所以，我认为应该在我们校史上给孙汉卿书记应有的位置，他的贡献应该得到应有的认可。

再一个就是杨希文副校长，曾任山东省政府副秘书长，他和梁漱溟一起搞乡村建设方面的研究，他俩交情很好。抗日战争的时候，日本鬼子的炸弹把他腰炸断了，变成重度残疾，“文化大革命”受到冲击。杨校长在学校建设上也发挥了积极作用，他接受党委的安排，给山东大学选校址。山东大学中心校区这个校址就是他选定的。他退休以后，我去益寿路的家中看他，他讲了很多事情，包括他和梁漱溟的交往，等等。当时没记下来，我觉得他的事迹应该记在我们校史里面。

中国古典文学研究教研室是中文系的王牌教研室

张：山东大学历史悠久，有北大“兼容并包”的光荣传统，同时又具有鲜明的革命传统，请您谈一谈当时山大中文系的情况。

曾：我 1959 年入学时，山东大学有中文、历史、外文、数学、物理、电子、化学、生物八个系。山大中文系真可谓名师如云。古代文学的冯、陆、高、萧（冯沅君、陆侃如、高亨、萧涤非），语言学的二殷（殷孟伦、殷焕先），现代文学的高兰、孙昌熙、刘泮溪，以及我们文艺理论组的吕荧，均为国内本领域赫赫有名的学者，还有一批中青年教师，也早已在本领域崭露头角。

张：请您谈谈当时山大中文系的党政领导。

曾：中文系主任是章茂桐先生，副主任有刘泮溪和蒋维崧先生。党总支书记是梁学礼同志，副书记是吕欣同志。

张：当时中文系的行政人员有哪些？

曾：山大中文系的机构，办公室主任金里同志。金里同志是老干部了，在中文系一直干到退休，前几年刚去世。系资料室有两位老师，大家都认识的，一个是余保之先生，一个是刘卓平先生。另外，还有系行政宫曰敏同志。当时我们党支部副书记是刘泽宣同志，他是老干部，他父亲是抗日战争时候的日照县县长，他对中文系的政治宣传工作也有很大贡献。

张：当时中文系下设几个教研室？

曾：我刚入校的时候有四个教研室：文艺理论、中国古典文学、现代文学、语言学教研室。中国古典文学教研室主任萧涤非，文艺理论教研室主任孙昌熙，现代文学教研室主任刘泮溪，语言学教研室主任贺绍兰。

1960年3月，中文系增设了写作实习教研室，为全校各系一年级开设必修课写作实习。4月，中文系获准增建了新闻学专业。7月，中文系开始增设了中文专业函授研究生班。这五个教研室实力都很强，最有名的肯定是古典文学教研室了，它是中文系的一个王牌。1961年11月，中文系古典文学研究室成立，冯沅君先生任主任。

张：请您谈谈当时中国古典文学教研室的师资力量。

曾：中国古典文学教研室是中文系的王牌教研室，是大家都很关注的一个教研室，而且我们的课程都是以古典文学为主。教研室的师资“冯陆高萧”不用说了，教研室主任一开始由冯先生担任，后来是萧涤非先生、袁世硕先生、董治安先生先后担任。除了“冯陆高萧”，还有关德栋先生、赵省之先生。赵先生是牟世金的岳父，他给我们讲魏晋南北朝文学史，讲得很长。我觉得讲得很好，但查不到他任何材料。袁世硕先生留校了，董治安老师也留校了，就是他们这些人。黄孝纾先生留在青岛，没有来，他也属于古典文学教研室。他在青岛指导研究生，我记得焦裕银按时到他家去接受学术指导。古典文学还有研究宋词的刘乃昌先生，调走了又回来了。还有郭延礼老师，给我们讲近代文学史课程。

山东大学历史上的“五岳”

张：现当代文学教研室的情况呢？

曾：现当代教研室有刘泮溪先生、高兰先生、孙昌熙先生、韩长经先生，还有徐文斗先生、张伯海先生。古汉语教研室有殷孟伦先生、殷焕先先生、姜可瑜先生，等等。

张：蒋维崧先生在古代汉语教研室吗？

曾：蒋维崧先生在现代汉语教研室。周迟明先生也在。周先生上的课我都不记得了，当时印象不深，但见过他。文艺理论教研室，一开始是孙昌熙先生兼任教研室主任，然后是吕慧娟先生任主任，当时还有狄其骢先生、周来祥先生。

山东大学文史哲融汇是一个特色

张：都说山大文史不分家，当时文史哲的同学在一起上课吗？

曾：我觉得山东大学文史哲融汇是一个特色。山大文史哲交融特点非常明显，原来中文、历史是一家就是中文系。1946 年山大在青岛复校后，杨向奎先生任中文系主任。1949 年 6 月 2 日，青岛解放，军管会接管学校，华岗任校务委员会主任，这期间中文系分出了历史系。王统照和杨向奎分别担任中文系和历史系主任。1950 年春，由于王统照即将调任山东省文化局领导职务，中文系和历史系合并为文史系，杨向奎任文学院院长兼文史系主任。1950 年下学期文史系又分为中文系和历史系，吕荧任中文系主任，杨向奎任历史系主任。杨先生后来就调到北京了。

1960 年春，山东大学根据上级要求设立了政治和哲学系。我们文、史、哲三系，都在一起活动，互相影响，互相学习。历史系有“八马同槽”①，历史系的著名教授，我都认识。有一次开全校师生会，我跟童书业先生坐在一起，突然发现童老师穿了一件很干净的衣服，但是在袖子上擦鼻涕，衣服袖子油油的。有一次我带两个神经衰弱的同学到马家庄精神病医院看病。到了以后，看到童书业先生坐三轮车也过来了，穿着新棉袄、新棉鞋，戴着马步帽，我和同学们问候童先生。童先生进楼，马步帽一摘下来，上

---

① 八马同槽，指山东大学历史系的八位著名教授。20 世纪 50 年代，山东大学历史系进入非常辉煌的时期，汇集了杨向奎、童书业、黄云眉、张维华、郑鹤声、王仲荦、赵俪生、陈同燮等著名的八大教授，并称为“八马同槽”。其时也，杨向奎等八位先生共同执教于山东大学，为一时之盛。八大教授以中国古史分期、中国农民战争史、中国资本主义萌芽等重大学术话题开端发皇，因切中时代变迁而引领中国学术潮流，并由此形成“独断之学”与“考索之功”并重的学术家风，这不仅为山东大学历史系在史学界赢得了一个重要位置，而且也为山大历史的发展奠定了良好的基础。当时的历史系还有丁山、赵纪彬、吴大琨、许思园、刘敦愿、韩连琪、卢振华、徐绪典、孙思白、华山、蒋捷夫等一大批知名学者，创办了《文史哲》(杨向奎先生为第一任主编)，以高水平的研究成果为山东大学赢得了“文史见长”的盛名，享誉海内外。

面全是鼻涕。童先生学问做得好，但是不注重小节，这是童先生的一个特点。童书业先生是奇才，他去治疗神经衰弱（神经官能症），睡不着觉，病没完全治好，自己写作的《精神病与心理卫生》出版了。他从 20 世纪 40 年代末开始，结合自己与相关病人治疗的实践，批判地吸收国外弗洛伊德精神分析法以及行为主义、巴甫洛夫条件反射学说等对精神病和心理卫生及两者关系所作的探讨。据相关领域专家评价，该书不比搞神经科的人研究得差。

童先生的确是奇才，治学范围极广，诸如中国史、历史地理、中国历史分期、古代东方史、中国手工业商业史、先秦诸子思想、中国绘画史、瓷器等方面都多有建树。他涉足哪个领域，就是那个领域的专家，这样的人才没有了。

还有韩连琪先生，他 1931 年考入青岛国立山东大学国文系，师从闻一多、梁实秋、游国恩、王统照、丁山等著名学者，学习成绩优异，屡获优等奖学金。大学时代后期，曾在古文字学家和史学家丁山先生的指导下系统整理周代金文，为后来从事古史研究奠定了坚实的基础。他是我国当代著名的先秦秦汉史专家，尤其在先秦秦汉土地制度、赋役制度和社会结构的研究上多有建树。我曾经听过他做学术报告。黄云眉先生是研究明史的，是我同学的父亲。我曾经到他家去过，看见师母替他抄稿子。再就是杨向奎先生，我入校的时候他已经调到中国科学院历史研究所工作了。

从 1946 年到 1956 年，杨向奎先生先后任山东大学中文、历史两系的主任。1951 年，杨先生参与创办了《文史哲》杂志。1956 年他调到北京，任中国科学院历史研究所二所研究员、研究所学术秘书、学术委员会主任。杨先生积极支持山大进行墨子研究，我有幸和他相识了。1991 年山东大学、滕州市墨子研究中心成立，杨先生担任名誉主任。张知寒先生是墨学研究专家，他考订墨子故里为小邾国，即今滕州市。杨向奎先生大力支持。

张知寒先生积极筹备成立了国际性的中国墨子学会，筹办了多次全国的和国际的墨子研究讨论会，主编并出版了《墨子研究论丛》四辑，筹措经费一百多万元，在山东滕州建立了墨子纪念馆，将珍贵的《墨经》全篇刊刻上石。知寒先生的墨学研究不但弘扬了沉寂千年的墨学，也为滕州市的经济发展做出了重要的贡献。

张：您曾任中国墨子学会会长，现在还担任学会的顾问，并先后发表了《评墨子“非乐论”美学思想》《千年“绝学”的伟大“复兴”——墨学研究的百年回顾与前瞻》《墨学的当代价值》等关于墨学的学术论文，为推动墨学的研究也做出了积极贡献。

曾：1991 年 6 月，我陪杨向奎先生去参加首届墨子学术研讨会，他在会上作了关于墨子的学术发言。在去开会的路上他给我讲了很多往事。在 20 世纪 60 年代后期，林彪邀请杨向奎到毛家湾给他讲哲学，讲课后给他写过几本讲哲学的小册子。在“文化大革命”期间他被隔离审查，古书不能读，可以看外文书。他夫人在王府井外文书店买了介绍国外最新自然科学的书籍，杨先生开始研究自然科学。花甲之年的杨先生以惊人的毅力、锲而不舍的精神，毅然迈进自然哲学和理论物理学的研究领域，并经过艰苦努力，撰写了《论时间、空间》《熵与引力》《未来的理论物理学：量子与熵——二进位的数字表达式》《关于数理逻辑中的悖论》《人生境界论——自然空间与理性空间》等论著。这些著作，受到了国内外科学界的高度重视，为今后沟通自然科学和人文科学做出了可贵的探索，为新世纪打破各门科学之间的阻碍并向边缘学科进行拓展做出了不朽的贡献。

杨先生不停地把他发表的文章寄给我，然后问我读懂了吗？我说：“杨先生我真读不懂，有数学公式，有物理学公式，公式我不懂，卡住了。您老人家给我寄一个没有数学物理公式的文章，我才敢发表意见。”1980 年杨先生赴美国密歇根大学进行为期一年的访问研究，在此期间发表演讲提出了“哲学和自然科学”的问题，引起很大轰动。

杨先生也是奇才，他的观点就是最好的学生才能读历史。现在好像考不上数理化的才考历史，这样不对。中文、历史的学生应该是最好的学生才是。

张：您对其他先生还有印象吗？

曾：还有庞朴先生。他是我国当代著名哲学家、历史学家、文化史专家。庞朴先生的学术生涯最早始于山东大学。1952 年，山东大学选送庞朴先生到中国人民大学攻读研究生课程。两年后，庞朴先生毕业回到山东大学，在“文化大革命”当中受到批判离开了山大。庞朴先生也是奇才，提出“一分为三”之说，“道生一，一生二，二生三，三生万物”，中国古代不仅讲一分为二，而且讲一分为三。“一分为三”之说奠定了他在中国哲学史上的基础地位，是他的理论创新。他的创新之处有很多，几乎他涉猎之处都有创意。还有王仲荦先生，研究魏晋南北朝史。王先生的《魏晋南北朝史》是写得最好的一本魏晋南北朝史。王先生讲很浓的上海腔的普通话。历史系“八马同槽”，杨向奎、童书业、黄云眉、张维华、郑鹤声、王仲荦、赵俪生、陈同燮等老先生，在我们中文系师生里面知名度也都很高。

第三节

初识成仿吾校长

张：1958 年 8 月到 1966 年 8 月成仿吾先生就任山东大学校长，为山东大学的建设做出了卓越贡献。据说您刚入学的时候，成仿吾来到学生宿舍看望你们，嘘寒问暖，和你们聊家常。

曾：入学第一天成仿吾校长就来到 2 号楼看望我们，很感人！晚饭后，成校长就挨个宿舍地看，摸一摸每张床的被子，不时地和同学们交流嘘寒问暖。他走进我的宿舍问我：“哪里来的？”我说：“上海。”他问我：“生活习惯吗？”摸了摸被子，“怎么没有褥子？”我们上海人没有褥子，带棉花絮，太薄了，后来我爸又给我买了一床毯子铺在上面。成校长问得很细，最后说：“大学生活和中学不一样啊，要是住不习惯，你们有什么问题就给系领导和校领导，或者直接给我反映。”在这之前，成校长到了食堂，查看食堂饭菜准备情况，特别叮嘱食堂工作人员南方孩子要吃米饭，准备好米饭等。米饭在山东是当粗粮卖的，每次供应很少。

我入学以后，一直到成校长 1974 年调到北京，逐步地和成校长接触就密切了。我留校后，慢慢地就和成校长熟识了。因为成校长的夫人张琳是山大副教务长，她认识我，一直以为我是政治系的，见面就问我政治系的情况，然后我就解释说我在中文系。“文化大革命”当中，成校长被冲击，我们去看他。他基本上无所不谈，他的境遇、他的心情都给我们谈，他认为这些学生是信赖他的。

张：成仿吾先生曾在中国人民大学、山东大学、东北师范大学等高校任领导职务，在革命、建设、改革的各个时期都为我国教育事业的发展做出了重要贡献。请您谈谈成仿吾校长对于山东大学的贡献。

曾：成仿吾是中国无产阶级革命家、忠诚的共产主义战士、新文化运动的重要代表、无产阶级教育家和社会科学家、文学家、翻译家。成校长是我上大学期间的校长，我的毕业证书上就有成校长的签名。成校长是老一辈革命家。1910年留学日本冈山第六高等学堂，1916年进入东京帝国大学造兵科学习，1924年受聘广东大学教授，大革命失败后积极参加革命，1928年在法国加入中国共产党，后回国参加革命，是长征途中唯一的教授级知识分子，在延安担任陕北公学校长。新中国成立后历任中国人民大学副校长，东北师范大学与山东大学校长、党委书记。成校长作为老教育家，一向爱生如子，在陕北公学就有“成妈妈”的称号。

成仿吾校长

成校长早年参加创造社，提倡无产阶级革命文学，他曾跟郭沫若说鲁迅是封建主义残余。成校长有一篇文章对鲁迅的批评特别激烈。后来，成校长因为鲁迅问题吃了点亏。1959年9月下旬，成仿吾校长在济南接受了留学北京大学的苏联研究生彼得洛夫的访问，介绍了创造社的情况，并回答了他所提出的问题。

彼得洛夫到山大来采访成校长，问起他和鲁迅的关系。成校长就讲述了创造社初期和鲁迅的“文字之争”，然后说鲁迅后来成了我们革命队伍的朋友，又成了他的朋友。20世纪30年代初，成校长从鄂豫皖苏区到上海党中央报告工作，是通过鲁迅找到了党的组织。“文化大革命”当中，成校长的这个谈话被公布了，说他反对鲁迅就是反对毛主席。山东大学的校名也受到株连，曾改为“鲁迅大学”。在“文化大革命”中，对成校长进行批斗、游街。因成校长家里有一个维纳斯雕像，就说他是腐化堕落崇尚资本主义，让他抱着雕像游街。这么大岁数——60多快70了吧，那个时候算高龄了——他受尽了屈辱，被批斗了好几次。全校造反派的口号是“成家的天下，孙家的党”，这么一个大标题，成天批。

有一次批斗会令我印象很深，因为每次批斗会发言的时候都会读一段毛主席语录、诗词，一个同学就读了“独有英雄驱虎豹，更无豪杰怕熊罴”。这句话是1962年毛主席写的一首词。当时“反修”，国内形势比较复杂。毛主席诗词中有一个“罴”字，那个学生念成“罢”，肯定读错了啊。成校长抬起头来：“更无豪杰怕熊罴！不是罢！”他又说“罢”，成校长说“罴”，下面哄堂大笑。在那种情况下成校长居然还能改正学生念错的字，真是高风亮节！我们都在批斗会现场。另外还有一次学生批斗他，叫他吃忆苦饭。忆苦饭就是糠加在粗粮里边，张教务长（张琳，成校长夫人）吃不下去，50多岁啊，可能她接受不了那个东西，咽不下去。然后又给成校长拿过来了。学生就问他：“你吃过忆苦饭吗？这样的饭你吃过吗？”成校长说：“我们长征过草地的时候，吃的是煮皮带，比这还难吃。”学生没话了。成校长在那种境遇下很坦然，让我们很敬畏。

张：成仿吾先生到任山东大学校长不久，曾表示一定以战争年代的战斗精神，把山东大学办成第一流的大学，办成有自己的特色、自己的方向、自己的风格的大学。

曾：是的。我觉得成校长在山东大学有以下几个贡献。一个就是整顿教学秩序。1959年进校以后，就开始“大炼钢铁”“三面红旗”，学校停课，我们到校的时候是处于停课状态，还没复课。成校长为了整顿教学秩序，提了一个全校口号。他在各种场合大讲稳定教学秩序，做报告讲，开会讲，开专题会讲，一直到我毕业以后留校，当了辅导员，开会还听他讲。他的这个基本观点，一直成了山大的传统：课表是准法规，上课的名称、地点、教师、时间都不能随意更动，是法规，叫准法规。需要更动的话，必须经过教务长批准，甚至分管的校长批准。这是成校长和张教务长一贯坚持的，到现在形成了山大的一个传统。

后来，我任教务长，也谨遵这一教学规章，一直传下来，直到樊丽明校长。有次樊丽明开玩笑说，曾校长谆谆地教导我们，课表是准法规。我说那不是我说的，是成校长说的。我到现在都没看到有哪一个人讲过这句话。我们当时是坚持不能随意调课，调课是非常大的事情，得经过分管校长批准。成校长为此被批有右倾机会主义思想。山东省批没批判我不记得,反正是让他靠边站,原来可以参加省委的会,后来他也不能参加了,这是非常大的一个事情。

再一个就是,成校长坚持经常地到新校区看望学生,我不敢说每天,因为我们学生没调查,他经常从老校走到新校,来看望学生,来听课。应该讲成校长对学生是很关心的。对于山大的建设最具有影响的一件事情,就是1960年成校长到德国访问。访问回校以后,在老校做了一个大报告,这报告就是谈访问的感想。成校长讲得很精练,然后讲了他的设想,讲了柏林大学的盛况及课程的设置、规模、教师水平等,讲洪堡大学,小小的一个大学,培养了多位诺贝尔奖获得者。他说要向柏林大学看齐,把山东大学变成一个高水平大学,他没说世界一流。然后他说柏林大学的学生规模达到了1万人,山大要建1万规模学生的大学。那时候山大3000多学生,他讲1万规模,我们都觉得很宏大,要把利农庄的校区和洪家楼校区连成一片,变成万人大学。我曾经到俄亥俄大学,5万人大学,我看了一下,它的体育场能容纳5万人。我们现在七八万人也不稀罕了是吧?那个时候成校长讲万人大学,很鼓舞人心,很震撼。

第三个,成校长一个重大的举措就是建立了政治系。山大没有政治系,成校长开始建立政治系,因为他在人大当过副校长,深知政治学科的重要性。政治系成立之初,成校长到处挖人才,到人大把经济、政治、党史、哲学系的老师逐步地引进来。像谭心田老师、王复三老师,这些老师的水平都很高,都是成校长引进来的。政治系于1960年开始规划建设,在文科包括中文、历史等系选择政治条件比较好的学生到政治系。3月,中文系的部分学生就转入了新建的政治系。政治系学生是四年制,我们仍然是五年制,这是建政治系,使得山大有了文、史、哲、政等学科。当时还没有哲学系,有哲学的教师,有了经济,有了党史,然后建了政治系,这是成校长非常大的一个贡献。1962年政治系建成,从此山大文科加上了政治系。那时的一个政治系,现在已发展为哲学、经济学、科学社会主义、法律、社会学等多门学科,并分别组建了学院。

1960 年 3 月 6 日，山东大学举行政治系成立大会

张：1958 年北京大学中文五五级的同学集体编写了一部《中国文学史》，此举影响了全国。山大中文系主任章茂桐提出编写“大文学史”的设想，得到了成仿吾校长的支持。

曾：成校长积极支持编写“大文学史”，就中国文学史编写问题到中文系发表讲话。他强调坚决贯彻毛主席延安文艺座谈会的讲话，文艺为人民。他强调要编“大文学史”，这个“大文学史”是和过去的文学史不一样的，是一个以写人民为主的文学史。可惜这部文学史写了以后不好出版，因为我们文学史记录的东西，人民不是主要的，民歌什么都不占主导地位，虽编出来了，但最后没出版。

张：编写“大文学史”是中文系的一件大事，请介绍一下参编人员的情况。您参加了吗？

曾：我没参加，项怀诚他们 1956 级、1957 级的学生为主编，我也没见这部书正式出版。项怀诚 1956 年入校，1960 年毕业，我们交叉了一年。1960 年上学期编写“大文学史”正式启动，分了先秦两汉、魏晋南北朝、隋唐五代、宋元、明清、近代六个组。先秦两汉组由虞振国任组长，高亨先生是顾问；魏晋南北朝组由牟世金任组长，陆侃如先生为顾问；隋唐五代组由向乃旦、凌南申任组长，顾问是萧涤非、黄孝纾先生；宋元组组长是田士琪，顾问是冯沅君先生；明清组组长是赵呈元，顾问是袁世硕先生；近代组组长是曾元生。当时编“大文学史”，按照我现在有限的知识体系，我觉得完全是以人民民歌为主的文学史，在中国行不通，因为统治阶级的思想毕竟是统治思想，文学艺术主要反映的不是人民的生活。成校长是有这个观点，我觉得不妨一说。成校长贯彻毛主席延安文艺座谈会精神的努力，以及他的导向，坚持文艺为人民，重视文艺为人民这个方向，是正确的。但传统文学作品主要是文人写的，民歌等人民的作品比例很小，如何写成“人民文学史”比较困难，以此为指导肯定是没问题。

1970 年 6 月，山东大学文科四系与曲阜师范学院在曲阜组建了新的山东大学。山大文科搬到曲阜，成校长没有到曲阜，但专门去电祝贺。后来在党中央的亲切关怀下，他被调去北京任中央高级党校顾问。我从曲阜到济南来的时候，专门去拜访了成校长。

1983 年 9 月成仿吾校长和夫人张琳教务长重访山大的合影

前排左起：1.于光前（孙汉卿夫人），3.章茂桐，4.邓从豪，5.王仲荦，6.孙汉卿，7.成仿吾，8.吴富恒，9.张琳（成仿吾夫人），10.萧涤非，11.王祖农，12.房金堂，13.何瑁；后排左起：1.李庆臻，5.张倚华，6.潘承洞，7.何畏，8.胡夔荣，9.金里，10.张房山

张：成校长在山大时住在什么地方？

曾：成校长住在老校一宿舍。在山大南院有一座两层小洋楼，命名为“成仿吾小楼”。这座小楼是1964年经中央和山东省特批为他建的，但他并没住过，现为山大老干部活动中心。我们每次到他家去看望他，他都非常高兴。我问他，“您怎么不跟着我们去曲阜呀？”他说：“组织上没让我去。”我说：“您没跟着我们去，新山大成立您还写了贺信。”他说：“我自己到洪家楼邮电局去发的电报。”电报的大概内容是对新山大的成立表示热烈的祝贺，希望山大贯彻毛泽东教育思想，走向正确的办学道路，培养更好的学生，等等。大家听了成校长的电报内容都眼含泪水，充满了对他的热爱之情。

第四节
我的山大生活

中文系的培养目标和要求

张：当时中文系对于本科生的培养目标和要求是什么？

曾：关于培养目标和教学要求。章茂桐主任在开学典礼的讲话中提到，中文系是干嘛的？培养作家吗？不培养作家。三个出路：第一个出路是写作、评论家、理论研究者，理论研究者是主要的；第二个就是教师，大学老师，中学老师；第三个，各个机关部门的文字工作者。就是这三个。第一个主要是做研究人才，说明了什么问题？中文系主要是培养学生论文写作。章主任讲在学期间要学会写论文，毕业以后要写出一篇被学术界认可的论文，这就是培养目标。至于成为专家，是靠学生自己去成长的。把论文写作，包括论著的写作，放在非常重要的位置。这给我们明确了培养目标。他说培养途径有三个即“三基”：基本理论，基本知识，基本技能。“三基”的提出太厉害了，我觉得现在也不过时。基本理论，马克思主义理论，还有文学理论、语言理论，这是基本理论。基本理论打牢打实。专业的基本知识，要把它打牢，如文学史和语言类的。再就是基本技能，要求就要写作，写出像样的文章。所以我们中文系的课程，每一门都有作业，每一年都有学年论文，甚至还有阶段论文，老师要批改。这就把写作放在一个非常重要的位置上。学生要写出能发表的论文，这是最基本技能。

张：1959年您入校以后，山大中文系有研究生了吗？

曾：有。据说山东大学中文系1955年开始招收研究生。

张：请您谈谈当时山大中文系培养研究生的情况。

曾：我入学后冯先生和高先生在带副博士研究生，还有外国留学生。外国留学生回国以后地位都挺高，还有在使馆工作的。许多年以后，他们回校返校，在青岛聚会，都很激动。项怀诚组织过一次聚会。当时留学生参加我们的活动，也参加劳动，但不是所有的劳动。我记得冯沅君先生带的副博士研究生为尚达翔，高亨先生带的是颜学孔。我入学后得知，这一年中文系招收了五名三年制研究生，分别是冯沅君在宋元明清文学专业招收的庄克华，陆侃如先生在先秦隋唐文学专业招收的龚克昌，孙昌熙先生在文艺理论专业招收的于维璋和顾圣一，蒋维崧先生在古代汉语专业招收的李相华。

张：刚才您提到学年论文，山大中文系学年论文举措是何时建立的？

曾：山东大学中文系学年论文制度应该是1954年提出的。根据当年综合大学暑期教学座谈会决议的精神以及华岗校长的要求，中文系结合教学、开展科学研究、提高教学质量，培养学生独立工作能力的要求，决定从本学期起，在二、三年级增设学年论文。从此开始这项制度一直延续了下来。我们这一级的学年论文是跟任课老师商量论文写作情况。该学期学习哪门主课就写哪门，一般都是写古代文学、文艺理论，或者现当代文学方面的论文。征求老师同意后，再写学年论文，任课老师指导批改。论文定稿后组织学年论文报告，当时没有评比。最后要交上学年论文，我忘了打不打分。老师要有评语，都看得很仔细。学年论文锻炼了我们的学术能力，提高了论文写作水平。我上学的时候，有的老师讲课和讲义不一样，就要拼命地记笔记，然后又拼命地写论文。就这样记了五年，写了五年，锻炼很大。

中文系的學年論文和畢業論文工作

中文系秘書　韓長經

（一）做好準備工作

（二）出好題目，公佈題目

（三）選好題目，聘請指導教師

1954 年 10 月 30 日《山东大学报》刊载的《中文系的学年论文和毕业论文工作》

张：2018 年杜泽逊院长任职后，又恢复了学年论文制度。这一年文学院制定了《山东大学文学院学年论文办法》和《山东大学文学院学年论文实施细则》，有力推出并实施了“学年论文报告会”举措。学年论文报告会每年举行一次，目前已经举行了 6 届，大幅提升了研究生的科研创新能力，成效非常显著，大部分学年论文在国内重要刊物发表。据不完全统计，截至目前，共发表学术论文102篇，其中《文学评论》《文艺研究》《文学遗产》《文艺理论研究》等顶级、权威期刊10篇，C刊34篇。研究生学术成果荣获校级优秀成果奖12项，荣获省级学术成果奖3项。有相当数量的研究生学位论文是在学年论文基础上拓展完成的。

2019年曾繁仁（左四）参加文学院首届研究生学年论文报告会

曾：杜院长抓学年论文报告会制度，育人成效凸显。学年论文报告会制度是培养学生的有效举措，希望文学院学年论文报告会坚持做下去，发扬下去。

山大崇尚学术，氛围浓厚

张：请您谈谈当时山大中文系的学术氛围。

曾：我来山大以后感觉当时师生崇尚学术，把学术看得很神圣，氛围浓厚。我们同学之间经常谈论哪些老师发表过高水平的论文，又出版了什么著作，老师们最近的学术热点，等等。陆侃如先生又在《文艺报》发表《论文赋》了，冯沅君先生发表了什么，高亨先生正在做什么研究，萧涤非先生出版了《杜甫研究》等。包括中年才俊我们也讨论，像周来祥先生发表美学大讨论的文章，狄其骢先生发表形象思维的文章，都在学生里面盛传，大家都认真学习。美学大讨论的时候，李泽厚才25岁，读他的文章，以为他是位老先生，后来见面才得知他正值盛年。总之崇尚学术这个氛围，在学生里面非常浓厚。

再一个是听学术报告。我印象深刻的有一次关于孔子的讨论，孔子的儒学思想是肯定还是否定？山东大学请冯友兰、赵纪彬和关锋在学校餐厅关于这一问题展开讨论。冯友兰先生讲的什么听不大清楚，只见他不停地捋胡子，有条不紊地娓娓道来。他讲了一个非常重要的观点，现在应该还适用，"抽象地继承"。古代传统文化，要把它提炼出来，继承它的精神，叫"抽象继承法"。我觉得挺管用，我们现在都是用抽象继承的，这是冯先生的一个观点。赵纪彬笔名向林冰、纪玄冰，河南内黄县人。1926年加入中国共产党，1934年后转入文化教育界，先后任复旦大学、东北大学、东吴大学教授。1947年夏，赵纪彬因支持学生运动而被解聘，遂赴青岛任教于山东大学。1949年后，历任山东大学文学院院长、校委会副主任委员等职。1951年11月，任平原大学院长。1964年调中央党校任教，直至去世。

那时候中文系学术讨论太浓了，把我们这些学生都感染了。讨论人性问题，把人性当批判对象。讨论典型问题，蔡仪先生在1962年发表的《文学艺术中的典型人物问题》一文，对文艺中的典型问题作了论述，还谈论了典型的共性和个性的关系。还关心当时的美学大讨论，美的主客观思想，等等。

对我影响比较大的是沈雁冰的一本书《夜读偶记》。该书结合当时"以阶级斗争为纲"的形势，借用了苏联联共(布)党史的观点将一切意识形态问题都归结为两个阶级、两种政治倾向的斗争。于是"人民与剥削阶级的斗争"成为文学史发展的历史主线，与之相应，唯物主义与唯心主义的斗争也成为意识形态领域之斗争主线。在此影响下，茅盾在《夜读偶记》中将中国三千多年的文学史归结为"现实主义与反现实主义相斗争的历史"。众所周知，现实主义乃是18—19世纪产生于欧洲的一种文学流派。席勒曾说，素朴的诗人，他就是自然，而感伤的诗人则追寻自然。一般理解前者为现实主义诗人，后者为浪漫主义诗人。而中国古代诗人则一直生活在"究天人之际"的文化氛围之中，他始终是自然的，无须去追寻自然。所以，严格的现实主义与浪漫主义在中国古代文学中是否存在是有疑问的。将几千年的优秀文学简单地归结为唯物主义与劳动人民至上是非常牵强的。这样的观点给当时与长久以来的人文学术研究造成极大的负面影响。

张：20 世纪 50 年代山东大学在《红楼梦》《长恨歌》《水浒传》以及美学大讨论中，成果卓著，引领了学术的风向标。请您具体谈谈当时的学术讨论。

曾：首先是关于《红楼梦》讨论。1954 年，针对《红楼梦》研究中的若干问题，山东大学中文系学生李希凡与蓝翎合写了《关于〈红楼梦简论〉及其他》一文，经冯沅君等先生的支持，发表在《文史哲》1954 年第 9 期上。《文史哲》是毛泽东主席案头常备的读物之一。于是，毛主席读到了这篇文章，十分重视。1954 年 10 月 16 日，毛泽东写下《关于〈红楼梦〉研究问题的信》，赞扬了李希凡、蓝翎“两个小人物”。《关于〈红楼梦简论〉及其他》一文发表后，迅速在全国掀起了轰轰烈烈的《红楼梦》大讨论，影响非常大。关于《红楼梦》的学术讨论始终是山大的一个热点问题，《红楼梦》是贾宝玉、林黛玉的典型问题，还是薛宝钗的典型问题，有永远也讲不完的话题。

关于《长恨歌》的学术讨论，唐明皇的爱情，唐明皇有没有爱情，是真的还是假的，讨论得十分火热。

再就是山大当时的学术研究很注重创新，陆侃如先生很创新，研究汉赋。汉赋被批判为形式主义的典型，陆先生让他的研究生龚克昌作汉赋研究。龚克昌的研究生毕业论文《汉四大赋家初探》就是在陆先生的指导下完成的。从此龚老师专门进行汉赋研究，是新中国成立后最早从事辞赋研究的人，后成为著名辞赋文化专家，汉赋学术泰斗，中国辞赋史家，中国辞赋研究界权威。现在大家都在读《文心雕龙》，其实《文心雕龙》很难读，晦涩难懂。陆先生讲《文心雕龙》，思维敏捷，才华横溢，讲课内容丰富生动，博得一片喝彩。在课堂上我没看到陆先生的讲稿，我到他家里想专门看看他的讲稿，他告诉我没有讲稿。他把讲课用的《文心雕龙》著作给我看，我也未见他在书上作什么注解。他几乎是拿起白板文章就讲，非常流畅，足见陆先生的才气过人。他讲完以后，我们放下书又读不懂。各地的人都来听陆先生讲《文心雕龙》，影响很大。

张:请谈谈你们同学间的交往情况。

曾:我记得当时有高低年级的合作,低年级同学给高年级同学当助手,写文章,我曾给项怀诚他们当助手。郑曰焕同学、潘仁山他们是夫妻,我给郑曰焕当秘书,所以郑大姐后来和我成了一辈子的朋友,关系很密切。她到北京教中学,潘仁山在光明日报社。郑大姐后来调到人大,现在已经去世了。潘仁山还在,和我关系一直不错。高年级辅导低年级,对我们应该说是关怀备至,对学生的成长,关系很大。这是一个。

曾繁仁在山大求学时与同学合影

前排左为唐怀训,右为李德文,后排左为李延珠,右为曾繁仁

还有一件趣事。我入学的那年冬天穿了一件红色的棉袄,我妈给我做的,南方人,男孩都穿红的,不奇怪。然后外面罩了一个罩衫,是蓝颜色的,罩衫一洗就穿着红颜色的,所以高年级的同学就问我,你是男孩是女孩? 我再不敢穿红衣服了。

山东大学是教育部部属重点高校。就是在下放到山东省的一个瞬间,把它搬到济南来了。搬到济南以后,又变成教育部的高校了。如果晚半个月就搬不过来了,教育部是不会同意搬的。山大搬迁时,把海洋、地质、水产学科留在海大,海大失去了基础学科的支撑,山大失去了海洋、水产和地质三个特色学科。我到海大以后才发现,这两所学校永远回不去了。

第五节

我经历的三年困难时期

张:五年大学生活,运动多,劳动多,又经历了三年困难时期,请您谈谈当时的生活情况。

曾:山大给我的感觉第一个就是浓厚的政治氛围。我觉得和延安抗大精神差不多。首先,当时学校在学生里面开始进行反对右倾机会主义和“三面红旗”的教育,我们就组织大辩论。“三面红旗”不是彭总提出意见吗?毛主席有批评吗?学校小会大会进行政治学习,讨论“三面红旗”问题,学生开始辩论。像我这样的小孩,又是党员,当然是听党的话了,认为“三面红旗”就是好的。中文系有一些年龄比较大的来自农村的同学,他们基于实践经验在会上发表意见。他们认为“三面红旗”有问题,脱离了中国现实。在会上讲话,他们举村里面的现状。有一个同学说:“‘三面红旗’把我们家高高的白杨树给砍掉了,把我们家村前清清的流水给阻断了。”当时认为他落后啊,现在看人家一点也不落后。我现在反思,觉得这个同学很不得了啊!他还讲过另外的话,包括学雷锋,他讲我们作为学生和雷锋还是有差距的,我们不能绝对服从,应该有自己的思想。就是这样一些东西,当时都批评他。我是团支部书记,对他进行批评教育,但是我和他一直关系很好。有人想把他认定为反动学生,我们大家没同意。

其次是在学生里面进行忆苦思甜教育,感谢党的恩情。每个学生都要讲自己的家世,好多学生讲自己的要饭经历,声泪俱下。再次是政治学习。政治学习是每周都举行,先是校领导讲,然后是政治系的徐经泽和蒋捷夫先生讲,讲国际国内的形势。每个教室有一个高音喇叭。当时政治气氛很浓厚,政治学习抓得很紧。

第二个就是艰苦的生活环境。1959 年开始进入生活困难时期,再一个由上海到济南环境变化很大,气候也不适应,鼻子出血,一洗头发脸盆是红的,过了一两年才好了。然后是吃饭,粗粮细粮搭配,每个人一个碗,一大碗玉米糊糊,我喝半碗就够了,一个大窝窝头,一块咸菜疙瘩,上面全是盐，得先把盐擦掉，然后咬着吃。没有坐的地方吃饭，蹲在地上。南方来的孩子根本蹲不下去，我就把菜和饭都放在窗台上。当时生活特别艰苦。再一个就是寒冷。那时候零下二十度，滴水成冰。再就是床铺上处处是臭虫，成群结队，一转身压了一摊血。生活环境的艰苦，项怀诚和我回忆过，他说太艰苦了。他从青岛搬过来，我从上海过来，都感到生活环境无比艰苦，他说可能是逆境出孝子吧，山大这些学生对山大还挺怀念的。

第三个是高强度的劳动。我在老家也干过农活，舅母自己种菜园，我帮着挑水，不是没干过活；但是来到这里，小巫见大巫。我们首先是建校劳动，新校区一片瓦砾、坟场。我们挖出过战国时代、汉代的文物，还挖出过一个像角一样的东西。到处是坟地，很难挖，挖下去就是一个大石块。全校师生都参加建校劳动。

张：从 1959 年开始，由于"大跃进"和人民公社化运动中的严重"左"倾错误，加上从 1959 年到 1961 年，中国遭受大面积自然灾害，出现了三年困难时期。可以说三年困难时期正是在您入学山大后亲身经历的，请您谈一谈当时的学习生活情况。

曾：1960 年至 1963 年是我国的三年困难时期，也正是我在山大读书的时期。这三年困难时期是对我们整个国家与民族的考验，当然也是对我们大学生的考验。至于怎么会造成这三年困难，已有许多文章涉及，最著名的就是"三分人祸，七分天灾"与"七分天灾，三分人祸"这两种说法，当然这也反映了我国社会主义建设初期因不成熟所走过的弯路。

我记得当时有一部金山执导的电影《十三陵水库畅想曲》。这部影片改编自田汉所著同名话剧，讲述了修建北京十三陵水库时发生的故事，并畅想了二十年后，在"十三陵水库共产主义公社"里所发生的翻天覆地的变化：三大差别消除了，全面建立了人民公社，整个国家都是人民公社，所以那个时候比较乐观。我们党、国家、老百姓都很乐观，所以有一段时间高校和政府机关吃饭不要钱，造成大量的浪费。另外是天灾，山东的旱灾和虫灾比较严重。

1960 年山东大学师生在农村学习劳动

从客观原因来讲,美国对我们中国的封锁,苏联突然中断 156 个支援项目,我们毫无思想准备。这一切叠加在一起,造成了三年经济困难。

张:在生活上有什么影响吗?

曾:三年困难时期对于我们这些大学生来说是终身难遇的,当然也是刻骨铭心的。对于一所大学来说,也是一段不能不记录的历史。三年困难时期是从 1959 年开始的,来得非常突然。因为此前还在搞大炼钢铁,修万亩丰产田,讲吃饭不要钱,等等。但就在此后不久,即出现了极端的困难。

首先是每个人的定量缩减,由每月的 31 斤粮食压缩到 27 斤,说是节省下粮食,支援灾民。食堂里的伙食也发生了极大的变化,油水突然减少,菜都是清汤寡水的。市场供应也发生变化,饭店里肉类的菜基本不供应,商店里的点心也缺货,农贸市场上凡是与"吃"有关的东西不仅奇缺,而且突然涨价。作为大学生的我们,大多是 18 岁到 22 岁的青年,正是长身体的时候,真是饥饿难忍。于是出现了每晚睡觉前的"精神会餐",即大家都讲一种自己最爱吃的饭菜,以及品尝美食的感受,但是越讲越饿。同时也出现了有的同学管不住自己,一个月 27 斤的饭票,半个月就吃完了的情况。有人开玩笑地将这些同学叫作"粮食部长",这其实是很不正确的。因为,对于一个年轻小伙子来说,在没有任何油水的情况下一天吃一两斤粮食，而且还有相当一部分地瓜面，是一点也不奇怪的。于是学校只好采取措施，不将饭票发到每个人手里，而是发一张饭卡，每天只准吃 9 两粮食。有一位同学不能控制自己的食量，于是就将饭卡放在我那里，每次吃饭让我给他买三两饭。这种划卡的办法只能在学校用，而出去参加劳动就没有办法使用了。

有一次我的饭票还被别人偷了。因为我们饭票就放在桌子里面，也没有锁，吃饭的时候拿一张，当时饭卡和饭票都丢了。丢了以后，那一个月我吃了二十天就没饭票了。这时候，我母亲给我寄了一件棉袄，里面带着十斤粮票，还有一包大白兔奶糖，这是家里面找熟人给我买过来的。我一个同学是农村的，他的粮票来源多一点，送给了我十斤粮票，这才把饥荒度过去了。

当时济南市大搞水利，修建卧虎山水库，同学们在工地上都是干推车、运土、放炮打眼这种最重最危险的活儿，而吃饭却是地瓜面窝窝头，一斤一个，放在手里像软软的糖糕一样。干了半天重活，早已饥肠辘辘，一下子就吃掉三个，这就是三斤，一个月就是 90 斤，远远超过了 27 斤的定量。其实还是没有饱，但定量外的这些粮食怎么办呢？不让吃就完不成修建水库这样的“政治任务”，于是我们只有向学校暂借。因此，一个多月劳动下来，我们每个人都欠了学校 90 斤到 100 斤不等的粮票。后来学校不断地催我们还，但又有谁能还得起呢？只有一直拖欠到困难岁月过去，也就不了了之了。

张：每月 27 斤粮食一般能吃饱吗？

曾：每月 27 斤粮无论如何是吃不饱的，肯定不够。怎么办呢？于是上面提出“瓜菜代”的办法。所谓“瓜菜代”就是用瓜类和蔬菜顶替粮食，于是我们就将新校的空地都开荒出来，种胡萝卜。每个小组一块地，早晚耕种收拾，收获后就煮胡萝卜吃。但这样还是解决不了问题，于是就从农村购置了一些地瓜梗、地瓜叶，用粉碎机粉碎后做成饼子，还从南四湖买来湖菜，掺在粮食里面，蒸成窝窝头。现在回想起来，这种所谓“饼子”难以下咽，真是不堪回想。但这总比饥饿要强，也就勉强以此充饥。

灾荒当时非常严重。后来中文系领导想办法，打发身体好的同学，到内蒙古那一带去买羊肉分给同学吃，诸如此类。学校生活困难以后，生活水平降低，学生缺乏营养，产生严重的水肿。在这种情况下，还要参加劳动。于是一些同学就先后得了浮肿病，两腿一摁一个窝，全身乏力。

患水肿的同学比例很高，甚至少部分同学得了肝病。我也水肿，一开始并不觉得自己是水肿。有一次我们好多同学用板车去拉东西，我忘了是拉粮食还是拉石头，我在边上拉着绳子，越拉越走不动。有位同学就问我，你是得了水肿吗？然后就让我坐下，一摁我这个腿，肿了，肿得厉害。这时患水肿病的同学越来越多，有的得了肝病，肝肿大和肝炎，大家都非常紧张。

当时有一位比我们高一个年级的女同学祖敏，她是调干生，她的丈夫是当时的省长白如冰。祖敏把我们吃的"瓜菜代"，还有掺着地瓜秧的饼子带回了家。早餐时拿了几块放在桌子上，白如冰省长就说："什么东西？没吃过。"祖敏说："你尝尝。"省长尝了一口，说："这种东西喂猪都不是好的饲料，怎么能给人吃呢？何况是大学生？"白省长是延安的老干部了，非常重视，就把这个事情带到省委会上，省委决定对山大包括其他高校，调拨一批黄豆和水产鱼。一下子，我们凡是水肿的人，每个人都有豆浆票，有鱼票，每天早晨都能喝到豆浆，还都能吃到鱼。大概有半个多月，改观了，水肿就渐渐消失了。

三年困难时期，山东大学规定，不准到外面抢购粮食食品，尤其是市场上面能够买到的高价粮食。有的同学有钱，那么就可能去买，学校不让，不允许。凡是国家干部、高校师生都不允许，那么我们这些同学怎么办？饿啊！有一个同学他饿极了，把一瓶醋喝掉了，醋喝多了也伤身体。有农村来的年龄比较大的同学，就领着我们去剜地瓜。

老百姓将地里的地瓜收完以后，我们再到地里去剜残存的，收回来后，架上锅煮着吃，用来充饥。有一段时间，山大洪楼校区附近的小餐馆把青蛙做成肉丸子。我一个同学领我去吃过一次，吃了以后他吐了，我居然把它咽下去了。三年困难时期非常艰苦，但是绝大部分同学都平安度过了，也没有特别大的波动。

张：刚才您讲到三年困难时期，很多同学都患了水肿，当时还能正常上课吗？

曾：都停课了，没法上了。老师们的情况比我们好不到哪里去。他们可能会机动一点，有家庭嘛。我们也不上课了，见不到老师，也没法去关心老师了。只是偶尔能看见老师，其他信息就不知道了。我们只能见到辅导员。

张：当时您的辅导员是谁呢？

曾：辅导员姓杨，杨义兰同志，不知道她是否还健在。

齐河抗灾救荒经历

张：1960年您还参加了山东省委工作队，到齐河抗灾救荒去了？

曾：1960年开始，我们的浮肿开始缓解了，这时山东省委抽调山东高校文科学生到齐河抗灾救荒，成立了省委工作队。我当时19岁。什么叫抗灾救荒？农民因为灾荒患有浮肿等疾病，再加上心理的问题，部分村民对生活没有信心了，大量的锁门逃荒，把土地闲置了。我们代表省委工作组，去动员他们种麦子维持生活。

中文系主任章茂桐先生带队，到黄河北的齐河县许寺公社参加秋种，中文系三个年级的学生都参加了。

1960年的9—10月，我们先乘火车，然后再步行来到一个村子里，那里早已是满目荒芜，气氛肃杀，农户家很少有冒烟的。当时在村子里还有一个奇特的现象，就是有一种小小的青虫，到处都是，一块地、一块地的蚕食禾苗。远远听起来犹如我们老家皖南蚕吃桑叶的声音，吃完一块地再转移到下一块地，沿着田埂爬行。如果骑自行车走过田埂，会压出一道深深的印痕。真搞不懂是什么样的一种虫荒，非常可怕。

这个村子的许多青壮劳动力都外逃了，只剩下少部分青壮年和老人、妇女、孩子。许多村民得了一种叫"水鼓胀"的病，患病后身形干瘦，但肚子却极其胀大。有一次，我下地劳动，看见地边坟头上躺着一个人，几乎是光裸着身子，黑瘦。这在萧肃的秋寒中显得特别恐怖，我走过去看了看，原来是一个"水鼓胀"病人有气无力地躺在坟地边休息。

中文系每个年级包一个队，我们中二包了一个队，中三刘波老师包了一个队，然后中一就是马瑞芳他们那一个班。睡到农民闲置的房子里面，用麦秆打地铺，好几个人挤在一起。艰苦程度就甭说了！

我们每天的任务就是组织、带领农民种麦子，不仅要督促、组织他们种，我们自己也要参加劳作。每天晚上与干部、农民开会，确定第二天出工多少人，在哪块地上种，完成多少亩的种麦任务。常常为派活计划，与干部熬到半夜。当然我们同学自己还得带头种麦子，因为劳动力外流人手不够，种麦子的季节也有点迟了。而且，当时能耕地的牲畜也大都死了，所以都是用人拉犁，也用人拉耩子，翻地则用铁锹，抓紧抢种。

当时还开展了劳动竞赛，看哪个年级种地多。大三、大四的学生大都是调干生，会干农活，而我们大一、大二则大都是应届生，不会干农活，而且不会汇报。因此，大一、大二的学生老是得不到红旗。我当时是年级生产队队长，心里真是急得不行，但其实就这样，我们每个同学一天也只能种一亩地的麦子，劳动强度够大了。常常是劳动一天以后，收工的哨子一响，有的同学一下子坐在地上就爬不起来了，得有好几个人去拉他，然后拖着疲惫的身子慢慢走回农家。

同学饥饿到什么程度了？地里的野菜，还有蝗虫，只要能挖的就挖，能逮的就逮。那个村的饥荒，我目睹的就是很多家已经不关门了。你知道为什么不关门吗？没有门板了。他们不需要关门，家里一无所有，没有什么值得偷盗的。生火做饭的人家就更少了。

当时，我们都是睡地铺。10 月的黄河北，风吹得劲，房子又不严实，寒风刮进屋子，大家常常要紧紧依靠在一起，用彼此的体温相互取暖，才能度过寒冷而疲惫的一夜。在生活上则是吃一种谷子面做的窝窝头，吃的时候不仅拉嗓子，而且大便都困难，就这样还吃不饱。为此，系里动员并组织大家去拔荠菜掺到粮食里充饥。当时的齐河，地里的庄稼长得不好，但荠菜却长得很旺盛，一片一片的。有一次系里组织大家拔荠菜，要求每人一天拔 70 斤。这 70 斤是拔下后经过太阳晒干了的，因此，要一天不停地拔，一直拔到腰酸背疼，两手被荠菜上面的刺拉得全是血口子，但我还是难以完成任务。贾德臣同学看我真是尽力了，于是将自己拔的荠菜给我抱了一捆，才凑够需要的数量。

在劳动过程中还发生了一件我意料不到的事情。有一天收工的时候，生产大队队长让我把同学中所有的生产小组组长都叫到队部，说晚上要开会商量第二天派活的问题。我信以为真，就通知各位组长准时到达。等天黑了以后，队里的干部都到齐了，队长将门关上，说："关上门，一家人。"于是就让人端出一盘一盘的羊肉和炸丸子，还有地瓜干、白酒等。原来队里杀了两头羊，每个社员分一两肉，而队里的干部则在这里提前"享受"。我们真的走也不是，坐也不是。因为你要走，显然人家不让你走；但你要坐下吃，则就要眼看着广大社员忍受着饥饿和疲惫，却只分到一两肉，而我们却在这里大吃大喝，良心上真是过不去。

那天晚上，其实我也没吃什么东西。大家散去后，我心神不定，非常痛苦。当时，我只是一名 19 岁的学生，从来没有经受过这种场面，就感到自己犯了严重错误。于是主动跑到当时带队的总支部书记的住处，向他"坦白"了这一切。当然，他教育并安慰了我一番。现在看来，多吃一点羊肉算不了什么，但在那种"人命关天"的时刻，真是一件十分严重的事。对于那位队长说的那句"关上门，一家人"，我永生永世也记在心间。其实，所谓"一家人"就带有共谋的性质，在一条船上的性质。这件事情让我从反面记住了，任何时候都只能与绝大多数人成为"一家人"，而绝不能与极少数人成为"一家人"。

张：参加齐河抗灾救荒什么时间结束的？

曾：40 天的劳动和工作组的任务结束了，时间已经是 10 月底，进入了深秋。我们奉命撤出该村，到火车站集合，乘车返回济南。大家凌晨起床，吃完早饭后集合，沿着田间小路，迎着深秋的寒风，踏着地上的白霜，向火车站进发。同学们来的时候天气还不是太冷，因此衣服都带得不多。离开时天气已经很冷了，同学们几乎将所有能穿的衣服都穿在了身上，有许多同学因为抵御不了刺骨的严寒，就将毯子裹在身上，五颜六色，缓缓而行，组成了一支奇特的队伍。大家因为疲劳、饥饿、寒冷，再加上眼前所见的严重灾情，心情都比较沉重，几乎没有任何人说话，只听见沙沙的脚步声。走着走着，我两脚一滑，掉进了一个坑里，我一声不响，只是往上爬，爬了许久，在同学们的帮助下才爬了上去，已是浑身泥水。

我们就这样度过了三年困难艰苦的岁月，直到 1963 年，才有了明显好转。那三年的困难岁月，使我记住了什么是饥饿，什么是生存，什么是老百姓，也让我记住了什么是同学情谊。在这种艰苦岁月中，许多同学给予了我热情的关爱，包括车承祚、宋其赣、李延珠、朱丹顺、贾德臣、侯树阁、李奎烈、孙明福、丁洪章与张玉玑，等等。深情厚谊，永难忘怀！

张：参加齐河劳动回来复课了吗？

曾：应该是 1960 年秋季学期结束后，到了 1961 年春季就复课了。生活条件开始好转一点了。所谓"好转"，一个是粮食定量恢复到 31 斤，再一个就是菜里面有油水、有肉了。学生的浮肿也消退了，开始上课了。在那种情况下老师的境遇应该和我们是一个样的。

第三章 我在山大求学时的先生们

20世纪50年代，以“冯陆高萧”为代表的中国古典文学和汉语言文字学，以杨向奎、童书业、张维华、赵俪生等“八马同槽”为旗帜的历史学，使山东大学成为海内外瞩目的文史研究重镇。曾繁仁在山东大学求学期间，中文系的名师都给他上过课，这些老师大都在50到70岁，他如沐春风，不仅学到了知识和方法，更重要的是学到了做学问的态度和精神。迄今为止，他的老师们许多已经逝去，但老师们的音容笑貌和谆谆教导永远留在了他的记忆深处：

我记得陆侃如先生家那满墙整齐的线装书，记得孙昌熙先生那各处都放有香烟的大书桌；我记得萧涤非先生那让我喝茶时热情的江西官话，记得高亨先生上课时特殊的鼻音；我记得殷焕先先生从一个坛子里给我拿出文稿的动作，记得高兰先生朗诵的《哭亡女苏菲》：“你到哪里去了呢？我的苏菲”；我记得袁先生口试时那鼓励的眼光，记得张伯海先生那写得密密麻麻、特别翔实的讲稿；我记得牟世金与凌南申两位先生漂亮的板书，记得董治安先生对于上古神话的独到讲解；我记得钱曾怡先生音韵研究的特殊风采，记得狄其骢先生那带有绵软吴语的口音，记得姜可瑜先生那手写的遒劲的甲骨文书法，更记得老师们的一切的关爱与呵护。

当然更加记得中文系要求我们学生的“三个基本”——基本理论、基本知识、基本技能，这让我们打下了扎实的基本功，至今受益。正是山大中文系的老师们为我们树立了榜样，让我们懂得如何做一名合格的教师与学者。也是山大中文系丰富的学术活动，开放的、师生对话的学术讨论，引起了广大学子的学术兴趣，引导我们走上学术之路。每想到此，我都激情难抑，觉得自己要永远感恩山大中文系，感恩我的老师们！

第一节
冯陆高萧

张:山东大学原校长樊丽明曾说,山东大学创造了两次辉煌,赢得了“海洋学科远东第一”“生物学科全国最好”和“文史见长”的美誉。第一次辉煌是在20世纪30年代,以闻一多、梁实秋、杨振声、老舍、沈从文等为代表的著名学者在文学史上谱写过华美的山大篇章。第二次辉煌是在20世纪50年代,以“冯陆高萧”为代表的中国古典文学和汉语言文字学,以杨向奎、童书业、张维华、赵俪生等“八马同槽”为旗帜的历史学,使她成为海内外瞩目的文史研究重镇。您1959年入学后恰逢山东大学第二次辉煌时期,请谈谈您在山大的求学情况以及给您授课的先生们。

曾:我于1959年8月考入山大中文系,转眼间迄今已经一个甲子还多了,我的老师们许多已经逝去,但他们的音容笑貌仍然活在我的记忆之中,有的老师也已经进入了暮年。他们的学术与贡献将永留山大史册,惠及后人。

我记得老师们的谆谆教导,甚至仍然记得老师们当年在山大南院的宿舍。我记得陆侃如先生家那满墙整齐的线装书,记得孙昌熙先生那各处都放有香烟的大书桌;我记得萧涤非先生那让我喝茶时热情的江西官话,记得高亨先生上课时特殊的鼻音;我记得殷焕先先生从一个坛子里给我拿出文稿的动作,记得高兰先生朗诵的《哭亡女苏菲》:“你到哪里去了呢?我的苏菲”;我记得袁先生口试时那鼓励的眼神,记得张伯海先生那写得密密麻麻、特别翔实的讲稿;我记得牟世金与凌南申两位先生漂亮的板书,记得董治安先生对于上古神话的独到讲解;我记得钱曾怡先生音韵研究的特殊风采,记得狄其骢先生那带有绵软吴语的口音,记得姜可瑜先生那手写的遒劲的甲骨文书法,更记得老师们一切的关爱与呵护。

当然更加记得中文系要求我们学生的“三个基本”——基本理论、基本知识、基本技能,这让我们打下了扎实的基本功,至今受益。正是山大中文系的老师们为我们树立了榜样,让我们懂得如何做一名合格的教师与学者。也是山大中文系丰富的学术活动,开放的师生对话和学术讨论,引起了广大学子的学术兴趣,引导我们走上了学术之路。每想到此,我都激情难抑,觉得自己要永远感恩山大中文系,感恩我的老师们!

1964年6月27日山东大学中文系1959级毕业班师生合影

第一排：左二周来祥，左五陆侃如，左六孙昌熙，左七蒋维崧，左八高兰，左九高亨，左十一冯沅君，左十二成仿吾，右四殷孟伦，右五刘泮溪，右六殷焕先，右七章茂桐，右八萧涤非，右九吴富恒；第二排：左七纪温玉，左十二袁世硕；第三排：左十杜书瀛；第五排：右六曾繁仁

张:当时,中文系群星璀璨,有以“冯陆高萧”为代表的一批著名教授,他们在文学、语言学的诸多方面各领风骚。2021 年 10 月,山大文学院在知新楼 8 楼策划展出了“五岳”主题展,其中主背景下写着:“二十世纪五十年代起,冯沅君、陆侃如、高亨、萧涤非、黄孝纾先后执教山东大学中文系,时称‘五岳’。”“五岳”已成为山大的一张名片,或者是一座高峰。五位先生都给您上过课吗?

曾:在 20 世纪 50—60 年代的山大中文系,素有“冯陆高萧”四先生之说。他们与历史系的“八马同槽”,奠定了山大“文史见长”的学术地位,成为后世学人一直仰望的高山。刚才我讲到山大古典文学的地位,当时中文系古典文学教研室有“冯陆高萧关”,也就是冯沅君、陆侃如、高亨、萧涤非、关德栋五位先生,黄孝纾先生没来济南,在青岛带研究生。“冯陆高萧黄”是后人习称的“五岳”。五年本科,当时中文系赫赫有名的教授几乎都给我们上过课,特别是古典文学与语言学几乎都是名师上课,有的名师上课达到两到三个学期,当时他们大都在 50—70 岁,应该是高龄。这些老师上的课,给我们留下了永远难忘的印象。我们不仅学到了知识和方法,更重要的是学到了做学问的态度与精神。

例如,冯沅君先生朴素无华的品格,陆侃如先生明白如话的文风,高亨先生不断要求我们提出自己看法的创新精神,萧涤非先生在杜甫研究中贯穿的激情,等等,都对我们产生了深深的影响,老师们上课时的音容笑貌至今仍然留在我们心中。

陆先生开设《文心雕龙》、“中国历代文论”课

张:1947 年秋,陆先生和冯先生应山东大学校长赵太侔的邀请,任职青岛山东大学文学院中文系,他们都是山东大学一级教授,都曾任山东大学副校长,为国家培养了大批人才。可否请您谈谈陆侃如先生给您授课的情景?

曾:陆先生给我的印象很深。他给我们开设《文心雕龙》、“中国历代文论”两门课程。《文心雕龙》是串讲的,这门课讲了一半的时候,他又组

织开设了一个古代文艺理论讨论的小班[①]，共 15 人，除了他的三名研究生，还有助手牟世金，文艺理论教研室的青年教师以及外校的进修教师。我是讨论班成员之一。陆先生基本把《文心雕龙》从头到尾串讲了一遍。

陆侃如先生

张：请您讲一讲陆先生讲授《文心雕龙》的情形。

曾：我对陆先生开设的《文心雕龙》课记忆犹新，每周两节。陆先生上课没有讲稿，就拿着《文心雕龙》。读一段，就讲，读一段，就讲，讲得条分缕析，非常清楚。我以为这里面有什么秘密，就到他家去求教。我说：陆先生您的讲稿都记在书上了吗？我拿起陆先生的《文心雕龙》翻看，但见他只在这部书的旁边做了一些记号，写的钢笔字像诗歌一样，让人看不懂。

张：陆先生的众弟子回忆他的时候，都说他讲课讲得好。您也回忆说先生博闻强记，他将讲课内容熟记于心了。

曾：是的。当时听课的人很多，有本科生、研究生、进修教师还有中文系青年教师等。我觉得讲《文心雕龙》比陆先生讲得好的，大概全中国也没有了。有时候我就问："陆先生您怎么上课讲得这么流畅，上课我们都听懂了，下课我们再看又不懂了。"他说："因为你没有理解其内涵和实质。"再一个陆先生的文风对我启发极大。以前我们写文章花里胡哨的，前头加一句诗，后面花里胡哨地乱写。陆先生给我们讲陆机的《文赋》，讲完以后，搞了一个课堂讨论，最后他作了小结。他总结得很好，讲了有一个小时。过了半个月，我在《文艺报》上看到了陆侃如先生《关于〈文赋〉》

---

① 关于陆侃如先生开设古代文艺理论讨论班的情况，张可礼先生曾在《我的求学与学术探讨之路》一文回忆："陆先生招了三名研究生，除了我，还有刘文忠、陈祖美，专业是汉魏六朝文学。研究生学习的前两年，全国在贯彻党的'调整、巩固、充实、提高'八字方针，除了全国性社会主义教育运动之外，没有其他运动，劳动也少了。当时高教部对研究生有明确的规定，除了学习专业，还要学习马列著作，要通过两门外语。我们的专业课，汉代文学由赵省之先生辅导，其他全由陆先生指导。陆先生当时办了一个中国古代文论研究班，参加的有文艺理论教研室的青年教师、进修教师和我们三名研究生。研究班的一个重要内容是陆先生讲授郭绍虞编的《中国古代文论选》的附录部分，还定期举行专题讨论。此外的专业学习，就是阅读魏晋南北朝时期重要的作家作品。学习的方式主要是自学，写读书笔记。笔记包括阅读后的体会、疑问等。我们每人都有两本读书笔记，轮换交给陆先生审阅。陆先生精力旺盛，处事勤敏，不留案牍。"（张可礼编著：《冯沅君陆侃如年谱长编》，山东大学出版社 2024 年版，第 702—703 页）

这篇文章，就是他讲《文赋》的课堂小结。关于《文赋》，陆机怎么说怎么说，没有一句废话，不像我写文章花里胡哨的。我向他求教写作的有关问题，他说："文章就是写话，你首先是要想清楚，想出逻辑，就把你的话写上去，这就是文章，没什么玄秘的。你们前面花里胡哨写的都没用，拿给我就给你砍掉了。"我才知道学术文章应该这样写，原来这么简单，我突然领悟了，非常受益。这么大的学者，文章就这么写，不复杂，你要把它想通了，你想通了以后，就把你想说的话，原原本本写上去，就行了。

张：请您谈谈陆先生的学术贡献。

曾：陆侃如（1903—1978），字衎庐，江苏海门人。陆先生可谓是神童式的人物，1922 年考入北大，1924 年北大毕业考入清华研究院，师从梁启超、陈寅恪、王国维、赵元任四大导师。1927 年 6 月 2 日，王国维先生沉湖这一天，据说陆侃如邀卫聚贤一同前往王先生的办公室，想请他为某个朋友题签。他们俩等到中午也不见王先生，后来得知王先生已投湖自尽。关于陆先生和王国维先生的交往，我一直想找个机会问问他，但一直也没有机会。

陆先生入大学第一年就出版专著《屈原》，大学毕业出版《宋玉》，奠定了自己楚辞研究的权威地位。1925 年，他开始了《中国诗史》的写作。《中国诗史》是陆先生与夫人冯先生合作的第一部重要著作。鲁迅先生对《中国诗史》给予了很高的评价。[①]《中国诗史》是鲁迅先生表扬的五本中国文学史之一，并将《中国诗史》与自己的《中国小说史略》、王国维的《宋元戏曲史》、郑振铎的《插图本中国文学史》、谢无量的《中国大文学史》等一并向人推荐。

《中国诗史》我认真读过以后，觉得匪夷所思，非常了不起！《中国诗史》运用了王国维先生的双重证据法，地下的证据和地上的证据都有，这里边有出土的东西的论证很明显，而且还运用了历史唯物主义观点。注重每部文学作品的经济社会时代背景，引用了历史唯物主义的论著。社会存在决定社会意识，一切文学的根源是经济和社会，我看了以后非常震撼，那个时候他们已经运用这个理论，并且提出了评价文学最重要的标

---

① 1933 年 12 月 20 日，鲁迅在给曹靖华的信中，谈到中国文学史说："至于史，则我以为可看（一）谢无量：《中国大文学史》，（二）郑振铎的《插图本中国文学史》（已出四本，未完），（三）陆侃如，冯沅君：《中国诗史》（共三本），（四）王国维：《宋元戏曲史》，（五）鲁迅：《中国小说史略》。但这些都不过可看材料，见解却都是不正确的。"

准——文学性。中国文学最重要的特点是以诗为宗，诗歌为主，所以《中国诗史》就是中国文学史。《中国诗史》是1931年出版的，当时陆侃如只有28岁，但已经取得了瞩目的学术成就。

冯、陆先生的《中国诗史》具有开创性与奠基性的贡献

张：请您具体谈谈《中国诗史》的价值。

曾：2021年4月9日，山东省古典文学学会、山东大学文学院在济南珍珠泉宾馆联合举办山东省古典文学学会年会暨陆侃如、冯沅君学术研讨会，会上我专门对冯、陆先生的《中国诗史》进行了赞扬。

我认为冯、陆两位先生的《中国诗史》具有开创性与奠基性的贡献。第一，《中国诗史》是诗史的创新，同时也是中国文学全史的新探索。《中国诗史》出版时，胡适的《白话文学史》只出版了上部，王国维的《宋元戏曲考》与鲁迅的《中国小说史略》还是专论，全史写作虽然已有几部，但难以令人满意。因此，陆先生说："每个人都希望中国有好文学史，但却没有一个人肯自己动手去做一部文学史。"他与冯先生当时都是二十几岁的青年人，对于前作不满意，因此动手写作了《中国诗史》，成为鲁迅推荐的五部中国文学史著作之一，是全史之新探索，诗史之创新。因为1928年李维的《诗史》只论诗不论词曲，这就使《中国诗史》具有开创性与奠基性的重要地位。至今读来仍然具有启发意义。

第二，开创了中国文学史"以诗为宗"的特色。众所周知，西方部分学者如黑格尔长期持"西方中心论"，认为中国古代既无历史，也无哲学与美学，所谓"理想的艺术在中国是不可能昌盛的"。但《中国诗史》却有力地回击了这一谬论。它在开篇第一句就指出，"中国有悠久的历史，也有灿烂的文化。就诗歌方面讲，第一部伟大的作品，当推《诗经》"。它还打破西方人认为中国古代没有史诗的说法，认为《诗经》特别是"大雅"就是"周的史诗"。《中国诗史》抓住了中国文学"以诗为宗"的特点，犹如古代希腊文学之以"悲剧"为宗。由此，两位先生进一步论证了"诗歌在发达的最初阶段，是和音乐、舞蹈密切结合着的"，揭示了中国文学之诗性与音乐性、节奏性的高度统一的特点，并借用顾颉刚之言，认为诗三百"均可入乐"。这种诗性、音乐性与节奏性成为中国文学的基本特征，也是一种中国文学广义的"诗性"。

《中国诗史》由此拓展了诗歌的范围，尤其是将散曲囊括进来，这是学术史上的第一次。甚至古代散文、政论文均有诗性与节奏性。我个人认为中国古代小说也有某种诗性，如《红楼梦》之大观园“女儿国”的诗性；《聊斋志异》之自然世界的诗性，等等。《中国诗史》又由甲骨文“舞”与卜辞《今日雨》揭示出音乐性与节奏性。由此，从卜辞“今日雨”到最早诗歌总集《诗经》，再到最早的音乐理论《乐记》，形成了中国古代文学诗性特征的完美呈现，这相异于古希腊亚里士多德《诗学》之“悲剧”。冯陆先生于《中国诗史》一书中第一次明确地以诗歌与音乐舞蹈的结合来概括中国的文学精神与美学精神。相异于 1958 年《夜读偶记》之“以西释中”，《中国诗史》回归了中国文学本位。《夜读偶记》以苏联日丹诺夫的唯物唯心二元对立哲学为基础，将现实主义与反现实主义的斗争作为主线阐释中国三千年文学史，造成了一定的不良后果，《中国诗史》则是立足中国几千年文学之实际。

第三，奠定了文学史的理论指导思想，即文学是生活的反映。《中国诗史》较早运用历史唯物论，奠定了文学史写作的基本理论指导，提出文学是生活的反映，一定的经济社会最终决定了文学。《中国诗史》于开篇论证诗歌的起源时，即从殷人的物质生活与精神生活谈起，认为“在这样的物质生活的基础上，产生了音乐和舞蹈”。《中国诗史》对每种文体均追溯其经济社会根源，如“元曲特盛的原因之一，即作者们要用曲子来抒写反抗异族的愤慨”。它对于深刻反映生活的作品评价甚高，例如屈原之《楚辞》“实在是中国三千年文学史上数一数二的作品，对于后代诗人影响之大，没有第二篇可以比得上”；杜甫诗“在内容方面，他的诗和盛唐不同者，在以描写政治社会上的实际痛苦为主，而不仅以流连风月为能事”。同时高度重视包含在社会生活中的境外文化输入。在谈到词的诞生时，认为其主因之一是“外族音乐输入中国，并逐渐引起中国音乐上的变化”。

第四，确立了评判文学的主要标准——文学性。《中国诗史》以“文学性”为评价作品的重要标准，主要包含文学价值、文学的内容与形式、文学风格、文学之神韵、文学气魄、文学字句等。文学性主要就是文学的诗性特征。《中国诗史》以文学性作为比较文学作品高下的标准，例如比较《九歌》与《诗经》中的祭歌，说道：“就文学价值方面说，《九歌》较《诗经》中的祭歌进步得多了”，并说“就文学技巧说，《周颂》的价值是不高的”。

第五，强调了文学史的文献基础。陆先生1947年在《中古文学系年·序例》中提出著名的文学史三步骤——朴学、史学与美学，其中朴学与史学均涉及文学史的文献基础问题。《中国诗史》的文献基础特别扎实细致。例如，引卜辞《今日雨》“癸卯卜：今日雨？其自西来雨？其自东来雨？其自北来雨？其自南来雨？”认为“恐怕是我国诗史上年代最早而又可靠的作品了”。再如对“采诗”与孔子“删诗”说的考订，认为“采诗”之说乃后人通过汉武帝“立乐府”而推想出来的，属于“臆度”；而孔子“删诗”之说乃将孔子“正乐”误读为“删诗”。又如，对陶渊明地位的考订：“他在当时人们的心目中，恐怕没有很高的地位，《诗品》列入中品可证。到唐代以后，如王孟韦柳等都极力模仿，宋代苏辛等也都崇拜他。到现在，他久已被定为第一流的诗人了。”《中国诗史》运用王国维“地下与地上互证”的观点，在先秦部分运用了考古材料，诸如出土的青铜器等。

第六，独创文学史的文学书写。《中国诗史》独创了文学史的文学书写，即理论论述与情感赏析统一的书写。如论证《九歌》较《诗经》进步时谓：“由这样漂亮的地点、这样漂亮的人物、这样漂亮的歌舞、这样漂亮的肴馔，产生出这样漂亮的祭歌。这是《三颂》所比不上的。”理论与情感统一的书写，其实就是一种回归诗性的书写，《中国诗史》对屈原的称赞是不惜笔墨的，反映了先生的情感，如“这篇长诗不但是屈平的杰作，实在是中国三千年文学史上数一数二的作品。对于后代诗人的影响之大，没有第二篇可以比得上”。同时《中国诗史》也体现了先生细微的情感体悟，如对王维诗歌之“静”的体味：“唯其能静，故他能领略到一切自然的美。”情感的书写即是个性的书写，我们几乎能够听到两位先生日常的语言习惯。《中国诗史》是一部极具个性的文学史！

词曲之崭新研究内容、以诗为宗的美学追求、以社会生活为源的历史深度、扎实的文献基础、以文学性为标准的文学本位与个性化的文学书写，以上六点使得《中国诗史》做到了朴学、史学与美学的统一，成为不朽的经典之作！两位先生当时都是青年，所谓英雄出少年，《中国诗史》充分反映了青年勇于创新的精神！这是我对《中国诗史》的评价，也是我崇高的敬意！[①]

---

① 2021年4月9日，曾繁仁在山东省古典文学学会、山东大学文学院在济南珍珠泉宾馆联合举办山东省古典文学学会年会暨陆侃如、冯沅君学术研讨会上的讲话节选。

曾繁仁(前排右七)出席2021山东省古典文学学会年会暨陆侃如冯沅君学术研讨会

张:除了《中国史诗》之外,陆先生的代表作还有哪些?

曾:《中古文学系年》是陆先生继《中国诗史》之后的另一部力作。从1937年到1947年,陆先生花费了十年的时间初步完成了这一部82万言的巨著。《中古文学系年》,陆先生写了十年才出版。此书以年为纲,以人为目,考证了400年内152位文学家的生平事迹,辑录了大量的资料。《中古文学系年》过去没人做过,陆先生在空白的基础上,披荆斩棘,自有开创之功。现在没人超过他,这是创新。

再就是汉赋研究。赋是我国古代文学中的四大文体(即诗词、赋、曲、小说)之一,也是唯独为外国所没有的文体,可谓国粹,或堪称国宝。以前按照我们的传统思想,汉赋是铺陈,赋,铺衍。写一个东西,用无数的字来描绘,讲一个大殿外边的色彩——黄,用无数的黄来解释这个黄。虽说有形式主义之嫌,但却也反映了汉代的美学风采——艳丽。陆先生把汉大赋放到中国文学史上很重要的地位。我们现在确定整个中国汉代的美学就是依据汉赋的特点。陆先生让他的开门研究生龚克昌专门做汉赋研究。

张:龚克昌先生是陆先生在山大招的第一个研究生吗?

曾:山东大学中文学科招收研究生始于1955年,1959年陆先生开始招先秦隋唐文学专业研究生。陆先生招的第一个研究生是龚克昌先生。

1959年龚克昌先生于山东大学中文系毕业后,考取了陆先生的研究生。1961 年夏，龚克昌先生进行论文答辩，论文题目是《汉四大赋家初探》。我作为学生坐在后排全程听完答辩，觉得很震撼。文学史里边说汉赋是形式主义，可陆先生让他的研究生拿来作硕士论文，绝对是创新。龚先生在陆先生指导下走上了辞赋研究之路，成为我国"五四"以来最早从事辞赋研究的学者，后来成为中国辞赋史家、中国辞赋研究界权威。

陆侃如先生开设《文心雕龙》与古代文艺理论讨论班

张：刚才您说陆先生开设《文心雕龙》课，还组织开设了古代文艺理论讨论班，请您谈谈讨论班的情况。

曾：研究《文心雕龙》的人很多，但陆先生研究《文心雕龙》应该是全新的。陆先生给我们开"中国古代文论史"与《文心雕龙》两门课。特别是陆先生串讲《文心雕龙》，他没有讲稿，全部的备课都简要地注在课本上，对于《文心雕龙》那样艰涩的文字，其讲解行云流水。当时全国各地来听课的人很多，教室走廊上都坐满了人。后来陆先生又选了部分同学参加青年教师班。我是其中之一，因此多听了数个篇幅，受益良多。

作为陆先生学生的牟世金，正是在陆先生的指导下，二人合作的工作基础上，出版了一系列《文心雕龙》的论著，对我国当代《文心雕龙》研究起到了推动作用。

1963 年 11 月山大中文系古代文艺理论讨论班合影

前排左起：郎焕文、唐贵仁、陆侃如、朱一清、吕美生、陈祖美；中排左起：牟世金、蒋茂礼、张可礼、凌南申、刘波；后排左起：虞振国、林志扬、刘文忠、刘光裕

前人研究《文心雕龙》都是释读，逐字解读。陆先生从《文心雕龙》对

中国文学理论建设的贡献这个角度进行研究。他研究刘勰具体的背景、原因和佛学、儒学的关系，他主张以儒为主，兼顾佛学的观点。陆先生把《文心雕龙》在文学理论上的地位、贡献等，做了串讲，给出了自己的阐释。陆先生从朴学、史学、美学三个维度来研究《文心雕龙》，所以说是全新的。

张：山东大学有"龙学"的传统。1956 年，牟世金考入山东大学中文系。1958 年，在陆侃如的指导下研究《文心雕龙》。1960 年，留校担任陆侃如的学术助手。陆先生与他的学生牟世金合著《文心雕龙选译》《刘勰论创作》《刘勰与文心雕龙》等著作。从陆侃如先生到牟世金先生再到戚良德先生，可以说是中国"龙坛"一次最为成功的传承。山东大学一度成为研究《文心雕龙》的重镇。陆先生晚年发表在《文史哲》上的《与刘大杰论杜甫信》一文，他用详尽的事实说话，批驳了将杜甫列为法家的谬误，成为学术领域内反"四人帮"大搞儒法斗争的第一篇，也是他一生最后的著述。您怎么看待他与刘大杰先生的这次辩论？

曾：陆先生晚年致刘大杰先生的辩论文章《与刘大杰论杜甫信》，完稿于 1976 年 11 月 1 日，被誉为《文史哲》复刊后六年来所发质量最高的文章之一。这篇文章也是陆先生发表的最后一篇文章，1978 年 12 月他去世了。信的起因是刘大杰先生在其修改本《中国文学发展史》中把杜甫说成法家。他认为杜甫、李白都是法家。陆先生根据刘大杰提出的种种例证重读了杜甫 1500 首诗，反复研读。1500 首诗，其中每首诗里面讲到儒的地方，讲到法的地方，他都进行认真统计剖析，最后得出结论：杜甫并不是法家。陆先生从 1000 多首诗中找出了全部反证。此文发表后，刘大杰先生很快复信，同意陆先生的意见。

那个时候没有电脑，他怎么统计的？我不清楚。我有机会曾当面问过他，他没有回答。我觉得他应该都将这些诗背过了。这是陆先生最后一篇文章，我们应该找出来好好学习。陆侃如先生的的确确早慧，是才子，博闻强记，令人惊讶。

张：您平时和陆先生交往多吗？能否谈谈与陆先生的交往情况？

曾：1972 年 12 月，中国人民解放军山东省公安机关决定免于对陆先生刑事处分。获释后，他从济南看守所出来，学校安排我和王长水老师把他接到了曲阜。我曾有机会与陆先生谈学习的问题，他说最基础的就是"背"，主要背经典，如《文心雕龙》和《文赋》要熟背。我说："陆先生，您怎么都背得下来？您这么大岁数了，我背诵了《文心雕龙·原道》篇，但过了几个月就忘掉了。您怎么不忘呢？”他说：“你不是童子功，我三岁就开始背诵这些东西，当然背得下来，你背不下来，你要不停地背，一直背下去，你到老了你还背不下来？”所以陆侃如先生博闻强记，直到现在我没有看到周围有哪个人比他记性更好。

1978 年 11 月底，陆先生病重，我和袁世硕老师把他送到了医院。到了医院以后，说有政治问题没解决不让住院。我跑到山大统战部找到何畏部长以党委的名义，给中心医院的党委打个电话，说明了情况，才允许陆先生住院。住院以后没几天陆先生就去世了。

陆先生晚年电解质紊乱，酸中毒，缺营养，就这样去世了。我和袁世硕老师把他送到太平间。我在前面走，袁老师在后边，当时眼含热泪，心想一代名师就这么走了。1957 年陆先生被错划为“右派”，辞世后的第二年，山东省委做出决定，对陆侃如先生错划“右派”问题予以平反，为他恢复了名誉。

一级教授冯沅君先生

张：谈过了陆先生，不得不提冯沅君先生。可否请您谈谈您与冯先生的交往情况？

冯沅君先生

曾：冯先生也是我们很敬仰的老师。冯沅君先生（1900—1974），河南唐河人，笔名淦女士、沅君等，是著名女作家，也是新中国第一位女性一级教授。冯先生出身世家，兄妹三人均为当代著名学者，大哥冯友兰是著名哲学家，另一兄是著名地质学家冯景兰。冯先生 17 岁考入北京女子高等师范学校，1925 年，从北京大学国学研究院毕业后，任教于南京金陵女子大学，次年回北京大学国学研究院从事研究。冯先生为我国 20 世纪 20 年代初期著名小说家，与冰心等齐名，以淦女士笔名发表了《卷葹》系列小说以及《春痕》《劫灰》等，得到鲁迅的赏识。1929 年冯先生和陆先生在上海结婚，两人共同完成《中国诗史》与《中国文学简史》等名著，先后有多种译本。1932 年，她与陆侃如同时赴法攻读文学博士学位，1935 年获文学博士学位后回国，在多所大学任教。1947 年，两人同时来青岛山大任教。

冯陆冯陆，一开始陆先生是一级教授、副校长，陆先生被打成"右派"后，冯先生成了一级教授、副校长。我上学的时候，冯先生和陆先生住在老校第一宿舍，那时候中心校区南院宿舍还未建设，冯先生要从老校走到新校来上课，这一点很感人，也让人心疼。因为冯先生是小脚，她每次需要提前几个小时来，下课后再走回家。每到此时，周边干活的利农庄村子里的人都来看这道美丽的光景。

冯先生讲授《滑稽列传》

张：冯先生讲授什么课程？

曾：冯先生给我们上课，是讲《史记》的《滑稽列传》。她在王国维先生中国戏剧史研究的基础上，将中国戏剧的源头追溯到古代的巫。由巫到优，巫是两个人在舞，其实是下神的，巫发展到后来就是优。她在法国留学的时候，发现了法国也有这种情况，如把古希腊戏剧追溯到优。"优"法文怎么翻译的？是"Full"（富）。古希腊以前的那个也是下神的，一个人就富，又是优，就会变成弄臣。皇帝面前的弄臣叫优。优讲一些滑稽的话，对皇帝嗤笑，这笑里面包含寓意。这是冯先生的解释。在中国戏剧研究上，她将王国维先生所主张的戏剧是以歌舞演故事更加具体化了。古代的优，既会舞也会歌，还会演故事，他演的故事里面有寓意，以此讽刺皇帝。

冯沅君先生另一个学术贡献就是把元杂剧、散曲列入中国文学史。过去的中国文学史只有诗就是唐诗，然后到宋词，把它们作为正宗。冯先生更进一步，把不登大雅之堂的散曲列入文学史，这就是创新。她进一步丰富了中国文学简史涵盖的内容。所以冯陆两先生把中国文学史进行了丰富和发展，不仅有诗词、散曲，还有戏剧、小说。小说原来也是不登大雅之堂的，冯陆两先生将小说写入文学史，这样的话中国文学史内容就更全面了。

冯先生备课特别充分，每次上课她的备课量都不少于 1∶8（上一个小时的课准备八个小时的讲课内容），花了好多时间，而且每一次上新课都要重备。冯先生的备课笔记非常详细，笔记后面还有笔记，有修改，有补充,太认真了!冯先生的认真态度,我觉得我们后辈难以企及。

张:冯、陆先生都曾留学法国,取得法国文学博士学位?

曾:1922年,冯先生以第一名的成绩考入了北京大学研究所国学门攻读古典文学硕士,成为中国历史上第一位女研究生。1932年,冯先生和陆先生从上海乘邮船去法国留学。到巴黎后,两人都考入了巴黎第三大学文学院博士研究生班。经过三年学习,冯、陆二位先生双双取得了文学博士的学位。双双取得博士学位,这可不是闹着玩的。外国人没有什么通融可说,博士就是博士。他们两人都通晓英文和法文。当然给我们上课是用不着法文了,但是他们肯定精通,因为他们的博士论文是用法文写的,而且答辩成绩都很好。

冯先生知识很渊博,上课非常认真,非常热爱学生。我不记得冯先生在课堂上吟过诗。我前面的师兄师姐都说冯先生用她的半河南话吟诗很好听,但是我没有印象。冯先生要吟诗的话,我肯定记得。冯先生讲《古优解》课程,她读过里面的诗,用河南唐河话,读诗抑扬顿挫。

张:请您谈谈与冯先生的交往情况。

曾:上课的时候我和冯先生接触很少,我和她交往比较多是在"文化大革命"开始的时候。1966年,有一次中文系开教师会议,我有一个发言。我刚留校,冯先生也不认识我。我讲完后,冯先生给了很高的评价,说我讲得很好,有思想。那时候冯先生的立意是鼓励青年,这个对我激励很大。她还提出,在会议当中发言,希望要更扎实,讲得更深入。

后来和冯先生接触就是"文化大革命"当中,记忆比较深的有下面几件事。当时我们在山大南院住,她拿着罐头盒子去买豆腐,每次打饭也用罐头盒子,老人家很艰苦朴素。有一天我也去买豆腐,冯先生这时买完豆腐往回走。不一会儿,冯先生端着豆腐又回来了。我说:"您怎么又回来了?"她说:"豆腐水太多了,不划算,退了。"我说:"不就是两毛五分钱吗,您退它干嘛,今天吃什么呢?"冯先生嫌豆腐水太多,就把它退掉了。老人家真是很节俭。

1970年我们搬到曲阜的时候,系里边让我和赵呈元老师帮她收拾东西,那时候陆侃如先生被关在济南监狱,她自己也搞不了。大包小包,全部家当都要搬过去。我跟赵呈元两人帮她打箱子,一个一个地打。冯先生当然弄不动了,是吧?旧鞋、旧抹布等很旧的物品,我觉得没用的东西就给她扔了。她却又拿回来了，说这个不能扔还能用。我们两人又帮她打到包里，带到曲阜去了。冯先生真是非常节俭。

到了曲阜以后，冯先生一个人住，我有时到她家中探望。有一次，我到她家，她正在吃苹果。我问："吃饭了吗？"她说："吃了，主要是吃苹果。"曲阜那个地方院子里到处种苹果，苹果很便宜，外面大门口也能买到。她在济南就老吃苹果，到曲阜去还是吃苹果，也很有意思。冯先生自己一个人没人照顾，也没有家属在身边。

1973 年春天，冯先生腹部时有不适，去了几次曲阜县医院也未见好转。后来县医院的大夫看出了病情严重，让她转院诊治，但冯先生不忍丢下手头的工作，就一直拖到了暑假。1973 年的秋天，冯先生住进山东省人民医院，省人民医院组织了手术护理小组，几位医术高明的外科大夫都上了手术台。但可惜晚了，癌细胞已经扩散。手术后，病情一度似有缓解，她能在搀扶下慢慢走动，但神志恍惚不清了。

临终前，冯先生朦胧中给学生授课的情景非常感人。冯先生在朦胧当中觉得要讲课，说"我上课去了"，然后在护师值班室讲起课来。这个不是虚言，冯先生临去世之前，还记得自己要给学生上课。陆侃如先生在《忆沅君——沉痛悼念冯沅君同志逝世四周年》一文中写道：

> 1970 年沅君随学校文科到曲阜。不幸患直肠癌，于 1973 年到济南住省人民医院治疗。病危时，她神志不大清楚，但仍日夜挂念给研究生讲古典文学，常常要护士、大夫扶她到病房隔壁去。隔壁有一间是护士办公室，她误当作古典文学教研室了。她一走进去，便坐下来大声讲课，护士们非常惊讶，也非常感动敬佩。[1]

张：冯先生的学生张可礼先生 2021 年 1 月 11 日在《光明日报》发表了《从淦女士到冯先生》一文。为什么叫"淦女士"呢？

曾：因为 1926 年冯先生以淦女士为笔名出版了小说《卷葹》，编入鲁迅先生编辑的《乌合丛书》之六，由北新书局出版。鲁迅先生很重视这本小说集，并给予了高度评价，认为旨在反封建，但是后面还有一句话，在反封建和犹豫之间，还有点犹豫。后来同学们问冯先生："您还写小说吧？""哎呀，那是过去了，过去时了，过去的淦女士不存在了。"冯先生说。

---

① 陆侃如：《忆沅君——沉痛悼念冯沅君同志逝世四周年》，《新文学史料》1979 年第 5 期。

1985年9月中文系设立了“陆侃如、冯沅君研究奖”

张：冯、陆先生晚年将存款及所藏书籍捐给了山东大学中文系，中文系后来设立了“陆侃如、冯沅君研究奖”。请您谈谈这方面的情况。

曾：冯先生晚年有个遗愿。冯先生曾说：“我一介寒儒，连个后嗣亦无，能为国家民族留点什么？我想个人艰窘一点，存几个钱，身后让国家做学术奖金，奖掖后人吧！”她和陆先生有存款10万元，那时候10万元可不得了。冯沅君和陆侃如生前立下遗嘱，把他们数十年的积蓄和珍贵的藏书，全部捐赠给了山东大学。

张：冯陆二位先生一共捐了多少钱？

曾：他们一共存款10万余元，留了4万元给陆先生的继母。陆先生的继母一直跟他们生活，陆先生称其为“弟弟妈”。这个称呼我也是第一次听到。“文化大革命”期间红卫兵把陆先生的继母撵走了。冯、陆先生去世后，将全部积蓄6万余元及2万册珍贵的藏书，全部捐赠给山东大学。1985年9月，中文系设立了“陆侃如、冯沅君研究奖”，用于培养造就更多的文学研究人才。

张：有的学生曾回忆“文化大革命”期间冯先生在文史楼扫过厕所，是真的吗？

曾：老先生都扫过，包括高先生都扫过。高先生在上北京之前就是扫厕所。当时老先生全部被打成“牛鬼蛇神”，挨过无数次的批判，在大会小会做过无数次的检讨，批判自己这有罪那有罪。那就甭提了。这段历史，我们永远不能返回，否则历史不答应，中国人民也不答应。谁要返回这段历史，那是开历史倒车，人民也不会饶恕他。

张：曾先生刚才您讲的冯先生的故事，非常感人。她的学生也曾回忆，冯先生从老校第一宿舍到文史楼上课的情景，当时你们上课都是在文史楼吧？

曾：我们在文史楼上课是1960年以后，这之前在新校食堂里面。

张：冯、陆二位先生对山大中文学科做出了巨大贡献。您入学后，中文系的中国文学史这门课是由几位先生接力讲授吗？

曾：冯先生、陆先生和高亨先生分别开设原典课。中国文学史是年轻的老师合上，我记得是袁世硕先生、董治安先生和赵省之先生合上。

张:我校知新楼A座25楼的校史馆里有一张“冯陆高萧”的油画,油画下面有一个注释:“四位先生同在山大中文系中国古典文学教研室任教,共同接力分段讲授中国文学史课程,高亨先生讲授先秦文学,陆侃如先生讲授汉魏六朝文学,萧涤非先生讲授隋唐文学,冯沅君先生讲授宋元明清文学。”四位先生给您接力上这门课吗?

曾:应该是接力。到我上课的时候他们开始讲原典课。给我们上中国文学史课先秦部分董治安老师、魏晋南北朝部分赵省之老师、宋元明清是袁世硕老师讲。

张:也就是说1959年之前,在青岛的时候,形成了“冯陆高萧”集体接力上中国文学史课的一个传统。四位先生长期执教山东大学,悉心培育人才,对古典文学学科的发展产生了深远的影响。

曾:我入学以后,四位先生给我的印象就是上原典课。我和四位先生接触的还是挺多的,当时因为年龄小,再加上后来的“文化大革命”,就没注意收集这些材料。“冯陆高萧”四位先生是山大古典文学专业的奠基者和开拓者,共同绘制了山大“文史见长”的办学特色。

高先生给我最大的印象就是创新

张:高亨先生是中国研究先秦文学和文字学、训诂学的著名学者。1953年,他应陆侃如和冯沅君先生的引荐任职青岛山东大学中文系。下面能否请您谈谈高先生的治学情况?

高亨先生

曾:高先生也是对我影响很大的一位老师。高亨先生(1900—1986),初名仙翘,字晋生,吉林双阳人,著名教授,古文字学家、先秦文化史研究和古籍校勘考据专家。他1924年考入北京大学,1926年清华国学研究院毕业。在清华国学研究院师从王国维、梁启超两位大师,一生笃志于弘扬中国传统学术,成就斐然。高先生在清华研究院毕业的时候,梁启超先生赠其对联“读书要最识家法,行事不须同俗人”。读书,要按照家法来,家法就是他们的传统;做人,不同俗人,不要像俗人一样。这是梁先生对高先生的期盼。高先生谨遵师训，遵循清代著名学者高邮王氏（王念孙、王引之）家法，从文字、声韵与训诂入手，严谨治学，锲而不舍。在《周易》《诗经》《左传》等先秦古籍研究中，高先生自成一家，蜚声中外。高先生给我最大的印象就是追求创新。

高先生开设《左传》《诗经》两门原典课

张：高亨先生教书严肃认真，一丝不苟。他对学生坦诚相见，开导门径，循循善诱，使学生有如春风化雨，滋润心田。高先生给您讲授什么课程？

曾：高先生给我们开了《左传》和《诗经》两门原典课。高亨先生给我们开课时已经60多岁，系里为了照顾他，每次只讲一节课，讲完课就可以回家了。同学们说："不能让高先生只讲一节课，怎样让先生多传授一些知识呢？"我们几个同学商议，按照先生讲的内容，课后分别提问题。有一次我问他，《诗经·柏舟》"静言思之，不能奋飞"的含义是什么？高先生有自己的见解，讲了一节课，有一个多小时。《柏舟》前人说是女子不遇，即一个女人不被自己的丈夫或者家庭所善待。他说不对，是男子不遇，作为一个官吏，男子不被周围的环境和势力所善待，受到打压，心里苦闷。他写的诗叫《柏舟》，"静言思之，不能奋飞"。《说文》认为是鸟儿振羽高飞，谓大鸟从田间起飞，喻男子志向不得实现。高先生在黑板上写了一个甲骨文"奋"字，只见这个"奋"字里面一只鸡的鸡头飞出来了。高先生以这个"奋"字给我们讲了很长时间，讲解详细有据。追求真谛，力求创新，这是他的话。

高先生讲课抑扬顿挫，非常清晰，力主坚持己见，绝不盲从。他在《诗经今注》前言中提出："我读古书，从不迷信古人，盲从旧说，而敢于追求真谛，创立新义，力求出言有据，避免游谈无根。"他在课堂上更是明确指出，所谓科研就是要有新意，在前人与古人如何说的前提下，要提出你的新说，否则重复前人与古人之说，就没有什么意义与价值了。

"追求真谛，创立新义，力求出言有据，避免游谈无根"，高亨先生这句话，让我受益终身。高先生让我们一方面查阅大量资料，尽量做到穷尽现有文献，从而言必有据；另一方面，不盲从古人与前人，力创新说。可以说这样的治学态度影响了我一生。

课后我们不停地提问题，他就说："你不要讲余冠英怎么说，高亨怎么说，你应该讲你怎么说，你是怎样理解的。哪怕你讲一句和我们不一样的见解。我们讲过的话，你再重复我们的见解还有意思吗？陈寅恪先生讲的四不讲：人讲过的，我不讲；近人讲过的，我不讲；外国人讲过的，我不讲；我自己过去讲过的，也不讲。现在只讲未曾有人讲过的。"

高先生说："要讲就讲新的，你讲一个新的，哪怕一句跟我们不一样的，也算是你学习有体会了。"他要求很严。

传统上，风雅颂被作为音乐。风，民歌也；雅，贵族音乐；颂，庙堂之乐也。高先生把风雅颂跟地域紧密连在一起。"雅者，夏也"，夏地之歌，这样把整个的雅都变为民歌了。《诗经》305 篇，民歌占了绝对多数了。他考证"雅者，夏也"，言之有据，推翻了雅是贵族歌曲，贵族家庭宴乐的说法。我想他就是要追求跟别人不一样。高先生讲《诗经》，特别强调《周南》，南方之歌，包括屈原，强调把南北方的歌区别开来。南方的歌和北方的歌不一样。过去蒋孔阳先生也讲，南方的歌趋暖也，北方趋冷也，也就是说南方的歌是温暖的，北方的歌是冷的。高先生将音乐与地域连在一起来讲。讲《诗经》，别开生面，他几乎每一首歌都要讲述自己的新意，不讲新意不罢休。这是高亨先生治学的一个特点。

毛主席接见高亨先生的事情，在学校轰动很大

张：高亨先生与毛主席的交往，是山东大学校史上的一段佳话。毛主席接见高亨先生后，高先生在山东大学曾经做过报告，您去听报告了吗？

曾：我记不清了，但我肯定去听了。毛主席接见高亨先生的事情，在学校轰动很大。高亨先生于 1963 年 10 月至 11 月赴京参加中国社会科学院哲学社会科学学部第四届扩大会议，并在即将闭幕时受到毛泽东主席接见。当时的中宣部副部长周扬向毛泽东介绍高亨时，毛泽东一面握手一面亲切地询问："你是研究文学的还是研究哲学的？"高亨先生回答："自己对于古代文学与古代哲学都有兴趣，只是水平有限，没有能够做出多少成绩。"毛泽东表示他读过高亨关于《老子》和《周易》的著作，并肯定了他的成绩。返回学校后，高亨将自己的《诸子新笺》《周易古经今注》等 6 种著作，并附一封信，寄请周扬转呈毛泽东主席。1963 年 12 月，人民文学出版社出版了新版《毛泽东诗词》共 37 首，包括新收的 10 首，山东大学

学报《文史哲》编辑部及时组织了一次“笔谈学习毛主席诗词十首”的活动，高亨先生积极参与了这次活动，并附词《水调歌头》，以抒所感：

> 掌上千秋史，胸中百万兵。眼底六州风雨，笔下有雷声。唤醒蛰龙飞起，扫灭魔焰魅火，挥剑斩长鲸。春满人世间，日照大旗红。抒慷慨，写鏖战，记长征。天障云锦，织出革命之豪情。细捡诗坛李杜，词苑苏辛佳什，未有此奇雄，携卷登山唱，流韵壮东风。

随后，高亨先生把这首词连同一张恭贺新禧的贺年卡寄呈毛主席。一个月后毛主席回信，信写在一张宣纸上，内容为：“高亨先生：寄书寄词，还有两信，均已收到，极为感谢。高文典册，我很爱读。肃此，敬颂安吉。毛泽东一九六四年三月十八日。”“山东大学”校名的毛泽东写本即由此信得来。

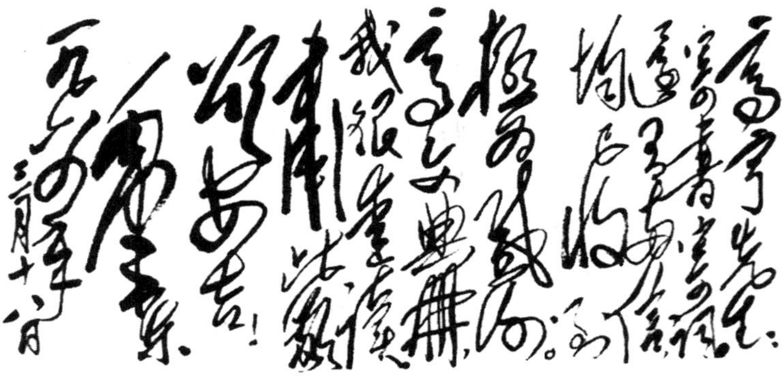
高亨先生：寄书寄词，还有两信，均已收到，极为感谢。高文典册，我很爱读。肃此，敬颂安吉！
毛泽东
一九六四年三月十八日

毛泽东主席致高亨信

“高文典册”出自晋朝葛洪的《西京杂记》卷三：“军旅之际，戎马之间，飞书驰檄用枚皋；廊庙之下，朝廷之中，高文典册用相如。”毛主席信中用“高文典册”称赞高先生的著作是经典，给予了很高的评价。1967 年后，高亨先生离开工作了十几年的山东大学，调至北京，专门从事古代学术研究工作。

张：高亨先生一生与书为伴。据山大的师生回忆，他一生酷爱读书。他的床上堆满了书，读书累了就睡，不管几点醒来，醒来还是读书。正如您讲到的高先生在清华研究院毕业的时候，梁启超先生送给他的对联“读书要最识家法，行事不须同俗人”。可以说读书、教书、写书是高先生一生的写照。

杜甫研究专家萧涤非先生

张：刚才您讲了与高先生的交往，下面请谈谈萧涤非先生。

曾：萧先生也是清华研究院毕业的了，他是黄节先生的学生。黄节先生一生以诗名世，作品兼有唐诗的风采风华与宋词的骨骼峭健，人称"唐面宋骨"。萧涤非（1906—1991），江西临川人，著名的文学史家，其杜甫与汉乐府研究享誉学界。1930年于清华大学毕业，1933年在清华大学研究院毕业后到山东大学任教。抗日战争时期去西南联大。抗战胜利后于1947年回到山东大学，历任中文系主任、教授，硕士、博士研究生导师，培养过项怀诚等一大批国之栋梁。新时期，萧先生在耄耋之年以多病之躯，仍致力于中青年学者和研究生的培养，培养了我国古典文学专业的首批五名硕士和两名博士，指导美国高级进修生。他的有些老学生称他为"20世纪的杜甫"，美、日等国学者称之为"汉学伟人"。

萧涤非先生

张：据说萧先生在清华求学时是体育健将？

曾：1926年，萧先生以优异成绩同时考取清华大学和中央大学。因慕梁启超之名，遂入清华大学中文系。萧先生不仅学习全优，而且是一名体育健将。他是一名短跑运动员，创造的11秒1的清华大学百米纪录，一直保持到新中国成立后。萧先生还是清华大学足球队的队长，曾获得过华北足球大赛的冠军。我都想不到萧先生当年这么厉害。

张：萧先生在清华研究院的毕业论文《汉魏六朝乐府文学史》获黄节先生的极高赞赏。这篇论文经修订后出版，被誉为"最佳之乐府通史"。

曾：萧先生治学刻苦投入，倾其毕生精力。他在《汉魏六朝乐府文学史》自题诗中写道"稿成十年前，稿定十年后。虽非写始功，青灯写如豆"，体现了先生刻苦治学的精神。萧先生的《汉魏六朝乐府文学史》一书，实际是一部汉魏六朝乐府民歌史，被认为是这个阶段文学史的范本。

张：1946年山东大学在青岛复校，1947年萧涤非先生再次赴任山东大学中文系，开设了杜诗课程，开始了他近半个世纪的杜诗研究生涯。

1955 年他的代表作《杜甫研究》由山东人民出版社出版，被称为杜诗研究界的高峰。

曾：萧先生给我们讲“杜甫研究”课。萧先生讲杜甫，杜甫就是他的学习榜样，也是我们的学习榜样。上课时，他用江西口音来朗诵三吏三别[①]这些诗，声情并茂，他很感动，我们也很感动。先生治学常带感情，终身热爱杜甫，特别感动于杜甫对人民的关爱之心，称杜甫为“人民诗人”，其所著《杜甫研究》之深度，同行学者难以突破。

张：萧先生在《杜甫研究》中有《关于〈李白与杜甫〉》一文，是与郭沫若先生的争鸣，影响很大。

曾：1971 年郭沫若先生的《李白与杜甫》由人民文学出版社出版。郭先生一向偏爱李白，再加上毛主席喜欢李白不喜欢杜甫，就对萧先生的《杜甫研究》一书予以否定，并讲了一些比较过头的话，这使萧先生很是伤感。萧先生认为杜甫是“人民诗人”，郭沫若不以为然，就批判萧先生。改革开放以后，萧先生写了回应郭沫若的长文《关于〈李白与杜甫〉》，于 1979 年发表在《文史哲》。该文纠正了郭先生在李杜研究上出现的偏颇，被誉为“是一部有创造性的作品”。萧先生回应了郭沫若对他的批评，坚持并进一步阐发杜甫作为“人民诗人”的学术立场，成为当时的学术热点之一。

张：1978 年，萧涤非先生受人民文学出版社委托，担任《杜甫全集校注》主编。《杜甫全集校注》工程浩大，历经十余年未竟，这也是萧先生的主要成就之一。

曾：《杜甫全集校注》是 1976 年全国出版工作座谈会确定整理、出版的“中国古代大作家集”之一，由人民文学出版社承担出版任务。该项目是国务院古籍整理规划小组规划项目，1985 年全国高校古籍整理、研究工作委员会列为资助项目。72 岁的萧涤非先生担任《杜甫全集校注》主编，先生为此穷尽十余年精力。萧涤非先生去世之后，张忠纲教授等继续编撰完成此书。《杜甫全集校注》从开始谋划到完成问世历时 36 年，集中了三代学者的接续努力，于 2014 年成功完稿出版。2017 年 6 月，《杜甫全集校注》获“宋云彬古籍整理奖”的图书奖。

① 杜甫的“三吏”“三别”分别是《新安吏》《石壕吏》《潼关吏》《新婚别》《无家别》《垂老别》。

萧先生成为新中国成立后第一批文学博士生导师

张：1961—1963年，萧先生受中共中央宣传部和国家高等教育部委托，与游国恩、王起、季镇淮、费振刚等教授合编《中国文学史》。该书是新中国成立后第一部系统地运用马克思主义的观点论述中国文学发展史的重要著作，是大学文科通用教材。

曾：萧先生是国务院首批学科评议组成员。他与游国恩、王起、季镇淮、费振刚等五位教授主编高等院校中文系《中国文学史》教材。萧先生负责魏晋南北朝隋唐五代部分。我们中文系大概有六个人参加国家教材编写工作，其中还有冯沅君先生、陆侃如先生、周来祥先生、刘泮溪先生、张伯海先生。

张：萧先生从1956年开始招收硕士研究生。1983年9月，山东大学开始招收文学博士生，萧先生成为新中国成立后第一批文学博士生导师，招生方向为唐代文学。当年萧先生招了李从军、林继中两名博士研究生。他们分别在1985年和1986年以优异成绩提前毕业，成为我国第一批古典文学专业博士。

萧涤非先生博士生林继中答辩现场

曾：1981年国务院恢复学位制度，山东大学中文系首批获得硕士与博士学位授予权。萧先生于1983年开始招收博士研究生。萧先生身体一向还好，只是呼吸一直有点问题。有一次他叮嘱我说：秋季到来之时一定要戴好围巾，将颈部保护好，防止呼吸道受到侵染。1991年，萧先生还是患上了呼吸道疾病，起初只是普通感冒，不想入院后愈来愈严重，最后导致医治无效而辞世。萧先生执教山大时间长，治学严谨，教学认真，为山东大学培养了一批研究古代文学的人才。

张：您刚才讲了"冯陆高萧"四位先生，请问黄孝纾先生给您上过课吗？

曾：黄孝纾（1900—1964），字公渚，号匑庵、匑厂，福建闽侯人，黄曾源之子。工诗词古文，精版本目录学，擅画山水。历任北京大学、北京师范大学、国立青岛大学、山东大学文学院教授。黄孝纾先生是著名古典文学研究专家、画家，著述丰宏，画作名世。1936年8月，黄孝纾先生应赵太侔邀请任国立山东大学中文系教授，讲授古今体诗及习作、词及习作、汉魏六朝文及习作、唐宋文等课程。1946年起黄先生寓居青岛，长任山东大学中文系教授，讲授目录学、楚辞、汉魏六朝文学等课程。黄先生在山大1958年搬迁济南时，经成校长同意，留在青岛带研究生与指导青年教师。因此，我们没有机会直接听黄先生的课，但他的学问影响深远，是中文系古典文学专业的又一面大旗。

黄孝纾先生

张：您见过黄孝纾先生吗？

曾：我见过黄先生一次。1958年秋，山东大学的主体部分迁往济南，黄孝纾先生因为身体健康欠佳，且酷爱崂山，没有随校迁往济南，仍然留在青岛从事古典文学研究。山东大学中文系编写文学史的时候，黄先生担任隋唐五代组的顾问。1960年6月他到济南来指导编写工作，就在这期间，见过黄先生。在"四清运动"中他被诬以"不辨真伪"的罪名。1964年，黄先生从青岛前往济南接受批判，会后自缢身亡。

关德栋先生是山大民间文学和民俗学研究的开拓者

张:20 世纪 50 年代山东大学成为民间文学、民俗学研究的重镇,关德栋先生正是我校该领域的开拓者。请您谈谈关德栋先生的学术贡献。

曾:关德栋先生(1920—2005),著名的俗文学家、敦煌学家与满学家,所著《曲艺论集》《聊斋志异戏曲集》与《聊斋俚曲选》等,具有很大的影响。1939 年他考入北京大学中国语言文学系。大学毕业后,先后任北京中国佛教学院讲师、沈阳博物院档案编整处满文档案翻译组组长、上海佛学院教授、上海无锡国学专修学校副教授、上海美术专科学校讲师。新中国成立后,先后担任兰州大学少数民族语文系副教授、福建师范学院中文系教授兼系主任、福州大学中文系教授兼系主任,1953 年调任山东大学中文系任教授。我上学时,关先生开设了“通俗文学”专题课,关先生在通俗文学研究方面,处于全国领先地位并具有国际影响。关先生的业务领域在山大中文系也是别具特色的,是一种重要的填补。

关德栋先生

关先生的研究领域广泛,涉猎满文、宋文学、民间文学、敦煌学等。关先生所著《曲艺论集》《聊斋志异戏曲集》与《聊斋俚曲选》等,具有很大的影响。他对满文的掌握在全国处于前列。他给我们讲授“民间文学”课。先生的代表作是《民间文学论丛》,这本书反复印刷多次。关先生受郑振铎《中国俗文学史》的影响,走上了俗文学、民间文学的研究之路。他是山东大学民间文学和民俗学研究的开拓者。在俗文学领域里,关先生成为郑振铎等人开创的学术传统最重要的薪火传递者。另外他曾经参与翻译《满文老档》的工作,能从满语原文翻译这部重要的史料,还写了一部《满文成语词典》,“文化大革命”当中一直在做这个工作。山东大学搬到曲阜以后,关先生一直在那里还做这项研究工作。我没看到这本书出版,但曾看到过这本书的介绍。他精通满文,包括新满文、老满文,当时能释读老满文的没有几人了,关先生就是其中的一位。

张:关先生博学多闻、涉猎广泛,对敦煌学和蒲松龄的研究也颇有建树。

曾:关先生是20世纪40年代国内研究敦煌文献的著名学者之一,也是我国为数不多的研究梵、巴文典籍的学者。因为研究敦煌学与季羡林先生、赵景深先生来往密切。1983年,关先生应邀去美国讲学,搜集了大量散佚在美国的满学资料和中国俗文学资料。关先生在蒲松龄的研究上,另辟新径,先后编成出版了《聊斋俚曲选》《聊斋志异戏曲集》《聊斋志异说唱集》《聊斋志异话本集》等作品。他研究聊斋的俚曲、戏曲,这些内容大多都不受传统重视。

关德栋先生是个非常奇葩的老师,但是地位不是特别高,他是五级教授,孙昌熙先生是四级副教授。这一点当时我们学生也很奇怪,这个副教授都四级了,教授还是五级,到现在我也没有理解。关先生在山大任教期间主要开设了"中国文学史""中国民族史""蒙藏佛教史""佛典文学""民俗学""人民口头创作""民间文学概论""明清俗曲概论""敦煌文献研究"和"梵文"等课程。从1955年起他开始培养研究生。他在山大培养的学生有李万鹏、叶涛等。

张:20世纪50年代关先生在山大开设"民间文学"课,他先后组织两次民间文学田野调查。您刚才讲您入学后,关先生给你上"民间文学"课,您也跟着去做田野调查了吗?

曾:我没有跟着关先生去做田野调查。因为我对民间文学不感兴趣,就没有去。关先生自1953年起任山东大学中文系教授。1954年和1955年作为当时课程的"生产实习",他两度带领学生深入沂蒙山区进行田野调查,两次实习印有《人民口头创作实习资料汇编》"沂水卷""淄博和洪山卷"三册。这是新中国首次有计划地搜集整理民间文学作品。

张:关先生知识渊博,学术研究涉及领域广阔。他能运用民族语言及外文文献从事民族文学、民间文学、满文文献、印度古文献的研究工作。

曾:关先生掌握多种语言文字,除了汉文以外,他还会英文、德文、日文、巴利文、梵文、满文,吐火罗文似乎也会。季羡林先生也会吐火罗文,关先生也会,但是没听他说过。关先生学术成就涉及多个方面,但其核心还应是民间文学、民俗文学的研究成果,对山东大学民间文学和民俗学研究做出了积极贡献。关先生写作很勤奋,在家里不停地写。他喜欢喝浓茶,写东西时喝特别浓的茶。到他家里去拜访,他给客人倒一杯茶,客人都不敢喝,那个茶很苦很苦。

第二节

华岗校长倡导开设了“鲁迅研究”课

张:您入学后,山大中文系主任是章茂桐先生吗?请谈谈您与章茂桐先生的交往情况。

曾:中文系主任兼总支书记是章茂桐先生(1912—2000)。他1912年4月出生,河北河间人。1934年考入山东大学中文系。1937年7月全面抗日战争爆发,他离校参加了革命。他干过郓城县县长,新中国成立后他又在华北人民政府教育部任视导员、中央教育部专员,后来调到外交部外交学院任党委副书记。1957年调回山东大学任中文系主任兼党总支书记,后任山东大学党委常委、纪律检查委员会书记。因为章主任不是教师,所以一直没有人介绍他。章主任对我们中文系的建设,特别是20世纪50年代以后直到90年代,是个非常重要的人物。“文化大革命”结束以后,章主任在山大纪委任书记,职务很高,是老干部。他对中文系有很深的感情,因为这里是他的母校母系,这些老师,包括萧涤非老师,都是他的老师,和教师有着血肉的联系,而且对学生也很重视,温文尔雅。我留校的时候,首先是章主任跟我们讲话。那时候他也就三十七八岁,穿着用料子做的中山装,一表人才。给我们介绍中文系的培养目标,中文系到底要培养什么样的人?从什么方向努力?章主任重视教学、重视教师、重视学生,对“冯陆高萧”这些老师都非常好。章主任坚持名师上第一线,非常重视学生的培养。

章茂桐先生

张:在山大期间,章茂桐主任把一腔热血倾注在母校的师生身上。章主任与您的交往多吗?

曾:章主任作为山大中文系的校友,把自己求学时的志愿寄予新的一代。最让我感动的有两个事:第一个事就是我大学二年级的时候,章主任居然给我父亲写了封信，我觉得他应该给很多同学的家长写过信。他在信中说，曾繁仁同学在校期间表现很好，学习怎么优秀等等。我父亲很感动。我父亲也上过大学，哪有大学里的系主任给家长写信的，是吧？这是第一个。第二个就是1964年我毕业的时候，好像是因为家庭出身有问题，虽然通知我提前毕业了，可是同学都分配好工作离校了，只有我还没分配工作。章主任见到我说：没有分配工作，干脆留校任教吧！他建议我留校做现当代文学研究。他设想让我跟着刘绶松先生研究当代文学，由于当时搞政治大检查，未成，我就到了文学理论教研室。所以章主任对我还是非常关心，非常支持的。

张：当时中文系副主任是刘泮溪和蒋维崧先生吗？

曾：是的。刘泮溪先生是研究现代文学的。1953年3月，在华岗[①]校长倡导和主持下，山东大学中文系开设了“鲁迅研究”专题课。当时，这在全国高校是一项创举。

华岗校长

张：在华岗校长的倡导下，山东大学成立了“鲁迅研究”备课小组。

曾：是的。华岗校长组织了刘泮溪、孙昌熙和韩长经三人建立备课小组，指导他们用马克思主义观点和方法研究鲁迅的杂文、小说、散文，探索鲁迅文艺思想的形成和发展，分析鲁迅在中国现代文学史上的崇高地位和卓越贡献。山东大学可以说是最早开设“鲁迅研究”课程的高校。该课程的目的是使学生认识鲁迅的基本精神，了解鲁迅对中国革命的贡献、鲁迅思想的实质及其在新文化运动中的成就，以达到研究鲁迅、学习鲁迅、发扬鲁迅的目的。

1957年他们三人的讲稿结集成《鲁迅研究》，由作家出版社出版。这是1949年后系统研究鲁迅较早的专著之一，在海内外都产生了巨大影

① 华岗(1903—1972)，中国浙江省衢州市龙游县人，中国现代哲学家、史学家、教育学家。1950年春经青岛市军管会批准，华岗同志被选为山大校务委员会主任，相当于临时校长。次年3月，山大与华东大学合并，华岗同任新山大的第一任校长兼党委书记。华岗任山大校长期间，大量延揽优秀人才与著名教授，加强学科建设，创建了山东大学以“文史见长”的第二个黄金时代。

响，不仅引起现代文学研究领域和鲁迅研究领域的重视，而且一些高校以此书为教材相继开设“鲁迅研究”课。

张：请您谈谈华岗校长的贡献。

曾：华岗校长对山东大学发展建设的贡献是举世公认的，特别在对山东大学文科的发展上，更是以自己的实际行动，为文科师生树立了典范。华校长是我国最早在人文社会科学领域坚持用马克思主义理论指导研究的著名学者。他的马克思主义理论水平之高、造诣之深，可以说是旗帜性的人物。而且他在学术上的贡献是开拓性的，突出表现在领域的开拓。20世纪20年代后期，中国第一次大革命刚刚过去，他就出版了《中国大革命史》，开辟了中国第一次大革命历史研究的新领域。新中国成立后，他率先带领山大中文系的老师以马克思主义为指导，开辟了“鲁迅研究”的新方向。

新中国成立初期，华校长开辟新的研究阵地，领导创办了著名的《文史哲》杂志，坚持“双百方针”，开展学术讨论，发表两个“小人物”文章，使《文史哲》享誉海内外，成为山东大学的重要标志。华校长坚持学术、追求真理的精神也是令人感动的。他作为著名的革命家、教育家，始终不放弃学术研究工作，即便是身陷囹圄之时，仍然坚持研究，在那样艰难的条件下，写出了《美学论要》《黑格尔历史哲学研究》等一摞一摞的论著。我们设身处地想想那时的情景，华校长那刻苦坚持学术研究的精神真是让我们敬佩不已。

孙昌熙先生是文艺理论中国化的先行学者

张：孙昌熙先生是我国著名的鲁迅研究专家和现代文学史家。他的一生涉猎文学理论、古代文学、文学批评史和现代文学等文学领域的众多方面，具有深厚的学养。

孙昌熙先生

曾：孙昌熙先生（1914—1998）其实是我们文艺理论教研室的主任，兼做鲁迅研究。孙先生1936年考入北京大学中文系，1941年毕业于西南联大中文系，毕业后留校，担任朱自清先生的助教。孙先生是我们1959级“鲁迅研究”与“文学批评史”的授课老师。我1959年进校到先生去世，30年来受到先生的直接教诲，先生的许多话至今言犹在耳。

孙先生的学术贡献我认为主要有以下四个方面：

第一个是毛泽东文艺思想研究。1958年，他和吕慧娟、狄其骢、蒋茂礼写的《文艺学新论》，被人民大学评为最优秀的宣扬毛泽东文艺思想的教材之一。虽说他们是之一，但我也没发现有第二本。《文艺学新论》以毛泽东主席《在延安文艺座谈会上的讲话》的指导思想“文艺为人民”为中心线索，构建了崭新的中国化马克思主义文艺理论体系，将毛泽东文艺思想学术化与体系化，至今仍然具有重要价值。2022年纪念《讲话》发表80周年，我专门在发表于《中国文艺评论》杂志的文章中介绍了这本教材的贡献，并列出了它的章节目录。孙先生对于毛泽东文艺思想研究的贡献一定会记录在中国化马克思主义思想发展史上。

第二个是鲁迅研究。孙先生、刘泮溪先生、韩长经先生三个人，在华岗先生的指导下完成的《鲁迅研究》，这部书1957年由作家出版社出版，香港波文书局将《鲁迅研究》翻印行销，成了名著。这本论著就是从历史的马克思主义的高度，从学术的角度，系统地阐发了鲁迅的论著。他们三人给我们讲的“鲁迅研究”课，主要是孙先生和韩先生讲授。孙先生的鲁迅研究对我最大的影响在哪里呢？就是如何集中研究一个人，他的论著，他的学说，如何把它连贯下来，如何来阐释它。他能把鲁迅的一个观点分成好多层次来阐释，成为我们后来编教材和开展教学的一个范本。我搞西方美学，主要研究的是人。孙先生他们给我们做出了榜样，《鲁迅研究》是范本。他们与华岗先生鲁迅研究的思想有一致性，也就是既要有政治性，又要有学术性。

第三个贡献就是在改革开放以后，与田仲济先生一起主编《中国现代文学史》。该书成为新时期最早的有关教材与论著之一，对新时期现代文学研究的再次出发做出了重要贡献。

第四个贡献就是孙先生和他的研究生刘淦合作的司空图《诗品》的研究，是我国较早关注与研究司空图的学术成果。孙先生一直喜欢古典文学。他喜欢把中国古典的东西往现实主义和浪漫现实主义上面靠，我并不同意司空图的《诗品》是现实主义文艺思想。我在作《诗品》研究的时候，想用我老师的东西，但发现他与现实主义相联系，这把我吓住了。我认为这是一点缺陷。包括萧先生把杜甫的诗歌特点归纳为现实主义，我并不赞成把现实主义、浪漫主义用到中国文学研究，这是我们的一个失误。孙昌熙先生和刘淦点校的《司空图〈诗品〉解说二种》，1962 年由山东人民出版社出版。该书对研究司空图《诗品》有很大的参考价值。

孙先生是一位非常勤奋的学者，他对学术的献身与不懈追求，是我们的榜样。我们每次去看先生他都在读书写作，包括春节。他那时吸烟，偌大的写字台，几乎各个角落都放有烟，方便随时拿取。直到先生晚年，眼睛看不见，耳朵听不见，还要让他的学生给他读最新的文章，他还要口授写作，直到生命的最后。

张：2023 年 3 月 25 日，山大文学院举行了《孙昌熙文集》出版座谈会。正如杜泽逊院长在致辞中所说，“整理老一辈学者的著作是中国的优秀传统，山大文学院效法先贤，组织整理老一辈文集 18 家，对于赓续文脉、发扬传统具有深远的意义”。我相信《孙昌熙文集》的出版，是对孙先生学术成果的最好总结，也是精神的流传。

鲁迅研究专家刘泮溪先生

张：刘泮溪先生与孙昌熙先生、孙思白先生都是西南联大的同学，他们于 1946 年一起到山东大学任教。

刘泮溪先生

曾：1946 年山东大学在青岛复校，刘先生接到了山东大学的聘书，与同是山东籍的孙昌熙、孙思白先生一起来到了青岛。1953 年华岗校长与当时的讲师刘泮溪、孙昌熙和助教韩长经三人建立备课小组，指导他们用马克思主义观点和方法研究鲁迅杂文、小说、散文，探索鲁迅文艺思想的形成和发展，分析鲁迅在中国现代文学史上的崇高地位和卓越贡献。

张：刘泮溪先生长期从事现代文学的教学和研究工作，他以马列主义、毛泽东思想为理论指导，以现代文学为基础，以鲁迅研究为方向潜心学术探索，在鲁迅研究方面有较高造诣，并取得了令人瞩目的成就。

曾:刘泮溪先生(1914—1978),著名现代文学专家,鲁迅研究专家。1936年考入北京大学中文系,1940年毕业于西南联大中文系,1946年抗战胜利后应聘到山东大学。1953年在华岗校长的倡导与主持下,刘先生与孙昌熙、韩长经先生组成鲁迅研究课题组,在中文系开设“鲁迅研究”专题课,成为全国高校的首创。专题课授课讲义经整理陆续发表于《文史哲》,后结集编成《鲁迅研究》一书,于1957年由作家出版社出版,后由香港波文书店翻印,这是1949年后系统研究鲁迅较早的专著之一。该书在海内外都产生了巨大影响,不仅引起国内现代文学研究领域和鲁迅研究领域的重视,而且一些高校以此书为教材相继开设“鲁迅研究”的课程。

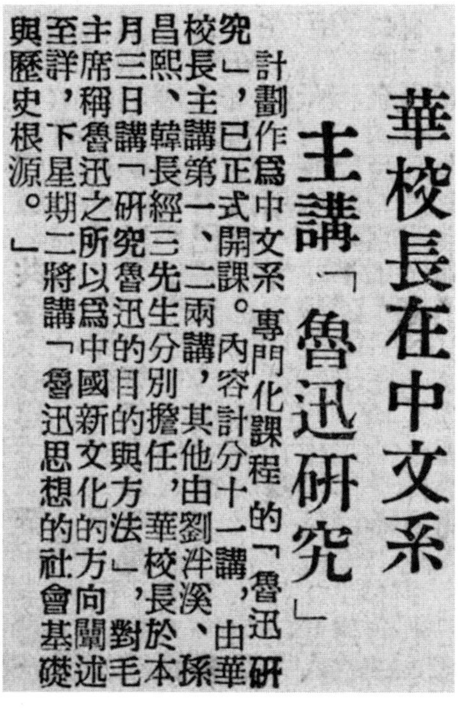

華校長在中文系

主講「魯迅研究」

計劃作爲中文系專門化課程的「魯迅研究」，已正式開課。內容計分十一講，由華校長主講第一、二兩講，其他由劉泮溪、孫昌熙、韓長經三先生分別擔任，華校長於本月三日講「研究魯迅的目的與方法」，對毛主席稱魯迅之所以爲中國新文化的方向闡述至詳，下星期二將講「魯迅思想的社會基礎與歷史根源。」

1953年3月7日《山东大学报》刊载《华校长在中文系主讲“鲁迅研究”》的报道

1961年刘先生参加教育部组织的、由周扬牵头的全国统编教材《中国现代文学史》的编写工作,该书于1979年出版。这里需要说明的是,当时参加全国统编教材的人数也反映了一个系的水平与地位,此时山大中文系有冯沅君、萧涤非、刘泮溪、吕慧娟、韩长经与周来祥6人参加全国统编教材的工作,涉及古代文学、现代文学与文学理论等多个学科,反映了山大中文系在当时的学术地位。1959 年，刘先生受教育部委派，赴德国洪堡大学讲学。我入学后，刘先生刚刚从德国讲学回来。那时刘先生还是中文系副主任，给我们讲授"现代文学史"与"鲁迅研究"课程，教学严谨踏实，深入浅出，很受学生的欢迎。

1978 年，刘先生因心脏病突然去世了。我那时候是中文系教工支部书记，在山大南院三号楼住，刘先生在邻楼。吕慧娟先生在楼下喊我："小曾！"我睡得迷迷糊糊地就问："怎么了？"吕先生说："凌晨刘先生走了。"我问："刘先生走了，走到哪里去了？他干嘛去了？""他走了。"我问："他走到哪里去了？""他就是走了。"旁边人说："你们两个人说的什么话，你连'走了'也不知道啊，就是去世了。"2 月 17 日，刘先生因突发心脏病去世。

张：韩长经先生 1952 年于山东大学中文系毕业后留校任教，后任山东大学中文系现代文学史研究室副主任、讲师。韩先生一生潜心治学，从事现代文学研究，尤以对鲁迅的研究成果驰名国内。

曾：韩长经先生(1927—1978)，1952 年于山大中文系毕业后留校，与刘泮溪、孙昌熙一起参加鲁迅研究课题，是《鲁迅研究》一书的主要作者之一，参加 1961—1963 年教育部统编教材《中国现代文学史》的写作，并于 1976 年参加国家出版局组织的《鲁迅全集》《故事新编》的题解与注释工作。1978 年 8 月 15 日夜，先生突发脑溢血辞世，当时只有 51 岁，英年早逝。当晚先生从发病到送医院的整个过程，我都在场，情景历历在目，每每想起仍然痛心。

张：著名朗诵诗人高兰先生给您上什么课程？

曾：山大中文系现代文学教研室还有一位特殊的教授，即著名朗诵诗人高兰先生(1909—1987)。高兰先生在山大中文系独树一帜，主要从事诗歌的教学与研究。他对朗诵诗的创作与朗诵造诣颇深，在国内属于这方面的知名学者。

高兰先生

高先生毕业于燕京大学，抗日战争中与冯乃超、光未然等一起以朗诵诗歌的方式，直接投身抗日战争的宣传工作，写作了《我们的祭礼》《哭亡女苏菲》等名篇。高先生本人即是著名的朗诵大家，在抗日战争年代影响很大。我们入学后高先生给我们上现代文学课，结合实际，常常伴以朗诵，效果很好，给同学很大影响。当时系里聚会与文艺演出，高先生的朗诵，特别是《哭亡女苏菲》，几乎是必备的节目。高先生的朗诵成为我们学生时代非常深刻且美好的记忆。

第三节
汉语言文字学的“三驾马车”

殷孟伦先生是“章黄学派”继承人

张：山东大学素有研究汉语言文字学的传统，殷孟伦、殷焕先、蒋维崧三先生都是享誉海内外的专家，被称为山大“汉语言文字学的‘三驾马车’”。殷孟伦教授以精于古汉语、古文字和训诂学著称；殷焕先教授以现代汉语语言学和音韵学见长；蒋维崧教授一生致力于语言文字学的研究，他还是一位饮誉艺林的书法家、篆刻家。

曾：山东大学第二次辉煌时期除了“冯陆高萧黄关”诸位古典文学专业的先生以外，还有语言学“二殷”和蒋维崧先生。“二殷”先生指的是大殷先生（殷孟伦）和小殷先生（殷焕先）。

殷孟伦先生

殷孟伦先生（1908—1988）是语言学家，是著名的“章黄学派”继承人。他早年曾受业于赵少咸、黄侃，并接受过章太炎的启发和指导。曾在黄侃门下学习和工作多年，受到黄侃细致、系统而具体的指导，从而在传统语言学的文字、音韵、训诂方面打下了扎实的基础。

殷先生学识渊博，才华横溢，是我国杰出的语言学和训诂学专家。他早年中央大学毕业，东京帝国大学留学。据说在中央大学的时候，能赶上殷孟伦先生才气的没几个人。殷先生 1953 年任山东大学中文系教授，他来之前在四川大学中文系任教授和系主任，他应陆侃如先生举荐来到山东大学。他一生中对文字、音韵、训诂方面的研究造诣很深，尤其是对《尔雅》《小雅》的研究，在海内外产生了积极的影响。殷先生对汉语词汇、词义的发展演变进行了深入的研究，提出了“词汇断代研究”的主张。另外，他在版本、目录、校勘、史地考证、古书辨伪等领域也有所建树。

殷孟伦先生在山大执教 36 年间，历任中文系教授兼古代汉语教研室主任、《文史哲》编委、山大学术委员会委员、山东省语言学会会长、中国训诂学会第一副会长、山东社科联副主席等职，为推进中国语言文字系统研究和发展做出了贡献。

殷孟伦先生给我们上“古代汉语”课，讲训诂与考据，内容严谨，但课程讲解却不乏诙谐，趣味横生。我记得他上课的时候，常和美食连在一起。哪个词跟哪种美食有关系，哪个词跟哪个地方的风味小吃有关系，他都能联系上。另外他训诂做得好，词的来源讲得好，也不亚于高亨先生。后来我才发现他对古文的熟悉不亚于陆侃如先生，他背功特别厉害，曾经给我背过，我很钦佩。

殷先生平生有两大嗜好：酷爱读书和收藏书，自称“坐拥书城，其乐无穷”，“黄金散尽为收书”。他的藏书不下五六万册，十年浩劫中许多书被抄走，家中仍存万余册。难得的是，他乐于将家藏的珍本、孤本借给青年学者阅读，并指导他们撰写论文。

张：1988 年 12 月 14 日，殷孟伦先生逝世。他逝世后，时任国家主席杨尚昆同志送了花圈。

曾：杨尚昆同志和殷先生是小学、中学的同学，对他特别关注，就说明当年他们关系很好。殷孟伦先生很有名，在中央大学时名气就很大。1988 年 12 月殷孟伦先生去世后，杨尚昆同志送了花圈。

殷焕先先生是著名语言学家

张：殷焕先先生是著名语言学家。1946 年起任职山东大学中文系，为抗战胜利后山大的首批元老，在古今汉语诸多领域都有较深造诣。您谈到殷焕先先生语言学方面非常全面，请问他研究的领域有哪些？

曾：殷焕先先生（1913—1994），我们称他为“小殷先生”，以区别于殷孟伦先生的“大殷先生”。小殷先生 1936 年以第一名的成绩考入中央大学中文系，1940年考入北京大学文科研究所，师从罗常培、唐兰、王力和袁家骅，毕业后先后到西南联合大学、北京大学、云南大学、四川大学工作，最后落脚于山大。小殷先生在语言学方面学问非常全面，尤以音韵学与文字学方面最为突出。他是山大语言学的开拓者之一，也是山大《文史哲》杂志的发起者之一，具有很高的学术成就与贡献。小殷先生不论是在古代汉语的文字、音韵、训诂诸领域，还是在现代汉语的理论与实践、教学语法系统的建设以及语言规范化等方面，都做出了卓越的贡献。

殷焕先先生

张：请谈谈您与殷焕先先生的交往情况。

曾：小殷先生和我接触很多，他曾经给我写了很多纸条，我当时都没保存，十分遗憾。例如，“繁仁大兄，殷焕先仅有一事相告”。在纸条上喊我“大兄”，简直吓我一跳。我初次见小殷先生是他最倒霉的时候，被打成“右派”，又得肺病，这两个事情把他搞垮了。被打成“右派”后，工资很少，家里孩子又多，生活过得很狼狈。他用一个铅笔头写字，铅笔头还套了一个铁的帽子。上课讲稿的稿纸是抽烟的烟纸，一张一张把它叠起来，在背面写讲稿。他给我们上课就用这样的讲稿，我第一次看见有人用这个东西，一张一张的，卡片一样的讲稿。小殷先生得了肺病，身体非常虚弱，给人摇摇欲坠的感觉。我们在济南卧虎山水库劳动的时候，殷先生和我都参加了。我们负责推车，殷先生负责拉车。说老实话，我们都不忍心叫殷先生拉，你想他这么瘦弱，整天流着鼻涕，你说你舍得让他拉车吗?

改革开放以后，我担任中文系副主任，主管研究生培养工作。有一次，我到殷先生家去取研究生培养计划。我说：“殷先生研究生培养计划您做好了吗?”他说：“有啊。”他在床底下找了半天，掏出一个腌咸菜的缸，从里面抠出研究生培养计划交给我。我说：“您怎么把计划放在这里边?”他说：“我重要的东西全放在缸里面。”很奇葩！我第一次看见有人把贵重的东西放在缸里面，掏出来给我。

殷焕先先生的学问，古汉现汉全通，训诂音韵全会，实话实说，小殷先生确实是全才。可惜他自己不爱惜身体，经常喝酒，把身体搞垮了。

1981年小殷先生到邹平师范学院参加学位论文答辩，答辩后因为喝酒过量导致胃穿孔住院了。学校领导让我去看看他，帮助协调处理住院事宜。我就带了殷先生的两名研究生张树铮、杨秋时赶到医院去看他。在邹平的当地医院，这家医院从来没有接待过教授，都崇拜得不得了。结果他这个教授叫人吓一跳。他没有提包，衣服用一个包袱包着，打个卷提过去了。到医院以后，我发现在殷先生的病房里有烟味和酒味，桌子底下还放着一瓶酒。我就把酒给他拿出来了。我说："这酒给您拿走了，不是没收，给您暂放另外一个地方。您现在不能喝酒了，如果您再喝酒，我们就不带您回济南了。"

殷孟伦先生与殷焕先先生是山大语言组的两座大山。改革开放后，应该是1978年，两位殷先生开始联合招收研究生，这一年他们招收了17名研究生。1981年，他们开始分别招收研究生，一共培养了26名研究生，质量都很好。他们在语言学的人才培养方面做出了重要贡献。小殷先生尽管从事语言研究，但充满文学才情，擅长旧诗词，所写书法潇洒流畅，属于典型的文人书体。改革开放后，小殷先生得知当年高中同学、著名美学家吕荧先生在"文化大革命"中含冤而死，写有旧体词《满江红·悼吕荧》：

> 紫万红千，真明媚，又逢春色。空叩问，斯人何在，九天岑寂。八府塘前同笑语，门帘桥畔怀踪迹。记荧窗，忧愤论危亡，心丹赤。
>
> 书生梦，原清白；朋友道，由忠直。怅深山幽径，大都华宅。文笔自能传世代，性情尤足光篇策。正枝头，悠越到莺声，思畴昔。

词中写到吕荧"忧愤论危亡，心丹赤"，可谓深刻。吕先生于1955年在文联会上独自为胡风辩白说"胡风不是反革命"，此后即被投入监狱失去自由，其心可鉴。小殷先生词以"紫万红千，真明媚"开头，是对改革开放的歌颂，也是叹吕荧没有等到好时候。

在我们中文系，"两殷"是语言的两个巨头，但并不团结，两个人到武汉开会，在那吵架、争论。回来以后，我作为系副主任找他们谈话。我说："你们都是我的老师，我批评谁好呢？你们自己说。"他们两个都笑了，但是始终有过结，在他们周围还形成了以语言学为代表的教师团队，并不是特别团结。我后来回忆，二殷先生的人品并没有问题，他们之间的矛盾因何而起，现在也无从考察了。

1986 年曾繁仁(右一)与殷焕先(左三)及著名京剧演员孙毓敏(中立者)、张金梁(右三)等合影

张:山东大学知新楼 A 座五楼走廊的墙上有一张 1947 年山东大学中文系教职员合影照片。殷先生身材高挑,身穿呢子大衣,非常帅气。

曾:殷先生对于方言、音韵都特别擅长,但他写出来的东西并不是很多。他晚年沉溺于酒,经常到商店里面,要一二两酒,两块水果糖,就开始喝酒。他经常坐在山大南院外边一家粮店门口喝酒,因为节俭,就买两根火腿肠,坐哪个地方就在哪喝酒。他的早逝应该与过度饮酒有关。

殷先生是非常著名的书法家。殷孟伦的字,陆侃如的字,都很好。但殷焕先的字不比他们的差,也写得漂亮。再一个就是你说的他长得帅,但他把自己给埋汰了。殷先生大学毕业的时候,有一个毕业照片,那真是帅。他最后因为肺病又是鼻涕又不注重小节,形象就变了。

张:殷焕先先生于 1946 年任职山东大学中文系,到 1994 年去世,在山东大学工作生活了 48 年,为新中国的语言学学科的建设,做出了筚路蓝缕的开创性贡献。

蒋维崧先生的书法得到徐悲鸿的高度肯定

张:蒋维崧先生以文字学研究而闻名于世,是当代著名汉语言文字学家,同时又精于书法、篆刻,为世人所共仰。

曾：蒋维崧先生(1915—2006)，字峻斋，江苏常州人，当代著名文字语言学家、书法篆刻家。蒋先生也是中央大学毕业的，他好像在二殷先生以后，他们都是毕业于中央大学。蒋先生应该是1934级，殷孟伦先生是1928级，殷焕先先生是1936级。蒋先生1955年调来山大中文系，当时是副教授，后来晋升为教授。他主要是研究普通语言学，给我们讲过普通语言学课。

"文化大革命"后他以著名书法家、篆刻家而名世，出乎我们意料。我那时候没重视，其实他在中央大学的时候，是胡小石的学生，他的书法得到徐悲鸿的高度肯定。他的书法俊秀，是一种南方书法，写得特别漂亮。后来他成了著名的书法家。山大的书法有两个人比较出众，一个是他，另一个是孙坚奋。孙坚奋属于写大字写得比较好，他是写小字写得漂亮。21世纪开始，蒋先生在中文系培养书法研究生，并以其优秀的创作与学术水平影响到整个山大，使山大成为书法创作与研究重镇，培养了一批卓有影响的书法家。

蒋维崧先生

关于蒋先生的书法和我相关的有两件事。一个是系里的老师都有他的书法了，就我和董治安老师两个人没有。董老师说："繁仁，我们两个没有蒋先生书法，这也不合理呀。"我说："这样，我也不能代表你，我们各自向蒋先生求字吧！"我和蒋先生求字一个月都没拿出来。蒋先生在路上见到我，跟我讲："我最近心情不好，不能写，心情好的时候才能写。"过两天给我拿来了一幅墨宝"充实之为美"，这是孟子的话。原句为："充实之谓美，充实而光辉之谓大，大而化之之谓圣，圣而不可知之之谓神。"孟子以充实为美，就是要呼吁人们全面提高自己的修养，引导人们向美之德和德之美靠齐。我做美学的嘛！蒋先生给我写了"充实之为美"五个字，清秀遒劲，内含了先生对我的勉励。这幅手迹我一直珍藏着。

再一个，我是山东省人大的常委，省人大开会的时候，有一名大企业家，也是人大代表。他突然找我说："我写了百寿图，能不能请蒋先生给我题个字？"蒋先生看了这幅百寿图后给我说："这个字是描出来的，字写得不好，但我还是给他题个字吧。为什么呢？他这么大的企业家，经济这么富裕，不喝酒，不赌博，练习写字是很高雅的一件事，我们得鼓励他。”蒋先生题写好了字，我给他，他非常高兴。这是蒋先生给我印象比较深的几件事。

张：蒋先生是《汉语大词典》副主编。

曾：“文化大革命”后期蒋先生开始负责《汉语大词典》的编写工作。他主持《汉语大词典》山东编写组的编撰工作十多年，贡献很大。可以说，蒋先生把后半生都献给《汉语大词典》了。后来大家发现蒋维崧先生学术渊博，令人惊讶。你向他求教古文字，问他古典知识，他没有答不出来的。蒋先生于 2006 年 7 月 25 日在济南逝世，享年 92 岁。蒋先生曾任山东大学中文系副主任、文史哲研究所副所长，山东省文史馆馆员、西泠印社顾问、中国训诂学研究会学术委员、《汉语大词典》副主编、山东省语言学会副会长、山东省书法家协会主席等职，对当代书法事业的发展和人才培养做出了杰出的贡献。

张：徐超老师曾对蒋维崧先生评价道：“站在学科建设的角度看，先生把非艺术专业的学问同艺术结合起来，并在汉语言文字学专业设置文字书法学方向，培养硕士生和博士生，在全国，他是首创者。这从一个侧面彰显了山东大学学科建设和人才培养方面的创新理念，彰显了百年山大、百年学人的人文精神。作为治学和传薪的榜样，先生的精神和业绩，必将激励我们承担起传承经典文化的重任。”

第四节

文艺学学科的学术传统

张：山东大学文艺美学研究中心于 2000 年获批教育部人文社科重点研究基地，所属学科文艺学为国家级重点学科。研究中心以繁荣哲学社会科学、构建当代中国文艺学美学学术话语体系为目标，致力于文艺理论、文艺美学、审美教育、生态美学等基础理论研究，经过 20 余年的长足发展，在国内居于领先地位，其中生态美学研究产生了重要国际影响。您曾是中心主任，现为中心名誉主任，您亲历了中心建设发展的整个过程。

请您谈谈文艺学学科的学术传统。

曾:山大素有文艺学的良好传统。早在20世纪20—30年代,时任山大校长的杨振声以及著名作家闻一多、老舍、洪深、沈从文等人就在山大开设了“近代文艺批评”“文学概论”等文艺美学课程。曾经担任山大两任校长的赵太侔是著名的戏剧家,他首先提出了我国传统戏剧的“程式化”理论观念。新中国成立后,华岗校长更是率先示范性以马克思主义指导文科建设并力倡美学。1959年,华岗在监禁的困难条件下,在监狱中写作了《美学论要》一书,自觉地以马克思主义为指导,力主美的客观性,坚持“美是生活”的学术立场,认为审美感受与审美教育是帮助人们形成共产主义世界观的重要方式,是推动人们认识美和改造现实的强大武器。该书具有极为重要的理论与现实价值。

1992年曾繁仁与文艺学师生合影

曾繁仁(左一)、刘波(左二)、吕慧娟(右三)、狄其骢(右二)、蒋茂礼(右一),后排左二为刘彦顺

吕荧在山大首开“文艺学”课程

张:著名美学家吕荧[①]曾任山大中文系主任,在山大首开了“文艺学”

① 吕荧(1915—1969),中国当代著名美学家、文艺评论家、文艺理论家、翻译家,20世纪50—60年代“美学大讨论”中主观派美学的代表人物。

课程。请您谈谈吕荧先生的治学传统。

曾:吕荧先生是山东大学美学研究的拓荒者,奠定了山东大学美学研究的精神传统。1950年8月,吕荧应华岗校长邀请到山东大学任中文系教授,后兼主任,主讲"文艺学"课程。1952年春,吕荧离开了山东大学。

吕荧在美学、文艺学、文学翻译等领域取得了很大成就,为中国当代美学和文艺学建设做出了重要贡献。1950年8月,吕荧先生经孙思白引荐,华岗校长聘请吕荧任山大文学院中文系教授,主讲文艺学课程。他在山大工作期间,出版了《关于工人文艺》《列宁论创作》等专著,后又出版了《艺术的理解》《美学书怀》等著作,提出"美是物在人的主观中的反映"的重要观点,成为美学大讨论中"主观派"的主要代表人物。在这样的背景下,山大中文系的美学研究始终未曾间断。

张:文艺理论教研室成立于哪一年?

曾:1956年山大中文系新成立了文艺理论教研组,孙昌熙先生担任组长,主要讲授"文学概论""文艺评论""文艺理论专题"等课程。1957年以来,孙先生带领文艺理论教研室编写《文艺学新论》,以毛泽东主席《在延安文艺座谈会上的讲话》的指导思想"文艺为人民"为中心线索,构建了崭新的中国化马克思主义文艺理论体系,将毛泽东文艺思想学术化与体系化,至今仍然具有重要价值。

吕慧娟参与编写了《文艺学新论》

张:吕慧娟先生是山大文艺学科的开拓者、领导者之一。她先后参加由蔡仪主编的高等学校文科教材《文学概论》的编写工作,参加山大《文艺学新论》的编写工作;与刘波、卢达合作编著的《中国历代著名文学家评传》(六卷)获山东省教育厅哲学社会科学优秀成果一等奖。您和吕先生都在中文系文艺理论教研室工作,能否谈谈吕慧娟先生的学术贡献?

曾:吕慧娟老师是中文系比较有名、影响比较大的一位老师,但是也很少有人写她。因为她的业务做得不是特别多,上课也不是特别多,但影响很大。

吕慧娟老师是山东威海人,1926年出生。她一直跟随经商的父亲在青岛读书,1946年她考入山东大学先修班,1947年转入中文系学习。1951年毕业留校从助教、讲师、副教授到教授。她从1947年12月开始接受共产党“山大地下工作小组”的领导，走上革命道路。在地下党安排下，她担任女同学会会长，做了大量的工作，成为“地下工作骨干”。

她留校的时候担任过教工支部书记。1964 年我留校以后也担任过教工支部书记，这时候吕老师就任中文系副主任了。吕老师是在文艺理论教研室，她有以下三个贡献：

第一个贡献就是她和孙昌熙、狄其骢先生三个人合编了《文艺学新论》，1959 年由山东人民出版社出版。1960 年进行修改，并于 1963 年出版修订本。吕慧娟老师是该教材的主要编者之一，她曾经参加北京大学的毕达可夫文艺学研究生班。《文艺学新论》被中国人民大学的同行认为是一部高水平的宣传毛泽东文艺思想的教材。为纪念毛泽东延安文艺座谈会讲话 80 周年，我在《中国文艺评论》上面，专门写了毛泽东思想的形成、发展及其影响的论文，并专门介绍了《文艺学新论》。吕先生有专门研究毛泽东讲话的文章，这说明她有积累。我们现在能查到的宣传毛泽东讲话且有体系性和科学性的教材，就是《文艺学新论》。别的地方不能说没组织编写，但是没留下，所以出版社可以考虑再版。这是历史留下来的财富，这是吕先生参加的。

第二个就是吕先生代表山大参加周扬同志领导的国家教材《文学概论》的建设编写组。山大中文系有六个人参加教材建设编写工作，这比例很高了。吕先生参加《文学概论》编写组并任支部书记。《文学概论》前言特别注明吕慧娟先生是支部书记，其他的支部委员我不大清楚。第三个就是吕先生在我们比较文学学会成立的时候，他和孙昌熙先生、刘波老师都起了很大的作用。1986 年我们以山大为主成立的山东比较文学会，在全国来说成立得也是比较早的，吕先生起到了积极的推动作用。

我入学后的第一堂课是狄先生上的“文学概论”课

张：周来祥与狄其骢两位先生先后以“美是和谐”论与“形象思维”理论贡献于美学领域，并联合开设了美学课程，可否谈一下两位先生？

曾：我讲一下狄其骢和周来祥先生，他们也是我的老师。在我上学期间，狄先生是我们的班主任。我于 1964 年留校后，他又担任我所在教研室主任，因此我与狄先生的接触很多，狄先生对我的帮助很大。入学后，要说第一堂课是谁上的，可能就是狄先生给我们讲的“文学概论”课。他讲课用苏州口音，慢条斯理，给人以温文尔雅的形象。狄先生和学生之间的关系特别好！

给我留下深刻印象的首先是狄先生于 1977 年决定让我教“西方美学”课一事。当时教研室准备开设“西方美学”课，大家都比较陌生，难度也大。狄先生让我准备上课，我自己心里一点底都没有，不敢接课。经过狄先生的鼓励和帮助，我终于在 1981 年开出了这门“西方美学”课，效果还可以。我先后给七七级、七八级开设了这门课，课后我将讲义整理为《西方美学简论》，于 1983 年由山东人民出版社出版了，这是我第一部学术专著，开启了我真正的学术研究历程。“西方美学”课伴随了我学术工作的始终。通过这门课，我掌握了文艺学与美学的基础知识，学会了基本的研究方法。

狄先生平日待我亦师亦友，有时要求很严，会对我直接批评。20 世纪 80 年代，我从比较文学角度写了一篇关于车尔尼雪夫斯基文艺思想的文章，发表后转载率比较高，反响不错。自己有点得意，于是将这种情况陈述给狄先生。狄先生说：“你将一方的短处与另一方的长项比较，这样的方法需要商榷。”狄先生的批评给我敲响了警钟，使我的学术研究更加客观科学。

另外，狄先生在我最迷茫、准备放弃学术的关键时刻为我找回了信心。1995 年前后，当时工作特别繁忙，人事关系又较为复杂，我准备放弃业务，专做行政工作。狄先生找到我，与我谈话，他说山大文艺学学科从年龄结构上来讲，需要我挑起承前启后培养学生的重担。他会与我一起担起博士生培养的重任，至于学术界的学术交流问题，他会帮助我进行必要的沟通。幸而在狄先生与其他同行的帮助下，我在学术工作中找到了自己应该起到的作用，博士生培养工作也开始走上轨道。多亏了狄先生在关键时刻为我找到自信与方向。狄先生对我帮助很大。

和谐美学学派创始人周来祥先生

张：周来祥[①]先生是中国当代著名的美学家，他提出的和谐美学思想深刻地影响了中国美学的发展。请您谈谈周来祥先生的治学特点。

曾：周来祥先生 1949 年考入华东大学，1951 年又转入山东大学中文

① 周来祥（1929—2011），山东青州人，著名美学家，山东大学终身教授。

系学习，1953 年中文系毕业后留校任教。周先生也是我的老师。记得他和狄先生接力给我们上美学课，他讲前半段美学，狄先生讲艺术。1961—1963 年，周先生在北京参加了高教部组织的高等学校美学教材《美学概论》的编写工作，在此期间经常求教于朱光潜、宗白华等前辈，又和当时的青年学人叶秀山、李泽厚、刘纲纪等相互交流切磋。他对我的重大影响是要不断地写文章，不断地发表文章。20 世纪 80 年代到 90 年代初，周来祥先生以厚积薄发的激情连续出版了《美学问题论稿》《论美是和谐》《文学艺术的审美特征与美学规律》《论中国古典美学》等论著，并发表了 150 多篇论文，共计 450 多万字，形成了在中国当代美学界独树一帜的和谐美学思想和理论体系，在当代美学界有了自己的重要位置。

周先生研究文艺美学比较早，胡经之先生之后他就搞文艺美学，奠定了山大文艺美学中心的学术地位。

第五节

“文史见长”首先是以文见长

张：山东大学素以“文史见长”，您入学时正值山大第二次辉煌时期，请您谈谈“文史见长”的办学特色。

曾：我之所以报考山大，就是因为山大具有“文史见长”的办学特色。你想我一个南方小孩，之所以报考山东大学，就是文史学科的强大吸引了我。

张：历史上，山东大学中文学科创造了两次辉煌。第一次辉煌是在 20 世纪 30 年代，杨振声、赵太侔校长共同缔造的。

曾：20 世纪 30 年代的山东大学被称为其发展史上的第一个“黄金时期”。杨振声倡导确立，赵太侔“遵循效仿”的办学理念创造了这次辉煌，并且为山东大学后来的发展奠定了坚实的基础。

杨振声(1890—1956)，著名作家，字今甫，山东蓬莱人。1930 年 6 月到 1932 年 5 月任国立青岛大学校长。杨先生任青岛大学校长期间，效法老教育家蔡元培在北京大学的“兼容并包”“科学民主”的办学方针，积极延聘专家学者来校任教，提高学校的学术地位。可谓名流云集，人才济济，其阵容之齐整，在全国的大学中也屈指可数，形成了山东大学创建后鼎盛一时的局面。

赵太侔（1889—1968），戏剧家、教育家，又名赵畸，字海秋，山东益都人。1932年国立青岛大学易名国立山东大学，校长杨振声辞职，由赵太侔接任。赵太侔任职期间，继续增聘专家学者，充实教师阵容，撙节行政开支，兴建科学馆，改善教学条件，使教学质量和学术水平得到提高。

杨振声、赵太侔校长惜才爱才，延揽人才。这一时期闻一多、梁实秋、老舍、游国恩、洪深、丁山、黄际遇、萧涤非、台静农、沈从文等先生先后在山大执教，这些先生又以文史大家为多，因此成就了山东大学的第一次辉煌。

张：第二次辉煌是在20世纪50年代，以“冯陆高萧”为代表的中国古典文学和以杨向奎、童书业、张维华、赵俪生等“八马同槽”为旗帜的历史学，使她成为海内外瞩目的文史研究重镇。

曾：新中国成立后，山东大学进入新的发展时期。1951年3月，华东大学与国立山东大学合校，更名为山东大学，华岗任党委书记、校长。华岗是我党著名的马克思主义理论家，他到校后率先开设马克思主义理论课，并亲自为师生上课。当时华岗校长的马克思主义理论课影响很大，很多地方党政领导、教授、老师等纷纷到山大大操场听他的大课。1952年院系调整后，山大只保留了文、理两院。华岗校长根据形势的发展和需要，经过全面考虑，确立了“文史见长，加强理科，发展生物，开拓海洋”的发展蓝图。也就是说“文史见长”是华岗校长提出的。

张：华岗校长以教育家的胸怀、眼光和气度，提出“文史见长”，并将山大带向一个辉煌灿烂的时期、一个前所未有的黄金时代。

曾：华岗任校长期间，正是新中国教育界经历重大变革的时期，为了对原有各类大学进行整合，全国高校进行了一系列的并迁和院系调整。这种整合很大程度上是按照苏联模式进行的，显然有许多不合国情之处，但不可否认，也有应当给予肯定之处。就山大来看，整合过程中失去了许多优势，原有的工学院、医学院、农学院和政治系（包含哲学、政治、经济三个专业）、艺术系等均被迁出，从一个文、理、工、医、农、艺术门类齐全的综合性大学，变成了仅有文、理两类的苏联式综合性大学，这是不利的一面；但某些学科尤其是文史两系却也增加了优势，教师队伍实力大增，为“文史见长”特色的形成创造了条件。

“文化大革命”结束以后，从曲阜返回济南，我们文科讨论的第一个问题就是“文史见长”的文科建设，当时在《山东大学报》上我专门发了一篇文章。这篇文章之所以要发，就是文科老师普遍的担忧和期盼。之所以能发，就是学校重视这个问题，因为山大文科搬到曲阜，又从曲阜搬回济南，流失的教师有 100 人左右，其中大部分流失的是中青年骨干教师，我也差点走了。有好几个单位调我去，学校坚决不让我走，所以我没走成。

张：山东大学为什么以“文史见长”？

曾：首先，我认为我们文科的老师，包括文科的学生，认为这是山大的传统，这个传统的力量是很大的。20 世纪 30 年代杨振声先生任国立青岛大学校长的时候就是“文史见长”，当时他延揽了梁实秋、闻一多、老舍、沈从文、闻宥、游国恩等一批学者在此执教，盛极一时。现在中国海洋大学鱼山校区还有闻一多故居，故居旁边有一个闻一多雕像。20 世纪50 年代，以华岗校长为代表，当时，中文系“冯陆高萧”四大著名教授中的陆侃如、冯沅君夫妇都是一级教授。他们 1947 年加盟山东大学。高亨教授是先秦典籍研究权威，1953 年加盟山东大学。萧涤非教授是全国首屈一指的杜甫研究权威。历史系有以“八马同槽”为代表的一群名师。杨向奎教授在中国古代社会与古代思想研究领域的成就为学术界所公认；童书业教授的春秋史研究至今仍属顶尖水平；王仲荦教授是中国古史分期问题研究中魏晋封建论的主要代表之一；赵俪生教授是中国农民战争史研究的开拓者和奠基人；张维华教授在中外关系史方面的高水平研究以功力深厚、富有创见著称；郑鹤声教授在古籍版本目录学、中西交通史和中国近代史等领域都有重要建树；黄云眉教授以治明史著称；吴大琨教授以政治经济学和中国经济史见长；陈同燮教授是世界史名师。基于此，山东大学又形成了文史的一个高峰。我觉得形成传统不容易，传统保持下来也不容易。这是一代一代人赓续奋斗的结果。

其次，学科发展的需要。一个学校的学科发展，必须要保证重点。山大在青岛的时候，重点是两个学科，即文科和海洋，海洋是全国第一。文科没有比较，但是在全国名列前茅，这是大家公认的。1958 年山大搬到济南，把海洋留到现在的中国海洋大学。中国海洋大学的海洋学科还是全国第一。我们到了济南以后，继续保持文科优势的传统，这个是保证重点的需要，否则山大的亮点是什么？没有重点，没有全国名列前茅的学科，这样的学校是一个别人记不住的学校，也是不被重视的学校。在“文化大革命”当中山大文科受挫很大，因为整个“文化大革命”就是批判风，极左的思想，否定一切人文成果。对高校来讲，损失最大的就是文科。我们山大文科原来那么强，随着老一代学者的去世，这个强项逐步衰弱。现在山东大学文科没有进入A＋，中文比较好是A，南大、川大中文都上去了，我们中文A＋没解决。这个问题不解决的话，山大发展是受挫的。所以我们回顾历史，文科见长非常重要。

文科见长还有一个非常重要的原因——《文史哲》。《文史哲》杂志是山东大学非常引以为豪的一个学术基地。1951年5月，华岗校长牵头，在位于青岛的山东大学文学馆二楼西角的一间办公室里创办了《文史哲》杂志，华岗校长任社长，杨向奎任主编，陆侃如、冯沅君、高亨、萧涤非、童书业、王仲荦、张维华、黄云眉、郑鹤声、赵俪生等著名学者组成最初的编委。华校长以自己的稿费收入作为办刊基金，把《文史哲》打造成一个面向全国特别是面向青年知识分子，重点扶植小人物的杂志。我们山大的文科发展与《文史哲》紧密相连，并发起了一系列影响全国，影响整个文科的学术大讨论。

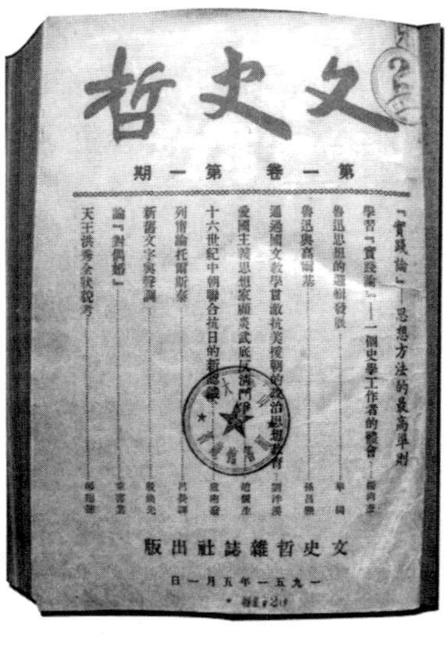

《文史哲》创刊号

张:《文史哲》创刊于1951年，是新中国成立后创刊最早的高校文科学报，也是国内目前刊龄最长的综合性人文社科学术期刊。70余年来，《文史哲》数度引领了全国的主流学术方向和研究潮流，成为当代中国学术界最具影响力的学术刊物之一，被誉为“文科学报之王”。

曾:《文史哲》向以“扶植小人物，延揽大学者”而知名。《文史哲》相继开展过中国古代史分期、亚细亚生产方式、义和团、《红楼梦》研究、《长恨歌》、文艺理论和现代文学研究等学术讨论，都产生了积极的反响。《文史哲》杂志，很多人回顾起来都非常自豪。汝信[①]、李泽厚[②]同志，研究美学的两位大家，他们的第一篇学术文章都是在《文史哲》发表的。那个时候他们都还比较年轻。汝信生于1931年，李泽厚生于1930年，他们当时都20多岁。后来他们回忆在《文史哲》发表文章的时候都很温馨、很受鼓舞、很亲切。众多学者对《文史哲》很有感情。我们两任党中央的主席对《文史哲》有批示，毛泽东主席对《红楼梦》研究的批示，习近平总书记给《文史哲》编辑部的回信。

山东大学120周年校庆的时候，我陪同李建国同志参观了校史馆。他走出校史馆跟我讲，两任党的最高领导都给《文史哲》刊物进行批示，这对山大意义重大，山大要争气，要重视，把它好好继承下来。1954年《文史哲》第9期刊发了刚从山东大学中文系毕业的李希凡、蓝翎的《关于〈红楼梦简论〉及其他》一文。李希凡和蓝翎起初写信给《文艺报》，被置之不理。随后，他们写信给母校山东大学获得了支持，《文史哲》刊发了他们的作品。此后，学术界掀起了轰轰烈烈的"《红楼梦》研究"大讨论。

1954年11月20日冯沅君在学校第三次"《红楼梦》研究"讨论会上发言

① 汝信，1931年8月出生于上海，江苏吴江人，美学家、哲学家。

② 李泽厚（1930—2021），生于湖南长沙，哲学家、美学家和思想家。

《文史哲》当时对《红楼梦》研究的支持，我们回过头来看，就《红楼梦》评论本身来讲，《文史哲》能够发表李希凡和蓝翎那篇文章是有道理的。尽管俞平伯先生、胡适先生对《红楼梦》的考据有巨大的贡献，但是完全把《红楼梦》看作一部家族史，显然也是违背了《红楼梦》本质，或者也只是研究的途径之一。从唯物主义存在决定意识的角度来讲，归根结底，还是由这种经济政治社会来确定的。我觉得李希凡和蓝翎这篇文章是有价值的，毛主席写信支持是有道理的，所以当时有关《红楼梦》的讨论仍然是具有很高的学术价值。

"文史见长"还有一个非常重要的原因。山东大学从1901年建校到20世纪30年代杨振声先生、赵太侔先生先后任校长，到新中国成立后华岗任校长，这期间造就了人文学科非常优良的传统。用华校长的话来讲，因为坚持马克思主义指导，服务于现实，立足于创新。后来这个思想被诸多的先生、学者、学生所追求。陆侃如先生在编写《中国诗史》时，坚持朴学、史学、美学三结合，这都体现了山大的传统。樊丽明校长提出要建立"山大学派"，我觉得应该好好总结"山大学派"的特点，再创山大的人文辉煌。

我认为"文史见长"是我们回顾校史，回顾先生们治学的一个必然选择。前段时间在某一个会上，我说我们要守住当前最基本的基业，就是重点学科，四个基地还有考古专业。考古专业是1972年刘敦愿[①]先生在曲阜创建的，他做绘画考古学研究，虽然他不是"八马同槽"的一匹"马"，但他为山东大学的"文史见长"做出了积极贡献，在校史上应该写一笔。他通过一件陶罐上刻有高凤翰的诗句与题记，考古出龙山文化的新发现，确定高凤翰笔下的"陶鬶"是出土于三里河附近的史前文化器物，将龙山文化提前了200年。现在山大考古专业，在全国排在北大、吉大以后，应该和西北大学并列三和四名吧，应该说成绩不错。关于"文史见长"我就谈这么多。下面怎么做？中文学科A＋怎么创建？需要山大师生共同努力。

张：山东大学素以"文史见长"，建校120年以来，文史传承仿佛一条红线，串联起一代代学人，滋养着人文学术之花的绽放盛开。正如山东大学校长李术才所说：山东大学要坚决扛起新时代文化使命，发挥"文史见

① 刘敦愿（1918—1997），湖北汉阳人，著名的历史学家、美术理论家、考古学家。

长”优势，助推中国特色哲学社会科学发展，推动中华优秀传统文化“两创”，恪尽职守、担当作为，更好服务中华民族现代文明建设。站在新时代的山大人如何继续保持和发扬山大“文史见长”的特色？如何与时俱进，开拓和培育新的更多的为学术界所认同的特色学科？这是当代山大学人面临的重大挑战。

第四章

山东大学一分为三

曾繁仁于1964年在山东大学中文系毕业后留校，在文艺理论教研室从事教学科研工作。同年10月，接学校通知赴曲阜开展“四清”运动，在曲阜待了8个月。1965年6月“四清”运动结束，回到了学校。1966年“文化大革命”发生了，山东大学遭到前所未有的重创。学校整个领导班子瘫痪，学校群众组织林立，派性斗争和群众组织夺权与反夺权不断，混乱不堪，尤其是被一分为三后，元气大伤。1970年，曾繁仁随山大文科搬迁曲阜。1973年，开始给工农兵学员讲授“文艺理论”课。1973年，周恩来总理亲自批示恢复山东大学原建制，曾繁仁随山大文科搬回济南。

曾繁仁讲述了山东大学在“文化大革命”期间一分为三的过程，以及招收培养工农兵学员的情况；详细回忆了山东大学恢复建制的过程，以及吴富恒校长的贡献等。

第一节
山大文科搬迁曲阜

毕业留校任职文艺理论教研室

张:曾先生,您这一级是五年制,您1964年毕业后就留校了吗?

曾:我们这一级是五年制,1964年我顺利地毕业了。毕业前,我提前办理了毕业手续。当时外交部通过教育部要在山大选拔两名本科生,赴中国驻古巴大使馆工作。根据平时成绩,学校从当年文、史、哲专业的毕业生中选取了36名学生进行预备选拔。经过选拔,我和历史系的一名学生被录用了,我俩提前办理了毕业手续,准备提前毕业到北京外国语学院报到。初步计划是第一年学习西班牙语,第二年就到使馆工作。手续办好后,我就回家探亲了。

我探亲回校后,学校突然通知我,到外交部的工作取消。因为历史系还有一名同学想去,他也在36人名单里面,就给教育部写了封信,说教育部不贯彻阶级路线,说我家庭出身有问题。我所有手续都办完了,校领导也签字盖章了,就这样我还是被淘汰了。这时候全班同学的毕业方案都公布了,我就没有分配方向了。

张:在这种情况下您选择了留在山大中文系工作?

曾:到了毕业的尾声,有一天,章茂桐主任在办公室里看见了我,他说:"小曾,听说你北京不去了,正好把你留下,我本来就想把你留下的。"就他一句话,我留在了山大。当然我留在山大肯定是组织研究通过的,我才能最终留下。我当时很不愿意留在山大,因为大部分同学都走了,和我比较要好的同学都去了北京。我一刻也不愿意待在学校,一刻也不愿意待在济南。我母亲也想让我回上海工作,但是章主任依然决定把我留下,分配到文艺理论教研室从事教学科研工作。一开始章主任想让我到现当代文学教研室,准备派我到武汉大学跟着刘绶松先生进修现当代文学。刘先生是武汉大学中国现当代文学专业的创建者,是著名的文学史家。当时刘先生已经不招研究生和进修生了。章主任就让我留在文艺理论教研室了。留校后我首先任中文系中二年级政治辅导员，兼任政治课，讲《毛泽东选集》。

留校以后，系里边对我很重视，刚留校就让我担任中文系教工支部书记。虽然我是中文系里年龄最小的老师，但是让我干教工支部书记，这都是章主任看重我，有意培养我。

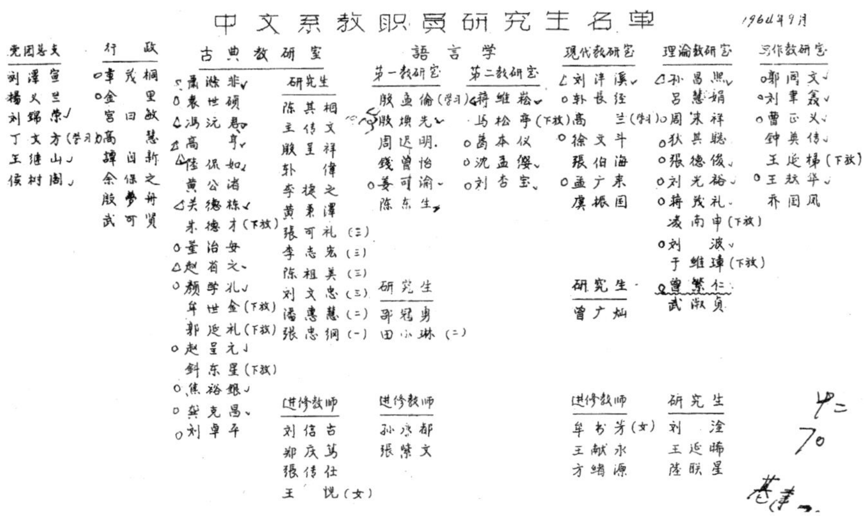

中文系教职員研究生名单　1964年9月

党团总支：刘泽宣、楊义兰、刘锡荣、丁文方（学习）、王继山、侯树阁

行政：韦茂桐、金里、宫曰敏、高慧、譚自新、余保之、殷孟用、武可贤

古典教研室：萧滌非、袁世硕、冯沅君、高亨、陸侃如、黄公渚、关德栋、朱德才（下放）、董治安、赵省之、颜学孔、牟世金（下放）、郭延礼（下放）、赵呈元、斜东星（下放）、焦裕银、龚克昌、刘卓平

研究生：陈其相、王传文、殷呈祥、朴偉、李捷之、黄秉泽、張可礼（三）、李志宏（三）、陈祖美（三）、刘文忠（三）、潘惠慧（二）、張忠纲（一）

进修教师：刘信古、郑庆笃、張传仕、王悦（女）

語言学 第一教研室：殷孟倫（学习）、殷焕先、周迟明、錢曾怡、姜可瑜、陈东生

研究生：郭冠勇、田小琳（二）

进修教师：孙承都、張紫文

第二教研室：蒋維崧、馬松亭（下放）、葛本仪、沈孟缨、刘吉宝

現代教研室：刘泮溪、朴長经、高兰（学习）、徐文斗、張伯海、孟广来、虞振国

研究生：曾广灿

进修教师：牟书芳（女）、王献永、方绪源

理論教研室：孙昌熙、吕慧娟、周来祥、狄其骢、張德俊、刘光裕、蒋茂礼、凌南申（下放）、刘波、于維璋（下放）、曾繁仁、武淑貞

研究生：刘淦、王延晞、陸联星

写作教研室：鄒同文、刘聿鑫、曹正义、钟英传、王延梯（下放）、王赋华、乔国凤

1964年9月中文系教职员研究生名单

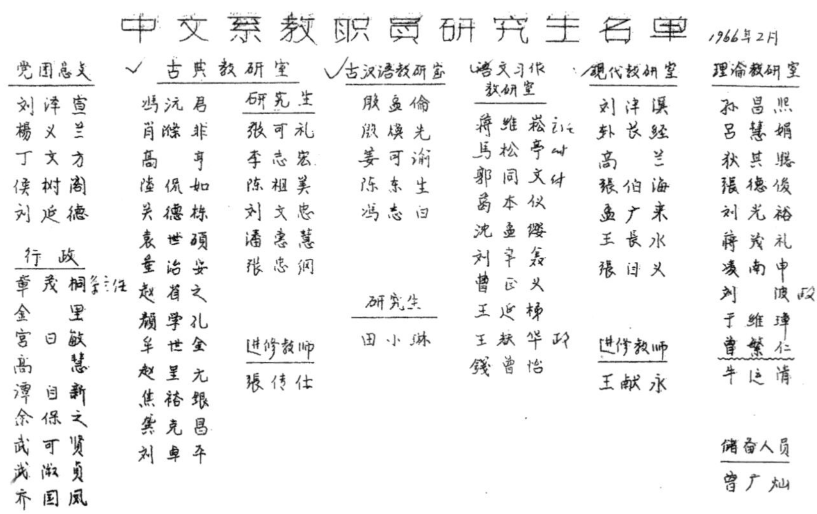

中文系教職員研究生名单　1966年2月

党团总支：刘泽宣、楊义兰、丁文方、侯树阁、刘延德

行政：韦茂桐（主任）、金里、宫曰敏、高慧、潭自新、余保之、武可贤、武淑贞、乔国凤

古典教研室：冯沅君、肖滌非、高亨、陸侃如、关德栋、袁世硕、董治安、赵省之、颜学孔、牟世金、赵呈元、焦裕银、龚克昌、刘卓平

研究生：张可礼、李志宏、陈祖美、刘文忠、潘惠慧、张忠纲

进修教师：張传仕

古汉语教研室：殷孟倫、殷焕先、姜可瑜、陈东生、冯志白

研究生：田小琳

语文习作教研室：蒋維崧（主任）、馬松亭（付）、鄒同文（付）、葛本仪、沈孟缨、刘聿鑫、曹正义、王延梯、王赋华（政）、錢曾怡

現代教研室：刘泮溪、朴长经、高兰、張伯海、孟广来、王長水、張目义

进修教师：王献永

理論教研室：孙昌熙、吕慧娟、狄其骢、張德俊、刘光裕、蒋茂礼、凌南中、刘波（政）、于維璋、曾繁仁、牛运清

储备人员：曾广灿

1966年2月中文系教职员研究生名单

张:张可礼老师曾回忆说:“1964 年 10 月底,学校决定中文系待分配的以及 62 级、63 级的研究生到农村参加‘四清’运动。”当时您参加了吗?

曾:我也参加了。1964 年 10 月,我刚留校不久,接到学校通知,下乡去搞社会主义教育运动,也就是“四清”运动。所谓“四清”就是清思想、清政治、清组织、清经济。我和刘波老师带着四个年级的学生到了曲阜。进村后,同农民同吃同住同劳动,后期我到了审干组。在审干组的工作就是到我们中文系所在的村庄,审核学生的表现情况。学校很爱护学生,怕学生跟地方干部有冲突,鉴定写得不好,影响学生前途,让我和刘波两个人专门干这件事情。我们骑着自行车挨个村去转,逐个订正鉴定。

1964 年 6 月毕业前夕照片

1965 年 6 月,我们在曲阜待了 8 个月,“四清”运动结束,回到了学校。不久“文化大革命”开始了,给学校造成了严重的破坏。学校整个领导班子瘫痪,学校群众组织林立,派性斗争和群众组织夺权与反夺权不断,混乱不堪。

1966 年 5 月 4 日,山东大学召开全校师生员工大会,吴富恒先生做了深入开展“文化大革命”的报告。6 月 8 日,山东大学召开了全校师生员工“文化大革命”动员大会,成校长进行动员讲话。1967 年开始,整个学校里面混乱不堪。学校正常的教学秩序遭破坏,人与人之间关系紧张,教师队伍流失。山东大学跟其他高校一样,蒙受了一场前所未有的劫难。

张:“文化大革命”期间,山东大学曾改名为“鲁迅大学”是吗?

曾:1959 年 9 月 29 日,苏联研究生彼得罗夫与成校长有一个谈话,谈话的内容是关于创造社等问题,其中成校长客观地描述了他早期与鲁迅的争论,以及如何帮助鲁迅找到了地下党。这件事情竟成了他的罪过。然后许广平在《人民日报》发表文章,说谁谁谁对鲁迅不好,还有一个成仿吾。就这一句话,“还有一个成仿吾”,开始批斗成校长。后来毛泽东主席保护了成校长,他才躲过一劫。

在全国夺权形势的影响下,学校的红卫兵组织也开始夺权,于 1967 年4 月 19 日成立了“鲁迅大学革命委员会”,并将山东大学更名为

“鲁迅大学”。7月19日中文系也成立了革命委员会。鲁迅是伟大的，他和成校长都是一个革命阵营的。山东大学改成鲁迅大学这件事非常荒唐，当时山大简称鲁大也很荒唐，所有清醒的人都觉得很滑稽。1970年7月22日，校工、军宣队临时党委和校革命委员会核心领导小组通知：“我校校名现已恢复山东大学名称，新公章自即日起启用，原山东鲁迅大学各种印章一律作废。”至此，山东大学更名为“鲁迅大学”的历史结束了。

山大文科搬迁曲阜

张：“文化大革命”期间，山大文科曾搬迁曲阜，您能介绍一下当时的情况吗？

曾：搬迁曲阜对山大来说，是个非常重大的事情。1970年6月24日，中共山东省革命委员会核心领导小组批转《山东省高等学校布局和专业调整方案》。这个方案的大体意思是把坐落在济南的山东大学“一拆为三”：政治、中文、外文、历史四系南迁曲阜，与曲阜师范学院合并，时称为山东大学；生物学系迁至泰安，并入山东农学院；校部机关和数学、物理、电子、化学、光学（新建）五系留在济南，成立山东科学技术大学。

张：山大文科什么时间搬迁到曲阜的呢？

曾：学校于1970年7月开始部署安排分校搬迁工作。开始搬迁的时间应该是9月初。搬迁之前，我们中文系的老师有一个聚餐，大家内心很迷茫，感觉前途无望。有这样一句话，说“大学还是要办的，主要是理工科”。不知道我们文科路在何方，今后到哪里去，很沮丧。

搬迁曲阜之前，我们中文系到章丘办学，在章丘普集办了两个班，一个是新闻班，一个是教师班。中文系有十几个老师都过去了，我也参加了。

张：为什么要办这两个班呢？

曾：这个班就是应章丘县革命委员会的要求办的。我们白天在县劳动后，晚上来办这个班。这个劳动还有我经常说的一个笑话，就是村会计请我吃饭。一天他告诉我说：“老曾，我今天中午请你喝酒。”结果到了他家以后，我没看到他准备酒菜。我们两个人就坐下了，他拿了一个酒瓶，是地瓜干酒，一人倒了一杯。吃什么菜呢？我就在等待了。结果他把竹帘子一掀，下面是萝卜。拿了萝卜，他手上全是老茧，“啪”一下把灰都抹掉了，抹掉以后在腿上“啪”一下，把萝卜掰开了，给了我一块，他自己拿了一块。一人咬一口萝卜，喝一口酒。菜有了！酒后请我吃面条，这个面条是地瓜面加玉米面加一点点白面的面条。面条里有什么菜呢？兑着盐的酱油，倒在里面，然后吃了饭。第二天他跟很多人讲，“我昨天请老曾到我家喝了酒，吃了面”。那个时候生活水平你就可想而知了！

再一个就是我和狄其骢老师，应邀到洪山煤矿去讲样板戏。为什么讲样板戏呢？因为中学语文课本里面有一篇样板戏的文章，中学老师不知道怎么讲。我和狄先生分别以样板戏为模本，告诉他们什么是戏剧。戏剧的主要内容是冲突，冲突的形成、冲突的解决、冲突的终止，然后戏剧的展开等。不是具体讲样板戏，而是介绍如何来讲一个戏曲。我们两人分别在洪山煤矿，一所中学一所中学轮番给他们讲。听讲的中学老师有北大毕业生，还有小学毕业生。我和狄老师就是要让这些中学老师都能听懂我们的讲课内容。回到山大，济南的一所中学听说我们讲得不错，我和狄老师又到这所中学讲过一次。

张:您和狄先生回校后，是不是就要搬迁曲阜了？

曾:我们回来后不久，就面临搬迁，这次搬迁令我记忆犹新。虽然大部分老师对山东大学一分为三的决定有些不满，或者是对前途充满了迷茫，但是中文系的老师按照学校的要求完成了搬迁工作。中文系的老先生也都搬到了曲阜。在搬迁的过程中，不仅耗费了大量的人力、物力、财力，而且学校的物资设备遭到一定程度的损坏，师资流失也比较严重。

当时搬迁还有一个宽容的政策，针对特殊情况，济南的房子可以保留，不用上交。像吕慧娟老师的孩子还在济南上学，其房子予以保留。这一点比较人性化。

张:搬到曲阜去的老师，是不是没有特殊情况都要把房子交上去啊？

曾:大部分人都把房子交了。像吕慧娟老师有特殊情况，济南的房子予以保留了没有上交。当时山东大学一分为三。从曲阜搬回济南后，在老校开会的时候，臧乐源老师上去朗诵了自己创作的顺口溜。

张:1970 年夏，山东省革命委员会将山东大学一分为三：政治、中文、外文、历史四系搬迁曲阜，与曲阜师范学院合并，时称为山东大学，当时有成立仪式吗？

曾:新山大成立仪式是山东省一个副省长主持的大会。1970 年

10 月。山东大学文科和曲阜师范学院组建新的山东大学。当时的领导班子以曲师为主，我记得有吴静安和赵紫生两位同志，我们老山大有吴富恒校长，还分别有一个军代表和学生代表。张国忠同志担任党委书记，大概班子就是这样。山大的老同志去了一批，我们中文系的老主任章茂桐，历史系的蒋捷夫、何畏、陈乃健，跟文科有关的老同志几乎都到曲阜去了，他们把家也都搬过去了。当时山东大学下设政史、中文、外文、数学、物理、化学六个大队。山大学抗大，"系"改为大队，系主任称"大队长"，书记改称"政委"。我们中文大队大队长是原曲师中文系主任李子虔，政委是山大中文系原书记章茂桐。

山东大学在曲阜

中文系的"冯陆高萧"，冯沅君、萧涤非来到了曲阜，陆侃如因关押在济南，一年后释放才到曲阜。高亨没有来，"文化大革命"后他被中央以借调的名义在北京保护起来，一直未回山东。

张：陆先生是出狱后来到曲阜的？

曾：我们搬到曲阜一年后，也就是 1972 年，陆先生释放出狱，我到济南把他接到了曲阜。

第二节

第一届工农兵学员入校

张:当时山东大学有学生吗?

曾:没有学生。因为 1970 年 7 月,1964、1965 级两级同学同时毕业了。1966 年至 1970 年学校未招生,学校暂时出现了没有学生的空档。

张:山东大学什么时候开始招收工农兵学员的呢?

曾:1971 年春,根据中共中央的部署,山东大学开始招收工农兵学员。当时采取的是"群众推荐、领导批准、学校复审相结合"的办法招生。上大学的工农兵学员被赋予"上大学、管大学、用毛泽东思想改造大学"的使命,简称"上、管、改"。

我记得 3 月 7 日,山东大学第一届工农兵学员入校。工农兵学员入校后,学校积极组织教学工作。教师除了搞好教学工作以外,还和学生一起走出学校,将教学、科学研究和生产劳动相结合。我记得还进行野营拉练活动。当时学生进校以后,一开始没安排我上课。

到 1973 年的时候,有一门"文艺理论"课需要上。我们教研室主任,聂建军老师,是曲师的。他跟我说:"繁仁,要不你去上吧。"我就开始上课了。当时按照我们老师的惯例,对上课都万分重视,精心准备这门课,准备了一遍又一遍,一遍又一遍。然后到操场上去试讲,等等。教研室的老师都鼓励帮助我走上教学第一线。

"文艺理论"这门课以毛泽东文艺思想为指导,依据《文学新论》教材讲授。如何把"文学理论"学科化和系统化,我们山大老一辈的学者,一直到我们这一代都有探索。我讲这门课逐步得心应手起来,得到了同学们的好评,从此开启了自己的教学生涯。

张:您当时给哪一级的工农兵学员上的课呢?

曾:1973 级,是第三届工农兵学员。山大重视课堂教学,老师们把上课看得很重,这是山大的传统。尤其对我初涉讲堂的年轻老师来说,非常重视,讲稿改了又改,并且进行了多次试讲,讲了又讲,这才去课堂讲课。

张:狄其骢先生对您上课有没有具体指导？有没有提出什么意见？

曾:狄先生认为我讲过很多课了，对我上课比较放心。在章丘有一次一口气讲过六节课，还给1964级讲过《毛泽东选集》里面的内容。上课已经历练过好多次了，狄先生对我已经没有不放心了。

张:有前面的这些锻炼和实践，上课就不紧张了。第一堂课下来以后，学生有什么反应？

曾:因为跟前面有一个对比，觉得讲得比较好，学生反响较好。我根据自己讲课经验，理论和实践结合，并结合作品来讲。我只要讲课，肯定是好几天睡不着觉，全身心地去备课。工农兵学员的课不好讲，因为他们来自各个地方，水平参差不齐。

张:当时中文系工农兵学员一届有多少学生？

曾:70多人。分两个班。

张:在当时还有哪些先生给工农兵学员上课呢？

曾:像冯沅君、萧涤非、高兰、殷孟伦、蒋维崧、关德栋诸先生，都是全国知名的教授学者，并且当时都工作在教学第一线。当时上课的具体情况为：

古典文学:张可礼、颜学孔

现代文学:韩长经、王锡昌

外国文学:李永庄、刘念慈

文艺理论:蒋茂礼、马国雄、吕慧娟

鲁迅作品:徐文斗、孙昌熙

现代汉语:居思信

汉语拼音:朱召中

毛主席诗词:牟世金

党史和哲学:邢叶金

写作:袁世硕、任耀云、马怀忠、赵呈元、李志宏、徐伏岭、黄清源、郭同文

张:陆侃如先生不上课吗？

曾:1972年12月，陆侃如先生从济南监狱出来以后，于1974年在曲

阜开始讲授“中国文学史”课程，他带领学生注释《商君书》。《商君书》是战国时期商鞅一派法家著作的汇编，又名《商子》。这个成果出版没出版，我不知道，反正陆先生带着学生注释《商君书》，姜可瑜老师也参加了注释工作。陆侃如先生在曲阜参加了这个活动。萧先生讲授“唐代文学”、高兰讲授“诗歌”课程，等等。

张：孙昌熙先生在曲阜上什么课程呢？

曾：孙昌熙先生讲“现代文学”激情澎湃。孙先生不仅讲现代文学，他还和工农兵学员一起野营拉练。野营拉练是锻炼工农兵学员革命意志的重要方式，我们部分老师也积极参加了。大概是 1971 年深秋开始，学校分了五批师生，分别在鲁西南平原、莱泰山区和沂蒙山区，选择了五条路线进行拉练。

孙昌熙先生当时快 60 岁了，也参加了野营拉练这个活动。他跟着学生队伍里面一起走，问他：“走得动吗？”他说：“走得动。”金诗伯先生在曲阜参加劳动拉大车，当时一个外国人在那拉大车，老百姓都在看，很有意思。

张：请谈谈当时中文系的管理体制？

曾：第一届工农兵学员采取校、大队、连队三级管理体制。连长是赵呈元老师。大队长是章茂桐主任，我们有时候喊他章大队长。1972 年开始改为了校、系两级管理体制，学制是三年。

张：1970 年的秋天，中文系从济南搬迁到了曲阜，曲师中文系有哪些老师呢？

曾：曲阜的包备伍老师、李子虔老师，都是比较有名的老先生，还有的我就不记得了。有的老师不上课。

张：山东大学工农兵学员一共招了几届呢？

曾：工农兵学员一直招到和七七届交叉。王永革那届，是最后一届，两年制的。

张：当时工农兵学员是四年制还是三年制？

曾：工农兵学员有三年制，也有两年制。

张：工农兵学员毕业后，是发本科毕业证吗？

曾：发普通高校文凭。没说他是本科生，好像也相当于本科。

第三节

周总理批示在济南恢复山东大学建制

山大师生要求恢复山大建制

张:山大与曲师合校近四年,1974 年山大原班人马迁回济南,曲阜师院恢复。请您谈谈恢复山东大学的过程。

曾:山大文科迁到曲阜以后,造成很严重的后果,广大师生员工意见非常大,他们利用各种形式不断向上级强烈要求恢复原山大建制。

1973 年 3 月 10 日,中共中央发出《关于恢复邓小平同志的党组织生活和国务院副总理的职务的决定》。这一年原山东大学的部分老师开始酝酿讨论恢复山大建制事宜。我知道的有政治系的田玉良、臧乐源老师,《文史哲》编辑部刘光裕老师,中文系有我,校团委的张泰兴老师,外文系唐海老师,历史系胡汶本老师,还有生物系的钱新民老师。生物系到了泰安,大家都还有联系。

当时,王效禹由于造反派内部的斗争已经失势。因此,我们就将批判的矛头直指王效禹,具体写法采取当时通用的"上纲上线"的方法。大家一致推荐我起草恢复原山大的理由。

我主要写了三点:把山大搬迁到曲阜,是尊孔。当时不是批孔嘛,这是弄了一个政治由头,批孔与尊孔。把山大单独搬到曲阜去,其实是对孔子的仰拜。这是第一条。第二条,把好端端的山大拆散了,是对学科的破坏,对教育的破坏。第三条,造成了人才的严重流失。我们统计了一下,文科教师到曲阜以后,流失了 100 人左右,大部分是中青年骨干,不可挽回。大体写了这三条。写好以后,找有关老师审核,提了意见和建议,最后油印了 100 多份。我们在饭厅门口将这些油印品发给了师生。随迁到曲阜的原山大的校级和部分中层领导实际上都是支持这份报告的。

有一部分老师到北京找了我们的校友李希凡和何匡,请他们帮忙。

我因为家刚搬到曲阜，需要收拾，走不开，就没到北京去。当时李希凡在《人民日报》文艺部，何匡在《人民日报》理论部，分别担任主任。他们对山大的事情极为同情，上报党中央，周总理进行了批示。

张：请您谈谈周总理批示恢复原山大建制的过程。

曾：周总理是如何知道山大的情况的呢？当时有两种说法：一说是李希凡同志拿了山东大学恢复建制的材料，在某一个会上交给了周总理；还有一说比较可靠的是李希凡和何匡同志把这份材料编辑成《人民日报》内参，呈报党中央。① 1973 年 3 月周恩来总理在病中得悉这一情况，立即签署恢复山东大学原建制的批示。得知此消息后，曲阜的文科与泰安的生物系联合组成"山大员工代表上访团"，赴济南、北京"上访"，敦促领导在济南恢复山东大学建制。

12 月 11 日，中共山东省委在济南第五招待所召开有山东大学、山东科学技术大学、山东农学院三个院校党的领导干部和部分党员教师、学生

---

① 关于"内参"一事，刘光裕在《1973 年〈文史哲〉复刊的回忆》(《文史哲》2011 年第 3 期)一文中写道："在北京上访期间，我主要为《文史哲》复刊拜访校友。首先，到王府井大街的人民日报社看望李希凡。前一年，即 1972 年的年底，我出差北京，住在离人民日报社不远的商务印书馆大楼，一天下午，我到人民日报社'告状'，好像与一同出差的龚克昌一起去的。在会客室，我求见李希凡。我与李希凡只是见过面而已，因为他是校友，所以一见面就大声说：'我要反映山大文科下放曲阜的情况。'李希凡一听，马上说：'让何匡同志来一起听听。'他很快把何匡叫到会客室来了。何匡(1915—1999)，理论家，延安抗大出来的革命老干部，在青岛山大做过党委副书记，后来是《人民日报》理论部主任。我读书时在山大学生会工作，与何匡有过几次接触；1971 年，又随山东省写作组的孔阶平到人民日报社拜访过何匡及王若水、汪子嵩。我与何匡比李希凡还熟一些，说话不必拘束。我告诉他们，山大文科下放到曲阜，与曲师院合并，这样山大文科实际上就不存在了，就完了。曲阜师院培养中学师资，与山大文科的路数不一样。曲阜地方闭塞，交通不便，不宜办综合性大学的文科。现在，曲阜的教室、宿舍都不够用，图书堆在纸箱里，没有地方上架；老师没有房子住，家在济南的老师都想调走。在曲阜，看病要走三里路，没有公交车；冯(沅君)先生到曲阜后，水土不服，腹泻一直不好；山大文科老先生多，可能有不少要死在曲阜了。将山东大学一分为三，是根据林彪 1970 年的一号命令；现在林彪死了，一号命令挨批了，山大应该恢复。听我说完，李希凡对何匡说，他在曲阜的山大同学也在信中讲过这些。性格爽朗的何匡率先提议：'老李，你写个"内参"吧。'接着，他们讨论'内参'的事，我不宜在场，便告辞离开。'内参'，是《人民日报》、新华社所写的一种供中央领导阅读的内部材料，范围限于省军级，我在省写作组偶尔见过。对于山东大学一分为三，山大员工用各种方式表示反对与不满。政治系臧乐源编了不少顺口溜，流布校内外，其中一首是：'山东大学一拆三，济南曲阜与泰安，理工文史乱了套，请问这是啥路线？管它路线不路线，反正老子说了算，小民百姓何需齿，醉死不认这酒钱。'我向李希凡'告状'，最大愿望就是写'内参'，这也是山大员工的共同期望。何匡提议李希凡写'内参'，因为他是众所周知的山大学生，是《文史哲》培养的'小人物'，以他这种身份写'内参'，向中央领导反映山东大学的情况，比较合适。李希凡一听我说要反映山大的情况，就把何匡叫来，看来他们早已有所考虑。后来，李希凡果然写了'内参'，这件事我想何匡也是起了作用的。山东大学一分为三以后迅速恢复原建制，这是校内校外有关人士共同努力的结果，其中以李希凡写'内参'的功劳最大。"

代表参加的山东大学等校分校合校迁校工作会议，传达中央关于山东大学问题的精神，部署恢复山东大学的工作。会上，王众音代表中共山东省委讲话时表示，中央领导同志对山东大学问题很重视，周总理作了批示。这次会议山大的一些老干部蒋捷夫、何畏、陈乃健、章茂桐都参加了。我作为教师代表参加了会议。

1974 年 2 月，中共山东省革命委员会下达了《关于恢复原山东大学、曲阜师范学院的通知》："接国务院科教组通知：经中央批准，同意中共山东省委意见，恢复原山东大学和曲阜师范学院。同时撤销山东科技大学，其教职工全部并入山大。"

恢复建制后的山大中文系

张：在曲阜的山大文科什么时间开始回迁济南？

曾：3 月 7 日，为贯彻周总理的批示，山东省委在济南召开恢复山东大学大会，省市有关部门及驻济院校到会祝贺。从那开始，我们就着手恢复原山大，向济南搬迁，到暑假搬迁结束。我们很快就搬回了济南，回来的时候又涉及与曲师的分家。历来分家都会有问题，包括系里面一台照相机，是他的还是我的？图书，有盖山大印章的和没盖山大印章的，怎么分？家具是山大的，还是曲师的？分家非常复杂。经过挑挑选选，属于山大的家产，基本运回了济南。

张：工农兵学员也回到济南了吗？

曾：工农兵学员全部回到了山东大学。到了山大以后条件很艰苦，没有宿舍，我们都住在办公室里面。文史楼中文系的楼下是光学系，他们腾出部分房子让我们住。我和狄老师、牟国胜三个人在一个屋，住了好几个月。狄先生后来有了房子以后才搬走的。当时条件很艰苦，冬天房间里也没有炉子，做饭用的基本灶具都没有。

张：回来后大家都住在文史楼？

曾：我们这些中青年教师住在了文史楼。山大南院没有房子，我不知道陆先生回来后住在哪里。后来我和陆先生合住在山大南院 23 号楼的一套房子里。这套房一共是四间，陆先生在里间，我在外间。冯沅君先生那时已经去世了，只剩下了陆先生自己。高亨先生举家到了北京，没有回来。萧涤非先生住在 3 号楼，他家旁边也住了一户人家，还有纠纷。我作为教工支部书记，还帮助调解过。大体就这么个情况。

张：您和陆先生住在一套房里交往多吗？

曾：我和陆先生住在一套房子里，但交往不多。因为陆先生他是老先生，不好去打扰他，所以交往不多。

张：陆先生晚年将所藏书籍全部捐赠中文系了吗？

曾：陆先生的书存在一个储藏室里，最后全部捐给中文系了。陆先生晚年的文章，一篇是《与刘大杰论杜甫信》[①]，再一篇是《忆沅君——沉痛悼念冯沅君同志逝世四周年》[②]，这两篇文章是陆先生晚年最重要的成果。

张：请您谈谈山东大学恢复建制后的情况。

曾：山东大学恢复后，原山东大学迁至曲阜和泰安的政治、中文、历史、外文、生物5个系全部回到济南，加上原山东大学留在济南改建为山东科学技术大学的数学、物理、电子、化学、光学5个系，共计10个系。山东大学重新焕发了生机，学校的教学、科研等各项工作取得了一些进展。

张：请您谈谈当时中文系的情况。

曾：恢复山大以后，中文系还是章茂桐先生任主任，党支部书记是刘泽宣同志。1974年6月17日，冯沅君先生患病去世了，没有等到山东大学恢复。高亨先生1967年以后调至北京，专门从事古典学术研究工作，一直未回山大。山大恢复后陆先生已经到了晚年，就不上课了，于1978年12月1日在济南病逝。中文系教师有关德栋、蒋维崧、董治安、袁世硕、钱曾怡、葛本仪、马松亭、狄其骢等老师。我和狄先生都是文艺理论教研室主任。教研室还有张伯海、孙昌熙老师。记不大清孙先生退休了没有，当时印象还在上课，改革开放以后他还带研究生，带了一段时间就不带了。殷孟伦和殷焕先"二殷"先生还活跃在讲坛上，还有写作组郭同文老师。当时中文系大体就这么个情况。

张：当时中文系书记是刘泽宣同志，请谈谈您与他的交往情况。

曾：刘泽宣同志是山东日照人。1960年左右由山东大学宣传部调到中文系当副书记，实际主持工作。他父亲曾是日照第一任抗日县长，后任上海区委书记、区长等职。刘泽宣在抗日战争时期参加了革命。1941年

---

① 此文刊发在《文史哲》1977年第4期。

② 此文刊发在《新文学史料》1979年第3期。

考入滨海建国学院，毕业后留校工作。后曾在山东省粮食总局、山东省政府办公厅工作。1956年到山东大学工作。他担任中文系党支部书记的特点就是稳，对学生管理比较规范。从曲阜回来后，刘泽宣任山东大学电子系支部书记，后到图书馆当馆长。我和他关系很好，一直保持着联系。

张：山东大学恢复建制搬到济南后，萧涤非先生还在中文系吗？

曾：萧先生到济南后，一直在中文系任教，主讲“唐代文学史”课程。值得一提的是，1981年国务院恢复学位制度，山大中文系获得首批硕士与博士学位授予权。1982年9月，萧涤非先生招收李从军和林继中为博士研究生，开启了中文学科培养博士研究生的历史。后来萧涤非先生到了文史哲研究所，专做《杜甫全集校注》。

张：文史哲研究所是哪一年成立的？

曾：文史哲研究所应该是1978年成立的。山东大学恢复建立文科科研机构，建立了文史哲研究所。不久，吕慧娟老师也调到了文史哲研究所任所长，后兼任《文史哲》编委会副主任。

张：1975年11月，学校接受国家出版局《汉语大词典》部分编写任务，成立了编写组。蒋维崧先生任副主编，请问中文系参加《汉语大词典》编写的还有哪些老师？

曾：1975年5月23日至6月17日，国家出版局在广州召开了会议，做出了出版一百余部大中型辞书的总体规划，并报经周恩来总理和主持中央工作的邓小平同志批准，正式启动《汉语大词典》的编纂工作。《汉语大词典》由华东区包括山东、江苏、安徽、浙江、福建、上海五省一市的1000多名专家学者参与编写。山东省就由山东大学牵头，山东师范学院、曲阜师范学院参加，负责人是吴富恒校长。蒋维崧先生担任《汉语大词典》副主编，主持山东省《汉语大词典》编写工作。1983年山东大学古籍整理研究所成立，《汉语大词典》编写工作基本结束，他调至古籍所任教授。山东大学参加《汉语大词典》编写组的成员，大致有组长蒋维崧，中文系的刘聿鑫，历史系的李威周，还有路云、吉常宏等。

张：改革开放是1978年12月十一届三中全会中国开始实行的对内改革、对外开放的政策。

曾：1976年10月6日晚，中共中央政治局执行党和人民的意志，对王洪文、张春桥、江青、姚文元实行隔离审查，毅然粉碎了江青反革命集团，结束了“文化大革命”。消息传出，举国上下一片欢腾。

1977年8月，中国共产党第十一次代表大会在北京召开，大会宣告历时10年的“文化大革命”已经结束，重申建设社会主义的现代化强国的任务。中共中央宣布“文化大革命”结束，我们心里边把党的十一大召开作为改革开放的开始，非常兴奋。党的十一大召开之际，我那时正在北京参加教育部写作组，那一夜我们好多人都在天安门广场，对“文化大革命”的结束欢欣鼓舞。

张：山大恢复以后什么时候开始招生？

曾：到了1977年山东大学才开始招生，在这期间主要是培养工农兵学员。1974年9月，国务院科教组、财政部联合发布《关于开门办学的通知》，大学文科组织师生到工厂、农村、部队与工农兵一起参加政治运动，研究宣讲儒法斗争史，以之为中心选择教学内容、组织教学。“开门办学”就是把学生领下去，深入农村、工厂实习锻炼。

我带的年级到过济南火车站的铁路大厂、汽车制造厂，然后到了威海龙须岛三个地方。中文系大部分中年以下的老师都参加了开门办学。吕慧娟、袁世硕、张可礼等老师也都带队参加。好多老师都参加过带队，这里边我印象比较深的就是带学生到济南汽车制造总厂“开门办学”。因为我们管理不当，关心不够，造成了高平同学的手被绞到机器里面。他没戴袖套，把手绞到机器里边。那是我带队的，当时要多难过有多难过……高平是泗水的一个农民的孩子，他父亲早逝，妈妈单身一人把他养大，就这么一个孩子。当时我们不知道如何向高平家里交代，也不知道如何向高平本人交代。当时在济南90医院，高平一只手全部断了，怕生命保不住，就截肢了！我在医院一夜没睡，非常自责！高平的叔叔是军人，很通情达理。高平本人也很理解，他说是自己注意不够。我们觉得很忐忑，这孩子后来回到地方当了一名中学老师，再也没见面。好几次我想去看他，也未成行。这是我们“开门办学”的一个问题，带学生到第一线车间去，安全问题是关键。

另外，我们到威海龙须岛开展“开门办学”。龙须岛就在威海的天尽头那个地方。我们就在那个地方“开门办学”，我和吕慧娟老师带队。我们参加渔队的劳动，也出过海。当时我们给渔队写了一个防护堤的建造工程，在《山东农村大众》发表了。这个就是我领着他们这一帮学生写的。这个稿子是我和冯建国两个人，骑自行车——其实有公交车，为什么骑自行车我不知道——上坡下坡 30 多公里骑到县委，送到了县委。我们两个人骑自行车给他送过去了，这稿子很快就发表了。当地政府很惊讶，把我们写的防护堤的建造工程推广了出去。当地政府一开始对我们去表示很不理解，那个时候“批林批孔”嘛，怕我们在那搞“批林批孔”。但我们去以后给他们写了这篇文章，之前他们自己搞了好多次也没搞出来，我们给他搞出来了，他们是比较欢迎的。

再一个是在淄博洪山煤矿下基层劳动，带着学生去。那时候牛运清老师还在淄博没调过来，后来才调回山大，他把我们送过去的。在这个劳动过程里面就出了一个事情。我的儿子在青岛我岳母家，得了中毒性菌痢正在抢救，生命垂危。我当时正在矿上劳动，听到这个消息后我都晕了。怎样从煤矿的深处送我到博山坐火车呢？煤矿工人将我安排在一个运煤的筒子车上去。那是个电车，上面有一个电线带电的，我上去以后一抓电线电了一下，旁边一个老工人把我抱起来拉下来了，要是电上去就完了。当时我很惊慌，很后怕。“开门办学”，学工学农，现在也应该倡导，但安全问题不容忽视，这是个大问题，所以后来“开门办学”也没有继续下去。

张：中文系培养出哪些优秀工农兵学员，您还有印象吗？

曾：王文章，2008 年任文化部副部长、党组成员，联系也比较密切。他 1976 年毕业于山东大学中文系。他曾任中国文化报社副社长兼副总编辑、社长兼总编辑，狄其骢老师和他有诸多联系。王文章是寿光人，口音很重，就是一个农村的孩子，没想到王文章如此有创意，把文化报办得活灵活现的。后来在担任中国艺术研究院院长兼党委书记期间，大力推动机构组织、人事制度和科研管理改革，培养和吸纳了大批优秀的艺术理论和创作人才，开创了中国艺术研究院发展的崭新局面。

张：还有别的学生吗？

曾：郭建昌，现任山东省十二届人大内务司法委员会主任委员。曾任山东省纪委副书记、山东省人大内务司法委员会副主任委员等职务。1978 年毕业于山东大学中文系。一直在省委干得很好。还有张成金，曾在济宁任组织部部长，后任县长，在菏泽又干到菏泽市副市长，后任菏泽学院党委书记。还有在山东教育出版社任编审的朱晓晨和在中国社会科学院文学所工作的赵承茂等。

第四节 山大美国文学研究的拓荒者吴富恒校长

张:山东大学恢复后,正是在吴富恒校长的带领下,山东大学逐步走上了正轨。请您谈谈吴富恒校长的贡献。

曾:讲到恢复原山大,领导班子只有一个变动,吴富恒校长原来是山大副校长,我们到曲阜以后建立曲阜山东大学,吴校长是革委会的副主任。1974 年恢复原山大以后,他是副主任。他 1979 年 12 月 26 日担任校长,一直到 1984 年换届。吴校长任职期间,那时山大真的是千疮百孔,遗留的问题成堆,校舍破败,资源缺乏,人心涣散,纪律松弛。1971 年山大被强行一分为三,已经流失了大量优秀教师,仅文科专业流失的骨干教师就有 36 人之多。

吴富恒校长(1911—2001),河北滦县人,中外著名的教育家、学者,杰出的社会活动家。吴校长上任后,与山大领导班子的第一个重大措施,就是于 1978 年 10 月 21 日至 30 日召开"实践是检验真理唯一标准学术研讨会"。这个会议的召开在全国来说是比较早的,虽然在当时有一定风险,但会议非常成功。何匡、高放、蔡尚思、李秀林、蓝翎等著名学者参加会议,并作了重要发言。吴校长在东郊宾馆的会议开幕式上作了重要讲话。各系、各学科结合学科特点召开了有所侧重的,以"打破禁区,解放思想"为宗旨的学术研讨会。会议起到了解放思想、突破禁区、凝聚人心的作用,也在学术界树立了山大特别是山大文科的良好形象,为山大的继续前行建立了信心。

接着是稳定秩序、健全制度,使学校工作特别是教学工作步入正轨。在吴校长的领导下,学校召开了教学工作会议,制定了教学计划与教学规范,重申了课表的法规性质,并整肃教学纪律,实行教学事故通报与处理制度等。学校工作特别是教学工作逐步走上了轨道。

再就是在全国范围内,较早地实行了教学奖励制度,制定了教学工作量奖励办法，极大地调动了广大教师的积极性。我记得学校是于 1982 年开始酝酿并逐步实行这一制度的，在高校中第一次实现了多劳多得，鼓励了奋战在教学第一线的教师，特别是中青年教师，起到了较好的作用。吴校长一直强调学校要牢牢树立为教学服务、为教师服务、为学生服务的理念，要求我们教务处深入教学第一线，解决教学工作中的各种问题。我曾经多次陪同吴校长听课，当场听取教师们的意见，解决各种困难与问题。在吴校长等老一代领导的带动下，这种主动服务师生的观念已经成为山大长期以来的优良传统。基础性工作是学校发展的重要前提，正是由于吴校长等老一代领导同志对教育事业的坚持与辛勤工作，学校才在较短的时间内逐步走上正轨。

曾繁仁（前排右二）与吴富恒校长（中立者）及夫人陆凡（前排左二）及同事刘玉柱（后排左二）、马长义（后排左三）等合影

张：请您谈谈吴校长在美国文学学科领域所做的贡献。

曾：吴富恒先生担任校长期间贡献之一，就是建立了美国文学学科。因为传统的西方文学只有英国文学，美国文学包含在英国文学里面。美国没有独立的文学，也没有独立的哲学。在 20 世纪六七十年代以后，才逐步有美国文学和哲学的说法。1963 年在吴校长倡导下山东大学建立了由他兼任主任的美国文学研究室。这不但表现了他的远见卓识，而且显示了他的勇气和胆略。他明确地提出要研究美国文学，并且有代表性作家。美国文学涵盖了加拿大的文学、加拿大戏剧,等等。吴校长和夫人陆凡教授率先提出并建立了美国文学学科,得到了大家的认可。

"文化大革命"之后,吴校长又主张将研究室扩建为研究所。1978年在吴富恒校长的提倡下,在济南召开了美国文学讨论会。一年后,又在烟台开会,成立了全国美国文学研究会,吴富恒被推举为会长,在中国开了研究美国文学和文化的先河。吴校长成立美国文学研究所是中国第一个,世界是不是第一个不敢说。全国美国文学研究会他是会长,为促进美国文学研究与交流,他创办了《现代美国文学研究》和《美国文学丛刊》。

吴校长是美国文学研究家、哈佛大学的荣誉博士,哈佛大学教育学院毕业的硕士。他经常谈到哈佛大学的新批评理论家瑞恰慈。瑞恰慈是吴校长的导师,虽然他没有特别提及他和瑞恰慈的师生关系,但是他对瑞恰慈很尊重。

吴富恒与瑞恰慈夫妇

张:吴校长的夫人陆凡教授也是美国文学研究专家。

曾:陆凡教授,对于美国文学学科也有贡献。她原本学的是英语专业,后来转学俄语专业,又回过头来研究英语。她翻译介绍了很多美国文学的代表作家,如《美国当代作家索尔·贝娄》《美国犹太文学》《索尔·贝娄小说中的妇女形象》《〈猫的摇篮〉及其作者库尔特·冯纳古特》等论文均发表在《文史哲》。她还有译著《当代美国文学》，翻译长篇小说《猫的摇篮》等。吴富恒和陆凡先生两个人在美国文学学科的建设上有非常重大的贡献。1991年5月在山东大学举行的全国美国文学研究会常务理事会上，80岁高龄的吴校长将自己创建的全国美国文学研究会移交给了南京大学。

张：吴富恒校长特别重视中外校级学术文化交流，做了大量开拓性的工作。他多次率团出国考察西方大学的教学与学术研究，也邀请了不同国家的多个高校代表团访问山大，与哈佛大学、匹兹堡大学、印第安纳大学、纽约市立大学、里贾纳大学、山口大学等多所国外大学建立了姊妹学校关系，促进了相互学术交流，提升了山东大学教师的学术水平，提高了山东大学在国际上的声誉。

曾：对外开放——这是吴富恒校长担任革委会主任和校长以后一个非常重大的贡献。山大对外开放或者说学术文化交流，在整个高校里边，特别是对境外高校，做得是比较好的。1982年6月10日，吴校长由于在长期教育工作中做出的杰出成就，被他的母校、美国最负盛名的哈佛大学授予了“荣誉法学博士”学位。因此，哈佛大学成为山东大学友好学校，按理说哈佛大学是美国的常青藤学校，比山东大学的学术地位高，但是因为吴校长的关系，它成了我们的友好院校，我们有好多学生都到哈佛大学去访问。我本人也随同山东大学代表团去访问过，哈佛大学专门给我们开过午餐会、学术会。

再一个就是山大物理系参与费米实验室的建设。我们有一个研究机构，山东大学质子研究所，是山东大学在那边建的。还有印第安纳大学，这是我们非常友好的大学，也是档次比较高的常青藤大学。那么稍微弱一点的还有纽约市立学院，主要是在对外国人的英语教学这一领域的教学探讨与我们合作非常密切。还有加拿大的里贾纳大学，这所大学不大，排名也不靠前，但是我们的很多领导人与这所学校关系密切。加拿大有一个谢培智，是华人，祖籍山东。他对两校的交流做了巨大的贡献，后来因车祸去世了。再一个是日本的山口大学。一系列境外高校与山东大学建立友好学校，这与吴校长的重视有必然的关系。

吴校长还在外事工作中十分重视学科建设，将外事交流与我校的重点学科、重点学术领域的建设相结合，具体就是与我校晶体、高能物理、微生物、数学、磁学、美国文学、语言等学科紧密结合，有的则在国外建立了科研基地，极大地推动了学校的学科建设。

张：蒋民华院士曾说："山东大学的晶体研究，之所以会取得今天这样令人瞩目的成就，首先要归功于成仿吾、吴富恒这两位富有远见的领导。如果没有全心全意长期不懈地大力支持，它恐怕早就夭折了。"请您谈谈吴校长对于支持晶体材料实验室的建成所做的贡献。

曾：吴校长对晶体研究所的发展给予了很大的支持。从1956年开始，蒋民华教授在化学系着手研究晶体材料。1958年，海军研制声呐装置，急需一种人造晶体材料。人造晶体技术当时在世界上刚处于起步阶段，国内根本不能制造，于是海军部门向山东大学发出了援助信号。刚刚从山东大学化学系毕业的张克从、蒋民华等几位青年教师，勇敢地接受了这项任务，在老校三号楼进行晶体研究。这时，作为校长的成仿吾和作为分管科研的副校长吴富恒，把这看作是造就一个新学科、培养一批好人才的良好机遇，于是给予大力支持和扶植。

为了给晶体研究创造更好的条件，成仿吾、吴富恒又决定把晶体实验小组扩建为研究室，从化学系的建制中独立出来。吴富恒校长，那个时候一开始是教务长后来是副校长管科研，就支持了晶体材料，一直到晶体材料在蒋民华教授的带领下变成全国重点的材料学科之一，蒋民华教授也成了引人注目的晶体专家。晶体材料这一块，山大晶体所和福建的物构所（物质结构研究所）形成掎角之势，有时候我们强，有时候他们强。晶体研究是山东大学的一个王牌，这与吴校长的支持有密切的关系。

张：山东大学1951年5月创办了全国最早的学术刊物《文史哲》。《文史哲》最早由华岗校长任社长，陆侃如、吴富恒任副社长。这个刊物是50年代国内学术界一个活跃的学术园地。山东大学具有很高的知名度，在一定程度上来源于这个刊物。"文化大革命"结束后，为恢复《文史哲》，吴校长奔走各方，筹集经费、寻求支援，他自任编委会主任，亲自策划、审稿，使它以崭新的面貌再度问世。

曾：吴校长为学校基本学术条件的建设付出了辛勤劳动，为《文史哲》《山东大学学报》与山东大学出版社的建设呕心沥血。对于《文史哲》，他更是分外关注，付出了很多心血。"文化大革命"期间《文史哲》曾多次停刊。1973年4月《文史哲》复刊时，山东大学在曲阜，李镇为《文史哲》编委会主任，校革委副主任吴富恒先生为编委会副主任，刘光裕任编辑部副主任。1973 年 10 月，《文史哲》复刊号发行，这是《文史哲》停刊 7 年后的复刊。吴校长奔走各方，筹集经费，寻求支援，自任编委会主任，亲自策划，亲自审稿，使它以崭新的面貌再度问世。直至今天，《文史哲》仍是全国最有影响的文科学术刊物之一。

吴校长以自己平易近人、平等待人与艰苦自律的精神，为确立良好校风树立了榜样。吴富恒校长长期担任领导职务，包括重点大学校长、山东省政协副主席与全国政协委员。但他始终将自己定位于一个普通的知识分子身份，以平等的态度待人接物，温文尔雅，从不以势压人。他本人更是严于律己。我们陪他到教育部汇报工作，外出办事时，吴校长从来都是自己拿钱请我们吃饭。有一次我陪他到北京外文出版社看望金诗伯先生，那时吴校长已经 70 多岁了，但他仍旧让我陪他乘公共汽车到出版社。2001 年 6 月 25 日吴校长在济南逝世，享年 91 岁。

张：刚才您详细讲述了吴富恒校长的贡献，当时和吴校长搭班子的是孙汉卿书记，据山大校史记载，1978—1983 年，在吴富恒校长和孙汉卿书记的领导下，山东大学处在发展速度较快的时期。请您谈谈孙汉卿书记的贡献。

曾：吴校长贡献比较大，还有一个是孙汉卿书记。过去山东大学校史主要介绍校长不介绍书记，实际上我们国家是党委领导下的校长负责制，即便以前没有特别明确，党委也起了核心作用，所以孙汉卿书记我觉得应该重点介绍一下。1963 年孙汉卿书记与夫人余光前调入山东大学，他任山东大学党委副书记兼副校长，余光前任山东大学政治系党总支书记。他 1975 年任华东石油学院党的核心小组组长，1978 年任山东大学党委书记，一直到 1983 年。他任职时间非常长，对山大的影响也很大。

孙书记主持山大党委工作及日常工作，时间比较长。因为陆凡教授肾里边长肿瘤，山东省医院不能确诊，需要到北京诊疗做手术。吴校长陪夫人陆凡先生在北京医病，不在学校。这段时间是孙书记主持山大的各项工作，譬如当时山东大学的社会学系的建立。1980 年，中国社会科学院成立社会学研究所，费孝通任所长。从这之后部分高校开始建立社会学系了，山东大学迟迟没有动议。徐经泽先生找到我谈起建立社会学专业的想法，我当时在教务处，随即向孙汉卿书记作了汇报，最后孙汉卿书记和吴校长最终确定下来了。徐经泽先生从 1984 年开始组织筹建社会学专业，历时 3 年。1986 年 10 月，山东大学社会学系正式诞生，徐经泽任主任。社会学系的创立是孙汉卿书记起了主要作用！

这期间吴校长和孙书记将山东大学带入发展快车道。到 1984 年山东大学由原来 9 个系 13 个专业，发展为 16 个系 38 个专业，教师达 1445 人，本科生达 8284 人，研究生达 562 人，外国留学生达 102 人。发展之快，规模之大，是前所未有的。

另外，孙汉卿书记朴素、清廉，给人印象很深。作为一个老干部，他看起来像是农民，但实际上他是清华大学毕业的。他经常挽着裤脚，穿着布鞋，骑着自行车上下班。有一次，70 多岁的他骑自行车上班时不慎摔倒，才在大家的劝说下不再骑自行车上下班。

孙书记长寿，活到 99.5 岁，还差半年就 100 岁。

第五章

改革开放，山大文科迎来春天

1976 年 10 月“文化大革命”结束，1977 年全国恢复高考制度，1978 年 12 月党的十一届三中全会召开，中国进入改革开放新时期，迎来尊重知识、尊重人才的春天。曾繁仁讲述了“文化大革命”结束后参加教育部写作组的情况；恢复高考后与 1977、1978 级亦师亦友的情谊，以及山东大学举办文科理论讨论会的情况。

第一节

我参加了教育部写作组

张:1977 年,刚刚复出的邓小平同志主持召开科学和教育工作座谈会,做出了于当年恢复高考的决定,请您谈谈当时的情况。

曾:1977 年年初,邓小平同志复出,提出自己要当教育事业的后勤部长,并开始领导“拨乱反正”事业。9 月底,教育部决定由教育部党组副书记、副部长李琦挂帅,抽调专人组织写作班子,对教育界最大的禁区“两个估计”发起冲击。教育部组织了高校的 30 多位文科教师集中在北京虎坊桥旁的国务院招待所,组成教育部写作组撰写批判“四人帮”、“左”的教育路线的文章,及时贯彻小平同志有关教育战线“拨乱反正”的指示精神。

张:您参加了教育部写作组,请谈谈您在写作组的情况。

曾:1977 年 8 月 8 日,邓小平同志在北京饭店召开了有学者、教授和专家参加的教育和科技工作者座谈会。会上小平同志提出对“两个估计”必须马上组织写作力量进行彻底批判。写作组的主要任务是撰写有分量的揭批“两个估计”的文章,从理论上彻底推翻这个错误理论,消除其恶劣影响。

我记得在国务院招待所建立了一个图书室,把北京图书馆、国务院图书馆等有关马恩列斯重要论述以及教育方面的书籍资料收集在这里,供我们写作组参考。我们用这些资料,根据小平同志的观点,在那三四个月中写了几十篇文章。我也忘记具体哪些篇是自己参与写的了,毕竟拿出去第二天就发表出来了。

我记得写作组有《人的一生应当怎样度过》青年读物的作者方玄初,我们叫他老方。我们当时觉得他的写作水平高,都很佩服他。写作组后来发展到 60 多个人,组织了七八个组,每个组里面有一个执笔的,然后由大家讨论,拟定写作大纲。我是我们组的执笔人。讨论完了以后,根据大家的意见列个提纲,提纲通过后,我就晚上熬夜把稿子赶出来,交给写作组其他同志修订,之后我就去睡觉了。等我中午起床以后再参加改稿子,改了以后叫老方来修改定稿,晚上就送到杂志社去刊发了。

《教育战线的一场大辩论——批判"四人帮"炮制的"两个估计"》，对"两个估计"全面予以揭露和批判。这篇文章经过胡乔木审阅定稿，小平同志批示后，发表在《人民日报》《光明日报》《人民教育报》还有《红旗》杂志。这篇文章推翻了"两个估计"，一扫教育界和广大知识分子心中的阴霾。

我们写作组的文章都刊发在"三报一刊"上。当时消息最灵通的单位就是我们写作组。小平同志讲话后，我们很快就会领到写稿任务，获得最新消息，所以《人民日报》《光明日报》等报纸和新闻单位的记者都到我们那里去打听消息。我们从事新闻工作的同学都来找我了解情况：小平同志讲了些什么，有什么最新指示，等等。

我们写作组有条件较早地接收到小平同志与党中央其他领导同志有关教育问题的最新指示。小平同志与万里等同志，于 1977 年 8 月初召开教育工作座谈会，会上做出恢复高考招生的决定。这一精神我们是较早知道的，当时真的是高兴极了。因为，"文化大革命"十年，高校停办，后来又传出"只办理工科大学"的传言，整个高校的命运和我们这些高校教师的命运都是未知数，大家心里总是忐忑不安。高考招生的恢复给我国高校指明了前进之路。因此，我们特别高兴。

张：您在教育部写作组工作了多长时间？

曾：我在写作组工作了三四个月。这三四个月受教育巨大。小平同志讲话，让人很震撼！把"文化大革命"当中积淀的一些问题全部颠覆了！包括"贫穷是社会主义""造导弹的，不如卖茶叶蛋的"等等这些谬论。

小平同志还讲，一个农民养五只鸡，就是走社会主义，养七只鸡就超过了，就是走资本主义，这是很荒唐的。还包括雇七个工人就是资本家，雇两三个工人就不是资本家，等等。对于这些问题，讲得特别具体，特别叫人震撼，把我们的观念全部颠覆了。

1977 年 10 月 12 日，国务院正式批准了《关于一九七七年高等学校招生工作的意见》。《意见》规定：凡是工人、农民、上山下乡和回乡知识青年、复员军人、干部和应届高中毕业生均可报考。这就意味着没有政审了！"文化大革命"期间的"群众推荐上级审查"的制度废除了。没有家庭出身问题了！所有的"地富反坏"子女，都是农民，都是公社社员，都能参加！另外是往届的、同等学力的也都能报考！把家庭出身这一条去掉以后，实际上更改了“以阶级斗争为纲”的路线。关于高考的原则，“自愿报名，参加考试，择优录取”。小平同志把“组织批准”砍掉了。我们中国的教育、我们的人群、我们整个管理再没有说家庭出身这套。这是小平同志的魄力！

天翻地覆，改变了整个中国！并不是我们以前不对，我们革命战争时期当然要讲阶级、讲革命、要划清界限。但现在以经济建设为主了还那样搞，就肯定会出现新的不平等，这是错误的，而且也没有社会基础了。所以小平同志根据时代的更替、社会的发展，思考中国如何走到世界前列。小平同志把“两个基本估计”推翻了，知识分子不是臭老九了，学校也不是资产阶级路线了。如果学校是资产阶级路线，那还有什么不是资产阶级路线？“开门办学”不以学为主了，文科也不能办了，难道这就不是资产阶级路线了吗？就正确了吗？所以我觉得恢复招生这个事情，不仅有教育意义，还有政治意义。

1977 年 8 月 12 日至 18 日，中共十一大在北京召开。十一大政治报告宣布，以粉碎“四人帮”为标志，“文化大革命”宣告结束。1977 年 8 月 18 日，我有幸在北京参加了欢庆党的第十一届代表大会胜利召开的庆祝活动，此时宣布了打倒“四人帮”，结束了十年“文化大革命”。因此我特别兴奋。我们作为教育部的代表参加了北京的游行方队，我还作为旗手之一走在教育部队伍的前面。晚上我们与数以十万计的群众在天安门广场通宵达旦地欢歌畅谈，大家都对祖国与中华民族的未来充满憧憬。

那一天在教育部工作的张洪岳同志从绍兴回京，说成仿吾校长要请我到他家里去吃饭，成校长一家包了水饺等我吃。可是我没空，我们要游行，我是旗手！我就给张洪岳同志讲：“你给成老说，叫我吃饭，我当然很荣幸，但是我没空，我能不能过两天去？”

张：您在北京见到成校长了吗？

曾：见了一次。1977 年 8 月 28 日，在北京召开周荣鑫同志追悼会，我们去参加了。1975 年，在江青反革命集团猖獗之时，周荣鑫先生就任教育部部长。1976 年 4 月 13 日，被迫害致死，终年 59 岁。周先生是教育部的老部长，周恩来总理国务院的秘书长。1977 年，中共中央为周荣鑫平反昭雪，充分肯定其一生功绩。8 月 28 日党和国家领导人邓小平、李先念、王震、谷牧等参加了追悼会。在追悼会上我第一次见到小平同志。

我站在送别的队伍里，小平同志从我们面前走过去。成校长和他夫人也参加了追悼会，很多人同他说话，我远远地看着他。

张：在追悼会现场您见到了小平同志？

曾：见到了小平同志，我特别兴奋。改革开放，我觉得对中国、对我们这一代人、对未来、对我们学校建设，有巨大的影响。的确，领袖人物的作用是不可否认的。但我们也没有跟小平同志讲话，他就从我身边走过去了。周荣鑫是周恩来总理的主要助手，硬叫四人帮给迫害致死。很多人参加了追悼会。不久，我们写作组完成任务，各自回到工作岗位。我回到山东大学，参加中文系招生的准备工作。

我回来以后，我在北京写作组记录小平同志讲话的记录本，吴校长要党办、校办传来传去借阅，结果不知所终。我记的笔记内容，比当时发表的小平同志讲话内容丰富多了。小平同志根据自己的经历，思考了中国的过去、现在和未来，还有关于改革开放和1977年恢复高考的思考，我都认真做了记录。

第二节

“亦师亦友”师生情

1977年山东大学恢复招生

张：您回到学校以后，于1977年底开始担任中文系副主任，此时就开始筹备中文系的招生了吗？

曾：1977年冬，在邓小平同志的果断决策下，中国恢复高考招生。这不仅是对“四人帮”否定“十七年”教育成果、否定人类文明的有力反击，而且也是我们民族迈出低谷、走向光明的象征。这是全民族的喜庆日子。

我回到山东大学，参加中文系招生的准备工作。“文化大革命”刚刚结束，学校硬件条件有限，接收新生工作真的很困难，但小平同志说可以招一部分走读生，因此学校决定中文系七七级共招收两个班，一个班为住校生，一个班为走读生，共计招了79人。全系的教师都很兴奋，老中青一齐上阵授课。

我在北京参加写作组的时候，小平同志复出。小平同志说："我复出，要管教育，我本人不懂教育，但我要当整个教育的后勤部长"。当时恢复高考，由武汉大学一个中年老师提出来，然后有中科大的一个很有名的人参与意见。小平同志复出后确定了两件事情。第一件事情，当年马上恢复高考。1976 年准备，1977 年初就招生。第二个关于高考的原则，"自愿报名，参加考试，择优录取"，把中间的"组织批准"砍掉了。把家庭出身这一条去掉以后，实际上更改了"以阶级斗争为纲"的路线。

把"组织批准"去掉了，这第一次恢复招生也是很惊人的。1977 年 11 月到 12 月紧锣密鼓组织招生录取工作。当年高考报名人数为570 万，录取 27 万，4.9%，录取的比例很低。山大中文系招了 79 人，40 余人住宿，还有 30 余人走读。

张：中文系一共招了 79 个人？

曾：一共就 79 人，条件有限，宿舍都无法满足。小平同志讲可以走读嘛！一开始有走读的，住在济南市里的学生优先，分数线稍微降一降，最后都变成住校的了。学生一进校，气氛隆重热烈，系里面派出了最强阵容授课！凡是系里面大家公认上课好的老师，都坚持在教学第一线。中文系分两个班，一班、二班。当时学生的年龄参差不齐。年龄最大的比我大，最小的学生才十八九岁。七八级有一个学生，比我大好几岁，孩子都很大了。我是从 1973 年开始正式上课，1977 年真正开始了我的教学生涯，讲授"文学基本原理"课程。1980 年开始讲授"西方美学"课程。

我给七七级开设"文学基本原理"和"西方美学"课

张：当时恢复了高考，山大来了新生，老师们的干劲很足，也很兴奋。

曾：非常兴奋！

张：您还记得给七七级同学们上第一堂课的印象吗？

曾：就是给贺立华、谭好哲他们这一级上课。

张：张树铮、唐子恒老师他们也是七七级的吧？

曾：是的。他们都是我的学生，还有廖群。那一级留校很多。他们当时分配的时候，几乎主要的名额都在北京，但是留在济南的最多，很奇怪。

他们都愿意留在济南，因为很多人都有家庭。当时公布毕业分配方案的时候，他们都认为留在山东是最好的。青岛人留在青岛，济南人留在济南。我当时感觉很奇怪。

张：七七级的学生入学时是不是已经深秋了？

曾：七七级的同学冬天入校，隔了半年后七八级开始招生。

张：七七级学生什么时候开始上课？

曾：1978 年 1 月份入校，不久就开课了。

张：您经常说七七级这一级同学很特殊，您和同学们也建立了“亦师亦友”的师生关系。

曾：用“亦师亦友”来概括我与七七级同学的关系是非常恰当的。因为从年龄结构上来讲，七七级是非常特殊的，可以说年龄跨度很大，从十七八岁到三十几岁的学生都有。因此，当时他们之中年龄最大的与我的年龄差不多，而且他们中的多数人都有着丰富的实践经历，这使得我与他们的共同语言较多。从这个角度说，我与七七级同学更多的是难得的朋友。从个人的业务成长来说，其实从某种意义上说，我是与七七级一起成长的。他们七七级和后面的年级都不一样。

张：您给七七级同学上哪门课程？

曾：七七级入校后，我担任他们的“文学基本原理”课教师，以蔡仪先生主编的《文学概论》为教材，参考以群先生主编的《文学基本原理》。征得狄先生同意，我讲“文学基本原理”紧密联系当时的实际，与当时热门问题紧密结合，并组织大家结合基本理论问题去讨论。

当时我国正处于“拨乱反正”时期，理论界与文艺界发生巨大变化，出现了许多新的理论与文学现象，诸如“为文艺正名”的讨论、有关“人道主义”与“异化”问题的争论、刘心武《班主任》的发表、“伤痕”小说的争论，等等。我与七七级一起经历了这些理论领域与文艺领域的大事。记得为了讨论“人性论”问题，我们在课堂上讨论了苏联电影《第四十一》。小说描写主人公女红军战士与白卫军官在特殊条件下的爱情缠绵，但最后关头却将其射杀的情节。大家就该作品在倾向上到底有没有问题，进行了热烈的讨论。还讨论过徐怀忠的一部小说，也是类似的话题。从某种意义上说，这门课程，我是一边讲、一边学，也一边清理自己脑子里僵化的文艺思想。

张:“文学基本原理”这门课是上一个学期还是上一学年?

曾:一学年。上完课以后教材、讲课稿都形成了。这门课上完之后,狄先生又让我开设“西方美学”,一开始叫“西方文论”,我对美学更感兴趣,所以改为“西方美学”。

张:为什么要开设“西方美学”这门课?

曾:七七级四年级的时候,按照规定要开“西方文论”或者“西方美学”课,但我们教研室没有人手来准备这方面的课程。狄其骢老师就鼓励我开这门课,而我并没有系统地学过西方美学。本打算到复旦大学跟蒋孔阳先生学习,一边听课、一边备课,但因为联系过程中写错了课程名称而耽搁,未成行。

于是狄老师就鼓励我自主备课。经过难以想象的困难之后,我终于写出了《西方美学专题》的讲稿。于 1981 年给七七级正式开讲了“西方美学”课。当时全国开这门课的学校并不多,虽然我没有受过这方面的专业训练,但却将这门课讲了下来,这其实是七七级同学支持的结果。因此,从某种意义上讲,我的“西方美学”之教学和研究是与七七级同学一起完成的。

张:这本《西方美学专题》的讲稿出版了吗?

曾:为七七级讲授“西方美学”的讲稿经过进一步的整理修改,这本讲稿最后改为《西方美学简论》由山东人民出版社于 1983 年出版了。

张:七七级学生都是在中心校区文史楼上课吗?

曾:主要是在文史楼 239 和 139 两个教室上课。“文学基本原理”的大课是在 239 教室,“西方美学”小课人少一点,在 139 教室上课。当时课堂氛围很好。因为学生是从第一线来的,他们又是知识青年,很关心形势、政治和动态,问题意识很浓。与老师对话,有时还不同意老师的观点。

张:培养七七级和七八级的同学,中文系的老师们都非常积极认真,备课充分。中文系人才培养方案是如何设计的?

曾:我们当时秉承一个宗旨,系里边最高的决策机构是教研室主任会。教研室主任会讨论一系列重大业务和其他问题,把我们老中文系的传统继承下来,认真备课,而且教研室主任要到课堂听课。我担任文艺理论教研室主任,曾经听过某位老师上课。那位老师上课学生不欢迎,我作为教研室主任、系副主任到教室里听课,学生也不好意思驳我的面子,用脚踏地板，一片"啪啪啪啪"声。也不知道谁在踏地板，课堂没法维持了，这课就没法上了。还有刚调来的一位老师，其实年龄比我还大，过去在某比较重要的大学，不知道什么原因没怎么上过课。上课的时候发生了两件事：第一件事情是全部讲完了还有15分钟才到下课时间，剩下的时间，任课老师无所事事，不知如何讲了；第二件事是点名，他在点名之前没有看学生的名单，把名字、姓氏念错了，哄堂大笑，这课也讲不下去了。这个人也被淘汰了，不能在教学岗位工作了。总的来讲，我们原来的老师上课还是比较好的。个别的老师有点问题，像板书写错字等等，不过很快就纠正过来了。

张：那时候七七级是公认的学风非常好、非常朴实。

曾：当时学生讨论问题都贴大字报，有小说、文章发表也贴大字报。如果对老师上课有意见或者建议放在明面上，没有在课堂上乱讲的。

张：当时制定中文系培养学生目标和培养大纲，都是通过教研室主任会议研究决定的？

曾：教研室主任会议在学生培养以及各项规章制度的建设上起了很重要的作用。具体的、总的目标就是培养研究人员。在课程安排上还是古代文学占主要位置，把基本功的训练放在重要位置。还有，中文系一贯重视理论，和华岗校长有极大的关系，而且始终坚持马克思主义的指导。这些都是中文系的传统。

山东大学中文系学生主办刊物《沃野》

讲到七七级还有一件有趣的事情。1979年七七级的同学们自己办了《沃野》和《云帆》两种学生刊物。《沃野》以刊载评论和小说为主，吴传宝、贺立华等任主编；《云帆》主要刊载诗歌，耿建华、杨争光等同学主办。当时同学们思想比较解放，《沃野》写了一些抨击社会现实的问题，如计划生育的过度强迫、农村的不正之风、干部的贪污……当时我是这个刊物的顾问之一。刊物出了几期就有人反映到省委宣传部，然后要求中文系书记余光前查这个刊物，查得很严，要追究责任。我是该刊的业务指导，既然要查我理应承担责任，我也明确向有关方面表明了态度。我首先到校办公室说明情况："这个刊物要是出问题的话，你得先查我，我是指导教师。"余书记就问我："你每一期都看了吗？有问题的那一期你看了吗？"我刚回了一句"我看了"，她又问："你真看了吗？"七七级的学生贺立华，他是《沃野》的主编，他站出来说："曾老师压根就没看，他是个挂名的顾问！"就这样把我给解放出来了，我等于没事了，不需要查我了。我对贺立华和几个负责的同学说："我是你们的指导老师，我担责任比你们担责任好。"他们说："曾老师您没看就是没看！"七七级的同学都说他们并没有给我看过该期刊物，从而将我解脱出来。历来只有老师保护学生的，但七七级同学却挺身而出保护老师。这难道不是一件感人的事情吗？

这件事折腾了好长时间，甚至影响到了贺立华的留校和部分学生的就业等问题。贺立华毕业后没留在中文系，调到《文史哲》编辑部了。

张：大学生刊物《沃野》因为发表了一些反映社会现实的作品，您担心学生毕业分配时受到严肃的组织处理，您曾经给杨争光的就业单位写了一封推荐信？

曾：我不记得了。

张：杨争光是一级作家，《沃野》的主要编者之一。我看他的回忆文章中就有关于您给他写推荐信的事，他这样写道："许多老师是我经常感念的，记得我流泪离开山大时，怀里揣着三位老师的推荐信（其中就有曾繁仁老师的），正是这些老师的信，还有好心的校友的帮助，我才有了一个较好的安身立命之处。真是不堪回首……"

曾：真的不记得了。现在看学生办刊物和单位办刊物应该有一定的原则。我想在坚持党的领导和社会主义制度的前提下，面向学生办学术刊物，应该大力支持。

以美启真

曾繁仁的山大记忆

1981年12月山东大学77级毕业合影

张:您和学生之间"亦师亦友"的友情真的让人感动!

曾:中文系七七级同学的面庞经常在我的脑海里浮现,他们常常在我重要的时刻出现在我的生活中。记得1991年秋,我参加中国高教代表团的赴美访问,最后一站是旧金山。就在我马上要上飞机的一刻,七七级同学孙照华开着汽车气喘吁吁地赶来送我。原来他当时在旧金山工作,就在当天早上看到《世界日报》报道我们到旧金山访问的事情,立刻联系使馆,当得知我们已经到机场后,他马上开车赶来为我送行。就在我入关与小孙告别的一刻,看着依依惜别的小孙,我真是涌出了热泪。我在海洋大学工作后,第一次回到济南时,带着些许在异乡工作的惆怅,但一看到张华在车站接我,便凉意顿消,感到分外温暖。

最近几年,我大概每年暑假都要到威海参加会议。时述国、宋乐永同学几乎每年都要去看我,嘘寒问暖,关怀备至。李明政同学在文登工作,听说我去,也赶到威海看望。徐伟华在烟台挂职,我到威海时,他也专门在烟台招待我,与我促膝谈心。至于济南的同学,因为同在一个城市,平日的关心更是令人感动。总之,一个一个面庞在我眼前如电影般闪过,几乎都是欢乐的、动人的。然而也有令人悲伤的画面。张玉冰同学毕业不久就因病离开了他挚爱的亲人与事业。特别是李安林同学在济南文联工作,已经通过自己的努力而小有成就,但就在约我参加2007年聚会的不久后突然辞世。记得那次是贺立华、张华邀我与李安林在山大附近小聚。安林豪气不减,喝了不少酒,我觉得他的身体不错,因为能喝酒是身体健康的表现。而且,他告诉我们在舜玉小区买了一幢单元房,我们都为他高兴。但不久就传来他辞世的消息,我根本不相信。但这却是不以人的意志为转移的事实。学生英年早逝,令人痛心不已。

张:2017年11月,文学院七七级校友举行"纪念恢复高考四十年,感恩母校"聚会活动。会上全体七七级返校校友起立鞠躬致意,向敬爱的老师们表达感恩之情。这一幕让人动容。您代表七七级任课教师发言,回顾了自己在山大学习与教学的历史,感谢高考的恢复开启了新历史,感谢七七级同学对自己的巨大帮助,并深情回忆了长期以来与同学们的交流往事。您对七九级的学生印象深刻吗?

山东大学中文系七七级纪念高考30周年师生聚会合影

曾：我与中文系七九级学生的情谊延续了42年之久，想来令人感动。1979年我接手了中文系七九级的“文学原理”课。此前我已经给好几个年级讲过这个课，所以自己没有什么负担，但一给七九级上课却使我愕然，因为同学并不太喜欢我的讲课方式。在讲课的过程中有一位同学在交给我的作业中夹了一张字条，说我上课时“满堂灌”。我真的吓了一跳，因为我历来教学效果还是不错的，怎么回事呢？一了解才知道自己犯了经验主义的错误，我以往上课的对象大多是有实践经验的学生，而从七九级开始，则是以应届学生为主，以往的那种讲法就不适应了，多数同学只有十八九岁，对于抽象的理论课难以接受。为此，我除了严格要求同学之外，还让他们逐步习惯大学，特别是适应文科理论课，并且我开始重新备课，将课讲得更加形象生动。这也让我与七九级同学结下了深厚的友谊。

在他们大四年级，我又开设了“西方美学”课。两次上课使我们的师生情谊更深，相互之间也更加了解。我当时甚至能够叫出七九级所有同学的名字。同学们也开始喜欢我的课程。记得离校好多年后，一位并不是做学术工作的七九级同学见到我后，居然说道“曾老师，不到顶点”。这是德国美学家莱辛在名著《拉奥孔》中所讲到的“雕塑作为美的艺术，在人物表现中应该是刻画最富有包孕的‘不到顶点的那一顷刻’”。所以“不到顶点”就成了古典空间艺术的一条规则。这既是一条美学规则，其实也是一种人生规训，教育我们永远不能自满，永远将自己的人生看作“不到顶点”。时隔二十多年，同学还能记得这个美学原则，我真的很高兴！是七九级同学让我享受到了教师工作的快乐，也是他们让我记住了教学和工作都要从对象出发，也是他们让我知道了每一次上课都是一次新的开始，让我养成了更加认真的工作习惯。七九级毕业后，我与他们的友谊继续着，留在山大的七九级同学对我也是关爱有加。

张：1979 级毕业以后，您和他们还有哪些联系？

曾：2000 年我从行政岗位退下来后转到教师岗位，那时七九级同学周广璜在山东大学出版社工作，由他提议、策划，帮助我出版了《美学之思》一书，该书朴素而精美。因为我选择了由传统认识论到当代存在论的转型，而且将我开始做的生态美学列入其中，反映尚好，这给了我信心，标志着我崭新的学术生命的开始，我从内心感谢广璜，是他帮助我出的这本书，给我一个新的开始、一个新的出发点。

七九级同学赵平海毕业后一直在山大机关工作，我做过学校的副校长、党委书记和校长，但平海从未为自己的事情找过我。当我从行政岗位退下后，他却极为关心，因为我与老伴进入老年，病痛开始不断光顾，于是平海常常来看望我们。我们住院的时候，他都要做出具体安排，不时看望，这让我们感到特别亲切温暖。七九级同学郑训佐一直留在文学院专研古代文学，对我也是关怀备至。他现在已经是著名书法家。当我有时为了学科的工作，参加某些学术前辈的纪念活动时，需要写一些字画相送，训佐从来都是无偿提供高质量的精品，这使我非常感动。孙基林已经是著名的诗评家，在他调到威海分校工作时，专门到我家与我话别，深情邀请我到分校讲课与休息。

校外同学的行动也使我十分感动。史遵衡在当了济宁市委副书记后，居然自己跳到水中救起落水的妇女，并且主动报名到新疆带队，差点因公牺牲。郭运德曾经担任过中宣部的文艺局领导职务，但他带着自己一家到烟台旅游完全是自费。当我问他此事时，他认为这是非常正常的普通事情。这些同学其实用他们的实际行动影响了我。

教学相长一直延续到今天，一定还会延续下去，只是现在是同学用他们的言行在给予我教育。在校外工作的同学对我的关心，也使我终身感动。记得 1987 年，我的老母亲参加老干部旅游，在乐山发生意外，医院已经下了病危通知，我从济南转道北京飞成都，在北京住了一夜，是许觉明给我找的住处并送我到机场。1998年我到香港访问，有一天山大的老朋友柯先生请我们山大一行吃饭，突然在饭桌上看到一位熟悉的面孔，原来是七九级的王思东，他正在香港工作，听说我参加晚上聚会，专程安排来看我。2003年我与老伴到杭州参加一个学术会议，杭州的沈达和张子仁专门来看望我们，请我们吃饭。会后，沈达还专门送我们到机场，在候机室给我要了杯很好的龙井茶，茶香的余味一直伴我到济南。

2009年我应邀参加河南少林寺的机锋答辩和讲座，事后支兴复与杜春景夫妇等河南的校友邀我到郑州小住。他们对我们的食宿安排可谓是无微不至，使我感动不已；盛清宪召集了郑州的校友与我们见面，这让我感到非常亲切。2013年5月，我重回海大，受到山大中文系在青同学的热情接待，尤其是七九级的王秀云与傅耿清，对我更是照顾备至，小傅给我拍的照片充满深情，是我在青岛期间永远的纪念。2013年6月，我老伴突然尿血，住院治疗后还需继续补养，史遵衡介绍了一名中医为我老伴治病，并一直待在医院照顾我们，一待就是十天。我与于晓明住在一个宿舍区时经常相遇，晓明对我的关心也难忘怀。

其他如武卫华、王炜、张伟、张艳华、孙培遥、谢永红、张永臣……对每一位同学，我都有亲切美好的记忆。时光荏苒，44年过去了，但难忘七九级同学，难忘他们从上学开始直到现在所给予我的关爱。衷心祝愿七九级同学在进入中年之时，在收获成功之外，更要收获健康、平安与幸福。

张：在您的讲述中，让我充分感受到您与同学们这份不同寻常的“亦师亦友”的深厚情谊。“尊师爱生”历来是我国的重要传统，在所有的情谊中，师生情又具有自己独特的超越性与无功利性。

曾：大学里最温暖、最亲切的称呼是老师，做老师真的很幸福！

第三节

山东大学举办文科理论讨论会

张：1978年5月，“实践是检验真理的唯一标准”的提出，在全党全国引起强烈反响，引发了一场全国性的关于真理标准问题的大讨论。同时，坚定了学术界人士对马克思主义哲学理论力量的信念，坚信辩证唯物主义认识论关于真理标准的理论原则。1978 年 10 月 21 日至 30 日，山东大学召开文科理论讨论会，这次会议关于真理标准问题的大讨论，在山东大学也引起了很强烈的反响。

曾：文科理论讨论会是山大的一个比较重大的事件。《光明日报》发表真理标准讨论以后，实际上在胡耀邦同志的领导下，成为全国性的事件。这就涉及改革开放、思想解放问题，我们到底要不要搞所谓“两个凡是”，还是按照真理标准、按照现实来判定我们的是非？分歧很大。在这个问题上，山大响应得比较早。我们山大文科召开了真理标准讨论会，是吴富恒校长动议的。

本次会议把“实践是检验真理的唯一标准”作为讨论的重点内容，向“两个凡是”的思想禁锢发起了猛攻，有力地驱散了“四人帮”散布的思想迷雾。这次会议有近千人参加，得到省内外有关领导和兄弟院校专家、教授等知名人士的大力支持。会议由时任山东大学党委书记孙汉卿主持，校长吴富恒作报告。中共山东省委常委王众音、林萍等出席开幕式。

1978 年山东大学召开文科理论讨论会

这次文科理论讨论会规模空前，反映了我国人文学界众多朋友参与学术讨论的强烈愿望。与会者中既有许多饱经风霜的理论界前辈，也有为数众多的富有现实敏感的年轻学者。我记得有:李俊民、罗竹风、杨向奎、吴大琨、蔡尚思、周振甫、徐中玉、张恒寿、张舜徽、王先进、严薇青、石峻、孙思白、张迪懋、吴寿琪、陈绍闻、刘操南、江泽宏、漆侠、田昌五、李秀林、高放、钟肇鹏、袁行霈、周继旨,还有山东大学郑鹤声、殷孟伦、王仲荦、韩连琪、蒋维崧、孙昌熙等先生。

张:这次盛会在哪里举行的?

曾:济南东郊宾馆礼堂。山大没那么大的会堂。开幕式上吴富恒校长讲话、《人民日报》理论部主任何匡讲话,然后是中国人民大学李秀林老师和山大周立升老师分别作报告。大会主要讨论了关于实践是检验真理的唯一标准问题、实践标准与理论指导的辩证关系问题、坚持实践标准与发扬社会主义民主的关系问题、真理有没有阶级性的问题,还讨论了关于社会主义商品生产的性质和新资产阶级分子产生的问题、关于科学社会主义的对象和地位问题、关于孔孟和儒家思想的评价及其对中国社会和史学的影响问题、关于中国历史上的农民战争问题、关于古典文学评论中的人民性问题,等等。

我是中文系分管科研的副主任,我们重点讨论了"人民性问题"。为什么要讨论人民性问题呢?实际上是针对阶级性的,人民性毫无疑问比阶级性要扩大一点,有点含人性的味道在里边。毛主席也曾讲过人民性,就取了这么一个题目。由人民性涉及讨论文学评论的标准、阶级性是不是唯一的标准、阶级性和人民性的关系。还包括一些文学作品,对《长恨歌》《红楼梦》的评价,对《阿Q正传》的评价,等等。

参加我们中文系讨论的有北京大学的袁行霈老师,他的古代文学学问做得很好,是山东济南人,对山大有感情。李希凡、蓝翎专门跑过来,很活跃很亲切。然后是《光明日报》的潘仁山,五六级的项怀诚同学,非常热情,来参加这个会。每个系选择不同的题目,我们就选人民性这个题目展开讨论。实际上是试图通过"人民性"来突破"文学评论的唯一标准是阶级性"问题,也对巴人"人性论"的批判做一个反驳。多数同志认为,人民性概念可以用,因为它概括了古代文学的进步内容,充分反映了古代作家作品的复杂性。大家还对人民性和阶级性的关系问题进行分析讨论。这次讨论会的一个显著特点,就是按照实践是检验真理的唯一标准,坚持实事求是、一切从实际出发、理论与实践结合的学风。

张:文科理论讨论会对于中文学科的建设起到了积极的推动作用。

曾:这次会议起到了解放思想、突破禁区、凝聚人心的作用,也在学术界树立了山大文科的良好形象,为山大的继续前行建立了信心。改革开放以后,学校建设归根结底要落实到学科,要建设发展学科。改革开放初期,山东大学的学科发展迟缓,困难重重,因为教师流失比较严重,青年一代也没成长起来,幸好中文系在学术上还有些亮点和特色。

陆侃如先生、牟世金老师的《文心雕龙译注》,1996 年由齐鲁书社出版。1962 年牟世金师从陆侃如先生开始学习《文心雕龙》,师生曾共同译注《文心雕龙》25 篇,由山东人民出版社出版《文心雕龙选译》上下册。这次齐鲁书社所出全书译注,是以《文心雕龙选译》为基础,其余 25 篇由牟世金补全出版的。这在全国是比较全新的一本《文心雕龙》注释。陆先生和牟先生使《文心雕龙》研究又走到了前列,该书出版后受到"龙学"专家和古代文论研究者广泛好评。

再一个是《冯沅君古典文学论文集》由山东人民出版社于 1980 年出版。萧先生于 1978 年接受人民文学出版社委托,主编《杜甫全集校注》,并成立校注组,全身心投入到杜甫研究中去。

文科理论讨论会现场

在这些老先生的工作基础上还有些新的生长点,像龚克昌老师的汉赋研究。他在《文史哲》1981 年第 1 期发表《论汉赋》一文,率先从正面肯定汉赋的文学价值与历史地位，在学术界掀起了汉赋研究的热潮，标志着汉赋研究进入了一个崭新的历史阶段。龚克昌老师的商朝研究也出版了专著，做得也非常好。

司空图《诗品》研究，是孙昌熙先生在现代文学和文学基本理论之外，在古代文论方面的一个新的作品。包括我们教研室的美学研究，周来祥先生的《美是和谐》，我的《西方美学简论》和《美育十讲》成为文科新增长点。《美育十讲》由山东教育出版社 1985 年出版。

张：文学院杜泽逊院长曾经谈到山东大学中文学科的第三次辉煌。他指出，首先是 20 世纪 80 年代崛起的古代文学学者群，从先秦文学到近代文学，每一段都有强劲的代表人物：先秦两汉文学董治安，魏晋南北朝文学牟世金、张可礼、龚克昌，唐宋文学刘乃昌、朱德才、张忠纲，元明清文学袁世硕，近代文学郭延礼，民间文学关德栋。古代文学之外，殷孟伦、殷焕先、蒋维崧的语言学，高兰、孙昌熙的现代文学，周来祥、曾繁仁的文艺美学，王绍曾的古典文献学，也都蜚声学林，与古代文学诸位名家共同铸就了山东大学中文学科的第三次辉煌。说起第三次辉煌不得不说《文史哲》的复刊、《山东大学学报》的创刊和山大出版社的建立，可以说共同支撑了山大文科的发展。

曾：这三件事对中文学科的发展至关重要。《文史哲》的复刊，源于毛泽东主席 1973 年 4 月的一次谈话，“有些刊物为什么不能恢复？学报不要在内部搞，可以公开”。1973 年，在山东省革委会的主持下，山东大学学报之一的《文史哲》在两次停刊后复刊。《文史哲》两次停刊，1959 年 1 月停刊，1959 年 8 月复刊；1966 年再停刊，直到 1973 年才再次复刊。《文史哲》一开始复刊是在曲阜合校以前，但是回到济南以后才正式复刊。改革开放以后，1977 年的那一期是“批判四人帮”，我也写了一篇《资产阶级“自由神”的丑恶表演》发表在《文史哲》1977 年第 2 期，那不是学术文章。后来我个人又写了《试论杜甫诗的政治倾向》，发表在《文史哲》1978 年第 1 期。《文史哲》复刊对我们是一个非常重大的事件。

张：吴富恒校长对于《文史哲》复刊和《山东大学学报》创刊做了很多工作，请您谈谈这方面的情况。

曾：为恢复《文史哲》，吴富恒校长奔走各方、筹集经费、寻找更多援手，他自任编委会主任，亲自筹划、审稿，使得《文史哲》再度闪光在学术前沿。《文史哲》主要是吴校长主持并担任主编，文科的很多老师都参与了。《山东大学学报》，1951 年 8 月由著名学者，时任山东大学校长华岗和著名学者童第周等创办，是新中国成立后最早创刊的高校综合性学报之一，著名学者童第周、吴富恒等曾任主编。1955 年毛泽东主席曾订阅《山东大学学报》。1959 年《山东大学学报》与《文史哲》合并，统称为《山东大学学报》，分为自然科学版和文科版。1966 年因爆发“文化大革命”，《山东大学学报》停刊。1987 年经吴校长多方努力，由国家新闻出版署和教育部批准，《山东大学学报》(哲社版)正式复刊。

《山东大学学报》复刊是我亲历的，吴富恒任校长后，向教育部申请《山东大学学报》复刊，但是教育部迟迟不批。吴校长就派我到教育部问问怎么回事，我就到教育部去了。高教一司夏自强司长不同意《山东大学学报》复刊。他说：“山大有《文史哲》还要办什么《山东大学学报》，哪个学校有两个文科学报?”我们俩就争论起来了。我说：“山大文科见长，早在1951 年华岗校长就创办了《山东大学学报》。”夏自强司长是北大历史系毕业的，他不认可我的说法，我们俩就争吵起来了。争吵以后我不高兴，没理他就回济南了。事后夏自强觉得不妥，又给我写了封信。信上就说：“那天你说《山东大学学报》恢复问题，我态度不好，没仔细考虑山大的情况。仔细考虑以后我想了想，山大恢复《学报》也有理由。《文史哲》局限在‘文史哲’领域，你们还有财经政法等学科，那《学报》就以财经政法为主。同意你了!”接着《山东大学学报》的批文就下来了。批下来以后，社科处的李红同志拿着审批下来的文件，在我面前晃来晃去让我看，说实话非常高兴。

这就恢复了《山东大学学报》，不久山大出版社也成立了。关于山大出版社要不要成立，吴校长认为要成立。当时南京大学传来消息，马上要成立出版社。山大也打了一个报告给教育部递上去。没批！吴校长又让我们去问一下是什么原因。

当时的高教一司办公室主任张洪岳，是山大出去的。我说：“你把南大申请出版社的报告让我看一下”。然后我明白了，南京大学的出版社申请理由是为学校的教学科研服务。南大文科有它的长处，出版社要为以文科为主的教学科研服务。山大的出版社申请报告中没强调为教学科研服务事宜。我就把南大的出版社报告的核心语句抄了一下，回来以后就起草了山大出版社申请成立的报告。我当时在教务处任副处长，主要负责教研科。我们教研科的老科长沈源龙老师到教育部递交了申请材料。当时负责审批的是高教司的一个老的副司长，他没上班，住院了。沈老师给我打电话，说“我到医院找他去！”沈老师就去旁边的邮电医院找他了，他在医院就批准了山大出版社成立事宜。山大出版社就批下来了。吴校长带着我就到省出版局去备案，办理了成立手续。这个也是吴校长对山大发展努力的结果。

张：您刚才谈了文科的发展情况，请您谈谈理科的发展情况。

曾：山大复校、改革开放以后，理科也得到了长足的发展。首先数学学科，潘承洞校长带领攻克哥德巴赫猜想。潘校长说他写得质量最好的论文是他毕业不久写的一篇文章。潘校长1961年3月，研究生毕业后他被分配到山东大学数学系任助教。1963年潘校长证明了哥德巴赫猜想的1＋4，发表了论文《表大偶数为素数与一个不超过4个素数乘积之和》，这使得中国在哥德巴赫猜想的研究中处于国际领先地位。我想他所说的写得最好的论文大约就是指这篇论文了。他说论文水平的高低与论文的字数并没有直接关系，我想他这篇具有突破性的论文大约字数也不会很多。潘校长的这些看法与实践都对我产生了莫大的教育意义与启示作用。他于1982年与陈景润、王元共同获得了中国自然科学一等奖。1981年与其弟潘承彪写出《哥德巴赫猜想》一书，被认为是以最简洁的方法对哥德巴赫猜想的科学表述。在潘承洞教授的带领下，山大数论研究一开始就走在全国前列。

生物系有两个亮点，一个是王祖农先生成立的微生物重点研究室，另一个是夏光敏老师的农业生物。微生物是王祖农先生领衔的，从法国留学带回来的。王祖农，微生物学家。1945年，他浙江大学毕业后被公派到巴黎学习，进入现代微生物学的主要发源地巴斯德研究所，跟随土壤微生物学主任博勋（Pochon J.）教授从事单生需氧固氮菌与土壤腐殖质的形成研究。1949年12月以优异成绩通过答辩，取得巴黎大学理学博士学位，并被推荐到法国科学研究中心就职。1950年王祖农受山东大学副校长童第周之邀，到山大植物学系任教。

在他组织和带领下，山东大学的微生物学科在国家教委直属高校中，创造了一个又一个领先或第一：1955年开始收研究生；1958年成为国内首批微生物学专业之一；1963 年建立了微生物研究所；1981 年成为国家首批博士授予权单位中唯一的微生物学博士点；1984 年成立高校中的第一个微生物学系，又新设微生物工程系；1987 年被选为国家重点学科；1989 年筹建发酵工程国家重点实验室。

夏光敏的农业生物到现在仍然是亮点，她长期从事生物科学教学及科研工作，在利用现代细胞工程和基因工程理论与技术改良农作物领域取得重大突破。此外，还有晶体所。在这些基础上山大成立了两个国家重点实验室：一个是微生物重点实验室，一个是晶体所国家重点实验室。一所学校有两个国家重点实验室，虽然不能说领先，但也应该说比较好了。这两个重点实验室一直受到学校的关注，评审结果虽然起起伏伏，还在起步当中，但一直是山大的亮点。把生物系和微生物搬到青岛，这个事情可能有点欠推敲，因为和化学隔离了，和医学隔离了，这些以后再说。改革开放以后，对于学校的文理科发展起到了积极的助推作用。

张：吴校长曾担任过文学院院长，1959 年您入校的时候，他应该是教务长。能不能简单地谈一谈您和吴校长及其夫人陆凡先生的交往情况？

曾：1959 年我入校的时候，吴富恒先生实际上是教务长，很快又成了副校长。当然我上学的时候和吴校长没有交往，毕业后不久就应该有交往了。最多的交往是到曲阜以后。因为到曲阜以后，吴校长是我们原山大校领导班子唯一的革委会副主任，他经常喊我过去聊天。在这之前，吴校长在劳动改造的时候，我们在苹果园劳动，他经常把我悄悄地叫出来，跟我在苹果树下聊天，让我给他通报一下外面的情况。这个关系就逐渐比较密切了。

1978 年 6 月，他任校长以后，我在教务处当副处长，实际上很大程度成了吴校长的助手，他每次到北京开会都带着我。而且吴校长开会的时候，有些会他开了开头就走了，留我在那个地方替他发言。有一次我陪吴校长到教育部开会。因为都是校长在那发言，发言后就没有时间让我替吴校长发言了。吴校长又不在，其他高校的校长资历都比我高，我也不能抢着发言。

到了第二天，召集会由教育部何部长主持；但山大的基本情况还没有报告，在何部长讲话之前我首先举手，示意发言，把他们都惊住了。部长马上要讲话了，你举什么手呢？但山大还没讲话，没有完成吴校长交给我的任务。我说,“我们山大还没有发言”。何部长说,“山大怎么没有发言?”我说,“昨天时间不够没轮上我们,前面都是比我年纪大的,我就没有发言机会了!”何部长说,“那你发言,给你二十分钟!”我就用这 20 分钟发了个言,所以何部长对我印象很深。有一次路上见了我,问我:“你是哪个司啊?”我说:“我是山东大学的曾繁仁”。他说,“我经常见到你”。因为吴校长经常带我去开会,教育部部长都认识我。

吴校长到北京去都带着我和外事办主任于英杰。我是文科,他每次去都让我和于英杰给他写发言稿或提纲。吴校长还请我和于英杰吃过一次西餐,在俄罗斯餐厅,在这以前我没吃过西餐。我和吴校长关系很密切,基本就是这样的交往。

陆凡老师是搞外国文学教学的,我们两个交往最多的是招生的时候。她代表外语系招生,我代表中文系去招生,我们经常在一起招生。我任山大常务副校长后,有一次开会,她开玩笑说:“我给山大招了一个校长回来咧!”其他人不知道这里面的缘由。她说:“我到上海去招生,看到桌子上一本档案,一看很好!一问怎么没人录取呢?就是因为家庭出身嘛,没人录取,我就把他录取了。”

陆凡先生研究美国文学,在《文史哲》上发表有关美国文学的译介文章。《文史哲》几乎每一期都有她的文章。有人就说:怎么老发陆凡的文章啊?现在看来这些文章从创新的角度来讲还是有价值意义。

张:吴校长是公认的很平易近人,师生对他非常尊敬。我在研究校史的时候,了解到的吴先生基本上和您讲的一样,就是吴校长非常的平易近人,对学生、对教工都是如此。

曾:非常的平易近人,但是吴校长很长一段时间跟陆凡老师在北京,在此期间很多工作是孙书记处理的。因为这样一些情况,对学科的发展的重视就有点弱,所以整个山东大学在博士点和重点学科的申报数量上相对比较少,以致影响了山大后来的发展。我相信这不是有意的,但是在学科最需要继续发展的时间,他有一段时间没有在学校主持工作。有好几次博士点的争取,山大是零。我们山大的同志,特别是文科的同志都很焦虑,要赶上步伐非常困难。所以山大学科的滞后,和领导对这个问题没有抓紧有一定的关系,这是我的实事求是的评价。

山大评选教授,有几次没有跟上,数量也偏少。这也并不是有意的,一个校长不可能不重视学科、不重视教学质量,但是由于各种原因把它忽略了。作为山东大学的一员,我觉得应该把这个历史说出来。改革开放以后的这段时间,由于山东大学种种的主客观原因,我校学科点的申报、博士点的申报、重点学科的申报,数量都是相对较少的,影响了我们今后的发展。这是我们的遗憾,也影响了我们队伍的成长。我们中文一级学科博士点申报也是比较晚的,得需要多大的努力才能补上这一课呢?

这一时期山大发展相对比较迟缓,在学位点、重点学科的建设上相比别的学校拉开了差距。

张:这也是我们做口述史的目的所在,只有借鉴历史,才能更好地放眼未来。

曾:我觉得学科建设任何时候都是一个学校的重点。既然在领导岗位上,哪怕在处级岗位上,都要把学科放在心中很重要的位置。像很多一线的同志都有感受。

张:所以说,学科、学位点建设是一所高校的中心工作。我们中文学科始终把学科建设放在非常重要的位置上。从您的访谈中我们就能体会到,在您的眼中,在您的心中,我们中文学科、山大的很多学科都要积极地往前冲,才能够撑起山大学派。

曾:评价改革开放这一段,无须归罪哪一个人,都成历史了。没有一个人不想做好!我们的重点学科点、博士点和别的学校比,其中有几次评定都是极少或者没有,这都是遗憾!一次也不能落下,这是我的看法。我们评价历史就是要将影响制约学校发展的问题摆一摆,制定相应的措施加以改进。这一点我觉得我应该讲。

第六章 我的党务行政经历

曾繁仁曾先后担任山东大学中文系副主任，山东大学副教务长、教务长、常务副校长，青岛海洋大学党委书记，山东省教委副主任兼党组副书记，山东大学党委书记与校长等职。他结合20多年的党务行政工作的经历，追述了邓从豪、潘承洞两任校长的学术和治校贡献。

第一节

我调到教务处工作

我为什么做了行政工作？

张：曾先生您1964年7月毕业留校，曾先后担任山东大学中文系副主任，山东大学副教务长、教务长、常务副校长，山东省教委副主任兼党组副书记，青岛海洋大学党委书记，山东大学党委书记与校长等职，您的党务行政经历20余年，可否请您谈谈您的这段工作经历？

曾：我应该有20多年的党务行政工作经历，可以说涉及党务、行政、教学、科研等多个方面。这漫长的20余年的经历，也和我们学校改革开放发生的事情紧密结合在一起。改革开放给学校的发展带来了新气象，同时也带来一些挑战、问题和教训。那么我首先讲一下，我调到教务处这件事情。1981年我被学校调到教务处。那个时候学校跟现在不一样，校领导有校长、党委书记、副校长、副书记，下面还有几个处，机关的人很少。教务处、科研处、人事处，新的研究生处，就这几个处，所以处长的权力很大。

1981年我担任中文系副主任，并与狄先生共同担任文艺学教研室主任，干得已经很顺手了。为什么要调到教务处呢？当时山东大学教务处缺人，缺一个既懂业务又在教育第一线的老师。校党委组织部部长程世忠老师推荐了我。我在中文系干得也不错，但是在研究生的管理上与某些领导同志有分歧，而且做法还不同。程世忠同志找我谈话时对我讲："你与书记老是有不同意见，这样很不好。你就调到教务处工作吧！这样吧，我们对你照顾一下，你上午来坐班，下午在家里搞业务，不用上班。"我觉得可以接受，就这样我调到了教务处工作。

在程世忠的推荐下，我到了教务处任副处长。教务处处长是刘玉柱同志，副处长还有章茂桐主任的夫人张绮华同志。我在教务处负责教研工作，主要是日常的教学安排、课程资料、教师排课等工作。

1984 年在山东大学教务处工作时与同事合影

我 1981 年到教务处任副处长，1986 年任教务长。1988 年任山东大学常务副校长，1992 年调到海洋大学任党委书记。1994 年又调到省教委当副主任。一年后，因为陈之安书记退下来，山东大学向教育部请示让我回来，就这样我又回到山大，先任山东大学党委书记，于 1998 年至 2000 年任山东大学校长。我从事行政管理工作整整 20 年，在这 20 年里坚持做教学科研工作，特别是 1981 年开设“西方美学”课，开启了自己学术科研生涯。正是在这次讲课的基础上，我一直讲授“西方美学”课近 40 年，并不间断地为研究生讲“西方美学的范畴与体系研究”课。

值得一提的是这门课到 2020 年 12 月给博士生上最后一节课，这门课开设了近 40 年。我 1981 年开始上“西方美学”课，1983 年出版了《西方美学简论》，1985 年出版了《美育十讲》，这些成果都是在教务处工作期间完成的。

这 20 多年，我从未停止过培养本科生与研究生的工作，也从未停止科研与学术文章的写作。只是担任教务长和常务副校长后，实在太忙需要不断地调课，影响了教学计划的严格执行，只得停开本科生课程，并将研究生课程安排在晚上讲授。

我从 1987 年开始招收硕士研究生，从 1996 年开始招收博士研究生，我调到中国海洋大学以后，仍然在山大带研究生。我算了一下，培养的硕士、博士和博士后应该接近 130 名了。担任行政工作以来，尤其是后来担任山东大学党委书记、校长后，就没有时间搞业务了，那怎么办？我就晚上给研究生上课。这20多年来，基本上是在行政岗位做奉献，也是在行政岗位接受党的教育和培养。我做行政工作以后，特别是任领导干部以后，学会了忍让和包容，学会了顾全整体的利益。我自己感觉从事行政工作这么多年，我变化很大。

整顿教学秩序，建立听课制度

张：您到了山东大学教务处，先后担任副教务长、教务长等职，请您谈谈您在任期间主抓了哪些工作。

曾：首先抓教学管理。1981年我任教务处副处长以后，由于“文化大革命”结束不久，有工农兵、“开门办学”跟“三个结合”，教学秩序比较混乱，需要整顿教学秩序。整顿教学过程首先是什么？就是要有次序。什么叫有次序呢？根据成仿吾校长、张琳教务长留下的好的传统：课堂教学在整个教学环节里面具有首要的地位，课程表具有法规性质。这也是成校长的两句名言。在这种情况下面就整顿教学秩序，严肃课表，严肃课堂，不能随便地调课、旷课，不允许一个下午三节连上。两节课一个单元，老先生可以一节课（一个单元）。以前的“开门办学”，教师上三节课，两节课讲完了内容，最后一节课就“放羊”了，这样是不允许的。再一个就是坚持名教授、老教师上第一线。围绕排课的问题进行整顿，像化学系闫长泰、物理系的俞寿锦都是老主任，包括金诗伯先生，都给他们安排了很重的教学任务。因为当时教师队伍少，课排不齐，特别是外语教学。执行学校的决定就是要整顿教学秩序，这是非常重要的。

再一个就是建立听课制度。当时我们教务处组织听课，所有任课教师的课全覆盖，并且对课程的优劣做出评判。制定了听课评判准则，打分原则等。在听课的过程中发现了上课质量好的典型，如数学系的许闻天老师、物理系的卢兆铭老师。卢兆铭老师后来担任教务处长，那时是青年才俊。上课上得火的是数学系尤秉礼老师。

听课过程中还注重及时发现并解决问题。例如，尤秉礼老师在上课的过程中，活动黑板出了问题，推不上去，板书只能斜着写。我们在听课过程中发现了这一问题，课后马上进行了解决。

巩立泽是从山东财经学院（现山东财经大学）调到山大来的，教政治经济学。同学对巩老师上课有意见，要求取消他的上课资质，反映到教务处来。我们认为，取消老师的上课资质是件大事，意味着老师不能在课堂继续上课。我们深入课堂去听课了解情况。通过听课发现了问题，巩老师讲课没离开教学大纲，口齿清楚，应该没有问题。那么问题出在哪里？因为政治经济学有一点数据问题，他上课的时候对数据进行演算，演算的式子写在黑板上，结果演算的时候演算不出结果来，课堂上同学们就起哄。这么个问题。听课后我们就给他讲，这是政治经济学，是门文科课程，不是数学课，重点是讲结论，你把演算数据抄上、结论写上就完了，不用在课堂上进行演算。我们又给学生做了工作。教师的使命就是课堂教学，课堂教学非常重要，你如果不让他上课了，他就再也上不了课堂了，等于他的教学生涯就终结了。就这样我们既保护了巩老师，又让他顺利地完成了教学任务。

当时我们听课的比例很高，校长也去听课。有一次我陪吴校长（吴富恒）去听外语系的课，一位老师用英语讲外国文学的课。听课后我给吴校长说："这名教师英语说得不流利。"他说："这名教师并没有留学经历，能用英语流利地讲，就是不算很流利地把它讲完，其中一句中文都没有，这就不错了。"当然，现在教师用全英文授课已经不稀罕了，山大从海外引进来的学者已经很多了。

张：山东大学在新学期开课之初，校领导都深入教学一线去听课，这种听课制度是从那个时候建立的吗？

曾：有可能。业务部门听课和校领导听课，这是学校的常规举措。每个学期校长要听多少节课，是有规定和要求的。当时我们有制定文件，校长要听多少课时，书记要听多少课时，都是有规定的。书记还要听政治课。我们作为业务和管理部门，听课规模很大，每学期都会有统计。

张：在听课的过程中可以及时发现解决教学中的问题。

曾：是的。这就是制定听课制度的关键所在，也是培养人才的重要一环。

张：学校有听课制度，那么各院、系、所有听课制度吗？

曾：学校的听课制度是顶层设计，各院、系、所的听课制度也是在教务处统一协调下组织构建的。

张：您刚才提到巩俐的父亲巩立泽教授的事。巩俐也曾在山东大学工作过吗？

曾:巩俐好像在山大工作过,据说在幼儿园干过一段时间,还在新华书店卖过书。1985 年巩俐考入了中央戏剧学院表演系。巩俐的父亲在山东大学工作,但是不住在山大宿舍,住在山东财政学院宿舍。

实验室建设和实施教师工作量制度

张:据了解,您任山东大学党委书记和校长期间,还非常重视学校的实验室建设。请您谈谈这方面的工作。

曾:第一个基础设施建设,其中最主要的是实验室建设。实验室建设问题有两个。一个是 1986 年理科的技术实验室建设问题。因为理科数理化是实验学科,实验室不具备实验基本条件,学生怎么上课,怎么做实验搞科研呢?当时经费急缺,基本的仪器和试剂都缺乏。朱开轩同志是国家教委的副主任,到山大来视察,我参加接待。我向朱开轩副主任汇报了我们理科实验室的建设情况,现在实验室很难运转,仪器设备及实验物资缺乏,能否解决?他问我:"要多少钱"?我说:"5 万元。"他当场就审批了。朱副主任还亲自到现场查看了实验室情况,他表示 5 万不多,先申请 5 万元,以后他们再补助。就这样基本上把物理电子的技术实验室问题解决了。

再一个就是外语系的语音设备缺乏问题。恰好当时有项支持日语的项目,我们知道后到教育部去申请,把它申请下来了。当时外语学院的曹大峰老师和我一起到教育部申请下来的。申请下来后,曹老师到日本购买了仪器设备。有关外语的语音录音的最先进设备,我们集中这一次购买齐备了,包括日语、英语、俄语等都购置全了。一下把外文学科的实验室问题解决了。

第二个实施教师工作量制度,给教师发放课时酬金。现在高校教师都有岗位津贴了,有课时酬金。最初的课时酬金是怎么开始的呢?1985 年教育部在广州开会,讨论试行教学工作量制度。计算工作量,然后给报酬。我作为山大教务处处长参加了此次会议,回来后向吴富恒校长和孙汉卿书记进行了汇报,他们全力支持。我和教务处的工作人员着手起草计算工作量的相关方法,尽快落实执行。办法出台之后教师们还有些不同看法,教师的课时算报酬,那么科研怎么没报酬呢,行政怎么没报酬等,就来疑问了。吴校长和孙书记回答,先从教学开始做工作量,教学工作量的计算由教务处教研科负责。

教学工作量核算实际上非常复杂。第一次解决了教学工作量有报酬这个问题，大家也很高兴；但是工作非常复杂，影响也很大，统计非常复杂。你想想看，课堂，多大的课堂？100人的和20人的不一样吧？新课程和老课程，它不一样吧？这个里面都有系数，太复杂了，做了无数的系数设计。可是工作量不能算少也不能算多，算得要比较科学。我们通过不断实验确定了一个比较合理的公式。具体实施的时候，做到相对比较公平，付出了巨大的劳动，工作的效果总的来说是好的。刚开始实施有些漏洞，以后也逐步地完善，课时的报酬制度就比较科学了。我们从1985年开始施行这项制度，在全国来说是比较早地施行了课时工作量报酬制度。

第三个就是学生评估任课老师教学制度，也可说是教学评估制度。这项制度也是在1985年我到广州开会以后带回来的。这项制度是从美国引进的教学评价机制，学生给老师打分，这个分数一直保留，后面的学生可以查前面学生给老师的打分情况。我们中国把它引进来了，山东大学开始执行，搞教学评估。评估本身也有它的复杂性，你这个课是新课还是旧课，难度大的课还是难度小的课，选课人数100人的课还是200人的课，等等。如果教师对学生严格要求，可能会得分低；放松要求，反而得分高，学生打分不能完全反映实际情况。经过不断改革，逐渐形成了“四四二”打分机制，就是说学生打分占四成，学校评估专家组打分占四成，校领导的评估占二成，变成“四四二”这样一个制度。这项制度一直坚持下来了，后来这项成果还获得过教学成果奖。这是第三个事情。

高等学校只能办教育，不能搞产业

张：您担任山大副校长期间负责校内产业这项工作，请您具体谈谈。

曾：校办产业从20世纪80年代后期到90年代，是中国高等学校一个非常重要的事情，到现在为止结束了。高校要不要办产业？又一度成为风。像北大方正、清华同方、南开的歌德等，这都是很有名的校办产业。现在来看，学校不能办产业，结论已经定了。我在北大“三讲”巡视组任组长的时候，巡视三个月，得出了这个结论。北大的方正也是不行的，表面上看好得不得了，北大也弄不了，教育部也管不了。校办产业挣钱了自己分了，亏损了没钱了找学校。一个路子，没有一个好的。可以这么说，当时山大也跟全国的形势一样，学校都有校办产业，系里也办，甚至几个人也办，然后到学校注册搞产业，非常荒唐。校办产业怎么办呢？办了一段以后，问题漏洞很多。教育部主管副部长有三点精神，校办产业办不办？办。第二怎么办？按照经济规律办。这句话等于没说。第三个校企分开。就这么三句话。

我当时作为常务副校长、后来又任党委书记，负责校办产业。潘承洞校长因为身体不好，不管校办产业，其他高校都是校长负责。潘校长说："我们学校一个综合治理，一个校办产业，党委书记管，我身体不好，你管吧。"我就管这两项工作，难度都很大。

1989年3月5日，山东大学正式筹建了第一届科技开发总公司的领导班子，这之后山大各类公司如雨后春笋。到1994年底，学校已经拥有具有法人资格的校办企业42家。我相对比较保守，采取了从严、压缩的办法。我目睹经历了好多事情，校办产业问题很多，把学校的钱都赔进去了。山大损失数目巨大，我就不说了。我给教育部、山东省委报告的时候，数据非常确凿，数千万资金不知所终。1997年下半年，学校开始对校办产业进行整顿，该撤销的撤销，该合并的合并。

我到海洋大学任党委书记的时候，校办产业也是损失巨大。那么得出一个结论，我们学校尽管缺钱，但是高等学校是教育单位，只能办教育，不能搞产业。校办企业把人心也搞坏了，把个别的干部也陷进去受了处分。有的校领导是业务出身，不擅于管理校办产业，有的人甚至去俄罗斯搞产业。我到了海洋大学后，给山大的有关领导打电话问："现在学校还有到苏联做生意的吗"？他说："有啊，你那有吗"？还让我介绍经验。我说："介绍什么经验，每次很忐忑，这个机制不行，学校不能搞产业。"

张：当时山东大学有什么产业？

曾：最有名的是计算机收购系统。该项目曾经到人民大会堂做发布会，为了支持他们，我陪他们到人民大会堂开发布会。后来清华大学想把山大这个产业合并，我们没有同意。校办产业我们走过一段弯路，学校缺钱，试图通过校办产业来挣钱，但事实证明这条路子行不通。

负责本科招生工作

张：您在教务处工作多年，具体还负责招生工作，请您谈谈招生方面遇到的问题。

曾:我从1986年当教务长就负责本科招生,管了六七年。在招生工作中办了这么几件事情,我们可以回顾一下。第一个校内子女上学问题。我当时的想法是作为教职工也没什么福利,子女上学应该给点照顾,就出了一个政策:达到山东本科线的,可以录取到山东大学。其实离我们山大线还有点差距。没达到山东本科线的,努力帮助这些孩子到别的学校上学。

我每次招生都专门有一个本子做记录,一张纸做一张表,上面罗列山大教职工子女的姓名、考试分数、所报学科、录取学校,等等。每个人都要有个录取去向,这是我的工作任务之一。所以省招生办说,"你把这个任务加在自己头上,这不是额外负担吗?"我觉得学校让我负责招生,除了做好招生以外,还要给山大教职工的子女办点事情。这是我自己想的。

当然解决了一部分,现在回想一下,招生是个很大的事情。我这个做法,可能照顾了教职工,但是作为学校来讲,还是要严格把握招生标准。梁思成先生的儿子梁从诫,1950年投考清华大学建筑系,因两分之差,未能考入,转而在北京大学历史系学习。我觉得清华大学招生很严格。我这个事情做得对还是不对,从照顾教职工利益方面可能是对的。现在回想一下,我觉得招生应该从严要求,从国家需要长远发展来对待。

第二个联合办学。20世纪90年代招生不规范,五花八门,经费短缺,教育部措施不到位,怎么办呢?鼓励搞委培,搞联合办学。跟地方联合,跟单位联合,这就是委托培养。我们与财政厅联合盖了个经济楼。低于本科线,就是培训线,然后个别还有别的照顾,诸如此类。

我个人管了六七年招生,后来任校长期间也主管招生工作。我有一个基本原则:跟学生不发生任何经济关系。这一点我牢牢把握,这也是我人生的一条红线,不可逾越。

当时还存在某些招生乱象。个别系有招生权,就先录取,然后再争取指标。这个班已经招生录取了,已经开班了,一查这个班,没有录取指标,学校就得给打补丁啊,得把它录取指标给补上,要不就闹事。当时有这样的乱象。还有低分加分录取问题。有一个女孩,她把自己的分数送给她父亲的领导了,然后她又冒名顶替了另外一个人。她的录取表上贴了两张照片,最上面的照片是她,下面的照片是另一个人,最后盖了一个章,这样冒名顶替。这种现象不是个别，我就处理了山大的一个，最后让这个孩子拿着同等学力的毕业材料毕业的。我说："你不能进入我们正式的学生系列，但是你要就业吃饭，不给你一个同等学力完成学业你不能就业啊！"

我在省教委那两年，其中有一年专门处理冒名顶替这个问题，涉及山大的一些学生。虽然有难度，但我都借助省教委高教处的力量，帮助山大来清理这些工作。我自己本身是山大的，还主管过招生，招生乱象非常复杂。在中国的改革开放初期，招生乱象应该讲是社会的问题也是学校的问题，更是我们的教训。

地方个别干部干扰我们招生。一些行政部门，管钱、管财务的干部都能给我们施压，所以我们国家整治腐败是正确的。中国只有高考录取，按照分数录取，才能保证每个人都能平等享有上学的权利。我在接受凤凰卫视采访的时候，就此问题曾做过长篇的发言。这是我个人的体会。我到现在仍然认为，我们要抵御官本位，要抵御各种权力部门的干扰，唯有按照分数录取，在分数面前人人平等。

1991 年 10 月 3 日，曾繁仁作为山大副校长向国家教委、省教委汇报成人高等教育招生工作

人才队伍建设一直是学校发展的重中之重

张：您经常讲人才队伍建设是学校发展的重中之重，也是学科建设的关键。

曾：人才队伍建设一直是学校发展的重中之重。1995 年开始，学校就在努力推动人才队伍建设。首先建立了跨世纪人才基金，投入资金55万元。我记得入选理科跨世纪人才的每人给5万元科研经费，文科给3万元。像胡继凡、傅有德这一批就是受益者，给他们解决了科研经费问题。

其次是职称评定，我做得有点跟别人不一样。职称评定，因为有关校领导的特殊原因，耽搁了，所以有一两次全国评职称的时候漏评，造成了山大教授的基数相对来说比较低，使得一些水平很高的教师，评不上教授，很困扰。因此每次评职称的时候，分指标就是问题。文件规定要有教学经验，还要有科研论文发表。长期从事教学，有教学科研论文的，就能评教授，但是因为指标少，致使部分资历老的教师评不上。这个问题很苦恼，最后经过校委会研究讨论，采取了聘退制度。什么叫聘退呢？这位教师基本符合教授的条件，他的科研不是特别突出，但是教学没问题。到了59.5岁的时候，评上教授，任半年教授，到了年龄办理退休。这样一个制度，解决了一批老师的教授职称问题。

有一些刚退休，或者已经退休的教师知道这种情况后，他们也找我，让我帮助解决。他们又找上门来上访，我真的没办法解决，因为我在海洋大学任党委书记的时候，解决了四五个已退休教师的职称问题，教育部就打电话，既生气又好笑，说："曾书记你是管人事的干部，你怎么把退休的人，又评成教授了呢？"在这个问题上，我犯了一次错误。我回山大后没有敢再干这件事，因为没有先例。当时解决聘退以后，他们排着队到我家上访，经过苦口婆心地讲政策、讲原则，慢慢他们也都理解了。

第二节
邓从豪和潘承洞先后任山大校长

筹建威海分校

张：邓从豪院士是当代著名化学家，专长量子化学与分子反应动力学，在配位场理论方法及电子相关理论研究方面所取得的成果受到中外化学家的高度评价。1984年6月，邓从豪教授接替吴校长担任山东大学校长，请您谈谈邓校长的学术贡献以及您与邓校长的交往情况。

曾：继吴校长之后担任山大校长的是山大化学系的邓从豪教授。邓校长1984年接替吴富恒担任校长。他是著名的量子化学家唐敖庆教授的高足。1963年，教育部委托唐敖庆教授在长春办一个物质结构讨论班，并在全国高校挑选了8位青年才俊，其中就有邓校长。邓从豪（1920—1998），江西省临川县（现江西抚州临川区）崇岗乡上邓村人，1945年从厦门大学化学系毕业，1947年到山大化学系工作。1978年邓从豪教授的《分子轨道理论研究》获全国科学大会奖。1981年《配位场理论研究》获自然科学一等奖。1984年6月，邓从豪教授担任山东大学校长，1986年年底因需要集中精力从事学术研究，辞去校长职务。1993年担任中国科学院院士。1998年1月17日辞世。

邓从豪校长

邓从豪教授不仅是一位成就卓著的科学家，而且是一位德高望重的教育家。邓校长对我关爱有加。1986年正是在邓校长的推荐下，我担任教务长一职，走上山大的行政工作岗位。我在1991年生病住院期间，邓校长亲自乘公交车到医院看我，我深为感动。

张：请谈谈您任山大教务长期间与邓校长的工作情况？

曾：邓从豪教授于1984年担任校长后，曾经让我陪同他赴京到教育部汇报工作，其中最重要的一件事就是威海分校的建设。

为什么要建威海分校？主要原因就是山大有一个青岛梦。改革开放以后，山东大学有要在沿海选一个经济比较发达、地处改革开放前沿的城市建设一所分校的办学思路。孙汉卿书记从石油大学回来以后，就想在青岛建山大分校。青岛市领导不同意。最后又到烟台选址，烟台条件不好。到了威海，威海市政府领导集体都很有积极性。1984年5月，威海市人大常委会主任门兆英，副市长许善才、教育局局长毕焕斗等到校洽谈联合办学事宜。邓校长与他们进行了认真讨论。威海当时没有大学，哈工大还没有完全过去。就这样，在威海市政府门主任的积极推动下，吴校长、孙书记、邓校长都有很高的积极性，再加上教育部的基建司也想在威海建一所基地，就这样威海校区建设就基本达成了意向。教育部基建司认为威海的气候环境不错，大力支持此事。教育部是什么态度至关重要。

邓校长这次就是与教育部领导谈威海分校的建设问题，期盼教育部能够给予资金支持。那时学校发展最重要的是经费问题，各个学校都在为经费操心。这次，我们到教育部见到了分管高校工作的黄辛白副部长。黄部长在会议间隙抽空见了我们一下，他未等我们汇报就说道："邓校长，威海分校的建设，部里讨论还是同意你们建设，但经费投入不可能单独另支，就在给你们的总经费中解决。"说完黄部长就去参加会议了。我们当时真的很紧张，因为学校困难很多，经费十分紧缺，难以有多余的经费单独拨给分校。但大局已定，不好改变，我们只能悻悻离开。

1984 年 11 月，教育部下发了《关于建立山东大学威海分校的批复》。1987 年 9 月 28 日，威海分校举行首届开学典礼，这时邓校长已经不担任校长了。威海分校成立以后一开始有一个想法，就是说跟山大建的科系有点雷同的话，山大这边定期派人到威海去上课，住在招待所，上完课再回来。实践证明行不通。

威海分校建成以后，山大老师有一个说法，叫好看不好吃。道路没修好，条件不具备，你看一次够了，没有第二次，就没有人去。威海分校就在跌跌撞撞中建立了起来。刘玉柱、马长义同志先后任校长。到了 20 世纪 90 年代后期，威海分校的招生规模上去了，变成了万人大学。

教育部于 1998 年在威海分校召开了"重点大学的分校何去何从"的会议。会议讨论的结果，重点大学不宜在异地建分校。那么后来山大的展涛校长和徐显明校长，积极支持威海分校的建设，他们逐渐使分校成为山大的一部分。徐显明校长又建设青岛的分校，把山大六个学科搬到了青岛。我个人认为在沿海建一个校区，可能对山大引进人才有好处，但是会削弱山大的科研力量、教学力量，这个问题仍然是很严重的。我们的生物系，微生物重点学科，与中心校区的化学、医学分开，这是以后难以弥补的问题。综合大学好在学科互补，现在学科互补没有了，优势和特色就很难显现。

威海分校的前途问题，包括青岛分校的前途问题，都是山大未来发展的问题。威海分校的建设和成立是邓校长任职期间的一个贡献。邓校长曾多次率山大代表团访问英、美、日、澳、加等国，考察发达国家的教育与科学研究，建立校际交流与合作关系。尤其是他积极推动了山大优秀大学生赴美国留学交流。选拔方式为用英语进行本专业的25分钟演讲，符合要求直接进入美国高校做研究生。邓校长是非常好的院士，做校长只任了一届，潘承洞教授就继任了。

数学家潘承洞接任山大校长

张：潘承洞院士是当代著名数学家，专长解析数论，尤以对哥德巴赫猜想的研究成果为中外数学家所赞誉。1986年11月，潘承洞担任山东大学校长。曾老师您当时任山东大学常务副校长，请您谈谈潘校长的贡献以及您与潘校长的交往情况。

曾：1986年下半年，邓校长因承担国家自然科学基金"七五"(1986—1990)重大项目，为集中精力攻克科研难关，辞去了山东大学校长职务，潘承洞教授继任校长。潘承洞(1934—1997)，我国著名的数学家、教育家，1991年担任中国科学院院士，是山大的第一位院士。潘校长于50年代初以优异的成绩考入北京大学，1956年毕业留校，后跟随闵嗣鹤教授学习数论，奠定了潘校长此后的专业方向。跟随闵嗣鹤教授期间，潘校长还参加过科学院华罗庚的数论讨论班，奠定了他与王元、陈景润的合作道路。1961年潘校长研究生毕业后，分配到山大数学系工作。潘校长初入山大时，是一名深受学生欢迎的教师。学生普遍反映潘校长讲课深入浅出，流利熟练，具有很高的水平和启发性。

潘校长其实早在北大学习期间，就踏上了科研的道路，开始了数论的研究。到山大后的1963年，潘校长证明了哥德巴赫猜想的1+4，发表了论文《表大偶数为素数与一个不超过4个素数乘积之和》，这使得中国在哥德巴赫猜想的研究中处于国际领先地位。此时潘校长只是一名讲师。潘校长常说文章水平的高低与职位的高低并无直接关系，他写得最好的论文是讲师时完成的，我想他所说的讲师时写得最好的论文大约就是指这篇论文了。而且他说论文水平的高低与论文的字数也没有直接关系，我想他这篇具有突破性的论文大约字数也不会很多。潘校长的这些看法与实践都对我有了莫大的教育意义与启示作用。他于1982年与陈景润、王元共同获得了国家自然科学一等奖。1981年与其弟潘承彪写出《哥德巴赫猜想》一书，被认为是以最简洁的方法对哥德巴赫猜想的科学表述。

潘承洞校长

潘校长可以说是一个奇才,他在所有与用脑有关的活动和游戏中都具有杰出的才能。例如,他的桥牌打得很好,曾经获得大奖;他围棋与象棋都下得很好,我的同事卢兆铭就是学校教师中象棋下得很好的一位,潘校长曾经约他多次下棋,老卢说潘校长棋艺不同凡响。我亲自看到过他打台球,其实那时潘校长高度近视,但台球打得却很漂亮。由此说明潘校长在用脑子的技艺上确有不凡的表现,这说明他很聪明。还有一个证明潘校长聪明的例子,那就是学校要开廉政建设大会,贯彻教育部有关廉政建设的相关精神,潘校长并没有参加会议,眼睛不好,因而看文件存在困难,只能听我们简单地传达。我当时担任学校党委书记,希望校长能简单地表一个态,没想到潘校长结合山大的情况作了理论联系实际,且很有水平的一个发言。这说明潘校长的记忆力与理解力都是超群的。

潘校长身为院士、重点大学校长,有着较高的社会地位与学术地位,但他仍然保持着知识分子本色,生活要求不高,也很随意。记得有一次会见外宾,潘校长穿了一双两种颜色的袜子,我当时作为常务副校长分管外事,就告诉潘校长袜子两只两样,需要换一下,他这才发现。

潘校长非常关心且信任普通教师。1989 年之后,有一段时间对于教师的出国审查很严,当时有一位老师因科研需要出国工作,但审查机构不愿意放行,我虽然愿意担保,然而分量不够,于是就请潘校长做担保,他毫不犹豫地答应了此事。这位老师顺利出国，当然也按照计划顺利回校。这件事反映了潘校长对普通教师的关爱与信任。

曾繁仁（右一）与潘承洞校长

潘校长任校长期间最主要的一个贡献是推动山东大学进入“211 工程”。“211 工程”实际上是 1998 年开始的，北大百年校庆，我作为山大校长参加了庆典。江泽民同志在北大百年校庆讲话中提出“211 工程”，我在现场聆听了这次讲话。1991 年 7 月 27 日，国家教委向国务院正式上报了《关于重点建设好一批重点大学和重点学科的报告》。报告提出，建议由国家教委设置重点大学和重点学科建设项目，该项目简称为“211 工程”。当时潘校长为山大能不能进入“211 工程”很焦虑。潘校长对山大申报“211 工程”很重视，他认为，能不能进入“211 工程”关系到山大的前途和命运，必须要力争。

申报“211 工程”有一个非常重要的问题，即山大的定位。山大是山东的高校，但是潘校长强调山大要立足山东，面向全国，面向世界。这几句话，在“211 工程”建设的目标里面明确地写上了，在讨论过程中，有人提出来，山大是以山东为主。潘校长坚定地说：“立足山东，面向全国，面向世界。”这是他非常坚持的一个标准。山大如果不立足山东，不面向世界的话，山大就永远没有前途。就这样一个方针，我觉得非常正确。

山大应该贯彻在“211 工程”建设中提出的“立足山东，面向全国，面向世界”这样一个指导方向，从招生、科研等一切方面，都要立足这个方向，办成一个真正的开放性大学。

1995 年，山大“211 工程”验收时，有专家提出要将山大“面向本省”放在突出位置。在写最后评审意见时，潘校长对于别的意见都很宽松，唯独对于学校的定位紧抓不放，一定坚持“立足山东，面向全国，面向世界”，最后尊重潘校长的意见加以表述。现在看，那时潘校长已经将建设世界一流大学放到自己的议事日程之中，可谓具有远见卓识。

潘校长任职期间，建成了邵逸夫科学馆。山大共有三处逸夫楼，按照建设时间顺序，分别是中心校区的邵逸夫科学馆、逸夫理科综合楼和洪家楼校区的逸夫法学教学楼。

曾繁仁(左一)与邵逸夫先生(左二)

1990 年 7 月，邵逸夫先生和夫人方逸华一行到山东大学访问。潘校长和校党委书记陈之安接见了邵逸夫先生一行。邵逸夫先生捐赠 500 万港币，用于建设山大邵逸夫科学馆。1991 年，我和孙桂荣两人到香港去接受捐款。这个捐款，当时山大有多种想法，也想把它用来建设体育馆，还想把它用来建设别的场馆。邵逸夫先生坚持只能用作学者活动的一个场馆,就成了邵逸夫科学馆,简称"邵馆"。邵逸夫理科综合楼,是我当校长期间,邵逸夫先生捐款建设的。

潘校长从80年代初期就发现体内有癌变迹象,也因此动过手术;1995年又有癌变迹象,再次手术,直到1997年病灶转移。可以说很长一段时间内,潘校长都在以超强的意志力与病痛斗争。1995年,潘校长住院手术,但手术创面出血,血压与体温都很高,应该说是十分痛苦的,但他以坚强的意志力挺过来了。1997年潘校长再次发病,虽经医院的多方努力,但终因不治而离开了我们。我接替潘校长担任山大校长。我清楚地记得潘校长在决定让我担任校长时,专门到我的房间告诉我学校经济状况时的情景。这是潘校长对于我的信任和支持。

第三节

1992年8月我任青岛海洋大学党委书记

到青岛任职,完成了我没有到青岛上学的夙愿

张:您于1992年8月任青岛海洋大学党委书记,能否谈谈您的任职情况?

曾:1992年8月,我调到青岛海洋大学担任党委书记,直至1994年5月调到山东省教委,可以说与海大的广大师生结下了深厚的友谊。青岛鱼山路5号,海大那500多亩的校区,校内操场以及我每晚必走多少遍的道路,常常出现在我的梦中。在青岛海大我到底做了些什么呢?每天在这500多亩的校园里忙碌,没有白天黑夜,有时好几个星期才出校门,仿佛与世隔绝。

张:请您谈谈对青岛海洋大学的印象。

曾:山大与海大本是同根相生,是真正血脉相连的兄弟院校。1924年私立青岛大学成立,1930年国立青岛大学在已停办的私立青岛大学校址建校。1932年,国立青岛大学改为国立山东大学。1958年山东大学主体奉命迁校济南,但将海洋系、水产系、地质系以及一部分基础课程与公共课程的教师留在青岛。1959年成立山东海洋学院。1988年更名

为青岛海洋大学，2002年更名为中国海洋大学。

我1959年报考山东大学时，就以为山东大学在青岛，接到报到通知，才知道已经搬到济南，内心颇为遗憾。我奉调到青岛海洋大学担任党委书记，算是弥补了我没有在青岛上学的遗憾。

为什么调到青岛海洋大学任党委书记呢？当时因为海洋大学书记、校长年龄都偏大了。一时没有接班人，内部也有一些困难和一些问题要解决。教育部就动员让我去，潘校长也赞成，我就去了。青岛海洋大学校址鱼山路5号是著名的风景区。校园背靠美丽的八关山，面向碧波荡漾的青岛湾，校内起伏延绵，树木葱郁。特别是每年5月，樱花盛开之时，校园内主道两侧盛开的樱花，繁花似锦，煞是喜人。校舍原为德式建筑，现仍保留原貌。海洋大学是一所美丽的高校，以其山光海色的秀丽及历史文化的悠久而在中国名校中独树一帜。

到海大以后，远比我想的要复杂，要麻烦。首先面临的问题，原来书记、校长都没解决教授职称，两个都是副教授。一个1953年毕业的，一个1956年毕业的，一个数学方面的专家，一个海洋方面的专家。我任职以后给他们解决了职称问题。

张：请您谈谈任青岛海洋大学党委书记期间的主要工作。

曾：我任海洋大学党委书记时做了这么几项工作：一是申请实施海洋大学"211工程"建设。我任职后，与海大领导班子和学者一同为创建青岛海洋大学"211工程"而努力，并进行了充分准备，在此基础上，海洋大学于1996年经专家组评审，由教育部批准正式成为"211工程"院校，后又成为"985工程"高校。

二是海大校内八关山之山顶产权的收回。海大坐落在青岛前海沿的要塞，内有一座小山丘即八关山，形成海大山海相依、景色秀丽的景观。八关山南麓就是海大学生宿舍，山坡临海。从海大前身老山大的校园图纸来看，八关山的产权归属海大，这并无疑问。中华人民共和国成立后，因当时的现实情况，八关山山顶被邻近另一单位所占，并驻有人员，这对学校校区的完整和秩序维持造成了一定影响。所以收回八关山山顶的产权势在必行。八关山居高临下，山下就是海大女生宿舍，女生反映山顶有人窥视她们，这件事情逐步升级，学生们把到山顶的水给挖断了，矛盾越来越大，没人敢处理。我作为书记必须解决这个问题，多次找八关山山顶居者所在的单位领导协商，未果。最后，由时任青岛市委书记的俞正声同志专门到校来调解处理此事，才圆满解决了校内八关山部分土地的归属问题，使海大校园更加完整。

1995 年，曾繁仁（左三）在海洋大学出席海洋科学研究生教育中心成立大会

三是积极参与海大的学科与项目建设。中国海洋大学是一所非常有活力与特色的大学，以海洋与水产学科所闻名，理、工、经、文综合发展。海洋与水产学科水平在全国领先，着力建设并推进这两个学科的发展成为海大的重中之重。海大的物理海洋全国第一，要申报国家重点实验室，我帮他们筹划准备材料。现在，物理海洋实验室早已成了国家重点实验室。

我说无论如何要把两个学科做好，第一个物理海洋，第二个海洋水产，这两个是亮点。物理海洋全国第一，海洋水产全国第二。我主抓这两个学科，特别是物理海洋，得到了海洋系的认可。海洋大学几位教授申报院士的材料都是我帮着修改的，其中就有文圣常院士的申报材料。由于山大蒋民华院士申报院士材料，潘校长曾让我帮助润色修改过，尽管我们搞不清楚数据，但是基本格式要求都明白。1993 年文圣常教授当选为中国科学院院士。

海洋大学以经济建设与为现实服务作为其特色，当时主要是为油田服务。我曾陪同科研团队到胜利油田、辽河油田以及海南岛具体落实科研项目。我积极参与了这两个学科的学科建设，特别是海洋系获批国家重点实验室，为学科的未来发展奠定了基础。

四是积极推动了“东方红2号”海洋考察船的建造，专门找到当时的财政部领导，为此后资金的落实打下一定基础。1992年，在国民经济并不富裕的情况下，国家教育委员会重点立项建设海洋综合科学考察实习船“东方红2号”，一期投资5000万元，海洋大学有位副校长来承担这个项目。这位副校长在购买造船材料的时候，悄悄地办理出国手续，被我发现了，我警告他了好多次。船还未建好，他自己出国了。他出国前找我审批，我不同意，我说这个船建造不完你不能出国。新上来的校长找我替他说话，我签字了。一签字就把这个投资项目耽误了，这个船由原来5000万元的造价升到一个亿。报告财政部纪委，教育部领导怒了。那个时候钱很值钱，一个亿很大。教育部领导要处分我，主管校长出来澄清了事实，我没有被处分。在当时困难的条件下，经过难以想象的艰苦努力，终于在1995年底建成了“东方红2号”海洋综合科学调查船，1996年1月正式投入运行，总投资9600万元，是当时国内最先进的科考船，为其海洋科研创造了极好的平台。

我在海大两年的时光短暂但又印象深刻，给我以教育启迪，也给我留下了深刻的印象。从1994年5月到1995年5月，我到山东省教委工作，担任分管高校的副主任、党组副书记，并兼任高校工委副书记。这一年的任职使我真正走向社会，走向行政管理岗位。时间虽然短暂，却让我亲历了政府的行政管理日常。

第七章 我担任山东大学校长

曾繁仁1995年5月担任山东大学党委书记，1998年2月担任山东大学校长，直到2000年7月21日三校合并，组建新的山东大学。曾繁仁回忆了作为党员代表出席党的十五大的情况；山东大学“211工程”建设情况；筹建山大五宿舍、逸夫楼、学人大厦等学校建设情况，以及积极筹备山东大学百年校庆的情况。

曾繁仁回忆道，我在山大从事党务行政工作20余年，日常零碎琐事无法叙述，其可见的工作大体有四个方面。第一，在教务处工作期间，在校领导的支持与教务处全处同志的积极参与下，从1983年开始在学校实行教学计时津贴。这是从未有过的，初步突破了长期以来教师教学无报酬的状况，受到广泛欢迎，并一直坚持下来，但工作的难度是可想而知的。第二，在新学科建设上，从原来的13个系的3000名学生拓展到万人大学、22个一级学科，我们支持了许多新学科，特别是管理类学科的建设，包括MBA和EMBA，而博士点专业由传统的25个点扩充至50个，并于2000年6月由教育部批准成立研究生院。第三，我从1995年回到山大担任党委书记起，就与校长及全校同志努力争取进入“211工程”建设行列，并多次专门进京找计委和教育部汇报，并于1996年1月通过了国家教委组织的“211工程”部门预审。第四，在学校建设上，主持兴建了山东大学第五宿舍，由此发挥了原山大农场的作用，同时解决了教职工宿舍问题，参加、主持争取并兴建两栋逸夫楼，接手并完成了学人大厦的建设。

第一节
我出席党的十五大

张：1995年5月，您调回山东大学担任党委书记，1998年2月担任山东大学校长，直到2000年7月21日三校合并，组建新的山东大学。请谈谈您主政山大期间的工作和任职情况。

曾：我在山大从事党务行政工作20余年，日常零碎琐事无法叙述，其可见的工作大体有四个方面。第一，在教务处工作期间，在校领导的支持与教务处全处同志的积极参与下，从1983年开始在学校实行教学计时津贴。这是从未有过的，初步突破了长期以来教师教学无报酬的状况，受到广泛欢迎，并一直坚持下来，但工作的难度是可想而知的。第二，在新学科建设上，从原来的13个系的3000名学生拓展到万人大学、22个一级学科，我们支持了许多新学科，特别是管理类学科的建设，包括MBA和EMBA①，而博士点专业由传统的25个扩充至50个，并于2000年6月由教育部批准成立研究生院。第三，从我1995年回到山大担任党委书记起，就与校长及全校同志努力争取进入“211工程”建设行列，并多次专门进京找计委和教育部汇报，并于1996年1月通过了国家教委组织的“211工程”部门预审。第四，在学校建设上，主持兴建了山东大学第五宿舍，由此发挥了原山大农场的作用，同时解决了教职工宿舍问题，参加、主持争取并兴建两栋逸夫楼，接手并完成了学人大厦的建设。

张：1995年6月您任山东大学党委书记，任职期间您全面贯彻执行党的基本路线和各项方针政策，坚持社会主义办学方向和德、智、体全面发展的方针，为山东大学各项事业的发展做出了积极贡献。请您谈谈您任职山大党委书记时主要的工作。

曾：我任职山东大学党委书记以来，积极从事党的建设和思想政治工作，增强了党组织的凝聚力和吸引力。重视领导班子建设，要求领导班子

① MBA工商管理硕士（Master of Business Administration）；EMBA高级管理人员工商管理硕士（Executive Master of Business Administration，简称EMBA），旨在培养具有高度政治素养、责任心和职业道德、能够胜任工商企业和经济管理部门高层管理工作需要的中、高层管理者。

成员要全面理解和掌握中国特色社会主义理论、保持领导班子思想政治上的高度一致；认真贯彻民主集中制，顾全大局，严肃纪律，维护党中央的权威；遵循党要管党的原则，提出党委要抓大事、议大事，认真抓好党的建设和思想政治工作。在思想政治工作中，制定了“坚持制度，增强自觉；把握重点，全面提高；学以致用，指导实践”的学习原则。

张：1997 年 9 月，您作为党代表出席了党的十五大，请您谈谈出席会议的情况。

曾：1997 年 9 月 12 到 18 日，我参加了党的十五大。参加党的十五大，我很光荣啊！我被推荐为山东省的监票人、十五大的监票人。中央委员选举时，我担任监票人。江泽民同志当选党的总书记的投票结果，我作为选举签字人之一，在这张投票结果单上签了字。

张：9 月 12 日上午，党的十五大开幕，请你谈谈开幕式的情况。

曾：9 月 12 日早上还不到 7 点半，我就和山东代表团的其他代表一起，从下榻的京丰宾馆出发，赶赴人民大会堂——那将是十五大的开幕式现场。一路上锣鼓喧天，旌旗飘扬，一片欢腾景象。来自全国各地的代表齐聚在人民大会堂前，一个个衣冠鲜亮，笑容满面，意气风发地步入会场。

8 点 58 分，江泽民、李鹏、乔石、李瑞环、朱镕基、刘华清、胡锦涛等同志走上主席台。9 时整，李鹏同志庄严宣布：“中国共产党第十五次全国代表大会现在开幕！”在军乐团雄壮的乐曲声中，全场起立，2074 名代表高唱中华人民共和国国歌，激昂的《义勇军进行曲》久久回旋在大会堂的上方，让人热血沸腾，精神振奋。接着，江泽民同志作了题为《高举邓小平理论伟大旗帜，把建设有中国特色社会主义事业全面推向二十一世纪》的报告。他的讲话一气呵成，长达两个半小时之久，语调抑扬顿挫，直到最后还保持着昂扬的状态。我一直屏息静气地听着，抑制不住内心的激动和大家一起多次热烈鼓掌。

这次大会的代表组成很广泛，包括各个民族、各个行业，有着扎实的群众基础。就拿山东代表团来说吧，既有王静侠、王廷江、程波等长期奋战在第一线的工人、农民代表，又有马春芳、李长水等各个系统的先进工作者，还有赵林、谭启龙、苏毅然、梁步庭等一些老同志。

在分组讨论开始后，山东代表团的气氛很活跃，大家争相举手，踊跃发言，联系实际讲认识，谈感受。李岚清、陈慕华等领导同志也参加了我们的讨论。我在9月14日参加山东代表团分组讨论时作了《实现高等教育的跨世纪发展》的发言。这是我长期以来一直在努力思索的问题,结合江泽民同志的报告和自己这么多年来在教育战线上的实践,在会上提出了自己的看法。发言摘要在次日的《人民日报》上发表了。

那几天生活节奏够紧张的,白天开会,晚上要看文件,还要抽出时间和别的代表一起交换看法,交流办学经验,但感觉不到疲惫,好像浑身有用不完的精力,我觉得当时每一个代表都是这样的。2074名代表,无论年龄大小,无论身体状况如何,没有人迟到,都是提前到场。

在开会期间,我还遇到了许多山大校友。除正式出席会议的代表外,还有作为十五大工作人员的中共中央办公厅的几位同志。9月12日晚上,趁开会的闲暇,我们组织了一次校友聚会。无论是多年的老友,还是刚结识的新朋友,大家都毫不拘束,在一起说说笑笑,热闹非凡。谈到山大近几年来的迅速发展,每个人都喜上眉梢;追忆往昔,又让人发出真诚的感慨。不少人感叹,真留恋母校的一草一木,真怀念在山大校园度过的那些美好日子!通过这次聚会,校友们之间加强了联系,密切了感情,无论现在各自的工作、境遇、生活有多少不同,大家都有一个共同的心愿,那就是希望山东大学越办越好,永远美丽!

曾繁仁出席党的十五大,在投票选举新一届中央委员会

就是在这次党代会上，我们有10名校友光荣地当选为中央委员、中央候补委员。他们是郝建秀、项怀诚、姜福堂、张志坚、李建国、季允石、汤洪高、陈建国、孙淑义，这是我们学校的骄傲和光荣。

张：在参加党的十五大会议期间，您被推选为监票人？

曾：是的。9月18日上午9时整，主持大会的江泽民同志宣布选举开始。工作人员捧出了大红绸缎包裹着的选票分发给代表们，橘红色的为中央委员会委员候选人名单，粉红色的为中央委员会候补委员候选人名单，浅粉色的为中央纪律检查委员会委员候选人名单。我被山东代表团推举为监票人，当时全场总共有36个监票人和总监票人。我心里非常兴奋，环视一周，发现代表们也都和我一样激动，每个人把面前的选票看得宛如一份人生的答卷。是啊，党的新一届领导班子将由我们集体选出，这么重大的事情，关系到党和国家的前途命运，怎能不使人感到激动兴奋呢？

代表们手捧选票，开始有序投票。没有一丝嘈杂，没有一点拥挤，一切都是那么有序。可不难看出人们的内心却是波澜一片。年轻人脚步轻快，老同志们步履稳重，有的甚至坐着轮椅。一张又一张，神圣的选票被塞入红色的票箱；一次又一次，个别老同志颤抖着无论如何也投不进去，工作人员急忙上前帮忙……所有这些神圣的场面都被摄入镜头，每个代表都可永远保留这珍贵的一瞬间！

在目睹了一切之后，我深切体会到了这次选举是非常认真、严谨的，选举过程充分显示了民主集中制原则，代表们的权力发挥得很充分。最后，选举出了由193名委员、151名候补委员组成的十五届中央委员会及115名委员组成的中央纪律检查委员会。

新一届中央委员会产生了！委员构成年轻化，平均年龄为55.9岁；文化素质也明显提高，大专以上文化程度的占总数的92.4%。就是这么一个具有革命化、知识化、年轻化、专业化特点的德才兼备的优秀同志组成的领导集体，将率领我们党和全国人民顺利迈向灿烂的21世纪！

张：您参加大会期间还曾经与江泽民同志合影留念是吗？

曾：是的。大会于9月18日下午胜利闭幕了。9月19日下午3点，全体代表齐聚在人民大会堂宴会厅，焦急地等待着。新一届的党中央领导要与全体代表一起合影。许多老同志也不愿放弃这一难得的机会，坐着轮椅来了。

终于，激动人心的时刻到了，在江泽民同志的带领下，常委们精神抖擞地走进了大厅，顿时全场响起一阵热烈的掌声，经久不息。江泽民等领导同志也不断地向全体代表挥手致意。当江泽民同志来到近前时，我再也按捺不住内心的激动和兴奋，举起随身携带的相机，"咔嚓"一声，把江泽民同志的英姿和神采摄了进去，并永远记住了这难忘的一刻。

张：请您谈谈参加这次盛会的体会？

曾：参加这次盛会我很受启发。高校的任务就是落实大会确定的主题，高举邓小平理论的旗帜，实现学校的跨世纪发展。要坚持社会主义的办学方向。用邓小平理论武装广大师生员工的头脑，特别是用以教育广大青年学生，使他们在大学期间初步解决社会主义信仰问题，真正成为邓小平理论的信仰者、继承者和实践者。还要以邓小平理论指导高教事业的改革发展。要根据十五大精神，更好地完成把高校建成教学、科研"两个中心"，出人才、出成果的重要任务。要加强基础研究和高新技术研究，面向经济建设主战场，加强科研成果的转化，要建立一支素质优良的教师队伍，等等。只有这样，才能将一个更加适应社会和经济需要、水平更高、充满朝气的社会主义大学带入21世纪。

第二节
山东大学启动"211工程"建设

1996年山大启动"211工程"建设

张：您从1995年回到山大担任党委书记起，就与潘承洞校长及全校师生努力争取进入"211工程"建设行列，并于1996年1月通过了国家教委组织的"211工程"部门预审，开启了山东大学"211工程"建设。请您谈谈"211工程"的提出及背景。

曾："211工程"建设对中国高校非常重要。因为它标志着我们"一流大学"建设的步伐迈开了，在实践上开始行动了，而不是停留在口头。"一流”指的是“一流大学”“一流学科”“一流人才”。中国的高等教育不是单单解决学生就业率的问题，而是要解决高水平的问题，并要与我们民族复兴紧密结合。

“211 工程”是由国家教委制定并组织实施的面向 21 世纪、重点建设 100 所左右高等学校和重点学科的建设工程，是推进高等教育发展，促进高等教育与经济社会发展相适应的一项重要措施。“211 工程”计划是在 1992 年 11 月召开的全国普通高等教育工作会议上提出的。1993 年 7 月 15 日，国家教育委员会印发《关于重点建设一批高等学校和重点学科点的若干意见》决定设置“211 工程”重点建设项目。1994 年 5 月开始启动预审工作。“211”作为一个工程来实施，我们文科不大愿意讲工程，因为文化工程是一个很漫长的过程，但是理工科背景的人愿意讲工程。他们讲工程，那我们就只能跟着说工程。

张：我校的“211 工程”是何时启动的？

曾：我校的“211 工程”是 1993 年启动的。1993 年 4 月，潘承洞校长发表了《搞好文明校园建设向“211 工程”进军》的讲话，标志着山东大学正式向“211 工程”建设进军。1993 年 8 月 28 日，山东大学成立了“211 工程”办公室，这是一项推动我校进入“211 工程”的重要举措。1995 年4 月 13 日，学校召开动员会，号召全校师生积极投入到“211 工程”建设中去。潘承洞校长简要介绍了我校在建设“211 工程”方面的优势和差距，作了自我定位评估，号召全校师生增强信心、齐心协力，为进入“211 工程”多做贡献。从这之后，学校紧锣密鼓地进行筹备，全校师生积极投入到“211 工程”建设中去。

1996 年 1 月 9 日，山东大学“211 工程”部门预审会议召开。山东省委书记赵志浩、省长李春亭、省委副书记韩喜凯，国家教委副主任周远清等出席了开幕式。我作为山大党委书记，代表学校在开幕式上致欢迎辞，对国家教委和省市领导的光临表示欢迎和感谢。开幕式后，潘承洞校长就山大“211 工程”建设的有关问题作了专题汇报。经过近三天的考察评议，山东大学顺利通过了“211 工程”部门预审。

"211 工程"预审会议

1996 年 6 月 1 日，以中科院院士、四川联合大学副校长刘应明教授为组长的七人专家组对我校"211 工程"建设项目可行性研究报告进行了论证和审核。我记得论证会是在"邵馆"召开的。潘承洞校长汇报了学校关于"211 工程"建设项目可行性研究报告的介绍。专家组审阅了有关文件材料，并听取了学校部分学科带头人的情况介绍，经过认真讨论、研究和评议，当天下午形成了审核意见。专家组一致认为山东大学是一所具有悠久历史和优良办学传统的高等学府。近年来，作为国家教委和山东省政府的"共建"高校，学校确立了立足山东、服务山东、面向全国的办学方向，积极为山东省的经济和社会发展服务，呈现出良好的发展势头。学校已是一所学科门类比较齐全、办学特色较为鲜明、师资力量较强、教育和科研水平较高、居于国内高校前列，在国际上有一定影响的社会主义综合性大学。一致同意山东大学根据"211 工程"总体规划提出的"九五"目标和建设规划，指出学校"211 工程"建设资金在山东省政府的大力支持下，已经落实，分项目、分年度资金安排明确，比例基本合理。

最后，刘应明院士宣布，专家组全体成员一致同意通过对《山东大学"211 工程"建设项目可行性研究报告》的论证。我代表学校感谢各部门、专家们对山大的关心、支持和辛勤工作，并表示将尽快修订完善后上报，以便及早批准实施。

张:山东大学进入“211 工程”建设行列是什么时间批复的?

曾:1998 年 4 月 24 日,国家发展计划委员会做出《国家发展计划委员会关于山东大学“211”工程建设项目可行性研究报告的批复》,国家教育委员会于 1998 年 6 月 17 日将此批复转发给山东大学,正式同意山东大学作为“211 工程”项目院校,在“九五”计划期间进行建设。6 月 24 日,学校召开“211 工程”建设启动工作动员大会。

我作为山大校长发表了动员讲话。按照国家发展计划委员会对我校“211 工程”建设项目可行性研究报告的批复,我校“211 工程”建设工作正式启动。它的启动标志着我校正式成为国家批准的重点建设的 58 所高校之一,这是我校发展的一次很好的机遇,也是对我校各项工作的检验,关系到学校的地位、声誉及长期的发展,我们一定要牢牢把握这个机会。另外,作为山东省唯一的国家立项的高校,省委、省政府对我们山大也寄予了厚望,我们不能辜负省里的希望,要使山大真正成为山东省高校的龙头。

张:山东大学“211 工程”建设确立的目标是什么?

曾:《国家发展计划委员会关于山东大学“211 工程”建设项目可行性研究报告的批复》为山大确立的建设目标是:力争到 20 世纪末使山东大学在教育质量、学科建设、科学研究、管理水平和办学效益等方面得到明显提高,总体办学水平居于国内重点大学先进行列,部分学科接近或达到国际同类学科先进水平,成为国内高等教育领域培养高层次、高素质专门人才,解决国家和地方经济建设、科技进步和社会发展重大问题的基地之一,为到 21 世纪初把山东大学建成具有一定国际影响和有中国特色社会主义大学奠定了坚实的基础。

“211 工程”建设主要内容为重点学科建设

张:山东大学“211 工程”项目建设主要内容为重点学科建设、公共服务体系建设和必要的基础设施建设,学科建设放在首位,当时山大进了五个重点学科。请谈谈这五个学科的具体情况。

曾:山东大学“211 工程”项目建设的主要内容为重点学科建设、公共服务体系建设和必要的基础设施建设。其中重点学科包括功能材料科学技术、金融与数学、微生物与微生物工程学、汉语言文学、科学社会主义与社会发展，目标是通过以五个学科为核心的重点建设，使其成为全国高水平博士、硕士人才培养和承担国家重大科研任务的重要基地。材料学科是晶体材料，那时就是国家重点实验室；微生物技术国家重点实验室；金融没有国家重点实验室，彭实戈教授从法国留学回来，和他导师一起努力使山大金融学科在国际上处于领先地位。文科是中文学科与科学社会主义专业，后来中文和科学社会主义都获批了教育部基地，中文是我们的文科，代表了我们“文史见长”，科学社会主义代表了我们新的增长点，文科新的方向。

山大到底要不要建一流大学？我前面讲了，其实还是有一点小小的分歧，因为我们在第一次“211工程”预审的时候，大概是1996年1月，发生了一个插曲。当时南开大学的母国光院士是组长，有一个成员是某所高校的副校长。他半调侃式地说了一句话，他说：“改革开放初期，我到山大来的时候，那时条件不行，吃饭没有座位，蹲在地上，尘土飞扬。”当时的山大实际情况已经大为改观，但是他调侃式地讲，意思就是山大这样的情况，应该以面向山东省为主，争取建设成省属重点高校。潘承洞校长和我听了以后都非常不满意。

20世纪50年代末，山大刚搬到济南，又经过“文化大革命”的冲击，学校条件不好。他把这个事情作为调侃，然后把山大定位成以面向全省为主的高校，省委其实也没有这么要求我们。我作为山大党委书记和潘校长两个人分别在会上发言，进行了反驳，断然拒绝了他提出的这个意见。明确地指出他这个看法是不对的，不符合山大当前的定位，不符合我们肩负的任务，不符合我们的目标，也不符合全体教职员工的心愿，更不符合党中央和省委对我们的要求。我们当时就把他批驳了。潘校长讲得比我更激动，我还是比较委婉的。我们坚定不移地把山大作为国际一流大学来发展，要面向全国、面向世界。

可是问题也随之而来，这里面就存在我们山大面向山东、面向全国与面向世界的关系问题。首先山大从青岛搬回来以后，招生制度就有变化。我任校长的时候，教育部给山大确定了75％招本地学生的指标，山大当时不接受，但是山东省的要求很强烈，要求我们主要招本地学生，把本地学生的招生名额数加大。山东省给我们投这么多钱，你不招本地学生不合适，对吧？从我们来讲，我们认为有更多的其他省份学生，它可以拓展山大的服务领域，而且学生能够互补，在全国范围内选人才和在山东省选人才又不一样。我们不得不接受，因为山大要接受教育部的资助和山东省的资助，二者同时进行，其中山东省的资助比例还比较大。我当时内心并不赞成。

张：山大每年要招收75%的山东省学生？

曾：其实不仅山大招收75%的本省学生，还有好多学校如吉林大学、中国海洋大学招收本省学生的比例均在75%左右。这个问题不解决就导致我们山大主要的学生是本省的，主要的教师也是本省的，队伍结构上就变成一个以山东省为主的学校了。这个问题迄今为止没有解决，这个观念没有解决。我们山大要坚定不移地面向全国、面向世界。我们山大没有真正把国际上高水平学者引进来，国内的高水平学者还是引进了一些的，再加上济南的地理位置也不好，这个问题没有解决好。这就是山大在"211工程"建设中碰到的一个问题。

张：我记得杜泽逊院长在面向全院教师作2018年述职报告中就提出：

> 山大中文学科的实际情况是什么呢？历史积淀深厚，有自己的学术传统，有自己的学术优势，有自己的学术特色。从学术渊源上看，我们列举二十世纪五六十年代代表性学者如下：
>
> 冯沅君，河南唐河（南阳）人，北京女子高等师范学校毕业，北大文科研究所研究生毕业。
>
> 陆侃如，江苏南通人，清华大学国学研究院毕业，师从梁启超、王国维。
>
> 高亨，吉林长春人，清华大学国学研究院毕业，师从王国维。
>
> 萧涤非，江西临川人，清华大学国学研究院毕业，师从黄节。
>
> 黄孝纾，福建闽侯（福州）人，汉八旗，无大学学历，家学。
>
> 殷孟伦，四川郫县（成都）人，中央大学毕业，师从黄侃。
>
> 殷焕先，江苏六合（南京）人，中央大学毕业，北大文科研究所研究生毕业，师从唐兰、罗常培。
>
> 吕荧，安徽天长（滁州）人，毕业于北京大学。
>
> 我们可以发现，山大的第二次辉煌，这些名师，都不是山东人。

从学历上看他们主要出身于清华、北大，还有中央大学。也就是说，学者来自五湖四海，学历是顶尖大学，老师大都是名师。这个令人仰望的学者群体不是山大自己培养的人才构成的。因此我们也不应该固守下一代、下两代学者应当由山大自己来培养，如果不是山大培养的就认为某某先生这一脉断了，不应该。当然我们也不必一定要切断自己的学脉。我们应当继承、发扬老一辈学者的传统，五湖四海，唯才是举，唯才是用。

我认为杜院长的观点和您的观点是一致的。山大实施“211 工程”建设的时候，就把中文作为重点学科进行建设了？

曾：是的。山东大学中文学科历史悠久，底蕴深厚，该学科在百廿山大的发展历程中一直占据重要地位。1901 年山东大学成立之初，即设有文学科目。20 世纪 30 年代，杨振声、闻一多、舒舍予、梁实秋、沈从文、游国恩等一批大师、学者和著名作家云集我院，为山东大学的校史增添了光彩；中华人民共和国成立初期，著名学者王统照、冯沅君、陆侃如、高亨、萧涤非、吕荧等先后执教文学院，进一步奠定了山大以“文史见长”的传统。

1959 年我入学时，山大中文系真可谓是名师如云。古代文学的“冯陆高萧”（冯沅君、陆侃如、高亨、萧涤非）；语言学的“二殷”（殷孟伦、殷焕先）；现代文学的高兰、孙昌熙、刘泮溪，以及我们文艺理论组的吕荧，均为国内本领域赫赫有名的学者，还有一批中青年教师的学者，也早已在本领域崭露头角。能在这样众多的名师指导和熏陶下接受教育，当然是终身的幸福。1994—1996 年，我院文艺学、中国古代文学、汉语言文字学、中国现当代文学四个学科先后被评为山东省重点学科。1997 年，汉语言文学专业被整体列入山东大学“211 工程”重点学科建设规划。该学科在历次的学科评估中均名列前茅。国家实施“双一流”大学建设项目后，2022 年中国语言文学专业入选国家“双一流”学科建设名单。

“211 工程”建设实施过程中汉语言文学被列为重点学科，也就是中文。我们整个文科在“211 工程”评审报告中，虽然没受到特别关注，也没有特别投入，但文科的建设和发展是最好的。

张：就是说山东大学“211 工程”结项的时候，中国语言文学专业成绩是最好的？

曾：“211 工程”结项时文科是最好的。2006 年 6 月，在邵逸夫科学馆召开山东大学“十五”“211 工程”建设项目验收汇报会议。那天我作为学科带头人去汇报了。经专家评议中文学科评价很高。学校领导叫我介绍经验，我说我没有什么经验介绍，我的经验介绍就是学校并没有真正重视中文学科的建设和发展，你们忘记了教育部的指示，要建高峰，而不是建高原。中文学科没有得到应有的重视和资金支持。

“211 工程”的核心抓重点学科，抓重点实验室建设。教育部两个重点实验室——微生物、材料，我们都特别关注。潘校长身体不适，站一下就走了，每次活动我一般从头陪到尾。金融学科由潘校长主管，每次学术活动我都参加，此外还有中文和科学社会主义学科的所有的活动(有赵明义老师)我也积极参加。我们还抓了一个教育部的重点实验室——胶体与界面化学教育部重点实验室，由化学与化工学院原院长郝京诚担任主任。实验室位于某栋楼的二楼，我到那一看，我当时的评价就是连最基本的办公室都赶不上。我立即给他们换了房子，解决材料与设备问题。山东大学胶体与界面化学教育部重点实验室在山东大学胶体与界面化学研究所的基础上组建，1993 年 12 月经原国家教委批准，于 1996 年通过验收。

张：胶体与界面化学实验室初建时条件很差，在您的大力支持下建成了教育部的重点实验室。

曾：是啊，我们解决了实验室师资队伍、经费等各方面的问题。另外我们还为“211 工程”考核的建设，在山大重点抓了论文发表数量。你看山大其他的指标都是在 20 名左右，但我们的 SCI 论文发表排名全国前十，一直没离前十，所以我们坚定不移地抓论文发表。当时发表论文最多的是王克明老师团队。为了王老师的物理实验室能够发表高水平学术论文，山大在当时经济很困难的情况下，也积极想办法，引进了一批 100 多万美元的仪器。这个就在中心校区东边的实验室，当时潘校长和我帮他们建的。这个实验室的仪器在国际上都很先进，数量也少。这个实验室投入高，产出的高水平论文也多，王克明老师的好多论文都是在这个实验室里写出来的。当时“211”就是抓这么些工作。一是坚定办学目标，二是抓重点学科，三是抓投入。

我出席了北大百年校庆

张：1998 年 5 月 4 日，您代表山东大学出席了北京大学百年校庆，会上江泽民总书记代表中华人民共和国中央人民政府向全社会宣告为了实现现代化，我国要建设若干所具有世界先进水平的一流大学。请您谈谈出席北大百年校庆的感想。

曾：北京大学百年校庆邀请了100名高校校长参会，我作为山东大学代表队一员能够参加，确实感到很自豪。江泽民总书记的讲话将建设世界一流大学变成党和国家的决策，正式纳入国家高等教育史的伟大进程中。会后，我参加北大百年校庆晚宴，美国维多利亚大学校长坐在我旁边，他跟我讲："我觉得江泽民总书记今天的讲话没什么内容。"我说："江泽民总书记讲话内容非常丰富，有目标、有任务、有要求，也有经费支持。""我没听说有经费呀？""有呀！建世界一流大学不需要经费支持吗？"他还问我江泽民总书记在北大校庆会上讲话的意义。我当时答道，江泽民总书记提出建设世界一流大学，表明国家在高等教育发展上将有新的重大举措。果然，其后国家出台了发展重点高校的"985计划"，使包括山大在内的一批高校受惠，这一计划中，各个高校得到了新中国成立后从未有过的大量经费。北大与清华在连续两个四年内共获得18亿元资金投入，教育部为山大先后投入了两个3亿元，山东省为山大投入了8亿元，这真是过去想都不敢想的数字。当然，更重要的是，这笔投入极大地提高了我国高校的地位与水平。

张：北大百年校庆邀请了一百位高校校长，都有哪些高校？

曾：是的，邀请了一百名高校校长，有海外的，如莫斯科大学、哈佛大学，也有国内的，国际国内校长100名受邀参会。山东大学与北京大学关系密切，北大也认为和我们山大关系比较近。山东大学初建时就融入了北大的血脉。20世纪30年代，山东大学创办之初，曾经的北大校长蔡元培先生就推荐了两位北大爱将，杨振声、赵太侔先后任山东大学校长，使北大"兼容并包"的学风融入了山大的血脉，山大迎来了第一个"黄金时期"。山东大学与北京大学一直以来关系密切，交流频繁。

张：您在现场聆听了江泽民总书记在北大百年校庆典礼上的讲话，当时在现场您有什么感受吗？

曾：我觉得非常震撼，非常精彩！当时的感受就是我们国家真正地把高等教育放在一个很高的起点上，放在很重要的位置上，并且给我们指明了目标：一流大学、一流学科、一流人才。参加北大百年校庆，我提交了一篇配合一流人才的《一流师资队伍建设》的文章。北大在介绍百年校庆的报告文章里就提到了我这篇文章，提到一流人才包括师资队伍，参会代表专门就此发表重要论文。我看到感觉很荣幸。

张：曾老师您参加北大百年校庆发言的主要内容是人才队伍建设，刚才您在谈山东大学“211工程”建设时又着重提到了人才队伍的建设方面。那么您主政山大期间，人才队伍建设有什么变化？

曾：要进入“211工程”，就必须建设一支高水平的师资队伍。我们人才队伍建设就重点抓重点学科的带头人和队伍建设。重点学科考核人才队伍建设，重点实验室考核科研水平。学科带头人下面的梯队建设不全面的话，学科评估达到B档都很难，更别说是达到A档了。人才队伍建设这是我们全力以赴主抓的，像晶体材料等学科，我们都想尽各种办法从海外引进来、送出去。山大虽然采取了很多措施，但我们条件还是不行，在人才队伍建设方面还要加强。

第三节
筹备山东大学百年校庆

衣复恩先生捐资建设学人大厦

张：1997年12月潘校长去世，1998年您继任山东大学校长。您任校长期间积极筹备山东大学百年校庆，请您谈谈这方面的工作。

曾：筹备百年校庆成为我上任后做的一件非常重要的工作。有这么几件事情，首要的就是基础设施——建设学人大厦。潘校长去世后，我主要完成这件事，一共大约花费1.5亿元。为了减少成本，所有设备不让建筑公司买，我们自己买，便宜多了。学人大厦作为“211工程”建设时一个召开学术会议与接待百年校庆嘉宾、校友的重要场所。当时省里面不以为然。我曾经向省长当面汇报这件事情，他给我回了一句“楼、堂、馆、所不在支持的行列”。我也没话讲，但百年校庆大批校友要回来，需要有地方住，怎么办？这就涉及经费问题，没钱啊！学人大厦还是要建设，经过多方筹措，建设经费由这么几部分组成，一部分经费就出自“211工程”建设经费，另一部分经费是由台湾衣复恩先生捐赠的。

衣复恩先生（1916—2005），祖籍为山东莱州，曾任蒋介石“美龄号”专机机长，是台湾亚洲化学有限公司创始人。衣复恩先生母亲叫孙立青，为纪念母亲，1983 年他设立“立青文教基金会”专事捐赠奖助学金，捐赠图书及设备，奖助学术研究或讲座等。衣先生是山东人，对家乡很有感情。1995 年起，山东大学与立青文教基金会取得联系。董事长衣复恩先生对山东大学抱有特殊的感情，积极支持山东大学的发展。当时我与校长商量，拟请衣先生参加山大 95 周年的校庆，但因种种原因未果。

张：衣复恩先生是什么时候同意捐资建设学人大厦的呢？

曾：衣复恩先生与台湾著名经济学家于宗先先生一起筹资支持山东大学建设“学术交流中心”，在台山东籍企业家间联络呼吁。记得那是 1996 年，山东省台办的同志捎来口信说，著名企业家衣复恩先生愿意资助山大建设，我们非常高兴。衣先生一直心系乡梓，曾多次回乡，支持家乡经济与文教发展。

1998 年夏，衣先生与立青文教基金会主动邀请我们前往台湾访问交流。同时台湾高雄中山大学刘维琪校长也邀请我们去访问，讨论两校的合作事宜。为此，我与外办的刘永波副主任一起接受邀请，并决定先前往高雄，访问台湾中山大学，再飞往台北，拜访衣复恩先生和立青文教基金会。8 月中旬，我和永波途经香港，办理了有关手续后直飞高雄。到达高雄后，我们被安排下榻市内一座最好的五星级宾馆。

我们在学校受到刘维琪校长等人的热情接待并参观了校园，还与有关校领导和职能部门就两校交流事宜交换了意见。之后，我们专门访问了台湾中山大学文学院，同他们的钟院长以及著名诗人余光中先生进行了亲切交谈。余光中先生为我国当代著名诗人、翻译家与文学研究家，他的作品脍炙人口，在两岸广为流传，其著名的《乡愁》一诗蜚声海内外。余先生陪我们在西子湾畔的一座面海的餐厅里交谈了很长时间。第二天，余师母又专门陪同我们参观高雄艺术博物馆，给我留下最深刻印象的是，博物馆虽然保留了众多高雄当地的民间艺术，但展览的却是西方现代派艺术。

山东大学学人大厦

当天中午，我们乘机飞往台北，落地后由立青文教基金会与山东老乡、著名经济学家于宗先院士接待我们。在台北的二天，我们真正感受到了深厚的乡情乡谊。当时衣复恩先生正在美国旧金山公出，要等到我们走后才能回来，因返程机票已定，我们与衣董事长失之交臂了。这次接待由衣董事长的大公子衣淑凡先生出面安排，我们除了交谈基金会支援山大事宜外，还探讨了在台山东老乡如何支持山大建设学人大厦事宜。当时十分不巧的是，正值台湾经济下滑，股票全面下跌，各个公司与个人经济状况不景气，但我们仍接到了几十万美元的捐赠，这充分展现出驻台山东老乡的乡情之谊。

值得一提的是，2000 年立青文教基金会在我校分别设立“立青奖学金”和“立青学术讲座教授”用于奖励我校优秀学生和资助我校聘请国外知名专家学者。同年，衣老先生不顾年事已高，路途劳顿，出席了我校百年校庆并为立青奖学金获奖同学亲自颁奖。

特别令人感动的是，我们临行前的晚上，台湾山东同乡会的朋友为我们举行了盛大的饯行宴会，各位山东老乡纷纷前往，包括台湾知名人士、台湾当局主管部门负责人等，有些人当时参加这种活动是冒着一定风险的。席间情深意切，老乡们不断与我们攀谈，对家乡的深厚感情溢于言表。有的老乡听说我在青岛住过，就十分详细地打听自己当年在青岛住过的马路与现在的情形，真是“乡音无改鬓毛衰”。大家回顾往事，畅谈现在，唯一的愿望是两岸统一，中华民族在新世纪走向振兴之路。

这次台湾之行我们会见了孙震校长，会见了很多山东人，当时有90万山东人在台湾，除了浙江人，山东人在台湾最多，到处是山东人。孙震，经济学家，山东平度人，台湾大学经济系学士，经济研究所硕士，美国俄克拉荷马大学经济学博士，1962年获联合国奖学金。1964年返回台大任教，1984—1992年担任台湾大学校长。在任职台大校长期间，孙震校长对台大的发展做了不可磨灭的贡献，特别对台大校园面积的拓展起到关键性作用。

我们当时只能自筹经费建学人大厦，因为是在校内建设，教育部有规定，只能作为留学生宿舍，所以受房间规格的限制不敢建大。一直到校庆刚开始的时候才顺利建成并投入使用。这是第一个事情——建学人大厦。现在看来建设学人大厦还是有必要的。校庆及大型活动没有这样的建筑设施是不行的。

找寻《山东大学堂章程》

张：据说《山东省城试办大学堂暂行章程》折稿就存于台北故宫博物院，您访台期间去看过这个章程吗？

曾：找寻《山东大学堂章程》是山大人的一个夙愿。“为天下储人材，为国家图富强”的办学宗旨就是出自《山东大学堂章程》。当时山大校史办史若平老师说《山东大学堂章程》可能存于台北的故宫博物院。

张：史若平老师怎么知道《山东大学堂章程》在台北故宫博物院呢？

曾：追本溯源，章程起源于1901年袁世凯上奏光绪皇帝的《山东省城试办大学堂暂行章程》折稿，即《山东大学堂章程》。最早发现《山东大学堂章程》存在的，是山东大学原校史办公室主任史若平。1990年，他在山东省图书馆查资料时，偶然发现了这份章程的照片，虽然没有具体内容，但足令人欣喜。

史若平推测此文件可能会在台湾。1998年夏天我去台湾访问期间，由于时间紧张没有提出找寻《山东大学堂章程》事宜。2000年徐显明借访问台湾之机，特地去拜访了衣复恩先生，提出找寻《山东大学堂章程》事宜。衣先生给徐显明推荐了曾任台湾大学校长的台湾知名人士孙震先生。6 月 22 日，孙震与夫人张振芳来山东大学访问，我作为山东大学校长和党委书记张乐岭在“邵馆”会见了他，就教育问题和我校发展进行了座谈。孙校长知识渊博、温文尔雅，非常热情。在会谈期间，我曾托孙校长到台北故宫博物院，帮助我们将光绪二十七年有关成立山东大学堂的御批原件复制一份，于山大百年校庆时带来。孙校长十分痛快地应承下来。孙震先生回台后，通过种种关系开始查找，不久传来好消息，《山东省城试办大学堂暂行章程》折稿确是在台湾，保存在台北故宫博物院里。

2001 年 10 月 11 日，山东大学百年校庆之时，孙震先生以山东大学老朋友的身份出席。这次，他带回了极珍贵的礼物：《山东省城试办大学堂暂行章程》折稿及皇帝朱批的复制本。《山东省城试办大学堂暂行章程》折稿的重见天日是一件偶发事件，但它的永恒意义是中华民族金瓯无缺的信念。“为天下储人材，为国家图富强”的办学宗旨，就出自《山东大学堂章程》。这件珍贵的档案成为山大建校百年的重要历史见证。新任校长展涛在山东大学邵逸夫科学馆里，郑重接下了这份厚礼。

张：在您的建议下，孙震先生为山大做了很多贡献，对吧？

曾：那当然，他送来《山东大学堂章程》的复印件，这是他的贡献，这是对山大最大的贡献。

张：孙震先生除了这次送复印件与开讲座，之后还来过山大吗？

曾：孙震先生其实来过好多次，但后来我就没见过。他经常回山东，老家有没有人我不知道，他对故土很留恋。2002 年 10 月 29、30 日，孙震教授应经济学院之邀，在邵逸夫科学馆报告厅分别作了题为“经济发展与人生价值的追求”“经济成长的来源”的学术报告。2006 年 10 月 16 日下午，孙震先生作为山东大学首届校董会名誉主席再次访问山大，并在山东大学兴隆山校区讲学堂为山大数百名学子作了题为“经济发展·社会和谐·人生幸福”的学术报告。

余光中先生的“文化甘旅”

张：谈到这里不得不提台湾著名经济学家于宗先先生。他与衣复恩先生一起为筹资支持山东大学建设“学术交流中心”也做出了积极贡献。

曾：我们到台湾就是于宗先先生接待了我们。

张：那您和于宗先先生是怎么取得联系的呢？

曾:我并不认识他,和他接触不多。主要是学校外事办主任刘永波联系的他们。我 1998 年去台湾的时候,是他来接机,陪我们见孙震先生等人,也都是他安排的。

张:这次台湾之行,您还拜访了著名诗人余光中?

曾:我们一行在高雄拜会了余光中先生。

高雄是刘校长请我去,余光中先生接待我,他待人热情且诚恳。余光中 1928 年 10 月 21 日生于南京,1947 年进入金陵大学外语系,1949 年随父母迁到香港,次年赴台湾,1953 年创"蓝星"诗社,1974 年到 1985 年任香港中文大学中文系教授,他是台湾中山大学的一张名片。我们在学校旁边的西子湾畔喝茶聊天,十分美好。他们学校送我一支铅笔,铅笔上面就是余光中写的诗。我发现学校准备的一些礼物上都印着余光中先生的诗句。第二天余光中让熟悉美术的夫人范我存做导游,带我去高雄市美术馆欣赏展览。

张:在 2001 年 3 月 30 日至 4 月 8 日,余光中先生应山东大学之邀进行了为期十日的"文化甘旅"。

曾:余先生与夫人范我存、女儿余幼珊一行三人来到了山大。按原定计划,余光中先生在山大共进行两次学术活动,但实际的安排已经远远超出了计划。3 月 30 日,余先生一行三人来到山东大学。3 月 31 日上午学校在邵逸夫科学馆为余先生安排了一次专家座谈,我与山大文学院、历史文化学院、哲学院、外国语学院和图书馆的专家学者以及部分研究生参加了这次座谈。我还陪余先生参观了山大图书馆以及四库专藏室和线装书库,他对古籍表现出很大兴趣,认真地询问了线装书库的利用情况。

下午,我陪余先生来到山大文学院与专家教授座谈。文学院院长谭好哲教授向余先生介绍了文学院的发展历程以及曾在中文系、文学院工作或学习过的历史名人。余先生给予文学院很高的评价。座谈结束后参观了文学院资料室和山大校园。为了满足学生们的强烈愿望,余先生安排了一场作品赏析及创作经验交流会,有仰慕者在早上 6 点就开始苦等 10 点的活动,刚到 9 点,过道里就已经被挤得密不透风。余老后来见缝插针地与爱好文学的同学们开了好几次小型座谈会。随后,应济南高校诗界的强烈请求,安排了一次交流活动。4 月 1 日全天余先生还作了题为"诗与音乐""中文与英文"的两场演讲。演讲前,山东大学为余光中先生举行了简短的客座教授证书颁授仪式，演讲时精彩纷呈，掌声不断，余先生还朗诵了自己创作或翻译的诗歌及几首英文诗，声情并茂地朗诵《母难日》令许多人热泪盈眶……

余先生在这几天中还兴致勃勃地瞻仰了齐文化遗址、孔孟故里及辛弃疾和李清照遗迹，饱览了泰山和灵岩圣境，造访了母亲河黄河，领略了趵突泉和大明湖秀美风光。所到之处，余先生多次感慨“可看和要看的东西太多了，可惜不能深入体会，此行不虚呀！”整个参观过程中，诗人的儒雅风范，独特的观物视角，甚或时而流露的童心都令人印象深刻。

给我印象最深的是我陪他们到淄博参观殉马坑和古代兵车展，途经临淄北部的一片乡村，那里可以算得上是山东乡村腹地，生于南方、长于南方的余光中先生便对那里的北方乡村生活特别感兴趣。

张：余光中先生是山东大学客座教授，还应您的邀请在山大文艺美学研究中心带研究生？

曾：大概从2001年开始他在中心带博士研究生，因为是客座教授，他的合作导师是王汶成老师。但他没来几次，他年纪大了来一次也不方便。

季羡林先生是山大校友

张：百年校庆期间，季羡林先生参加了山大的百年校庆，并作了《祝贺母校山东大学百岁华诞》大会发言。请问您和季先生有交往吗？

曾：我和季先生有交往。20世纪90年代我到北京大学出版社去谈《美育十五讲》的出版问题。我和出版社的同志一起吃饭，吃饭时他们说，季羡林先生一个人，他没有事，也没地方吃饭，愿意参加这些活动。季先生就过来了。这是我第一次认识季先生。

张：您与季羡林先生的首次见面是哪一年？

曾：我第一次见季先生应该是1993年。季先生这么有名的人给我第一印象就是一个普通的山东老头，跟鲁西北的老头模样差不多，口音是济南口音。1996年，山东大学95周年校庆之际，当时已80多岁的季羡林先生返校出席了校庆活动。

季先生和刘波编了一套《传世藏书》，号称“精选中华五千年文明中的精华之作”。刘波是季羡林先生的博士生。1992年，刘波打着季羡林先生的名头，邀请了国内2700多位资深古籍整理专家，用了6年的时间编纂了大型古籍《传世藏书》。这一套藏书包括了从先秦时期到晚清历代重要、优秀的典籍，内容有经书、小说、科学、艺术、闲适杂书，从政治、文化、艺术等多方面反映了我国的文明成就，继承了历代古圣先贤的文化遗产，是拥有完整系统的古典书库。

季先生来参加山东大学95周年校庆，是和他的博士生刘波还有秘书李玉洁一起来的，由山东省委宣传部负责接待。他向山东省和山大分别赠送了《传世藏书》，我记得他赠送给山大两套。那天我负责接待季先生，这是第二次见季先生。季先生很平易近人，不管你初次见还是多次见，他都是"见面就是朋友"，拉着你的手。那次座谈会的主题就是《传世藏书》，刘波和李秘书，还有山大部分师生参加了。

他主要谈了两件事。第一件事情，他上来就讲，"我回到我的母校，我感觉非常感动非常亲切"。那时候我还不知道季先生是山大校友，学校也没有人知道。座谈会结束后，我就亲切地问季先生："我第一次耳闻您是山大校友，您是哪一级的？"他说："我1926年正谊中学毕业以后，考入山东大学附属高中。当时的山大校长是山东省教育厅厅长前清状元王寿彭。"季先生讲述了在山大附中求学期间的众多老师——王寿彭、胡也频、董秋芳、鞠思敏、王祝晨、张默生、郑又桥、徐金台、祁蕴璞、王崑玉等不下二十余位。这些老师的教诲，让季羡林先生培养起了一生的读书习惯和严谨治学的态度，奠定了深厚的国学基础以及做人的高尚品格。山大附中也是山大的一个组成部分，季先生是山大校友确凿无疑。于是我通知校友办和学校校办说校友来了。

这次活动让我们知道了季先生是山大校友，我们非常自豪！季先生后来还给我讲了他在山大附中求学的往事以及与山大校长王寿彭的故事。他说："我有意识地真正用功，是从这里开始的。我是一个很容易受环境支配的人。在小学和初中时，成绩不能算坏，总在班上前几名，但从来没有考过甲等第一。我毫不在意，照样钓鱼摸虾。到了高中，国文作文无意中受到了王崑玉先生的表扬，英文是全班第一。其他课程考个高分并不难，只要稍稍一背，就能应付裕如。结果我生平第一次考了一个甲等第一，平均分数超过95分，是全校唯一的一个学生。当时山大校长亲笔写了一副对联和一个扇面奖给我，这样被别人一指，我的虚荣心就被抬起来了。从此认真注意考试名次，再不掉以轻心。结果两年之内，四次期考，我夺了四个甲等第一，威名大振。”

座谈会结束以后已经12点多了，下午还给季先生安排了其他活动。山大学生办了一个小报，留下季先生要采访。此时如果是《山东大学报》我就同意了，我拒绝了学生的采访要求。季先生打断我说：“老曾，不可以。学生的事情都是大事，吃饭我们可以晚一点再吃。”季先生耐心地接受了学生十几分钟的采访。学生的事无小事，季先生这个人，作为一名老师，把学生的事看得很大，非常重视。

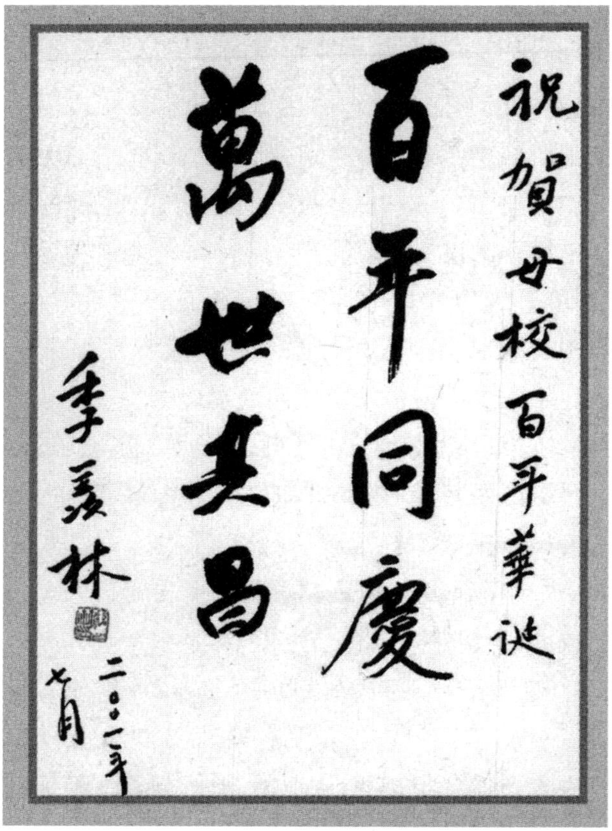

2001年，季羡林先生为山东大学百年校庆题词

我们得知了季先生是山大校友后，于1997年10月4日到5日，在“邵馆”主办了“面向21世纪的人文学科建设暨季羡林学术思想讨论会”。季羡林先生亲自到会并就东西文化差异、美学、语言学等问题作了学术报告。潘承洞校长到会致辞并向季先生颁发聘书，特聘他为山东大学学术委员会名誉主任。

还有一件事。2000 年 7 月，三校合并，我卸任行政工作，经组织安排到北大担任“三讲”巡视组组长。在北大巡视期间，季先生曾派他的秘书给我打电话，邀请我到其家中做客，因为没有时间，所以只能往后推。后来季先生给我打电话邀请，我就到季先生家去了。

张：季先生居住在北大朗润园吗？

曾：季先生住在北大朗润园 13 号公寓一楼，汤一介和乐黛云夫妇住在二楼。季先生去世以后，房子让出来，乐黛云先生因瘫痪了就换去了一楼。

季先生这个房子是一楼，房子里除了书就是书。据说有一次季先生自己不小心把自己锁在了屋里，钥匙在外边，他出不来，从窗子跳下来去拿钥匙。季先生快 80 岁了，跳出来把脚崴了一下。这一崴成了一个终身的问题。这个脚一直疼。我去了以后，季先生和他的学生王邦维在等我。王邦维是季先生嫡传弟子，1979 级硕士，学梵文，时任北大东方印度研究中心主任。我和王邦维从那以后就相识了，自此有了交往。季先生和我谈了一些业务工作，还谈到东方文学和印度文学等，谈了很多。结束拜访的时候，季先生让我离开北大的时候再来找他。后因走得匆忙，没有去给季先生拜别。2001 年山东大学百年校庆的时候，季先生应邀出席百年校庆并讲话。百年校庆的第二天晚上，季先生还参加了撞钟仪式，其他没有印象了。

张：发现季先生和山大的渊源，是您的功劳。

曾：季羡林先生是山大校友，这件事非常重大，我们也都很高兴！

第四节
研究生院成立

张：2000 年 6 月研究生院成立，请您谈谈研究生院的成立过程。

曾：研究生院的成立与百年校庆、山大“211 工程”建设都有直接的关系。研究生院是 2000 年 6 月成立的。我校从 1950 年开始招收研究生，是全国最早招生的高校之一。1978 年后学校开始大规模招收和培养研究生。学校于 1981 年设立研究生处。20 世纪 90 年代后期，国家进入科技创新驱动的社会转型期,"六五"计划中提出要试办研究生院,明确了研究生院是为国家培养高层次人才的基地,是人才、科研、创新三大发展驱动的交汇点,研究生教育的职能要横跨整合知识培育、科学研究、人才建设、学科规划、国际交流等多个方面。教育部规定一流大学必须要有研究生院,但研究生院又要有条件,多少博士点、多少导师,等等。出于种种原因,国家前两批审批研究生院时没有入选。为尽快发展研究生教育,学校领导和老师没有气馁,没有抱怨,进一步改进研究生教育,加强学科建设,并于1998年成立研究生教育中心。2000年第三批申报成立研究生院时,由于我校具备全部条件,并且位列全国申请成立研究生院高校的前茅,顺利申请成功。

张:山大前两次申请研究生院为什么没有申请成功?

曾:教授偏少、学科点偏少。在我任职期间博士点由原来25个增加到50个。就这样研究生院才顺利申请成功。我记得2000年6月30日,学校举行研究生院成立大会,同时举行2000届博士、硕士学位授予仪式。副校长展涛主持大会,山东大学党委书记张乐玲宣布教育部关于批准我校设立研究生院的决定。山东省副省长邵桂芳为"山东大学研究生院"揭牌。我作为山大校长致辞。我校研究院的成立,是山东大学发展史上一件大事,具有里程碑意义。它标志着山东大学的研究生教育、高层次人才培养和科学研究将进入一个新的历史阶段。它对于山东大学乃至整个山东省研究生教育的改革与发展,对于提高山东省经济、科技与高等教育的发展水平,都起到了积极的促进作用。山东大学研究生院的成立,既是几代山大人为之团结奋斗、努力拼搏的结果,更是全体山大人的荣耀。

张:请您谈谈当时的学位点建设情况。

曾:山东大学成立研究生院时,拥有一级学科博士学位授权点3个,博士学位授予专业25个,硕士学位授予专业65个,另外还有两个专业硕士点MBA和法律硕士,博士后流动站5个。当时有博士生指导教师146人,建立起从学士—硕士—博士—博士后完整的高层次人才培养体系,成为国家高层次人才培养的重要基地。

几代艰辛　一代梦圆

山东大学研究生院正式成立

2000届博士、硕士生学位授予仪式同时举行

本报讯　6月30日下午，我校2000年即将毕业的474位博士、硕士生头戴方型学位帽，身着宽大的学位服喜气洋洋地依次走进历城宾馆礼堂。前几排就坐的众多的导师们高兴地注视着自己的学生，谈论着即将成立的研究生院。主席台上方悬挂着"山东大学研究生院成立暨2000年博士硕士学位授予仪式"的横幅，主席台前摆满了鲜花，整个礼堂充满了欢乐的气氛。

3时整，研究生院成立大会在雄壮的国歌声中开始。副校长展涛主持了会议，党委书记张乐岭首先宣布教育部关于批准我校设立研究生院的决定和研究生院第一届领导班子的成员。接着，山东省副省长邵桂芳走上前去，缓缓地揭下一方鲜红的盖布，镌刻着"山东大学研究生院"八个大字的牌匾呈现在1000余人的面前，全场响起雷鸣般的掌声。多架照相机同时按动快门，留下了这一美好的历史瞬间。

校长曾繁仁致辞，他说，我校研究生院的成立，既是几代山大人为之团结奋斗、努力拼搏的结果，更是全体山大人的荣耀。我们要进一步明确办院指导思想，虚心学习兄弟院校的先进经验，切实加强学位授予点建设和指导教师队伍建设，重视和加强研究生的思想政治教育(全文另发)。

邵桂芳代表山东省人民政府对山大研究生院的成立表示热烈地祝贺。他说，山东大学获准成立研究生院，标志着山东大学的研究生教育、高层次人才培养和科研工作进入了一个新的历史阶段。他希望山大要以设立研究生院为契机，不断提高学校的教育、科研水平和办学效益，提高研究生办学的规模和质量(全文另发)。

在邵桂芳、曾繁仁讲话之后，礼堂里响起了嘹亮、欢快的运动员进行曲，474位获得学位的博士生、硕士生顺序走上主席台，接受蒋民华、曾繁仁、展涛、赵明义导师颁发的学位证书，并合影留念。

据介绍，我校从1950年开始招收研究生，是全国最早招生的高校之一。文革后从1978年开始大规模招收和培养研究生。学校于1981年设立研究生处，但因种种原因，国家前二批审批研究生院时没有入选。为尽快发展研究生教育，学校领导和老师没有气馁，没有抱怨，进一步改进研究生教育，加强学科建设，并于1998年成立研究生教育中心。当今年第三批申报开始时，我校不仅具备全部条件，而且位列全国申请成立研究生院高校的前茅。几代艰辛，终于一代梦圆。

据悉，山东大学研究生院是迄今为止山东省第一所，也是惟一一所设立研究生院的高校。

(王　巍)

山东大学研究生院成立时的新闻报道

张：当时山东大学培养研究生的规模如何？

曾：从1978年到1999年山东大学共招收研究生5420名，其中博士生666名，硕士生4754名。2000年博士生招生规模已达160人，硕士生招生规模已达710名。截至1999年年底，毕业的博士生326名，硕士生3434名。当时在学研究生2100余人，其中博士生420余人，硕士生1600余人。

张：学位与研究生教育工作的发展，带动了山东大学整体科研水平的提高。

曾：是的。改革开放以来，山东大学在自然科学和技术科学研究方面取得了令人瞩目的成就。其中，在解析数论、晶体材料、量子化学、金融数学等方面的研究达到了国际先进水平。在人文社会科学方面，中国古典文学、文艺学、语言学、中国哲学、中国古代史、考古学等学科的研究，在全国有较大影响。研究生院成立是山大建设一流大学的标志之一。

筹划山东大学未来发展

曾：校庆筹备期间，我们积极邀请宋健、孔宪铎等先生筹划山大未来的发展。宋健同志是钱学森的学生，山东荣成人。时任两院资深院士工作委员会主任，两院院士，著名的控制论、系统工程和航空航天技术专家。他是从博山的工业干部学校毕业的，后留学美国，英文、俄文都很流畅。1986 年至 1993 年他担任国务委员兼国家科学技术委员会主任、党组书记。

1996 年他找到我，想关心山大未来发展，要见见我。我立即赶过去见他了。宋健又邀请了孔宪铎教授。孔宪铎是山东临沂人，曾任香港科技大学的副校长。1991 年，香港科技大学成立，一办就成为国际一流，进入世界前列。孔宪铎当时刚从副校长的职位退下来，他们两个人一块筹划。宋健为什么把孔宪铎教授叫来？他们几次来谈的一个思路就是山大要办校庆、搞“211 工程”，定位要坚定不移，起步要高，这个起步就是要建一流大学、一流学科，这是他们坚定不移的一个观点。他们希望我们把山大师资队伍扩大，把全国和国际有名的教育家、科学家都积极引进来。我们当时考虑山大师资队伍建设，队伍过于庞大也实现不了。后来展校长积极把部分专家学者请过来了，但有的也没有请过来。

机关干部队伍的改革建设

张：您任校长期间，还进行了机关干部队伍的改革建设工作，请谈谈这方面的工作。

曾：狠抓机关干部队伍建设就是为迎接百年校庆，要把整个学校的面貌做好。大家在党代会提出这个问题，学校存在机构庞大、干部年龄偏大、死气沉沉，实际政策推诿的情况。有的干部到 59 岁了，再干半年就退休不干了，能不干就不干，对吧？当时搞了一个干部队伍年轻化和任期制的一个大的改革，基本上把干部队伍重新整顿了一遍，这个幅度比较大。机构改革，两办合一，机构精简，那个时候差不多功能的两个办公室就合成一个。另外采取任期制，每次任期四年，不得超过两届。还采取目标管理、考核等制度。这被认为是我们学校历史上实际规模最大的一次干部调整,处级干部一共涉及130人左右,干部年轻化,平均年龄由53岁降到45岁。这个意义在哪里呢?这是为下一步学校建设的需要,为合校干部队伍的调整奠定基础。这批人平均年龄45岁,在合校时基本都是骨干,为合校工作及发展奠定基础。

1999年建成山东大学第五宿舍

张:您任校长期间还集资建成了山东大学第五宿舍,改善了教职工的居住条件。

曾:山东大学第五宿舍的建设是1998年开始,1999年完成的。那么为什么要建第五宿舍?因为山大教职工的住房非常紧张。我们从曲阜搬回来以后,山大住房就面临空前紧张的问题。山东大学宿舍有新校南院宿舍、二宿舍、三宿舍、四宿舍,很多老师的住房都得不到解决。山大部分老师反应很强烈,上报给李岚清同志。最后山大领导班子撑不住了,决定要建宿舍楼,叫集资建房,教职工先要交一部分房款,当时房改还未施行。

当时建房为什么选在山大苹果园来建?还有一个方案在二宿舍建,把平房拆掉重新建。我的观点是在苹果园建,苹果园占地200亩,地势平坦。地方政府不止一次商议要将这200亩地占用,所以不如索性建成教职工宿舍。学校土地非常宝贵,在当前的市场经济时代,应该有产权意识。我们决定在苹果园建,并且当时我有个意见,挨着边建,从地的边缘开始建设。1999年在五宿舍建了五栋楼,大概建筑面积17940平方米,初步缓解了山大教职工住房的困难。

第五节

山大合校和新山大成立

张:2000年7月,教育部决定将山东大学、山东医科大学和山东工业大学合并组建新的山东大学,请您讲讲合校的背景。

曾:下面我就讲一下山大合校和新山大的成立,谈谈情况和看法。一个是合校的酝酿过程。1998年3月23日,国务院正式批复教育部和浙江省的联合报告四校合并筹建新浙江大学。为进一步实施“科教兴国”战略，推进我国高等教育管理体制改革和资源的优化配置，中央决定，将同根同源的原浙江大学、杭州大学、浙江农业大学、浙江医科大学四所学校合并组建成新浙江大学。合校大会由李岚清同志主持，部属高校的主要领导都参加了这次大会。这次合校的背景是什么呢？党中央决定卫生部不再管高校，所以医科大学都要合并到大学中。有的医科大学水平很高，但也必须合到重点大学。那时候北医大合到北大，中山医学院合到复旦。那么山医大合到山大，这也是必然的。合校有这么个背景。浙江大学对浙医大合并是必然的，因为卫生部不管了。浙江大学把杭州大学合进去了，杭州大学是文科见长的，词学专家好多都是杭州大学的。杭州大学的经济学也很强。但这些学校没了，都变成了浙大的一部分。这个争论比较大。杭州大学这样的学校合并后原有的优势学科就会没了，对还是不对？好还是不好？到现在仍然是个问题。我个人认为杭州大学可以不合。

张：因为杭州大学有深厚的历史底蕴。

曾：杭州大学词学、经济学、哲学等好多学科都很强，现在这些学科都湮没在浙江大学里边。浙江大学曾经有个校长讲，他自己一个人的科研经费就有好几千万，超过整个杭大。我们就想你不能这么说话，你是搞工科的，你的经费能和文科比较吗？这能说明什么？不能用经费来衡量文科和工科，对吧？

张：没有可比性。

曾：所以这个合并本身是历史遗留下来的问题。在我们学术界，杭州大学有没有必要合并，现在仍存有争议。我个人认为杭州大学这么长的历史，这么好的学校，这么有特色的学校，应该保留，单独发展。

张：请您讲一下山东大学合校的酝酿过程。

曾：1998 年 9 月，浙大合并以后，山大就加快了合校酝酿事宜。首先是山医大合并，这是没有疑义了。他们也不用说不合并，你不合并你到哪里去呢？你不能独立，只有合并到山大你才变成一个部属高校、重点高校，它没有别的选择，必须合过来。那么其他的方案呢？那一段时间五花八门、层出不穷。山大和海大合并，山大跟农大合并等，各种方案。关于校长人选，山东省抛出一个方案，山大未来的校长得是院士，这意味着文科的教授可能当不了校长。

首先对这件事我有不同的看法。在没有合并之前，还有大半年的时间就放出风来，要院士当校长。首先山大、山工、山医大这三个学校校长都在任职内，这个做法有点问题，不严肃，这是其一。其二是合并方案，山东工业大学合不合进来？山东工业大学当时已经很强大了，而且为省里面的发展服务做得很好了，很完备了，就应该让其独立发展。可省里面领导又说，如果不合山工大的话，山东省将重点把经费投到山工，意思就是说支持山工大变成山东的“小清华”。我们害怕合校后对山大的投入和支持力度将会减少。再加上省里面的意见很强势。

张：必须合？

曾：必须合。我们也拗不过，就这么合并了。当时我能做的一件事情就是按照教育部的规定，通知各个单位人事财务冻结，不准提干部，不准挪用 5 万元以上的经费，5 万元以上的经费都要经过我签字，包括产业经费也不准动。这很严肃。我们山大没有出现任何问题。

2000 年 7 月，根据《国务院办公厅转发教育部等部门关于调整国务院部门(单位)所属学校管理体制和布局结构实施意见的通知》(国办发〔2000〕11 号)精神，决定山东大学、山东医科大学、山东工业大学合并组建新的山东大学，同时撤销原三校建制。新的山东大学为教育部直属高校。合并后三所高校原领导班子就解散了。在合并之前，部领导专门找我谈话，对我任山东大学校长的贡献做出肯定评价，让我充分地支持学校新的领导班子的工作。让我到北大去参加“三讲”巡视，任组长。

这次合校周远清副部长有个评价，他说：“你们山大以前的变动，这么拆那么拆，都是减法。三校合并是做加法，加了医学，加了工科，这对山大的长远发展应该是有利的。”我觉得远清同志这个话应该是有道理的。因为山大在 20 世纪 30 年代就设有工科，后来没了，现在工科又回来了；有医科，医科也没了，现在医科也回来了，不是加法吗？站在山大的角度，我们是做加法，如果这几个学科能够真正融合，对学校发展还是很有利的。现在看这个加法做得也还是成功的。

张：由此我想起了山大原校长徐显明曾称山大为“母鸡大学”。他在建校 110 周年庆祝大会上的讲话，这样说道：山东大学的历史，还是一部为新中国高等教育体系形成做出独特贡献的历史。在 1952 年的院系调整中，山东大学只出不进，连续为国家贡献了十余所大学。今天的上海戏剧学院、南京艺术学院、武汉大学的测绘学科、吉林大学的地质学科、北京林业大学的园林学科、郑州大学、山东农业大学、曲阜师范大学、中共山东省委党校等皆以山东大学为源。1958年迁校济南时，海洋学科留在了青岛，成长为今天的中国海洋大学；水产学科亦留在青岛，成为今天的中国科学院国家海洋研究所；医学院留于青岛，改名青岛医学院，即今之青岛大学。这种分割和剖除，一方面成就了中国的高等教育事业，特别是成就了山东省的高等教育事业，另一方面则使山东大学元气大伤，优势和特色损失过半。山大像一只大学母鸡，为全国、为山东所进行的孵化，是其历史最独特的部分。缘此山大均是在做减法。合校以后，山大多了工科和医科。可否请您谈谈三校合并后校长人选是怎么确定的？

曾：校长人选迟迟不定，山东省也拿不出方案来，最后教育部确定展涛为校长。确定展涛任校长时候，我正在复旦开会，教育部陈部长让人事司给我打电话说山大校长人选山东省推荐展涛，展涛怎么样？我当时就想在山大选校长能有什么不好吗，展涛长期当副校长对山大很熟悉，我当时表示没问题，赞成。教育部表示不太熟悉展涛，不知道他能不能胜任。我当时是肯定赞同展涛担任校长，这个事就这么确定下来了。那么现在已经合并了20多年了，应该讲现在看，这个效果还是很好的。

张：三校合并已经20多年了，您认为三校合并之后的意义有哪些？

曾：首先，增加了两个新的学科方向，医学方向和工学方向，这从综合大学来讲，是两个非常重要的大方向。这两个方向的资源将会和其他学科互相渗透，这个渗透未来发展的东西很难预料，但我们现在做得不够，自觉地渗透、交流还不够，合校以后的作用和意义重大。合校以来，山东大学以融合、改革、发展为主线，以建设“山大特色、中国一流、世界水平”研究型大学为目标，坚持学术立校、人才强校、特色兴校、依法治校，大力实施人才强校战略、国际化战略、全方位开放式发展战略和教育创新战略，迅速实现了实质性融合，各项事业又快又好科学发展，取得的成就鼓舞人心。

我们学校的特色学科比较少。海洋大学有一个海洋和水产，河海大学有一个水利，重庆大学有一个城市设计，都是第一。山大没有第一，也没有第二，据说数学第三。山大特色不鲜明，要建设成为一个“立足山东，面向全国，面向世界"的大学，要继续努力。

2000 年 7 月 22 日，山东大学、山东医科大学、山东工业大学合并大会现场

张：山东大学如何建成世界一流大学呢？

曾：建设一流大学必须在一流大学代表性评价指标上有所突破，而在一流大学的评价指标中，最重要的是学科建设、名师强校、学术成果、人才培养与基本投入等五个方面。这五方面紧密结合，相互促进，缺一不可。在学科建设上，既要均衡发展文理医工各科，又要努力突出自己的特色学科和优势科目。"一流大学没有薄弱学科，只有顶尖学科。"山大现在还没有全国前三名的顶尖学科，而要建设一流大学，至少应有若干个世界级和国家级的顶尖学科。在名师强校上，要形成一批数量可观的、处于国内国际科研前沿的重量级学者，这就必须要改变一流学者引进难、培养更难的窘迫现状；要致力于培养一批优秀的青年学者，真正强化山大教师队伍。在学术成果上，一定要有一批在世界上有重大影响的高水平成果，包括原创性人文成果、基础理论和技术成果等。这些成果要能够在很大程度上促进经济发展、科技社会进步和人类文明建设。在人才培养上，要完善基础设施，改善教学方式，真正提高教学质量，培养适应现代化社会的高水平人才。

张：您作为人文学科教授，国家重点学科带头人，请您展望一下人文学科的发展。

曾：人文学科在一流大学建设中发挥着必不可少的作用，这不仅仅是因为人文学科本身是大学的重要组成部分，更重要的是人文学科为一所大学提供人文思想、人文精神和人文情怀，同时也能与其他学科进行思维等方面的互补。我作为人文学科教授，国家重点学科带头人，自己也一直在思考人文学科的发展前景。原创性的人文成果、贡献给社会的人文智慧和人文思想，这些都是需要长期积累的，要比其他学科的创新耗费更多的时间，不是十几年就能有明显效果的。关于原创性的人文成果，这需要一个长期的积累过程，不能急功近利，要将传统文化与现代文明相结合，将解决当前问题与筹划未来发展相结合，致力于通过文理交叉解决社会重大问题，致力于解决关系人类整体生存发展的重大问题。

第八章 我亲历文艺美学研究中心的创办与发展

山东大学的文艺美学教学与研究有着悠久的历史。早在20世纪30年代，时任山东大学校长的杨振声以及著名作家闻一多、老舍、洪深、沈从文等人就在山东大学开设了“近代文艺批评”“文学批评”等文艺美学类课程。另外赵太侔校长是著名的戏剧家，他首先提出了我国传统戏剧的“程式化”理论观念。自50年代初期至今，山东大学先后有华岗、成仿吾、吴富恒、吕荧、孙昌熙、牟世金、周来祥、狄其骢等一批著名文艺学、美学家在此从事教学和研究工作，使文艺美学的学术研究和学科发展始终处于国内领先地位。山东大学文艺美学研究中心成立于1999年，2001年2月，经教育部批准列为“教育部普通高等学校人文社会科学百所重点研究基地”。曾繁仁详细讲述了文艺美学学科的发展历程以及山东大学中国语言文学一级学科博士点的申报过程。

第一节

1997 年中国语言文学一级学科博士点获批

张：山东大学文学院前身中文系在 20 世纪 50 年代开始招收研究生。1981 年国务院恢复学位制度，山东大学文学院首批获得硕士与博士学位授予权。1997 年，在您的领导下，中国语言文学获批一级学科博士学位授予权。请您谈谈中国语言文学一级学科博士点的申请工作。

曾：20 世纪 90 年代初期，北京师范大学、北京大学、复旦大学三所高校的中国语言文学成为一级学科博士点。潘承洞校长很焦虑，因为文科是山大的老大，中文没进，史学也没有获批一级学科博士学位授予权。中文有萧涤非先生，史学有王仲荦先生，但是没有获批。这可怎么办？首先一个措施是把我推荐到教育部学科评议组。经审批，我就进了教育部学科评议组。我认为第一要有一流意识，山大要上一流；第二必须让别人了解中文学科，得有一定的话语空间。

1997 年 12 月，曾繁仁（第一排右四）与国家教委中文学科教学指导委员会委员于湘潭大学合影留念

张:您作为国务院学位委员会中文学科评议组成员,积极推动了山大中国语言文学一级学科博士点建设工作。

曾:1981 年,萧涤非先生与王力、王瑶、吕叔湘、朱东润、李荣、吴世昌、钱锺书、钟敬文、夏鼐等先生一起被聘为国务院学位委员会文学评议组成员。同年参加在北京京西宾馆举行的国务院学位委员会第一届学科评议组会议,参与审定通过全国各高校及研究机构博硕士导师资格。历史系王仲荦先生是国务院学位委员会历史学科第一届评议组成员、教育部历史学科第一届学位评议组成员。1997 年,山大推荐我进入了国务院学位委员会中文学科评议组,主要负责审核文艺学与比较文学博士点,兼任国务院学位委员会中文学科评议组成员、召集人之一。我任学科评议组成员以后,首先就想把中国语言文学一级学科博士点申请下来。北大、北师大、复旦早就是了,下面就是跟华师大、浙大竞争,山大只要一放松就下来了,就不可能上,现在仍然是这样,对吧?

张:您亲历了一级学科博士授权点的申请过程,请您谈谈这方面的情况。

曾:我在学科评议组时发现,其他高校,尤其是学科评议组的专家对我们山大中文系不了解。尽管像章培恒老师、刘中树老师应该了解,但是对于现在山大中文系什么水平他们不了解。

山东大学中文学科 20 世纪 50 年代开始招收培养研究生。1955 年,冯沅君、关德栋、殷孟伦、殷焕先等先生招收了 5 名三年制研究生,开启了山大中文学科培养招收研究生的历史。当时招生的有中国古代文学、现代汉语、古代汉语、文艺理论等。到 1965 年中文学科一共招收了45 名研究生。1956 年 10 月,冯沅君先生和高亨先生各招收了 1 名四年制副博士研究生。

1981 年,国务院恢复学位制度,山大获得首批硕士与博士学位授予权。中文系博士学位授权点是以萧涤非教授为导师的中国古代文学专业,硕士学位授权点有文艺学、中国古代文学、中国现当代文学、中国文学批评史、现代汉语、汉语史等 6 个专业。1982 年 9 月,萧涤非先生招收李从军和林继中为博士研究生,开启了中文学科培养博士研究生的历史。1986 年 7 月,经国务院学位办批准增加了文艺学博士学位授权点,导师为周来祥教授。1986 年 8 月,袁世硕教授被评聘为中国古代文学博士研究生导师。

1993 年，经国务院学位办批准增加现代汉语专业博士学位授权点，导师为葛本仪、钱曾怡教授。这一年狄其骢、张可礼、龚克昌教授被聘为博士生导师。1995 年 8 月，中文系改为文学院，我和董治安、郭延礼、马瑞芳等教授评聘为博士生导师。1996 年，孔范今、盛玉麒、张忠纲等教授被聘为博士生导师。当时中文系有教师 69 人，教授 17 人，副教授 28 人，博士生导师已达 12 人；本科生 340 人，硕士生 110 人，博士生 33 人。我认为通过这么多年的接续奋斗，中国语言文学一级学科博士授权点应该可以申请了。

张：中国语言文学一级学科博士授权点申请难点在哪儿？

曾：我刚才讲了是学科评议组的专家对我们学科不了解。因此我就在开会或者会下与专家交流的时候，宣传山大中文学科，让专家们充分了解我们。

张：中国语言文学一级学科博士授权点是专家投票决定的吗？

曾：是的。当时学位点的专家都有谁呢？袁行霈、郭预适、章培恒、刘中树等老师，主要就是他们这几个人。当时叶紫明老师是组长。章培恒先生因为和我私人关系不错，积极替山大发声。他甚至说，南大能上山大中文怎么不能上？我们山大跟华师大、浙大有竞争，最后专家通过投票表决。我在投票现场非常紧张，最终通过投票成功了。

张：中国语言文学一级学科是山大文科第一家获批一级学科博士点的吗？

曾：文科肯定是第一个。理科的数学和晶体材料也入选了一级学科博士点。

张：中国语言文学一级学科博士点获批设立是哪一年？

曾：中国语言文学一级学科博士点是 1997 年获批的。一级学科博士点获批以后，我们七个二级学科都可以招收博士生，符合条件的教授都可以申请博士生导师。博士点获批后，对于山大中文学科的发展起到了积极的推动作用，打破了博士生、硕士生招生设限的问题。说实话也对得起祖宗了，对得起冯、陆、高、萧、两殷等先生了。

张：文艺学什么时间开始招收培养博士研究生？

曾：1986 年，周来祥被国务院学位评定委员会评为博士生导师，

1987年开始招生。文艺学招收培养博士生的历史应该是从这个时候开启的。1993年,狄其骢先生被国务院学位委员会遴选为文艺学专业博士生导师。1995年,我也成了博士生导师。当时博士点的博导必须要经过教育部审批,但获评中国语言文学一级学科博士点后,学校就有自主权了,许多教授都解决了博导问题,博士生的招生规模也就逐渐扩大了。

曾繁仁(右四)参加文艺学博士学位论文答辩

张:您亲历20世纪80年代文艺学专业招收和培养研究生的整个历程,您还记得文艺学的培养体系吗?

曾:文艺学的培养体系不大记得了。狄老师当时是教研室主任,我们两个的观念就是理论化,强化我们的理论,这和文学院其他学科有点不一样。因为强化理论的前提实际上是建立在中国文论史和西方美学史的基础上。我们不讲西方文论史,讲西方美学史。狄老师、周来祥老师和我都认为,如果从理论程度来讲,美学比文论更理论化,它在哲学的维度。所以我们山大现在所讲西方美学和北大哲学系所讲内容大致是一样的,与复旦中文系讲授内容是不一样的,我们对研究生理论的要求相对比较高。我们认为理论水平在理论专业里面应该有更高的要求。这是周先生、狄先生和我们教研室老师们的共识。

张:文艺学开始招硕士生和博士生,那么当时有哪几个专业方向?

曾:有马克思主义文论、西方美学、中国古代文论,后来又加了王汶成的文学语言研究、凌晨光的文学批评学研究、仪平策的审美文化学这几个方向。

张:文艺学方向的研究生导师都有谁?

曾:山大中文系文艺学专业在 20 世纪 80 年代开始培养硕士研究生。最初的导师有孙昌熙、狄其骢、周来祥、吕慧娟和我招收研究生。90 年代除了我还有周先生。周先生是 1928 年生人,按规定到 65 岁以后就不能招生了,到 90 年代以后就不能招收研究生了。狄先生是 1931 年生人,后来他生病后,实际上主要是我、谭好哲、陈炎、仪平策、马龙潜还有王汶成等人招收研究生。

周来祥先生

张:您刚刚说到周来祥先生,他 20 世纪 80—90 年代初创立了在中国当代美学界独树一帜的和谐美学思想和理论体系。请您简单谈一下周先生的学术贡献。

曾:1963 年,周来祥先生回到山东大学开设了“美学原理”课程,把自己的思想成果融入教学之中。作为教学依据,周来祥编写了《美学三讲》和《美学论纲》,这成为后来构建和谐理论的基础。1984 年出版《文学艺术的审美特征和美学规律——文艺美学原理》一书,这是我国出版的第一部文艺美学专著。他还为本科生开设“文艺美学”课程,并于 1986 年 5 月在泰安举办首届全国文艺美学讨论会。80 年代到 90 年代初,周先生连续出版了《美学问题论稿》《论美是和谐》《文学艺术的审美特征与美学规律》《论中国古典美学》等论著,形成了在中国当代美学界独树一帜的和谐美学思想和理论体系,在当代美学界有了自己的重要位置。2005 年以后,周先生连续发表一系列关于二元对立思维的文章,在超越主客二元对立思维的基础上提出了“和谐思维”的概念,为社会主义和谐社会建设和和谐文化建设提供了理论基础和方法论,开创了辩证和谐大发展的时代。2010 年,山东大学为表彰周先生在学术研究和教学培养上所取得的杰出成就,授予其“山东大学终身教授”荣誉称号。2011 年 6 月 30 日周先生因病在北京逝世,享年 83 岁。

周先生从改革开放以后就搞和谐美学——美是和谐。当他提出来时我们都赞成，后来经过进一步研究发现，这是德国古典美学的一个概念：美是和谐。但是作为审美来讲，很多情况是不和谐，像喜剧、悲剧、滑稽，这是不和谐的。

所以我后来提的美学观点和周先生不一样，我提中和论美学。我曾经在《中国文化研究》发表了《论希腊古典"和谐美"与中国古代"中和美"》文章，这篇文章实际上是与周先生商榷的文章，因为中国古代中和的美学更有涵盖性，而和谐只是局限在古希腊范围之内。古希腊的和谐是科学的、对称比例的和谐，中国的和谐是天人之境际宏阔的中和。我有这样一篇商榷的文章，但是在文中没有明确说。周先生是我的老师。一开始我也赞成和谐美学这个观点，但是后来发现这个和谐更适合国外，像古希腊的雕塑等。中国古代音乐等更倾向于中和，我这篇《中国文化研究》上的文章就是在与周先生商榷。周先生也曾说他还有不同的看法或观点，是不是说的这篇文章，我就不清楚了。

张：请您讲讲马龙潜先生的研究方向。

曾：马龙潜 1982 年毕业于山东大学中文系，是周先生的研究生。他和周先生研究的方向差不多，主要从事哲学美学与文艺美学基础理论、马克思主义美学与文艺理论、中西比较美学、当代文学批评等方向的教学和研究工作。主要研究的是和谐美学，出版了《实践建构美学初论》《当代文艺学——美学观念引论》《主客体结构论文艺学的观念与体系构架》等多部学术专著。

张：陈炎老师也是周来祥先生的博士吗？

曾：硕士是跟着周先生读，博士是跟着我读的。

张：请您谈谈陈炎老师的研究方向和治学特点。

曾：陈炎 1982 年 7 月在山东大学中文系毕业留校，先后担任山东大学《文史哲》编辑部主任、文学与新闻传播学院院长、山东大学副校长等职务，是国务院学位委员会中文学科评议组成员、国家社科基金学科评审组专家、教育部社会科学委员会委员、教育部中文教学指导委员会副主任委员。2015 年 7 月获评为教育部"长江学者"特聘教授。2016 年 5 月 2 日，陈炎教授在北京逝世，享年 59 岁。陈炎是 78 级中文系本科生，毕业以后留校，比谭好哲低一年级。他做学问做得很深，很有特点，主要从事文艺学专业的美学方向的教学、科研工作，兼及中国传统文化的理论探讨。他研究的领域和范围比较宽泛，建筑、绘画等领域都涉及，深入到唐代部分，对于一些艺术形态也做得比较深。在他们这代人中，他的学术做得很好，也有一定的影响。他最有名的是商榷李泽厚的学术观点，发表不同的看法。陈炎专门在上海开过对李泽厚的学术批判座谈会，影响比较大。

张：谭好哲老师是您的硕士还是博士呢？

曾：硕士是跟狄其骢老师，博士跟我读的。谭好哲是1977年高考恢复后山大中文系第一批考生，现为山东大学文学院教授、博士生导师，教育部人文社会科学重点研究基地山东大学文艺美学研究中心主任，文艺学国家级重点学科负责人、学术带头人。他学术功底深厚，作风严谨，成就突出，在文艺学、美学、文艺批评等多个学科领域均有重要建树，是中国当代马克思主义文艺理论和文艺美学研究的领军和代表性人物之一。尤其是在马克思主义文艺意识形态本性研究上，他建构起了意识形态论的马克思主义文艺理论体系。

第二节

文艺美学研究中心获批教育部重点研究基地

张：山东大学文艺美学研究中心成立于1999年，2001年2月，经教育部批准列为“教育部普通高等学校人文社会科学百所重点研究基地”。2002年，山东大学文艺学学科就被评为了国家重点学科。您是山大文艺学学科的学术带头人、生态美学研究的奠基人之一。在您的带领和推动下，山东大学文艺学专业在国内外文艺美学界声誉日隆，其中生态美学更是成为国际美学研究的突出亮点。请您谈谈文艺学学科的发展历程。

曾：山东大学的文艺美学教学与研究有着悠久的历史。早在20世纪30年代，时任山东大学校长的杨振声以及著名作家闻一多、老舍、洪深、沈从文等人就在山东大学开设了“近代文艺批评”“文学批评”等文艺美学类课程。另外赵太侔校长是著名的戏剧家，他首先提出了我国传统戏剧的“程式化”理论观念。

自20世纪50年代初期至今，山东大学先后有华岗、成仿吾、吴富恒、吕荧、孙昌熙、牟世金、周来祥、狄其骢等一批著名文艺学、美学家在此从事教学和研究工作，使文艺美学的学术研究和学科发展始终处于国内领先的地位。华岗校长率先示范性地以马克思主义指导文科建设并力倡美学。1959年，在监禁的困难条件下，华岗在监狱中写作了《美学论要》一书，自觉地以马克思主义为指导，力主美的客观性，坚持“美是生活”的学术立场，认为审美感受与审美教育是帮助人们形成共产主义世界观的重要方式，是推动人们认识美和改造现实的强大武器。该书具有极为重要的理论与现实价值。

曾繁仁(右四)与山大文艺美学研究中心老师探讨学术问题

另一位重要的美学家是中文系主任吕荧。他在山大工作期间，出版了《关于工人文艺》与《列宁论创作》等专著，后又出版了《艺术的理解》与《美学书怀》等著作，提出“美是物在人主观之中的反映”的重要观点，成为美学大讨论中“主观派”的主要代表人物。在这样的背景下，山大中文系的美学研究始终未曾间断。

在50年代末全国高校编写文艺学教材的活动中，山大的孙昌熙先生、狄其骢先生等主编了一本在全国颇具影响的本科教材《文艺学新论》。当时狄其骢先生还在形象思维等相关理论问题的讨论中发表了非常有影响的论文。

50年代末60年代初，在中宣部原副部长周扬领导下统编全国高校文科教材时，山大的吕慧娟和周来祥两位先生分别参与了《文学概论》和《美学概论》两部教材的写作。五六十年代，在中国古代文论研究方面山大也是很有成就的，主要以陆侃如先生为代表，所做的《文心雕龙》研究、古代文论研究在学界影响甚大。

张：自 50 年代初期至今，山东大学先后有华岗、成仿吾、吴富恒和您四位校长以及吕荧、牟世金、谭好哲及陈炎四位系主任，院长还有孙昌熙、吕慧娟、周来祥、狄其骢等一批著名文艺学、美学家在此从事教学和研究工作，使文艺美学的学术研究和学科发展始终处于国内领先的地位。

曾：山大文艺美学学科非常注重自身队伍的培养，采用以老带新的方式，不断传承学科优秀的学术传统，构建起优化合理的学术梯队。在注重传承的同时，也注重吸纳新的有生力量，近年来逐渐从外校引进了多名年轻学者，从而形成了一支有很强战斗力、能够进行学术攻坚的研究队伍。

2001 年 2 月，经教育部批准山东大学文艺美学研究中心被列为“教育部普通高等学校人文社会科学百所重点研究基地”。在长期积淀与主动规划的基础上，中心形成了文艺理论与马列文论、文艺美学与中西美学、生态美学与环境美学、审美文化与审美教育四大研究方向，相关研究领域均处于国内前沿或领先水平，特别是生态美学研究，已在国际美学界产生重要影响，成为中心学术发展的重要生长点和亮点。

在文艺理论和马列文论研究方面，谭好哲的马克思主义文艺意识形态本性研究建构起了意识形态论的马克思主义文艺理论体系，马龙潜的文艺主客体关系研究、王汶成的文学语言研究、凌晨光的文艺批评学研究、黄发有和胡友峰的文学与媒介关系研究、张红军的文学修辞学研究、杨建刚的马克思主义与形式主义关系史研究等均取得重要成果。

在文艺美学和中西美学研究领域，周来祥的文艺美学研究在学界具有重要影响，谭好哲的文艺美学元问题研究、程相占的古代文艺美学研究、胡友峰的西方美学研究、戚良德的《文心雕龙》美学研究、李桂奎的中国古代文论和美学研究等成果丰硕。

我们在国内首先倡导生态美学研究，成就卓著，为生态美学研究起到了奠基作用并建立起较为完备的生态美学研究团队。程相占的环境美学与生态美学研究也广具影响，他与美国著名环境美学家阿诺德·伯林特(Arnold Berleant)合作主编的《国际美学前沿译丛》在美学界产生较大影响。

在审美文化和审美教育领域，陈炎主编的《中国审美文化史》和《中国当代审美文化》、周来祥主编的《中华审美文化通史》、仪平策的《中古审美文化通论》、祁海文的中国古代美育思想研究和谭好哲的中国现代美育思想研究等也取得重要理论成果。

张:山大文艺学专业什么时候开始招收培养研究生?

曾:自 50 年代起,山大的文艺学专业开始招收研究生,1981 年成为全国首批硕士学位授权点,1986 年又成为全国高校 3 个文艺学博士学位授权点之一,并从 1987 年起正式招收博士生,至今已形成了从本科生到博士后的多层次人才培养体系。基于学科长期的学术积淀和已有特色,为推动学科的良性发展,山大于 1987 年成立美学研究所,1996 年成立文艺学综合研究所。1999 年,山东大学文艺美学研究中心成立,2001 年经教育部批准成为普通高等学校人文社会科学百所重点研究基地之一,逐步成为全国文艺美学与生态美学等领域的研究重镇。2002 年,山东大学文艺学专业被评为国家级重点学科。

张:在山东大学文艺学学科发展历程中,山大始终重视基础理论研究,是国内学界对山大文艺学学科的共识性评价。

曾:山大文艺美学学科在文艺学课程的教材建设上,又基于原教材基础重新出版了《文艺学新论》,这一教材以狄其骢先生为主编写,曾获得国家教委的全国高校教材二等奖。此外,本学科还先后编写出版了《马克思主义文艺论著选读》《文艺美学》《文艺美学教程》《文艺学通论》等教材。另外,在近年来中央实施的马克思主义理论研究与建设工程中,再度全面开展高等学校哲学社会科学重点教材编写工作,其中我担任了《西方文论史》的首席专家并主持教材编写;此外,还有陈炎、谭好哲、马龙潜和我本人等多位教师参与了《美学理论》《马克思主义文艺理论》等重点教材的编写工作。

张:请您谈谈山东大学文艺美学研究中心申请重点研究基地的过程。

曾:"文艺美学"作为一个独立的学科,是改革开放后由北京大学胡经之教授提出的。但胡老师本人在文章中说,他曾受到台湾学者王梦鸥 1971 年《文艺美学》一书的启发。胡经之教授于 1956 年毕业于北京大学中文系,留校从事美学研究工作,当时的工作现实让他深感文艺学太政治化,西方美学又太抽象,只在主观、客观上争来争去。他想寻找一条道路把美学与文艺学贯通融合起来。于是,他于 1980 年春在昆明召开的首届中华美学学会上提出："高等学校的文学、艺术学科的美学教学，不能只停留在讲授美学原理，而应开拓与发展文艺美学。"中华美学学会的《简报》刊登了胡经之教授有关建设文艺美学学科的建议。从此，由北京大学作为学术引领，文艺美学学科在我国蓬勃发展。它不仅成为美学学术研究的一个重要领域，而且进入人才培养领域，被确立为研究生培养的方向，还开设了专门的"文艺美学"课程。此后，文艺美学被教育部人才培养方案确立为中国语言文学下文艺学中的三级学科方向。数十年来，培养了众多该方向的研究生。

周来祥教授于1984年出版《文学艺术的审美特征和美学规律——文艺美学原理》一书，这是我国出版的第一部文艺美学专著。他还为本科生开设"文艺美学"课程，并于1986年5月在泰安举办"首届全国文艺美学讨论会"。可以说，我们山东大学是继北京大学之后较早进行文艺美学教学与科研的学术单位。

2000年初，教育部决定在人文社科领域建立100个学术基地，集教学、科研与社会服务于一体，进行重点投入与重点建设。我们山大文艺学非常希望进入教育部100个基地建设行列。当时的形势是北京师范大学文学院文艺学学科已经确定要进入100个基地建设行列。按照教育部的规定，一个三级学科只能有一个基地。如果我们也申报"文艺学"基地，那无疑会与北师大形成激烈的竞争态势，形势不容乐观。为此，我们经过反复考虑推敲，决定申报"文艺美学"基地。这其实更切合我们山大文艺学一直重视美学教学与科研的传统。

早在中华人民共和国成立初期，山大还在青岛时，吕荧教授作为我们山大中文系的系主任，就致力于美学研究。在20世纪50年代的美学大讨论中，吕荧教授提出了"美在主观"的著名观点，成为我国美学大讨论的代表性观点之一。50年代初，华岗校长执掌山大时，在史学、哲学与文学领域均有建树。1959年，华岗校长在监禁中写作了《美学论要》，坚持美的客观性与社会性，坚持马克思主义观点。20世纪60年代，周来祥与狄其骢教授联合开设了美学课。我在1983年出版了《西方美学简论》，1985年出版了《美育十讲》，周来祥教授于1984年出版了《美在和谐》与《文艺美学》。因此，长期以来，美学研究是我们山大文艺学学科的学术传统。文艺美学应该成为我们未来的研究方向。于是，我们决定申报具有交叉性的"文艺美学"研究基地。我们将这一设想向当时教育部社科司司长顾海良汇报后，得到他的认可与大力支持。

基地对文科来讲也很重要，和重点学科有重叠又不重叠。文艺美学虽然不属于中国语言文学下设的二级学科，但是研究基地落到二级学科。刘大钧先生的易学研究有特点。汤一介先生谈山大易学的特点：别的地方搞易学，偏重易学理论，而山大易学偏重易卦。因为懂卦的相对比较少，所以山大的易学被认可了。2000 年 9 月，"山东大学易学与中国古代哲学研究中心"成立。

2000 年 10 月，山东大学当代社会主义研究所被批准为教育部人文社会科学重点研究基地。政治学专业有的高校成立比较早，和我们国家的中国特色马列主义的基本建设连在一起。山东大学当代社会主义研究所赵明义老师，1979 年创建了山东大学科学社会主义专业，1983 年创建山东大学当代社会主义研究所。山大酝酿下一步要申请的重点研究基地建设时，考虑了中文和史学。史学要上的话，有可能是考古，中文要上的话就是文艺学。教育部社科司倾向于我们文艺学上，因为文艺学是国家重点学科。再就是我不担任山大校长了，学校推荐我担任文艺美学研究中心主任并申报教育部基地。

2000 年 10 月 27 日，教育部专家组及教育部社政司领导一行七人对山大文艺美学研究中心进行实地考察，经过无记名投票，山大文艺美学研究中心通过了教育部全国人文社科研究基地检查。申报文艺美学研究中心，我们当时无可选择，因为北师大以文艺学申请，按道理我们就不可能申报文艺学了。文艺美学在文艺学和美学之间交叉，属于三级学科。周来祥老师 1985 年又出版了《文艺美学》的著作，开过相关学术会议，所以就确定了文艺美学。这个文艺美学专业的确定，最后实践证明非常高明。它的高明处后来得以显现出来，并不是我们有先见。再一个我们也没办法挑选了，就选了文艺美学这个专业申请基地。

张：文艺美学研究中心获批教育部重点研究基地，何时举行的揭牌仪式？

曾：2001 年 5 月 10 日，山大文艺美学研究中心举行揭牌仪式，同时召开"文艺美学学科建设与发展"研讨会。在揭牌仪式上，教育部社科司顾海良司长发表讲话指出："山东大学文艺美学研究的特色是美学与文艺学的结合，依托中国传统文化的探索底蕴，将中国的美学思想与文学艺术创作直接挂钩，建立有中国特色的超出文艺学概论界限的文艺美学。”顾司长的讲话为山大文艺美学的发展指明了方向。同时，文艺美学研究中心学术顾问、中国社科院研究员钱中文先生也就文艺美学研究中心的理论问题发表了自己的看法。他认为，文艺美学研究应继承中外美学与文论成果，作为文艺学的一个新的生长点，逐步走向文化美学，以新理性精神为出发点，拯救人文精神的失落，保持人的精神家园，使人成为真正的人、完美的人。我国文艺美学的创立者胡经之教授出席会议并出任山大文艺美学研究中心专家委员会成员。

山东大学文艺美学研究中心基地揭牌仪式

文艺美学研究中心揭牌后，我们在周来祥先生前期研究的基础上，开始了文艺美学研究的历程。首先我们中心得到了钱中文教授的大力支持。我在《文学评论》2001 年第 5 期发表长文《中国文艺美学学科的产生及其发展》，同时还成功申报了教育部教材《文艺美学教程》，这本教材由我主编，中心美学研究者及外校相关领域学者都加入了教材的编写队伍。该教材经多次研讨，最后成稿于 2005 年，由高等教育出版社出版。2007 年，我还应邀在《华中师范大学学报》上发表长文《回顾与反思：文艺美学三十年》一文。另外，我还出版了《文艺美学学术史》。

张:请您介绍一下文艺美学学科的学术定位。

曾:关于文艺美学学科的学术定位。历来学界或认为文艺美学是美学与文艺学的分支学科,或认为文艺美学是两者的中介,或认为文艺美学是艺术哲学等,众说纷纭。我则认为,文艺美学是20世纪80年代以来,在中国美学领域的一个新兴学科,它有自己新的视角、新的时代精神、新的资源、新的方法,基本具备了华勒斯坦对一个新的学科提出的三个基本要素:相对稳定的学科内涵、相对稳定的方法与相对稳定的研究群体。

关于文艺美学学科的研究对象,历来有文艺美学研究对象是艺术的审美本质、艺术的审美活动等多种看法,而我则认为,文艺美学的研究对象是艺术的审美经验。这就否定了文艺美学学科研究对象或在客观与或在主观的实体性,而转向主客关系的经验性,是一种此在的、即时的审美经验。

关于文艺美学学科的研究方法。由于文艺美学学科的对象是艺术的审美经验,这决定了它必定运用审美经验现象学的方法,从而也使研究对象由传统的理论文本转移到即时性的鉴赏文本。审美过程也由客体转向了主体构成性。这实际上是引用了欧陆审美经验现象学,特别是法国现象学美学家杜夫海纳的审美经验现象学。当然,在我看来,我们在运用审美经验现象学时必须对其进行必要的改造,也就是以马克思主义实践唯物论为指导,将审美经验美学建立在唯物实践论的基础上。

关于文艺美学的学术资源。由研究对象即艺术的审美经验决定,文艺美学的主要学术资源从理论文本转移到艺术作品,包括古今中西的艺术作品,当然也应该包括当代大众文化、影视与网络文化等。这是一个非常大的转型,是一种由传统认识论到现代存在论的转型,从审美层面来说,这也是一种由传统本质主义到基本人性的转型,审美不是认识领域对本质的把握,而是指向人生领域的"美好的生存"与"诗意的栖居",回归"审美的人性"这一原始出发点。为此,我专门写作了《试论当代存在论美学观》一文,发表在《文学评论》2003年第3期。

张:《试论当代存在论美学观》一文论证了这一转型的时代要求,论述了学科发展的必要根据。

曾:是的,在二战之后,人类社会经历了由工业文明到后工业文明的转型,工业文明在带给人类社会富裕发展的同时,也带来了美与非美的一系列二律背反，改善日益严重的“非美化”人类现实的生存状况，成为非常紧迫的现实需要。艺术领域则由现实主义与浪漫主义这两类主流传统，迅速转向新现实主义抽象派、象征派与荒诞艺术，从重视对现实的反映转向重视对生存意义的探寻。

在美学学科层面，美学也从传统认识论迅速转型到现代存在论，海德格尔的存在论代替了传统的典型论，传统认识论方法也逐步被胡塞尔现象学方法与“主体间性”理论所替代。审美对象也由传统实体性对象转型为主体感知中的经验性对象。艺术的本质也由传统的模仿、反映转型为主体构成中的显现，这是一个由遮蔽走向逐步显现的过程。最重要的一点在于，美学的关注视点由“人类中心论”转向“生态整体论”，这促使生态美学的产生与发展。可以说，如果没有哲学与美学领域内由认识论到存在论的转型，就没有生态哲学、生态美学与生态批评。我认为，这种转型是现代哲学与美学发展的历史必然。马克思主义的创始人已经将改善“生命的个人的存在”纳入其视野与目标。因此，美学研究必须走向以马克思主义实践存在论改造传统认识论的现象学之路。

第三节
文艺学获批国家重点学科

张:2002 年 1 月，山东大学文艺学专业被评为国家级重点学科。那么，国家重点学科的评选是在什么背景下进行的？

曾:1985 年 5 月 27 日，《中共中央关于教育体制改革的决定》提出了“根据同行评议、择优扶植的原则，有计划地建设一批重点学科”的要求。根据这一要求，国家教育委员会印发了《关于做好评选高等学校重点学科申报工作的通知》。根据通知精神共评选出 416 个重点学科，其中文科 78 个、理科 86 个、工科 163 个、农科 36 个、医科 53 个，涉及 108 所高等学校。

此后，国家又组织了两次重点学科的评选工作。第二次评选工作是在 2002 年，为落实《面向 21 世纪教育振兴行动计划》而展开。此次高等学校重点学科评选工作采取学校申报、同行专家评议和行政审核批准的方式进行，在专家评审基础上，确定重点学科名单并向社会公布评选结果，接受社会舆论监督。为体现公平竞争和不搞终身制的原则，20 世纪 80 年代末国家教育委员会批准的高等学校重点学科，全部重新参加此次高等学校重点学科的评选工作，原高等学校重点学科名称自动取消。第三次评选工作是在 2006 年。为适应建设创新型国家、构建社会主义和谐社会和全面建设小康社会对人才与科技的要求，急需根据建设创新型国家的战略部署，调整国家重点学科结构。这次重点学科调整中，建立了国家重点学科建设的多元投入机制，并完善了检查考核制度，确立了国家重点学科建设的检查、监督和激励机制，等等。

曾繁仁（左三）与山大文艺美学研究中心老师合影

前排左起：凌晨光，程相占，曾繁仁，谭好哲，李桂奎，胡友峰；后排左起：韩清玉，尤战生，杨建刚，曹成竹，李飞，贾伟，王祖哲，陈硕，伏煦

张：2002 年 1 月，山东大学文艺学专业被评为国家级重点学科。当时您作为学科负责人赴北京进行了文艺学学科汇报，并成功入选国家重点学科。请您简单介绍一下山大文艺学被评为重点学科的评审情况和汇报情况。

曾：2000 年，国家启动重点学科第二批申报工作，我作为文艺学学科带头人组织了申报工作，通讯评议顺利通过了。2001 年冬，教育部在北京友谊宾馆评选新一轮中国高校的重点学科，山大文艺学初选入围，得以参加全国重点学科竞争，但由于种种特殊的原因，山大初选排在第 3 名，而且后面还有实力比较强的学校参加竞争，如果按照惯例，只能入选两个重点学科的话，那我们山大文艺学就会被排除出去，即便是破格给文艺学三个名额，我们山大文艺学也没有百分之百的把握。因此，我与谭好哲参加评审时内心非常紧张。记得评审会召开前的那天晚上，北京的天气分外寒冷，我与谭好哲在友谊宾馆外的路上散步，内心十分不安，深知如果上不了重点学科，我们山大文艺学在未来的很长时间内很难有进一步发展的机遇。

第二天参加评审会时，由于紧张，我竟然找不到准备好的发言稿了，只好用旧稿去汇报。谭好哲当时安慰我说："曾老师，您不是准备了好长时间了吗？有稿与无稿已经不重要，内容您早就烂熟于心了。"小谭的安慰倒使我心安了许多。当时中文评审组有十多名学者，钱中文与陆俭明先生是召集人。我们进门时，陆先生马上站起来接过我手中将要分发给各位评委的评审材料，非常热情。当时评委集中的问题有两个：其一，山大文艺美学的特色是什么？其二，一旦山大文艺学评上重点学科，学校是否会全力支持？

对于第一个问题，我们的回答是："山大文艺学，以文艺学与美学的结合，即主要从事文艺美学研究为其特色，也反映了山大的学科传统。"对于第二个问题，我们的回答是："目前山大中文系全力保证文艺学的发展，学校也有明确态度。"评审会后，我们仍然忐忑不安，但又不好询问评委，到了晚上忍不住给中央民族大学的戴庆夏教授打电话，他告诉我们文艺学上了3个，包括山大。后来我们才知道这是钱中文教授力保的结果。因为钱中文教授既是召集人，又是文艺学方面的专家，他的态度是非常关键的。2002年1月，山东大学与中国人民大学、暨南大学三所高校的文艺学学科入选国家重点学科建设。正是因为山大文艺学成为国家重点学科，这才使我们作为"教育部人文社科百所基地"有了更大发展空间，也为学校的"211工程"建设与"985工程"建设提供了新的学术增长点。

张：您能否介绍一下在推动文艺学学科建设方面，文艺美学研究中心主要做了哪些方面的工作？

曾：目前，山大文艺美学研究中心已初步形成了文艺美学、生态美学、审美教育、审美文化四大研究方向。文艺美学是中国学者提出的新的学科方向，中心将文艺美学作为研究重点，在学科定位、学术史清理、理论内容的深入挖掘与拓展等方面都取得了突出成绩。

在以文艺美学研究为基础的同时，文艺美学研究中心积极关注学术前沿领域，努力拓展新的学术增长点，发展新兴学科。目前，生态美学已经成为中心学科发展的突出亮点。我们在国内首先倡导生态美学研究，现已建立起比较完备的生态美学研究团队，并联合国内外生态美学研究方面的专家学者，于2011年成立了“山东大学生态美学与生态文学研究中心”，主办了同仁刊物《生态美学通讯》，并多次主办国际生态美学研讨会。

20世纪90年代以来，伴随着大众文化的繁荣，审美文化得到了国内学者的普遍关注，已然成为学术研究的新的生长点。研究中心在审美文化研究方面也取得了突出成绩，在国内学术界产生了重要影响，本科生通识课程“中国审美文化”已经成为国家级精品课程。

此外，如何将美学研究应用于教育之中一直是中心的重要研究方向，并形成了审美教育研究团队。我们长期致力于审美教育研究，主持了教育部哲学社会科学研究重大课题攻关项目“现当代中西艺术教育比较研究”，已经出版了审美教育系列丛书。

文艺美学研究中心的成立，标志着我们山东大学几代人的美学梦圆了。从华岗先生、吕荧先生，然后到孙昌熙先生，到周来祥先生、狄其骢先生，一直到我们这一代，一代一代接下来。山大美学传统一直是有的。由于华岗校长的影响，我们山大的中文专业理论气氛一直比较浓厚，而且比较重视马列和毛主席的经典，这个特点一直延续到现在。所以文艺美学中心的成立，在山大中文是个非常重要的事情。确定了我们中文今后的发展方向。在教育部近百个基地建设发展过程中，我们始终占有一席之地，在教育部的几次评估中，成绩越来越好。在2023年基地评估中名列17，获评优级。最近教育部要求我们把文艺美学研究中心打造成国际性的高水平的学术高地。

山大文学院美学学科培养了一代又一代有影响的美学家，活跃于全国美学界，成为我们的骄傲。而今，已经进入新世纪，面向无限美好的山大未来，山大美学学科一定会薪火相传，不知其尽也。

第九章 教学是教师的崇高职责与成长之道

2020年9月9日下午，临近教师节之际，山东大学在中心校区举行2020年教师节庆祝大会，曾繁仁被授予“山东大学教学终身成就奖”。其中介绍词这样写道：“到2020年，曾繁仁已经在高校教学岗位上耕耘46载。46年来，他始终站在教学第一线，先后为本科生、硕士生、博士生讲过‘文艺理论’‘美学’‘西方美学’课程，从未间断。他著作等身，学术研究始终紧密结合着教学进行，主编过《西方文学理论》《文艺美学教程》等国家级教材。他曾长期担任教学领导工作，从教研室主任到学科主任，从教务长到副校长、书记、校长，任职国家教委中文教学指导委员会副主任长达10年，担任教育部社会科学委员会文学语言新闻部召集人也已过10年。每个周三，山东大学知新楼都会迎来一位年近80岁的老人，他拎着讲义，要给年轻的学子们上课。”教学终身成就奖可以说是对曾繁仁46年教学工作的肯定和褒奖。

曾繁仁结合给本科生、硕士生以及博士生的授课经历，讲述了从教50多年的教学生涯以及所取得的教学成果，并结合自己研究生培养经历，畅谈了以求实和创新两种态度的治学经验。

第一节

我听从狄先生教诲始终没有放下教学科研

张：曾先生您从1978年担任中文系副主任，到2000年7月三校合并卸下校长行政职务。前后长达22年的党务行政工作，但这20多年您从未停止过培养本科生与研究生的工作，也从未停止教学科研工作。能否请您谈谈如何处理党务行政与教学科研的关系？

曾：尽管我干了这么长时间的行政，又任书记又任校长，也在省教委干过，但是根子里还是个书生。我这一生就是看书、写书、读书。那么我想，山大培养我，我将毕生奉献给山大，这就是我的人生。我的教师生涯是从1964年开始的，我的文艺学教学生涯是从1973年开始的，我的科研生涯是从1977年开设西方美学课开始的。1964年我留校工作以后，搞了一段业务，又要搞行政，又回来搞业务，前前后后20余年。

我始终很重视山大文科建设。中文专业于20世纪30年代即开始招收本科生，50年代开始招收研究生。1981年国务院恢复学位制度，本学科首批获得硕士与博士学位授予权。1997年又获得博士、硕士学位一级学科授予权。该专业传统悠久，方向齐全，综合实力强，影响广泛而深远。

我自1964年毕业后，留在中文系文艺理论教研室，同时兼64级辅导员，给他们讲过政治课。1966年“文化大革命”开始后，学校就停课了，直到1971年在周恩来总理的批示下，才开始招收工农兵学员。1973年，我开始给刚入校的同学讲授毛泽东文艺思想课；1977年，开始研究西方美学；1983年，出版《西方美学简论》；1992年，出版《西方美学论纲》。从1981年开始研究美育理论，并于1985年出版《美育十讲》；2000年，出版《走向二十一世纪的审美教育》；2006年，出版《现代美育理论》；2009年，出版《现代中西高校公共艺术教育比较研究》。从2001年起，我开始从事生态美学研究，并于2003年出版《生态存在论美学论稿》；2010年，出版《生态美学导论》。从1979年起，我开始了文艺美学的研究，于2003年出版《美学之思》，2005年出版《文艺美学教程》(主编)，2007年出版《转型期的中国美学：曾繁仁美学文集》，2010年出版《中国文艺美学学术史》(主编），2012 年出版《美育十五讲》《中西对话中的生态美学》，2018 年出版《西方美学范畴研究》，并于 2021 年出版《曾繁仁学术文集》十四卷等。

我自从事科研工作以来，先后主持国家社科重大攻关项目、教育部重大攻关项目、教育部基地重大项目等，曾获得教育部优秀社科一等奖、山东省优秀社科一等奖、全国百篇优秀博士论文指导教师奖等奖励。

我干行政工作以来，为什么一直搞业务，这得益于狄其骢先生的教诲。尤其是 1995 年我担任山东大学党委书记后，由于工作特别繁忙，人事关系又较为复杂，我准备放弃业务，专做行政工作。我专门向狄先生汇报说："我一直在文艺学专业招生，工作特别忙，想退出业务，一门心思干好党委书记，就对得起组织的培养了。"狄先生说："你这个想法不对，有两个问题你要考虑。第一个问题，关于文艺学这个学科的带头人。我是

狄其骢先生

1933 年生人，今年 60 多岁了，这个学科交给谁？年龄比你大一点的，他们的专业有弱项，很难担起来。考虑再三，唯一能承担的就是你。你既然已经回山大了，就要担起来，就要责无旁贷地干起来。再一个，你想想你自己，任党委书记只能干到 60 岁，从行政岗位上退下来你干嘛？你不会下棋，不会闲聊，又没有别的爱好，你这余生靠什么来度过？搞业务做学术和教学，既能给学校给集体做贡献，也能为自己寄托后半生。"

我被狄其骢先生的一番话点醒，放弃了专做行政工作的念头，回到中文系开始招收博士研究生了。正是狄先生的提醒才使我得以坚持治学，晚年有一个比较充实的生活。

张：狄先生获得博士研究生招生资格较早。

曾：1994 年经国务院学位委员会第 12 次会议批准，狄先生列入博士生指导教师名单。博士生指导教师名单中还有龚克昌、张可礼、葛本仪、钱曾怡教授。我记得当时文学院的现代汉语专业也获得博士学位授权学科。中国古代文学 1981 年获批博士学位授权学科，萧涤非先生任博士生导师。1982 年萧先生招收了李从军和林继中两名博士研究生。1986 年文艺学获批博士学位授权学科，周来祥先生任博士生导师。

狄先生说:“文艺学方向的博士,我们俩一起做。我多上课,你行政工作忙,少上课,我们共同把培养任务完成。”狄老师不久就生病了,成了我多上课,他少上课或者不上课了,他的研究生也是我协助培养。狄先生对我的嘱咐,我一直记到现在:为自己的后半生搞好业务。

多亏了狄先生在关键时刻为我找到自信与方向。关于文艺学学科的传承,狄先生讲,我们从吕荧先生到孙昌熙先生,再到现在,只有你能接下来。就把这个重任给了我了。狄先生说完这个话,其实他身体就不好了。

1997 年 6 月狄先生去世。早在 20 世纪 90 年代初期,医生就发现狄老师的膀胱中长有一个小小的东西,在北京手术后,大夫说并无妨碍,但要注意观察。后来再未发现问题,我们大家都放心了,以为这件事情就像烟云似的过去了。岂不知,1996 年深秋,狄老师发现咽食困难,到医院一查即确诊为贲门癌。这是一种长在非常麻烦部位的癌症,开刀与治疗都较困难。然后就联系手术,狄老师的学生们都忙着给他找最好的大夫,进行着术前的准备。手术是顺利地进行了,但动手术的大夫却并不乐观,告诉我们已有扩散,他已尽量将癌变部分割去。过了一段时间,狄老师回家养病了,情绪很好,我多次去看他,春节也去给他拜年,对狄老师的康复是乐观的。

谁知,春节还没有过完,就接到狄老师又犯病的电话。我立即赶到狄老师家,将他送到省立二院。那时突然感到狄老师下地走路有困难,心里犯嘀咕,不知是何原因。住院后,检查治疗,病情时好时坏,但总体上是朝严重的方向发展。直到有一天,我得知狄老师下肢瘫痪的消息,到病房看到狄老师躺在床上,下身插着管子。他看到我,对我轻轻地说:“下肢瘫痪了,小便有血了。”我只能无声地点了一下头。这是狄老师第二次发病后,对我说过的最完整的一句话。

此后,每次去看他,他都只点头,说一句“来啦”就不再说话了,眼睛定定地望着远方。我知道狄老师此时内心的痛苦,希望他能把这种痛苦释放出来,但他不愿将自己的痛苦传递给别人。1997 年 5 月,我们与狄老师的儿子商量,将他的片子送到北京找专家看,诊断与山东省相同,宣告不治。有一天,我又去看他,这时狄老师更加虚弱,每次说话都要剧烈咳嗽。看我去突然欲挺身而起,要对我说话,但连续不断地咳嗽,却使他憋红了脸。我忙扶他躺下,然后对他说:“狄老师,您好好休息,不要说了,我知道，您是不放心您现在带的博士生的毕业和修课问题，您放心好了，我一定会安排好的。”听到这里狄老师才不说话了。也就是说，他去世之前所关心的还是自己的学生。

1997 年 6 月 3 日晚，系里通知我狄老师病情严重。我立即赶到医院，这时中文系的许多老师都围在狄老师病房的里外，有许多女同学在伤心哭泣。狄老师一再出现危急，经抢救无效而永远地离开了我们。狄老师去世后，我想了许多许多。他的去世，不仅对我们文艺学学科是一个重要损失，对我本人来说也是一个重大损失。

2018 年 6 月，曾繁仁出席《狄其骢文论集》出版纪念暨新时代文艺理论建设与发展学术研讨会

张：荣闫芳先生前两天刚刚去世，您和狄先生的夫人荣先生交往多吗？

曾：荣先生是狄老师的夫人，山大毕业后分到北大教留学生，后来回到山大在中文系任教。她外语很好，教书很认真。她是上海人，我也是上海人，我们两家来往很密切。

张：荣先生是首任中文系比较文学与世界文学教研室主任。

曾：她任比较文学与世界文学教研室主任，非常重视文献。她这一代人重视文献和资料功夫。

第二节

我参与编写的五部教材被列为教育部教材

张:曾先生,您在教学岗位上已经耕耘 46 载,始终站在教学第一线,为本科生、硕士生、博士生授课解惑,从未间断。这期间您编写了五部国家级的教材,其中有一部马工程教材,请您谈谈您在教学过程中的教材编写工作。

曾:我给本科生上课是 1973—1987 年,给研究生上课是 1987—2022 年。我开设的课程有"毛泽东文艺思想""文艺基本原理""西方美学""审美教育""生生美学""生态美学""西方美学范畴研究",一共七门课。有三门本科生课是"毛泽东文艺思想""文艺基本原理""西方美学";"审美教育"是给干部专修科讲的;"生生美学""生态美学""西方美学范畴研究"是给博士生讲的。

曾繁仁参与编写的部分教材

张:您觉得这七门课程当中哪一门是难度最大的?

曾:还是西方美学,它的理论性比较强,也比较艰深。比方说现象学美学、分析美学,这都比较艰深。一般的中国学者不太喜欢分析美学,因为各种分析模式,有点数学的味道。罗素他们研究这个方向,中国人不太习惯。但是英美国家把模型的分析放在很重要的位置,他们先把问题弄成模型——哲学也是模型,美学也是模型;他先把问题变成模型,但是他后来要用描述来解构这个模型。但是这里比较复杂,中国人要把它说得很明白不大容易,所以应该讲还比较艰深。

《文艺美学教程》:文艺美学应以艺术审美经验为研究对象

张:请您谈谈《文艺美学教程》这部教材的编写情况?

曾:现在我编的教材有五部被列为教育部的教材。其中主持普通高等教育"十五"国家级规划教材《文艺美学教程》的编写工作,并由高等教育出版社于 2005 年 10 月出版。该书不同于此前文艺美学教科书多以艺术的审美本质或艺术的审美活动为出发点的理论框架,而是以"艺术的审美经验"作为文艺美学的出发点,以"培养学会审美的生存的一代新人"为学科主旨,构建了全新的文艺美学学科体系,取得良好的教学效果。

张:谭好哲教授评价说,您主编的《文艺美学教程》中提出了"文艺美学应以艺术审美经验为研究对象"的独特观点。

曾:这可以说是这本教材的特色。"文艺美学"最早由胡经之先生提出。《文艺美学教程》将文学艺术的审美经验作为文艺美学学科的研究对象,采取以马克思主义为指导的审美经验为基础的理论体系,具有鲜明的时代特色,可以说是后现代语境下将文艺美学学科进一步向前推进的代表性成果。

张:请您谈谈这部教材的主要内容。

曾:《文艺美学教程》全书分导言和四个大的部分,共计十章。导言部分主要阐述了文艺美学的产生、学科定位、研究对象与研究方法;第一部分为艺术审美经验的一般理论,主要包括"艺术审美经验的涵义"和"艺术的审美范畴"等;第二部分是关于艺术审美经验的本体问题,包括"艺术创作的审美特征""艺术文本的审美特征""艺术接受的审美特征"和"艺术的分类"等;第三部分是关于艺术审美经验的历史形态、民族形态及其传播问题，包括“艺术的发展形态”“比较视域中的中西艺术”和“艺术的传播”等；第四部分是最后一章“艺术与人的审美化生存”，将整个论述最后归结到艺术的审美经验之本体论超越，点出了文艺美学课程和本教材着力于培养“学会审美地生存的一代新人”的主旨。

《西方文学理论》：坚持“洋为中用”发展中国特色文学理论

张：您担任教育部“马克思主义理论研究和建设工程”《西方文学理论》项目首席专家，2015 年高等教育出版社出版了该教材。

曾：2004 年中共中央启动马克思主义理论研究和建设工程重点教材编写工作，在由中宣部直接组织编写的 34 部重点教材中，山大中文学科仅有《文学理论》1 部，谭好哲教授被选拔为教材编写课题组主要成员。2018 年在教育部组织编写的马工程重点教材中，我担任了《西方文学理论》的第一首席专家和主编，其他首席专家还有周宪教授与王一川教授，中心成员凌晨光、李鲁宁、尤战生等作为主要成员参与写作工作。这样的话文艺美学研究中心就有了两部主编的马工程教材。2018 年我主持编写的“马克思主义理论与建设工程”《西方文学理论》（第二版）由高等教育出版社出版。

曾繁仁主编的《西方文学理论》教材

张：《西方文学理论》的主要内容有哪些？

曾：全书阐述了西方自古希腊至当代重要文艺理论家的主要观点和西方文论的整个发展历程。导论部分交代了西方文学理论的研究对象、发展线索、学习西方文学理论的意义、方法以及本书的体例和特点。后续章节包括古希腊罗马文论、文艺复兴文论、新古典主义文论、启蒙主义文论、德国古典文论、浪漫主义文论、现实主义文论、心理分析文论、俄国形式主义文论、结构主义文论、西方马克思主义文论、后结构主义文论、后现代主义文论等。

张:请您谈谈《西方文学理论》的特点和特色。

曾:西方文学理论,简称西方文论,是西方文学研究与阐释的结晶。发展中国特色文学理论,要坚持"洋为中用",吸收借鉴西方文论的优秀成果。

西方文论不是孤立的现象,而是产生于广阔的经济、社会与文化背景之上。为探索西方文论发展的根本动因,《西方文学理论》从西方社会经济发展的角度,以马克思主义的立场、观点和方法为指导来认识和评价西方文学理论现象,把握西方文论的发展线索和理论范畴。

教材编写工作凝聚了集体智慧,在提纲的确定、范本的推敲与内容的审定等方面均经过多次集体讨论;同时注重发挥个人专业特长,保证教材具有较高的学术水平。

思想性与学术性的统一是教材的最大特点。教材将西方文学理论现象置于特定的社会、时代、经济与文化背景中加以审视,坚持以马克思主义的立场、观点和方法阐释其理论内涵背后的社会经济动因;以文学与现实的关系为基本理论线索,从作品、读者、世界与作家等四个维度梳理西方文学理论现象及其与社会现实的关系,并对文学理论现象进行思想性和学术性评价。

《西方文学理论》在写作过程中,结合教学特点吸收当前在西方文学理论领域研究的最新成果;在知识点的安排上,将教材内容延伸到后结构主义和后现代文论,包括广受关注的文化诗学与生态批评,使教材具有鲜明的时代意义。

史论统一是本教材的另一特点。教材按照史的线索来阐述,在深刻揭示西方文论在不同历史时期的不同表现形态的同时,尽量将历史上重要文论家的主要文学理论观点加以呈现,注重各个理论家之间的历史关联。教材注重理论评述,以期帮助学生学习掌握马克思主义文论,学习吸收西方文论中的优秀成果,建设发展中国特色文学理论。

《美育十五讲》:列为"十二五普通高教本科国家级规划教材"

张:《美育十五讲》2012 年 1 月由北京大学出版社出版,被列为"十二五普通高教本科国家级规划教材"。请您谈谈该书的创作过程?

曾：2006 年北京大学出版社主编温儒敏教授约我参与北京大学出版社的“十五讲”系列丛书，写一本《美育十五讲》。由于当时琐事较多，加之《现代美育理论》刚刚出版，我感觉要马上写一本有差异的同类书籍还是有些困难，所以没有马上动笔。直到 2010 年暑假才正式动手写作《美育十五讲》，因为当时正在给研究生上课，只有利用课间来写，前后共写了将近一年的时间，由于知识本身具有承续性，所以我改写了以前的一部分书稿，以前的内容大约占全书的三分之一，其余三分之二则是新写于第二个暑假，并在 2011 年 7 月 20 日完稿。

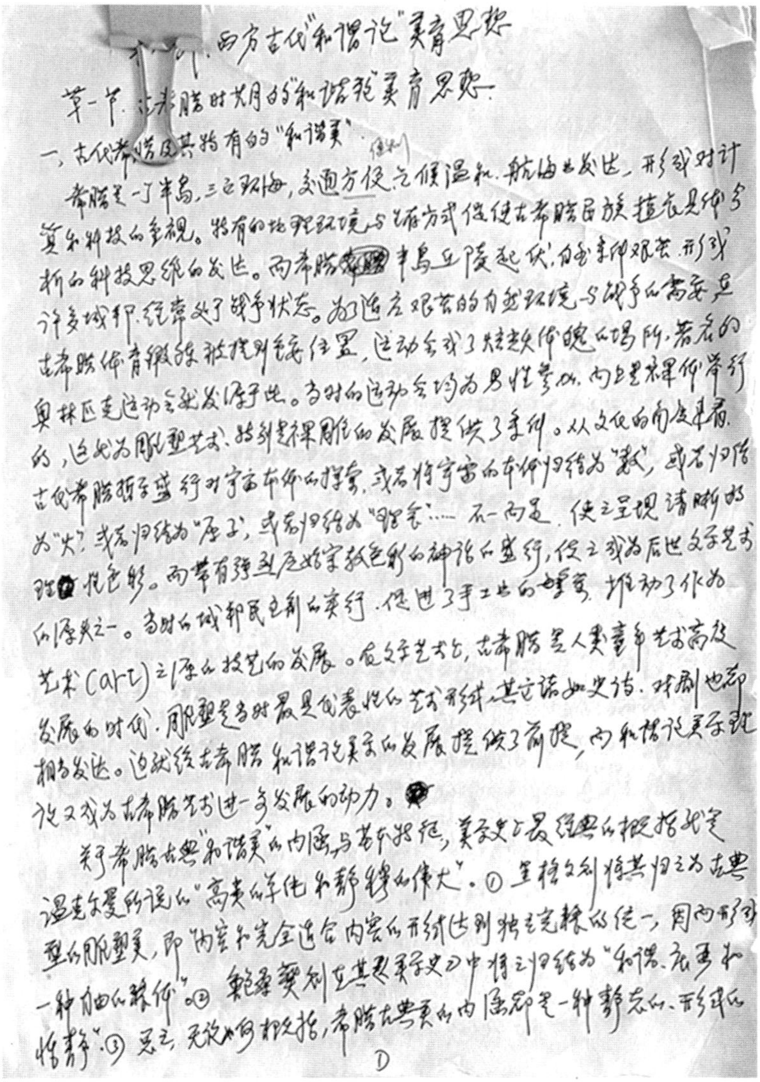
西方古代"和谐论"美育思想

第一节 古希腊时期的和谐论美育思想

一、古代希腊及其特有的"和谐美"

曾繁仁《美育十五讲》手稿

张:请您简述一下本书的主要内容?

曾:《美育十五讲》全书十五讲,通过美育的独特视角探讨一种不同于“应试教育”的“人的教育”,从美育的基本理论、西方美育发展、中国美育发展与当代美育四个部分共十五讲,论述了美育的“人的教育”的特性及其丰富内涵。第一讲是美育的性质,包含感性与情感教育的“人的教育”;第二讲从美学、教育学、文学等多个学科视野阐释了美育的学科特点;第三讲则探讨了美育的特殊作用;第四讲论述了美育“不可代替”的特殊地位,这针对的是学术界之美育“末位论”与“首位论”之争的问题;第五讲为“美育所凭借的特殊手段”,论述了艺术教育的特殊地位与魅力;第六讲为“美育与大脑开发”,主要从当代脑科学的角度论述了美育所特有的开发右脑、调节大脑边缘系统与调节脑内吗啡肽的作用;第七讲为“生态审美教育”;第八讲到第十讲主要论述西方美育思想;第十一讲至第十三讲主要论述中国古代“中和论”美育思想及现代美育思想。第十四讲则探讨了美育的当代发展新进展;最后一讲第十五讲论述了中国新时期美育的发展历程与成果共识。

以上成果与共识并非我个人的成绩,而是新时期以来国家和诸多学校、专家学者共同调查、研究之后的见解,我只作为新时期美育建设的积极参与者对其加以总结,但其中也存在某些遗漏。

张:《美育十五讲》的主要特点是什么?

曾:《美育十五讲》以“美育是包含感性与情感教育的人的教育”为基本立足点贯穿始终。在行文中更是带有一种明确的问题意识,对当代我国社会与教育所面临的问题做出自己的回答。

从 1981 年到 2010 年,我的美育研究走过了 40 年的历程,《美育十五讲》就是这 40 年历程的总结,因此具有全面性与一定的理论深度,出版后受到普遍欢迎,并经过专家评审确定为“十二五普通高教本科国家级规划教材”。

《现代中西高校公共艺术教育比较研究》:我国第一部中西现代高校公共艺术教育比较研究的论著

张:2009 年 9 月,您主编的《现代中西高校公共艺术教育比较研究》由经济科学出版社出版,请您谈谈这部教材的编写过程?

曾:2004 年 12 月,山大文艺美学研究中心由我领衔申报了教育部社科重大攻关项目“现代中西高校公共艺术教育比较研究”,并于 2009 年 9 月结项出版。本成果在我国是一种全新的尝试,因为传统意义上的中西艺术教育比较研究曾经有过,但作为高校公共艺术教育的中西比较研究却是首次,而非专业的高校公共艺术教育的比较研究更能审视中西教育理念的差异和效果,探究通识性的人文教育在中西高校之间的实施情况。

张:请您谈谈该书的主要内容和特点。

曾:本项目还具有较强的实证性特点:美国哈佛大学、英国伯明翰大学、日本东京大学、中国清华大学等学校的艺术教育的研究结果,均出自各校相关学者的亲自考察工作,研究成果基本上都是出自第一手材料。全书最后一部分内容,在上述研究的基础上总结出“比较研究的启示”,一共分为三个层次:第一,艺术教育的发展从根本上应借助“国家意识”与“全民意识”的统一;第二,普通高校公共艺术教育的发展是在人文与科技、智性与非智性以及功利与非功利的内在张力与平衡中取得的。第三,现代艺术教育的发展应有能力应对正在蓬勃兴起的消费文化、大众文化、视觉文化与网络文化的新形势。以上启示均以论文形式发表在《文艺研究》期刊上。

张:这部教材的主要内容有哪些?

曾:《现代中西高校公共艺术教育比较研究》分六编加以论述,第一编为现代中西艺术教育比较的基本理论研究;第二编为中国现代艺术教育研究;第三编为英美现代艺术教育研究;第四编为日本现代艺术教育研究;第五编为现代艺术教育典型个案研究;最后的第六编着重论述了艺术教育的人文教育基本特点、经济社会文化作为其发展的根本动因、特具的功利与非功利二律背反的内在张力、中西与古今关系、面临的消费文化与网络文化挑战以及未来发展方针等问题。

《20 世纪欧美文学热点问题》:列为面向 21 世纪课程教材

张:经济科学出版社在首批推出的 34 部教育部哲学社会科学研究重大课题攻关项目最终成果简介中,指出《现代中西高校公共艺术教育比较研究》“作为我国第一部全面进行中西现代高校公共艺术教育比较研究的论著，带有填补空白的性质”。您还参与主编了哪部国家级教材？

曾：我还主编了《20 世纪欧美文学热点问题》，该书 2002 年 7 月由高等教育出版社出版，该书被列为面向 21 世纪课程教材。

张：请您谈谈这部书的主要内容。

曾：20 世纪欧美文学新作品迭出，流派纷呈，由此引发的文学争论也是尖锐激烈，众说纷纭。本书精心选取了历史上影响较大的 43 个热点问题，分别设立为专题，对其产生的背景、问题争论的焦点、具有代表性的观点进行了梳理、归纳和评说。

我还编写了《西方美学论纲》《西方美学范畴研究》《生态美学导论》等教材。

张：这五部国家级教材，其中《西方文学理论》是马工程教材，哪些是研究生的教材呢？

曾：《文艺美学教程》《美育十五讲》这都是研究生的教材。

张：我认为《美育十五讲》可以先申请山东省优秀教材奖。

曾：省优秀教材奖我没有申报过，《美育十五讲》这部教材发行量很大，反响也较好。

张：杜泽逊院长《文献学概要》被评为国家级的优秀教材一等奖。正如您所说的《美育十五讲》，影响和发行量都比较大，我认为应该冲击省级或者国家级优秀教材奖。

曾：可以试试看。《美育十五讲》以“美育是包含感性与情感教育的人的教育”为基本立足点贯穿始终。在行文中更是带有一种明确的问题意识，对当代我国社会与教育所面临的问题做出自己的回答。通过美育的独特视角探讨一种不同于“应试教育”的“人的教育”，从美育的基本理论、西方美育发展、中国美育发展与当代美育四个部分共十五讲论述了美育的“人的教育”的特性及其丰富内涵。这部书反响较好，可以试试申请教材奖。

另外《生态美学导论》是国内首部以中国特色社会主义生态文明理论为指导，综合中西古今资源，全面论述生态美学这一崭新美学理论形态的论著，全书论述了生态美学的产生、理论指导、中西资源、理论内涵以及发展路径。这部教材也可以申报教材奖。

第三节

教师最光荣的使命是教书育人

我培养研究生的目标

张:您从 1987 年开始招收硕士研究生,从 1996 年开始招收博士研究生,至今已过去 36 个年头,培养的硕士、博士和博士后接近 130 余名,并且这些学生中很多已经成为学界的著名专家,分别任教于南京大学、中山大学、山东大学、厦门大学、西安交大、社科院等著名学府或科研院所。祁海文、王汶成、赵奎英、陈炎、谭好哲、王德胜、仪平策、凌晨光、王诺、刘士林、刘旭光、傅守祥、胡友峰、杨建刚、韩清玉、段吉方、妥建清、赵利民等人都已成为博士生导师,在学界有着较大影响力。

曾:山东大学作为全国最早招收和培养研究生的高校,从 1950 年就开始招收和培养研究生,到 1965 年,共培养研究生 152 名,而真正大规模招收和培养研究生则是从 1978 年恢复研究生招生和 1980 年建立学位制度之后开始的。文艺学专业培养研究生的历史是和山大同步的,即20 世纪 50 年代开始招收培养研究生,当时导师有孙昌熙等先生。

我 1987 年就开始培养研究生,1988 年开始给研究生上课。本科生的课,潘校长不让我上了。潘校长不让我上的原因是我太忙了。学校当时有老校、新校,有时候老校的会还没开完,新校就开会了,有的会我还要主持。我任山大常务副校长以后分管教学人事、文科科研、外事等工作,工作繁忙,所以不停地要调课。潘承洞校长就说你不能上课了,他通知教务处把我的课去掉了。

张:1987 年您开始培养硕士研究生,这一年您招收了几名研究生

曾:第一年招了三个人。赵奎英是业务做得比较好的,她博士毕业后,任职山东师范大学文学院,现为南京大学艺术学院院长、教授、博士生导师。姜秀生现在已经是某战区的少将了。

曾繁仁(前排中)与博士生毕业合影

第一排左一夏冬红,右一赵奎英;第二排左一王汶成,左二祁海文,左三张义宾

张:您还记得第一次给硕士生上课的情形吗?

曾:第一次上研究生课,我讲的"西方美学"课。第一届研究生到现在都记得比较清的是每堂课后都布置作业,我经常要批改作业。赵奎英、姜秀生他们到现在都记得很清楚。

张:给研究生布置作业、批改作业是从1987年开始招收培养研究生开始的吗?

曾:我一开始带研究生的时候很重视这个事,因为我在山大上学的时候,中文系的先生给我上课的时候都有作业,都有批改。但是后来行政工作繁重的时候就没法坚持了,太忙了。

张:据您的研究生说您批改作业还是挺严格的。

曾:我要求博士生主要是多看书,从中提高自己的学术意识和科研能力。我主要是布置读书笔记这样的作业。读书笔记的作业和同学们有几次研讨,研讨后经过几次修改,我再进行批改。同学们针对我批改的地方还要进行反馈,然后我再回馈意见,还有这样的情况。

张:您1995年担任博士生导师,开始招收培养博士研究生。您给博士生开设什么课程?

曾:硕士生我招了三届以后,招了十几名。我于1995年又开始招收博士生,每年一个,有时候一年两个,还在山大艺术学院招收博士生。我带博士研究生的方向是西方美学，我主要讲“生态美学导论”这门课，这是我比较系统比较完整地给博士生讲的课。我给周辉、刘冠君他们讲导论，他们一边听一边讨论也一边提意见。

张：多年来，您一直坚持在教学的一线，尽管已至耄耋之年，尽管还担任着多重职务，但是给学生上课从未迟到或者请假，总是把其他事务安排在其他时段，充分保证同学们的上课时间，并且细致批阅、指点学生作业，也许正是这份坚持，同学们对课程、对学习有着更大的热爱和激情。请您结合本科生、硕士生、博士生分别谈谈您的教学方法。

曾：培养学生的总目标是培养独立的科研和写作能力。本科生基本上能写成一般的论文，硕士生到博士生应该写出有创新性、高水平的学术论文。

张：请问您在硕士和博士研究生培养上有什么区别吗？

曾：我开设硕士生的“西方美学”课，是在本科生基础知识上进行深化，研讨学术问题。给博士生讲“西方美学范畴研究”课，更深化了。我把整个西方美学概括成十个范畴，也许是一种首创。研究西方美学的学者很多，但没有把西方美学用范畴来归纳总结的。“西方美学范畴研究”这门课，除了语言学、符号学没讲，还有社会批评、西方马克思主义这些内容没讲，其他内容全部系统进行了讲述。

张：在博士研究生培养上，您如何调动学生的学习兴趣和学术热情？

曾：我采用先课堂讲授，再组织讨论，讨论以后再总结的方式进行授课。至少提前一周把研讨的学术题目告知博士生，课堂讲授后就围绕学术问题进行讨论，讨论以后再总结。

张：您培养博士生的一个特点就是给学生布置阅读书目。

曾：我每年都会给博士生开列一个阅读书目，并发布相关的学术问题。

张：您要求每周读一本书，要写读书笔记，要汇报读书的情况。

曾：研究生写读书笔记很重要。我知道冯、陆、高、萧培养研究生的时候都是让学生写读书札记，这是锻炼学生读书作学术的一种方法，可以从中培养他们的学术意识和创新能力。

张：山东大学将“培养最具创造力的研究生”作为培养目标，请问如何培养研究生的创造力呢？

曾：每到博士论文选题，我总是以学生的意愿为主，根据学生的兴趣和专长指导选题。为了能够准确把握学生选题的合理性，并进行有效指导，我会在学生确定大概方向之后将基础文献阅读一遍，给予学生可行的意见和方案。有的博士生在学术研究上存在徘徊和彷徨。我要求博士研究生独立发表高水平学术论文。独立发表是个什么概念呢？必须得创新，只有创新才能写出有独特价值的东西，刊物才能给发表。有的学生一个月投稿一篇，一年就投了八九篇，一篇也没有发表。你说他不用功吗？他就是很难进行创新，创新点不足。不创新、不叫人家眼睛一亮，文章肯定发不出来。《文史哲》编辑部与全国著名期刊主编组织召开座谈会的时候，我带着博士生到现场参会，主编们说："都说我们发文章难，实际上是好的文章少，叫人眼睛一亮的文章，也就是说创新的文章少。"

到现在我没探索出如何让我的博士生、硕士生走到社会以后，能够每年写出两篇自己独立发表的文章，这样他们才能够独立地生存下来。现在这个目标我没完全实现。还是要培养有独立的科研能力，独立的写作能力的学生。"独立"两个字，是指导师可以帮忙，但不是依靠导师，而是能独立地完成创新的，能够发表的论文，这就是我近期的目标。能做到这一条，才能在学术界生存下来，有所发展。

张：您是如何指导研究生写作论文的呢？这也是当下很多年轻研究生导师所困惑的。

曾：我把具有独立的科研能力、独立发表论文的能力，作为培养研究生的目标。现在博士学位论文通过不难，打合格的都比较少，学术界有共识，因此并不苛刻。但是发表高水平的学术论文比较难，有的刊物发表要求很高、很严，当然有的刊物不发博士生论文，这是不对的。我现在的目标是学生起码不主要依靠老师，发表自己独立完成的，带有创新性的论文。不是偶尔发表一篇，而是经常性的，只有这样才能够成为一个合格的学术研究者。

荣获全国百篇优秀博士论文指导教师奖

张：2005年您指导的博士研究生学位论文荣获全国百篇优秀博士论文，您获得全国百篇优秀博士论文指导教师奖，您指导的是哪位博士生的学位论文？

曾:2005 年 12 月,教育部、国务院学位委员会共批准 96 篇学位论文为全国优秀博士学位论文,其中山东大学有 3 篇博士学位论文获奖。我指导的博士生王德胜的学位论文《宗白华美学思想研究》获奖。该论文着重从宗白华 20 世纪 40 年代前的美学思想出发,结合新中国成立后其美学思想的一些重要成果,围绕其美学有关艺术审美理论的基本观念、艺术化的理想与实践、中西美学与艺术比较研究以及美感理论建构等问题,具体分析和探讨宗白华美学,尤其是其早期理论观念、理论命题、理论精神以及理论方法等,以期较为系统地梳理宗氏美学的基本面貌,发掘宗氏美学的核心精神,深化对宗氏美学在 20 世纪中国美学精神传承建构中的重要意义。他这篇博士学位论文获 2005 年全国优秀博士学位论文。

与王德胜毕业合影照片

张：请您谈一下这篇学位论文的特色？

曾：王德胜现在是首都师范大学文学院教授、博士生导师，国家“万人计划”领军人才。他主要研究美学理论、文艺美学、现当代中国美学史和当代审美文化。他也是宗白华的学生，16 岁到北大哲学系读书，就听宗先生的课，就跟着宗先生跑来跑去的，他和宗先生家人都很熟。他的材料都是第一手的，宗先生儿子给了他部分材料，他上学的时候还给宗先生做口述史。王德胜考入山东大学后，继续做宗白华美学思想研究。我跟他讲，千万不能做成宗白华的资料文献，你应该把宗白华放在中国现代美学史上，在美学的发展当中来看宗白华的地位贡献和他的学术问题，他博士论文就是这样做的。我说宗白华年谱你都发表了，也不能再重复。后来他自己又把年谱附在里边了，香港出版的。我们两个共同认为，把宗白华放到中国现代文学现代美学史发展的历史里面，来审视宗白华的贡献和地位，应该是正确的。

王德胜做宗白华研究的资料都是第一手的。在论文的写作过程中，我要求他要有问题意识，怕他写成文献资料汇编。宗白华到底在中国美学史上占什么地位，为什么？在中国现代美学的发展当中，他在中国古代美学的建构方面有着巨大的贡献，他的闪光点和贡献点在什么地方？王德胜对宗先生的美学思想作了有特色的概括，并且较为全面。

曾繁仁获全国百篇优秀博士论文指导教师奖奖牌

张：评选全国优秀博士学位论文是国家教育振兴行动计划的重要组成部分，是提高研究生培养质量、鼓励创新、促进高层次创造性人才脱颖而出的重要措施，入选全国优秀博士论文从一定程度上反映了文艺学学科以及您培养研究生的质量。您在培养研究生过程中遇到过棘手的问题或困惑吗?

曾:有的。2003 年的 1 月 15 日至 4 月 15 日,香港道风山汉语基督教文化研究所邀请我,任特邀研究员,并在那里展开三个月的科研工作。当时与基督教文化研究所的老师座谈的时候,有老师问我说:"曾老师你培养的研究生每年有多少不能毕业?"我说:"没有不毕业的。"我问他们的毕业情况时,他说:"我们有三分之一以上同学不能毕业,你怎么可能每个学生都能毕业呢? 不可想象。"香港和西方的高校在研究生培养上都有淘汰制,你的学生全部都毕业,怎么做到的呢? 他们不能理解。洪刚,你现在在做研究生教育管理,我们要探索一个正常的淘汰率。有的研究生就没有学术培养前途或者达不到研究生培养目标,像这样的学生我们应该设立淘汰制。

张:曾先生,近几年山大研究生院也正在积极改革,建立了研究生尤其是博士研究生的过程淘汰机制。

曾:西方国家的一些高校都有淘汰制。

张:推行研究生过程培养淘汰制,对于培养高水平研究人才是件好事。现在学校还有部分超长学制博士研究生,学校会逐渐采取措施,对于没有学术培养前途或达不到培养标准的研究生采取结业或清退的方式处理。

曾:日本的广岛大学青木孝夫与我关系很密切,他是广岛大学美学教授,他没有博士学位,而是"博士修了"。他在东京大学美学博士点跟着今道友信教授修读的,不是毕业,而是"修了"。我问他:"青木啊,你什么学历,你有博士学位吗?"他说:"我没有啊,我没毕业,是修了。"

张:关于博士研究生淘汰机制,学校会有相关的举措。

曾:青木教授就说他的导师很有名,老师没让他毕业,这个没细说。尤其是在博士培养上必须实施淘汰制。

师生关系就是教学相长

张:在研究生培养上,您是长者,是友人,言传身教,和蔼宽容,又善于鼓励引导。您从 1987 年开始招收硕士研究生,1996 年开始招收博士研究生,您培养的硕士、博士和博士后接近 130 名,并且这些学生中很多已经成为学界的著名专家。

曾：1987 年我开始招收硕士生，1996 年开始招收博士生，到 2022 年停止招收博士生，35 年间，一共招收了 100 余名研究生。我还招收了谭好哲、王汶成、陈炎、仪平策、凌晨光等在职博士。这些加起来，就搞不清楚有多少个了。同等学力（在职博士）没有博士毕业证书，只发博士学位证书。同等学力博士研究生毕业要求与全日制博士是一样的，非常严格。陈炎、仪平策、凌晨光等都是我的在职博士生，均通过论文外审、答辩等环节，才顺利拿到博士学位。

张：请谈谈您培养的博士生的情况？

曾：我刚才讲了博士生王德胜获 2005 年全国优秀博士学位论文的事。他现在是首都师范大学文学院教授、博士生导师，国家“万人计划”领军人才。他主要研究美学理论、文艺美学、现当代中国美学史和当代审美文化。

祁海文是我 1996 年招收的第一个博士生。海文看起来好像不是特别突出，其实很突出。他是搞理论的，古典的根基很深。他从事文艺理论、中国文学批评史专业的教学科研工作，主要研究方向为中国文学批评史、审美教育。从 2010 年开始，祁海文与刘彦顺就计划组织编写一套《中国美育思想通史》，这个计划得到山东人民出版社胡长青社长的支持。这套通史由祁海文、刘彦顺、卢政、李飞、杨宝春以及上海师范大学潘黎勇等人执笔，从 2011 年开始，历时六年，在 2017 年由山东人民出版社正式出版，于当年 9 月在北京召开出版座谈会，得到美学界与会专家的充分肯定。

中国社科院学部委员、中华美学学会会长汝信认为，该书为深入整理传统思想资源、大力弘扬中华优秀传统文化、积极提升人的情感品格，提供了丰富而全面的材料。著名美学家张法认为，《中国美育思想通史》是一种“迎难而上”的学术行为，也是一种“以升级的方式呈现出来的总结”。

张：请您谈谈该书的学术价值和突出贡献？

曾：我认为有三点，一是该书是国内首部中国美育思想通史，改变了以往中国美育思想研究只有简史和断代史而没有通史的局面，并力图实现古代美育与现当代美育思想的接榫与贯通。二是本书在中国美育思想研究上提出了一系列创新观点：如“礼乐教化”是中国美育思想的核心；

"中和论"观念不仅贯穿于中国古代美育思想的各个理论层面，而且体现出中国古代美育思想融哲学、美学、伦理学、文艺美、教育学等为一体的基本特征等。三是本书力图打通哲学、宗教、教育、文艺思想等领域，从多学科多领域交汇中探讨和发掘中国美育思想观念的聚集点，从而突出中国美育思想的基本精神。

《中国美育思想通史》(九卷本)因其创新性特色，获得第八届高等学校科学研究优秀成果奖(人文社会科学)一等奖。祁海文承担了《中国美育思想通史》(九卷本)中的《先秦美学史》《两汉美学史》两卷最难的编写工作。我的十四卷文集(《曾繁仁文集》)，当然有的已经成书了，有的还没有成书，基本上是海文最后整合、审核、校对整理完成的，出乎我的意料，这也是他的贡献。

张:您的博士生王诺是生态文学批评理论家，是我国最早研究生态文学理论的学者之一。

曾:王诺是我2008级的博士生，现为厦门大学文学院教授。王诺对于我的学术影响是非常大的，我的《生态美学导论》初稿，就是他与刘悦笛博士帮助我审稿。与其说王诺是我的学生，不如说王诺是我的战友。从2002年苏州会议开始，我们就一起奋战在推介生态美学与生态文学的第一线，他给予我的支持与帮助令我难以忘怀。王诺让我坚定了生态美学的研究之路。

王诺于1998年就开始关注生态问题，2000年他到哈佛燕京学社访学，直接接触美国当代生态批评领军人物劳伦斯·布伊尔(Lawrence Buell)。学习结束回国后，王诺就投身生态文学研究，在厦大形成了具有重大影响力的生态文学学术团队。2003年，他的专著《欧美生态批评》出版，这是我国第一部全面准确介绍与论述欧美生态文学的理论专著。

2008年，王诺将其博士论文出版，题为《欧美生态批评研究》，该书进一步展开论述了生态整体主义，并将其提升到哲学高度进行阐发，对于正在不断发生的生态灾难，王诺也发表了自己的见解。另外，王诺还有多种成果与论文发表，是我国生态美学与生态文学研究领域重要领军人物之一。王诺作为我国生态整体主义的主要倡导者，同时也是欧美生态批评研究的首创者，具有不可代替的重要学术地位与作用。

如果说王诺是我国生态整体论的主要倡导者，那么赵奎英则是当代中国生态语言学的主要倡导者。赵奎英是我带的硕士生与博士生，她对我的生态美学研究非常支持与关注，她对我的许多成果都提出了宝贵意见。

赵奎英是我国语言学诗学研究的倡导者。赵奎英的硕士与博士论文都是研究语言学诗学，而21世纪以来，赵奎英则一直非常关注从语言学的角度进行生态美学研究。2011年，赵奎英得到英国伯明翰大学访学的机会，恰好伯明翰大学有生态语言的研究传统。赵奎英在访学期间受益良多，回国后更加自觉地进入生态语言学研究领域，成果丰硕，并承担了教育部人文社科研究项目“生态语言学研究”，于2017年出版论著《生态语言观与生态诗学、美学的语言哲学基础建构》。该书是我国第一部全面将生态语言学与生态诗学、生态美学相结合的论著，涉及中西生态语言学及其未来发展等一系列重大理论问题。该书从语言学的特殊领域论述了人与自然的平等，开辟了生态美学研究的新视野。

还有张颖慧。她现在任职于济宁学院。她论文写得好，她研究伽达默尔，博士论文《伽达默尔审美教化思想研究》是在美国宾夕法尼亚州立大学完成的，得到了很高的评价。2023年1月20日，她在《学习时报》理论版（中外历史版面）“中华春秋”专栏，刊发理论文章《我国古代的环境保护》一文。该文基于党的二十大报告关于“生态文明建设”的重要论述，以历史典籍中所载我国古代环境保护史实为切入点，通过系统性梳理和逻辑性论证，分别从“禁令律法”“设职任官”“生态哲学”三个层面，对中华优秀传统文化中所蕴含的丰富生态智慧和环保哲思做了全面阐释。

宋素凤是中国台湾籍的学生。她是狄其骢教授于1996年招收的博士生，但小宋入学不久，狄老师就不幸患病。狄老师对小宋与其他几位博士生学业的完成十分重视，他在病中嘱托于我。对于小宋这位来自台湾的学生，狄老师有着更多的关心。狄老师去世后，我遵照他的嘱托，尽力指导宋素凤等几位博士生完成论文写作和答辩工作。她的博士论文《多重主体策略的自我命名：女性主义文学理论研究》在我的指导下完成，并于2000年顺利博士毕业。她毕业后，我把她推荐到中山大学工作了。她现在在做声音美学的有关研究，这是很新的领域和方向。

张：对于学生来说，您更多的是以一位慈爱祥和而又无微不至的长辈身份出现，这是一种在校犹如在家的难忘学习经历。请谈谈您与学生之间有趣的故事。

曾：说到师生关系，就是教学相长。山大历来重视学生，像陆侃如先生说，他也不喝酒，也没有喝酒的朋友，就是来来去去的学生多。学生对老师可以说是持续的、永久的关怀，这个关怀也可能中间有中断，但是一直搁在心里边。由此我想起了几件学生关心我的故事。

张：请您详细跟我们谈谈。

曾：举例子说，2019年年底疫情暴发，在广州的王一芳打电话给张晓东说曾老师难逃一劫。他们两个同学商量，给我买了血氧仪、体温计等医疗物资。我当时感染了新冠高烧40.9度，那天晚上我都糊涂了。我儿子当时都吓哭了，他一晚上没睡。张晓东发着烧开车将这些医疗物资送到我家中。他说这是王一芳叫他送来的。宋婉宜给我推荐了阿兹夫定这种退烧药，我三天就退烧了！在最危急的时候我的学生救了我的命。

我患有胆囊炎。我的学生高原得知后，给我介绍省中医的大夫用中医的办法医治。胆囊炎这个病还真治不好，但他们找的中医大夫让我的病情得到了缓解。学生们对我的帮助很多很多，我就讲这些吧！

张：曾先生您讲的这些故事都非常感人！作为教师您全心全意教书育人，待他们像自己的孩子一样；他们也会付出真心，对待自己的师长亲如父母！

张：文学院院长杜泽逊也是您的学生吧？您给他上过课吗？

曾：杜院长是八一级的学生，他听过我的课，是我的学生。杜院长做四库存目研究的时候，他和王绍曾先生到北京开会，我陪他们一起去的，在会上也发了言。季羡林先生那时候是这个项目的负责人。我代表学校表示支持他们做这个项目。这一次会议我和王绍曾先生、杜院长就熟识了。

第四节

教学是教师的崇高职责与成长之道

2010年被聘为山东大学终身教授

张：在学生培养上，您以和蔼宽容的方式言传身教，又善于鼓励引导，赢得了同学们的赞誉。您于2010年4月被山东大学聘为终身教授。终身教授是山东大学设立的最高学术岗位,是学校授予学者的最高学术荣誉。

2010年4月9日下午,山东大学在中心校区邵馆报告厅隆重举行山东大学终身教授聘任仪式后,校党委书记朱正昌、校长徐显明与14位终身教授合影(第二排右三为曾繁仁)

朱正昌书记为曾繁仁颁发终身教授聘书

曾:学校在中心校区邵馆报告厅隆重举行山东大学终身教授聘任仪式。校党委书记朱正昌、校长徐显明出席仪式并为受聘教授颁发聘书。仪式由常务副校长王琪珑主持。首批终身教授共14位,有我和王文兴、王克明、艾兴、刘大钧、张运、庞朴、周来祥、赵明义、袁世硕、钱逸泰、蒋民华、彭实戈、路遥先生。他们是所在专业领域公认的一流学者，在本学科的创立、建设和发展过程中做出了突出贡献。

张：2019 年 9 月，您获评山东大学第十一届“我心目中的好导师”。

曾：“师者，所以传道受业解惑也。”教师最光荣的使命就是教书育人。我培养了多少研究生我也不清楚，但是我和学生之间的关系非常融洽，学生对于我的帮助很大，我们之间结下了深厚的师生情谊。2019 年，荣获山东大学第十一届“我心目中的好导师”，我感到非常荣幸。

曾繁仁(右)荣获山东大学第十一届“我心目中的好导师”

张：2020 年 9 月 9 日下午，教师节之际，山东大学在中心校区举行 2020 年教师节庆祝大会，您被学校授予“山东大学教学终身成就奖”。介绍词中说道：“到 2020 年，曾繁仁已经在高校教学岗位上耕耘 46 载。46 年来，他始终站在教学第一线，先后为本科生、硕士生、博士生讲过‘文艺理论’‘美学’‘西方美学’课程，从未间断。他著作等身，学术研究始终紧密结合着教学进行，主编过《西方文学理论》《文艺美学教程》等国家级教材。他曾长期担任教学领导工作，从教研室主任到学科主任，从教务长到副校长、书记、校长，任职国家教委中文教学指导委员会副主任长达 10 年，担任教育部社会科学委员会文学语言新闻部召集人也已过 10 年。每个周三，山东大学知新楼都会迎来一位年近 80 岁的老人，他拎着讲义，要给年轻的学子们上课。"教学终身成就奖可以说是对您 46 年教学工作的肯定和褒奖。

曾:我参加了庆祝大会,校领导亲自给我颁奖。我以《教学是教师的崇高职责与成长之道》一文回应了教学终身成就奖的评定。

> 这次学校给予我教学终身成就的崇高荣誉,自己既感到鼓舞,同时又觉得做得还很不够,需要继续努力。首先我想到的是自己从 1964 年留校任教,匆匆间已经走过 56 年,如果从我 1959 年到山大上学算起,我已经在校 61 年,整整一个甲子,可谓漫长。成仿吾校长经常讲的话是"教学中心"与"学生首位"。这可以说是山大与各位师长留下的优良传统。即便是在政治运动不断与三年生活困难的特殊时期,学校也尽量实现以上要求。我们 5 年本科,基本教学要求是完成的,当时中文系赫赫有名的教授几乎都给我们上过课,特别是古典文学与语言学几乎都是名师上课,有的名师上课达到两到三个学期,当时他们大都在 50 到 70 岁,应该是高龄。这些老师上的课,给我们以永远难忘的影响。我们不仅学到了知识和方法,更重要的是学到了做学问的态度与精神。例如冯沅君先生朴素无华的品格,陆侃如先生明白如话的文风,高亨先生不断要求我们提出自己看法的创新精神,萧涤非先生的杜甫研究中贯穿的激情等,都给我们深深的影响,至今老师们上课时的音容笑貌仍然留在我们心中。母校与老师已经为我们做出了榜样,我们这一代应有继承发扬的义务。我留校后在文艺学教研室,真正的教学工作是 1972 年恢复招生后开始的,当时主要讲授"文学基本原理",改革开放后讲授"西方美学",一直到现在。从本科生课开始到研究生课,目前主要讲博士生课。五十多年的教学生涯其实也是自己学术上的成长过程。教学既是教师的崇高职责,也是教师的成长过程。山大素有重视教学的传统,当年中文系规定,必须按照一比八的比例备课,其实我们的备课是远远超出这个比例的。不仅要写出全部讲稿,熟练掌握讲课内容,而且对于所有引文、板书、课例都要仔细推敲,不能有不准确之处与误导学生之处。每次讲课与每一段讲课都要认真总结提高。我们也就在这样的教学过程中成长起来。我所有的科研成果几乎都与教学有关,都是在讲稿的基础上总结归纳的结果。前期在给本科生上课的基础上连续出

版了两本西方美学方面的论著，还有《美育十讲》等论著。其后在研究生教学的基础上又写作并出版了《西方美学范畴研究》《生态美学导论》与《生生美学》等论著。教学中的提炼与同学们的疑问成为我学术成长的不竭源泉。我要感谢课堂，感谢我的学生，是教学不仅使得我成为一位合格的教师，也成为一名学者。今年其实是我给博士生上的最后一次课，我要珍惜这宝贵的机会，上好最后一次课，从中获得鼓励与灵感，也给同学一点自己的学术体会。母校培养之恩，学生帮助之恩，永难忘怀，尽我的有生之年，做一点力所能及的回报。

曾繁仁

2020.10.5

以求实和创新两种态度来治学

张：您几十年如一日，认真教学、关爱学生，培养了大批优秀人才，为山东大学人才培养工作做出了重要贡献。您长期从事美学与文艺美学专业的教学和科研工作，出版《生态美学导论》《中西对话中的生态美学》《美育十五讲》等著作10余部，主编《中国美育思想通史》（九卷本）等。您2005年获全国百篇优秀博士论文指导教师奖，多次获得山东省优秀博士生指导教师奖。1994年与2003年获山东省社科二等奖、2007年获山东省社科一等奖、2011年获山东省第五次社会科学突出贡献奖，同时获得教育部社科三等奖等其他多项学术奖项。2018年被评为山东省“社科名家”。请您谈谈治学经验。

曾：以什么态度治学？我认为应以求实和创新两种态度来治学。首先是求实。求实一是问题的求实，要有问题意识。我有一个博士生以著名阐释学哲学家伽达默尔为研究对象，准备写作博士学位论文。我问他，伽达默尔的研究与前人有何不同，有什么问题意识，这个学生据此选择了伽达默尔的“教化”作为选题，取得成效。我自己在西方美学备课之初首先选择突破柏拉图的评价问题，也就是对于柏拉图唯心主义的评价问题，找到学术的相对独立性立场，一定程度上解决了整个西方美学的研究路径。这就是一种问题意识。二是不能“掠人之美”，这是基本的道德品质。无论是直接引用还是间接引用都要注明出处，不得含糊，一定要分清楚是自己的成果还是别人的成果，这是做学问的基础，更是做人的根本。

关于创新，可以从观点、视角、文献三个角度进行创新。陈寅恪先生曾说过："古人写过的我不写，外国人写过的我不写，别人写过的我不写，我以前写过的我不写。"即你所说所写一定要和别人不一样，一定要出新。

怎么去治学？首先是基本理论。第一是要有唯物史观，认识到"社会存在决定社会意识"对于治学的重要性，一切的文化社会现象都必须放到一定的经济历史背景上才能正确理解其动因。第二是当代生态哲学。当代生态哲学阐述了人和自然的关系是最根本的关系，要按照"敬畏自然、尊重自然、保护自然"的基本准则从事学术工作，走出"人类中心论"，重新看待人与自然的关系。第三是现象学方法。作为人文学科，要走出主观与客观的二元对立，坚持人文主义的研究方法，现象学就是一种人文主义的研究方法与途径。现象学的意向性与审美的情感性特别接近，审美就是两种元素的相反相存，二律背反，这样的艺术形态才有吸引力、张力和魅力。

其次是基本知识。学术研究要史论结合，以史为基础。庞朴先生结合中国古代哲学"道生一，一生二，二生三，三生万物"写出"一分为三"，在黑格尔强调的"一分为二"占据压倒优势的时代背景下，彰显出庞老先生的胆识、学问和眼光。文献是治学的基础。朱德发老师从文献出发研究"五四"文化，将当时"五四"知名学者的所有文献都考证研究了一遍，提出"五四"文化的主流是民族主义和人道主义，表现出学者的勇气。陆侃如先生的《中古文学系年》将中古中国四百多年的文学与作家作品的有关文献做了梳理，基本工作历时十年，不断修订、补充，一直持续到生命的最后，该书成为中古文学研究的必备资料文献。山大中文系注重文献基础有着深厚的优良传统。

再次是基本技能，即"读""说""写"三项基本技能。"读"是要养成读书习惯，学会读书，厚书读薄，薄书读厚。"说"的意思是凡是你说不清楚的，或者说了别人不懂的，一定是你自己没有读懂。"写"是说写作是人文学科的基本功底，只有你写过了东西，才能真正说你读过了，因为写本身就是一种思想的整理过程，不写都不能算读过。写作应该成为学人最基本的一种生存方式。

最后是基本方法，包括分析和综合两种思维能力。分析就是指尽可能地穷尽资料，分析资料，分析问题。综合就是指高度的综合思维能力，将基本观点提炼出来。逻辑的综合能力是文科学者最重要的能力，需要在不断的教学中训练提高。

如何治学是一个实践的过程，是一种终身的实践，基础是勤奋，归纳一下无非是勤奋，勤奋，再勤奋。

张：古人云，霁月光风，谓之度；万物一体，谓之仁。感谢您始终以培养中国最优秀的本科生和最具创造力的研究生为己任，潜心育人，开拓创新，为国家培养了大批人才！近半个世纪以来，您始终在学术与行政之间寻求着一种平衡。更难能可贵的是，您以一名学者的身份在美学研究领域坚定地走了下来。即使在很困难的时期，您在狄先生的鼓励之下始终坚持着给学生上课，直到现在，您也没有在退下来的时间里休闲，而是把全部的精力投入到了学术研究之中，在学术上焕发了第二春。

第十章 我的学术研究

热烈欢迎参加“建设性后现代思想与生态美学”国际学术研讨会的专家学者
Welcome to International Conference on “Construtive Postmodernism and Ecoaesthetics”

曾繁仁在生态美学、审美教育、文艺美学与西方美学等领域颇有建树，特别在20世纪中期兴起的生态美学领域成果卓越，是中国生态美学的奠基人。他致力于在中西比较与文明互鉴的视野中建构中国特色的美学学术体系和话语体系，提出生态美学的中国话语形态——“生生美学”，并围绕“生态存在论美学”开展创造性的阐释；在审美教育领域，他是新时期审美教育的重要学术代表人物和倡导者，由其主持的教育部哲学社会科学重大课题攻关项目“现当代中西艺术教育比较研究”，其成果“带有填补空白性质”；在文艺美学领域，在他的率领下山东大学成为新世纪该领域的中心之一；在西方美学领域，他从1982年就系统开设有关课程至今，在众多领域进行了开拓性的工作，并获得马克思主义工程《西方文学理论》立项，为第一首席专家。曾繁仁结合自己从事50余年的美学与文艺学专业的教学、科研工作，详细回顾了在生态美学、审美教育、西方美学和文艺美学研究等方面的学术经历。

第一节

把西方美学作为自己的终生事业

张:您曾作为教育部人文社会科学重点研究基地山东大学文艺美学研究中心主任,主持基地的学术工作,使其成为生态美学、审美教育、文艺美学等领域的研究重镇。您长期从事美学与文艺学专业的教学、科研工作,在西方美学、生态美学、审美教育、文艺美学四个领域的研究方面始终处于国内领先水平。请您谈谈您的学术研究工作。

曾:我的教师生涯是从 1964 年开始的,我的文艺学教学生涯是从 1973 年开始的,我的科研生涯是从 1977 年开设“西方美学”课程开始的。我先讲教学情况,因为教学是每一名教师最基本的工作。重视教学、重视学生是山大的传统。一个名校、一个有传统的学校,首先重视学生、重视教学,这是毫无疑问的。

山大重视学生也是有名的。最有名的故事是赵太侔先生保护徐中玉。徐中玉先生在自己的回忆文章中曾经特别详细地记述这件事,并曾亲自对我说起过。赵校长暗地通知名列黑名单的进步师生逃走,不仅徐中玉一人。据校史记载,1947—1948 年,国民党军警曾先后关押 200 多名进步学生,赵校长都亲自组织营救,并指示校务委员会做出了对以上学生一律保留学籍的决定。众所周知,赵太侔先生曾任国民党山东省党务指导委员会委员,但他作为一个教育家,有一个十分明确的理念,那就是爱护学生。当时国民党当局要求赵太侔撤离青岛逃到台湾,但他却躲在山大医院,以“治病”为名,没有跟随其他国民党大员逃往台湾,而是毅然决定留了下来,投身于新中国的教育事业。

赵校长有一个观念——自古没有老师整学生的。在学校里面,他有超越社会的一种大爱,这种大爱在一定程度上超越了政治。老师和学生的政治观念可能不一样,但是老师不可能加害学生,学生也不可能加害老师。再说山大对教学的重视。成仿吾校长经常讲这么一句话:教学为主,学生首位,为学生服务。成校长所有的报告里面几乎每一次都要讲“为教学服务,为学生服务”,这是山大的基本宗旨。潘承洞校长把这句话更进一步地阐释了，他说："学校，学生是主体。没有学生，要校长干吗呢？没有学生，要教授干吗呢？没有学生就没有教授，也没有校长。"学生是学校的主体，所以重视教学、重视学生是我们山大的优良传统。

张：您是如何走上文艺学和美学研究道路的？

曾：1964年我留校在文艺理论教研室任助教，中间教了十几年课，又干了一段行政，我始终是双肩挑。1964年毕业后，我留在中文系文艺理论教研室，同时被系里派到六四级担任辅导员。在担任辅导员期间，我只给六四级同学讲过政治课。1966年，"文化大革命"开始后，学校就停课了，直到1971年在周恩来总理的批示下，才开始招收工农兵学员。1973年，我以《在延安文艺座谈会上的讲话》为最基本的教材，给刚入校的同学讲授"毛泽东文艺思想"课。我真正的学术研究是从1978年党的十一届三中全会后开始的。当时教研室需要开设"西方美学"课，狄其骢先生让我准备这门新课。我从1981年开始了"西方美学"课程的教学，开启了文艺学与美学的教学科研生涯。

张：您是著名美学家，在文艺美学研究领域成绩卓著，在您看来，什么是美？您能否简单介绍一下中西方文化中"美"的差异？

曾：美学的英文单词是"Aesthetics"，该学科是由鲍姆加登(Alexander Gottlieb Baumgarten)创建的，原本指的是感性学。日本人把它翻译成"美学"，后通过王国维介绍到了中国，于是这里增加了"beautiful"，即"漂亮的"意思在里面。在中国古代的知识里面，"羊大为美"，指的是动物养肥养大了之后可以吃，把它当作一种美。我们现在一般认为，这是古代丰收以后的一种以肥美羊头作为装饰的舞蹈仪式。所以中国的美是与日常生活以及我们的生命有密切关系的。

我们现在用"生生之美"这一提法，指的就是"生命创生"的东方之美，这更符合中国传统文化与民间有关"美"的特点。其实中西方对于美是有共通性认识的。就目前来讲，我认为美就是人对于审美对象的肯定性情感体验。这是一种情感体验，且是肯定性的。西方与此类似的美学范畴有很多，比如"美是感性认识的完善"，"美是理念的感性显现"，等等。但是到了当代以后，这种美学概念很大程度上被解构了，美成为此时此地此人的一种体验。用刘纪纲先生的话来讲，常常在没有"美"字的地方有美。中国传统文化交融性的特点决定了美善不分。

西方美学研究几乎伴随了我整个学术生涯

张:您40年来始终坚持西方美学与西方文论的教学与科研工作,取得一系列重要成果。

曾:西方美学研究几乎伴随了我整个学术生涯,从1981年到2021年。2020年冬,我最后一次给博士生上“西方美学范畴研究”课程,结束了近40年的西方美学课程的教学历程。其间,西方美学的教学始终没有停过。

我真正的学术起步是在改革开放以后。改革开放以后,有一个突出的问题摆在我们面前。国家当时可以说千疮百孔,“文化大革命”遗留的问题,非常严重,出现了精神迷茫等一系列尖锐问题。“文化大革命”以后,我毫不犹豫地选择了美学。一个是我喜欢美学理论,它不仅是个理论问题,而且是个现实问题。所以我的美学就是从西方美学和审美教育起步的。其实一开始我的学术起步是审美教育。当时山大办了一个高校培训班,培训班的学员均为各高校的校长,我给他们讲美学。我记得讲美育,非常受欢迎。我从“文化大革命”的现实出发,把美学研究作为人生方向。恢复高考后,也就是1977级的学生入校以后,狄其骢先生找我商量开设西方文论或者西方美学课程事宜。考虑半天,狄先生让我自己开设这门课程。他是教研室主任,又是我老师,我就很忐忑地把这个任务接下来了。我没学过西方美学,想到复旦大学蒋孔阳先生那里去进修,狄先生帮助我联系了复旦大学的蒋孔阳先生,蒋先生准许我在他那里一边听课,一边备课。我原本准备1978年暑假后就到复旦大学进修西方美学,但是申请报告却被复旦大学教务处给退了回来,原因是蒋先生开设的是“西方文论”课而不是“西方美学”课。

张:不是“西方美学”课程?

曾:对。“西方美学”在中文系没法开。可山大很自由,我说“西方美学”在中文系就是“西方文论”。这可能是因为按教育部批准的教学方案,西方美学课要开设在哲学系,而西方文论课要开设在中文系,但其实教学内容基本是一样的,只是名称不同而已。蒋先生了解了这个情况后随即告诉狄老师,说重新写一个进修西方文论的报告即可来复旦大学。后来蒋先生又给我来信说:你再写一个报告。狄先生说:我们已经开学了,不用去复旦大学了，你就自己准备开课吧！这是我们文艺学教研室第一次开这门课，又是哲学类的，比较繁难，而且全国开这门课的学校也不多。我想，这门课应当由我的老师狄其骢先生来准备。但狄老师告诉我，他准备开另一门新的比较文学课，决定这门西方美学课由我来上。我借来了西方美学的原著以及当时能够找到的参考书，开始了艰苦的备课。当然，首先是准备古希腊美学，主要是柏拉图与亚里士多德。当时的主要参考书是朱光潜先生的《西方美学史》与汝信先生的《西方美学史论丛》，我关于古希腊美学部分的许多基本观点都取自这两本书。我就开始自己备课了，困难可想而知了，就一年多，《西方美学专题》的讲稿写出来了。

1981 年我开始讲授"西方美学"课程

张：您从 1981 年开始讲授"西方美学"课程？

曾：在狄先生的支持下，我从 1981 年给中文系 1977 级开设"西方美学"课，也就是给谭好哲、陈炎他们所在的 1977 和 1978 级上课。这门课成为我一生都在坚持上的课。在这门课的基础上，我还不间断地为研究生讲"西方美学的范畴与体系研究"，前后近40 年。1981 年在山大中文系为七七级学生顺利开设了"西方美学"课，并在修改、完善课堂教案的基础上，我完成了《西方美学简论》一书。

张：自 1981 年您开设"西方美学"课程至今，先后出版了《西方美学简论》《西方美学论纲》《西方美学范畴研究》三部专著。

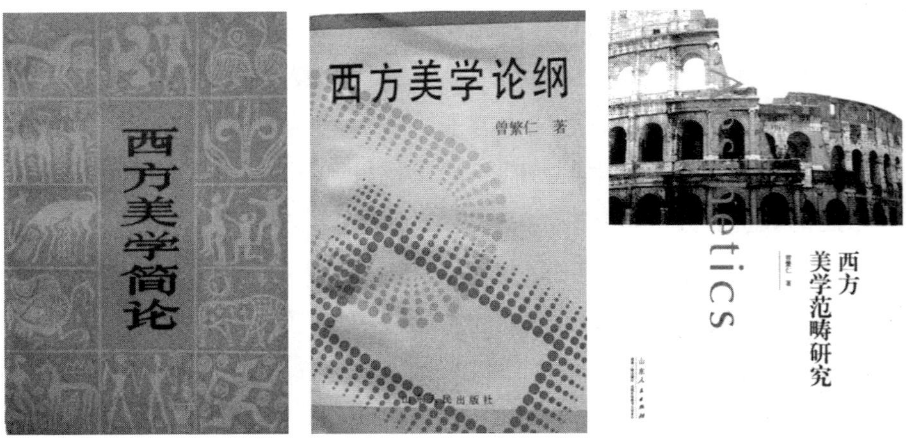

《西方美学简论》《西方美学论纲》《西方美学范畴研究》书影

曾:“西方美学”这门课我给本科生讲授了40余年。我始终在教学一线,在教学相长中拓展与深化自己的专业知识,同时也使我不断地从这门课吸取营养。我上“西方美学”课的成果也比较多。首先是1983年山东人民出版社出版了《西方美学简论》,当时是一种创新,是自己的总结。然后是1992年山东人民出版社出版了《西方美学论纲》。2016年山东人民出版社又出版了《西方美学范畴研究》。

《西方美学简论》《西方美学论纲》《西方美学范畴研究》这是三本变革性的著作。《西方美学简论》试图论证西方美学与马克思主义美学的关系,一般认为马克思主义美学综合总结了西方美学。我通过备课发现西方美学又滋养了马克思主义美学,马克思主义美学从西方美学中吸收了丰富的营养,这是一个双向的关系,不仅仅是总结。

然后到了《西方美学论纲》,前面章节的古典部分把德国古典美学介绍到国内。《西方美学论纲》一直扩展到现当代,到《西方美学范畴研究》就把整个西方美学概括成四个范畴。这也是创新。到现在为止,好像国内外没有一个人,把西方美学概括成从古到今,中间除了语言学、符号学没有涉及,后现代、分析哲学、分析美学,包括环境美学,全部囊括其中。这条路发展下来,最后用范畴来总结。我想也是一个创新吧!

张:《西方美学简论》出版后,得到了蒋孔阳先生的高度评价。

曾:没想到《西方美学简论》这本书出版以后得到比较好的反响。1983年10月,中华美学学会在厦门召开第二届年会,我在会上遇到蒋孔阳先生,得到先生的赞扬与鼓励。1984年9月,蒋孔阳先生在《复旦大学学报》(社会科学版)1984年第5期发表重要文章《对近年来我国美学研究工作的一些想法》。该文客观总结了我国改革开放以来美学学科的发展情况:改革开放以来,在我国美学学科的建设工作中,“参加的人数更多了,讨论的问题也更有广度和高度”。这篇文章提及改革开放后,我国美学界“涌现了大批中青年的骨干力量”,其中也包括我。后来,蒋先生告诉我,他对我学术工作的肯定主要是因为《西方美学简论》的出版。

到现在为止,国内一些学者认为《西方美学范畴研究》是写得比较简洁、清晰、明朗的一本书,这也是我的一个体会,把西方美学概括成几个范畴,最后带领博士生进入更高范畴的学术境地。

张:曾先生,您研究西方美学40余年,您有遇到什么困难或者棘手的问题吗？

曾：我在研究西方美学时遇到的问题就是如何正确地评价西方唯心主义美学。长期以来，我们有些学者把唯物主义和唯心主义作为一个界线。唯物主义是革命的，唯心主义是反动的。可是回到历史上来看，大部分的哲学家、美学家是唯心主义，唯物主义的美学家比例很少。如果说唯心主义是反动的话，那整个美学史都是反动的。遇到的第一个问题是柏拉图是西方古典哲学和美学的开创者，那么他是反动的吗？当然，他是贵族，代表统治者的利益；他强调理念、唯心主义，还驱逐艺术家；等等。从这个角度来讲，他可能是反动的。但从他开启整个西方美学所有的概念、范畴来讲，不能用“反动”两个字简单地否定他的美学贡献。

我的研究工作首先就要扫除这个障碍。如果把这个问题解决了，下面的问题就都解决了。现象学、德国古典哲学全是唯心主义的，那么西方的理论家全是反动的吗？我写了第一篇文章《柏拉图美学思想再评价》，实际上这个评价是跟汝信先生商榷。汝信和朱光潜先生是我国西方美学的开启者，他们两位的论述都是1963年发表的。朱光潜先生的《西方美学史》与汝信先生的《西方美学史论丛》，我关于古希腊美学部分的许多基本观点都取自这两本书。尽管这两部书是我国现代西方美学的奠基之作，但由于当时还是“以阶级斗争为纲”指导学术研究，所以两部书都难免带有历史与时代的局限性。

汝信的观点是柏拉图是唯心主义，唯心主义的立场是该批判、该否定的。汝先生后来修改了，但一开始我看他的书时是那样的。我第一篇文章是从批判汝信观点开始的，所以西方美学一开始就要解决这样一个问题。汝信先生早就意识到这一点，在一次访谈中说道：“《西方美学史论丛》与《西方美学史论丛续编》这两个文集的文章，大部分写于‘文化大革命’前的二十世纪五六十年代”，“这些文章不可避免地带有那个时代的烙印，当时各种政治运动不断，只是在运动间隙能挤出一点时间从事学术研究，有的美学观点未经深思熟虑，不免持有‘政治上的反动与哲学上的唯心，美学与艺术必然是反动落后与消极’的结论”。《西方美学史论丛》认为，柏拉图“不仅具有深厚的宗教神秘主义色彩，而且还暴露出柏拉图蔑视人民群众的奴隶主贵族观点”，“柏拉图的艺术理论在历史上起的不是进步作用而是反动作用，它不能促进文学艺术的发展，却反而成为文学艺术前进道路上的障碍”。这就提出了一个美学观同政治观、哲学观的关系问题，是否政治上反动、哲学上持唯心主义观点的理论家，其美学观与艺术观就一定是消极与落后的问题。如果这样的话，那么中西历史上的美学家与文学家则绝大部分都在政治上从属于封建的或资本主义的统治阶级，哲学上则绝大部分持有的是唯心主义的观点。

因此，按上述逻辑，中西历史上的美学家及其成果大部分都是消极的了。这就导致了在“左”的思潮影响下，曾经在学术上出现的历史虚无主义。这成为我的柏拉图美学研究乃至西方美学研究的出发点，也就是从马克思主义历史唯物主义的实事求是原则出发，承认美学观与艺术观对于政治观、哲学观的相对独立性问题。由此肯定了立足于奴隶主贵族阶级，并秉持唯心主义哲学的柏拉图之世界观与美学观的相对独立性及其重要价值与奠基性的历史地位。基于此，这成为我西方美学研究的理论出发点，并且在《山大文科论文集刊》1982 年第 2 期发表了《试论柏拉图美学思想的历史地位》一文，这篇论文是我发表的第一篇西方美学论文，也是我 1983 年 7 月出版的《西方美学简论》的十篇文章中的首篇。

张：您还解决了什么问题？

曾：再就是解决了马克思主义之后西方美学的评价问题。西方古典美学，包括像德国古典，马克思、恩格斯都有评价。20 世纪以后，马克思就去世了。接下来的问题是怎么认识马克思、马克思主义，怎么评价西方现代的、后现代的美学。现在有一个观点，在一部分掌握话语权的理论家那里是比较占优势的。他们认为，西方现当代马列以后的美学是腐朽的、堕落的、反动的。因为现在的西方资本主义社会，是腐朽的、堕落的、反动的。那么怎么评价？包括我在内做西方美学的这些人，一部分理论家，我们认为对一种思想文化、一种理论形态，不能用这么简单化的腐朽、没落、反动来评价。西方社会的经济社会发展比我们快，当然在政治意识形态上有反动腐朽的一面，那么在文化艺术形态上肯定也有比我们高明的一面。我们认为它是共存的，反动和进步、落后和进步是共存的。腐朽与更有价值是共存的，不能完全说它是反动的。我在这部书的前言里面都明确表达了，如果说全部是反动的、没落的、腐朽的，那么我们对西方现代的、当代的文化艺术理论还有什么借鉴的必要呢？它肯定比我们有先进的地方，如 1900 年现象学已经解构了、悬搁了主客二分法。再如现在的分析哲学，肯定有其先进的地方，这是毫无疑问的。做西方美学，这是我的一个立场。我鲜明地把这个立场说出来，但我也不是说西方的就是绝对好的，它肯定是共在的。

张：您研究西方美学就是借助西方美学研究进一步更加深入地学习和理解马克思主义美学？

曾：这是我研究西方美学的一个重要目的。因为，马克思主义美学产生于西方，是在一定程度上总结和发展西方美学的成果。正如我在《西方美学简论》后记中所言："马克思主义的美学思想是总结人类几千年来文艺与美学成果的科学结晶。它产生于欧洲，因而同西方文艺、西方美学，特别是德国古典美学更有着直接的渊源关系。因此，不了解西方美学就不会很好地了解马克思主义美学。"

《西方美学简论》中的最后一篇文章是《漫议人类对美的哲学思考》，该文以感性与理性的关系作为西方美学发展的中心线索，在古希腊、古罗马表现为诗与哲之争，以亚里士多德与柏拉图为其代表；文艺复兴以后则以英国经验论与欧陆理念论之争加以呈现；到德国古典哲学则将二者在唯心主义基础上加以统一，表现为康德之二律背反与黑格尔之"理念的感性呈现"。只有到马克思才真正地在辩证唯物主义基础上将二者加以统一。

书中涉及马克思唯一论述美学的论著《1844 年经济学哲学手稿》，使用了两个理论判断：一是马克思"唯一的直接涉及美的本质的专著"，同时"这部专著主要是一部经济学、哲学论著，而后才是美学论著，它只在对于人类解放之'历史之谜'的总的探讨中才稍稍涉及'美学之谜'"；二是该文是早期手稿"不免有杂乱和不成熟之处"，"但另外一方面也不能否定其基本上属于马克思主义理论体系的范围"。这实际上正是针对学术界关于《1844 年经济学哲学手稿》是否是成熟的马克思主义之争，我基本上承认了其马克思主义属性。《西方美学简论》选择的是"人化自然"的实践论美学立场，这在 20 世纪 80 年代初期是必然的选择。

张：《西方美学简论》《西方美学论纲》《西方美学范畴研究》这三部著作体现了您作为文学者学术研究最开始的路径：为讲好一门课，为站好讲台，讲好每一堂课，写出扎实的讲义，深入准备，由点及线，从线到面，形成自己的美学史观与美学理论系统，然后把讲义系统化，形成了自己最初的专著。

曾:自 1980 年给中文系七七级开设“西方美学”课,这门课就成为我一生都在坚持上的课。一开始是给本科生上,后来因为担任教务长与常务副校长,实在是太忙,只好放下本科生课,但硕士和博士研究生课程却一直坚持,直到我即将退休。这门“西方美学”课让我始终坚持在业务第一线,不断在教学相长中拓展与深化自己的专业知识,同时也使我不断地从这门课中吸取营养。在“西方美学”的教学过程中,我不断拓展这门课的内容,逐步由西方古典美学拓展到西方现代美学。

2020 年秋季最后一次给博士生上“西方美学范畴研究”课程

1992 年 7 月,在《西方美学简论》的基础上出版了《西方美学论纲》,增加了新的第六编“西方现代美学”,包括里普斯、克罗齐、弗洛伊德、荣格与完形心理学美学五章。特别是克罗齐与完形心理学美学已完全突破了西方古典美学之感性与理性的“实体论”美学层面,进入了生命的、情感的层面。该书认为,克罗齐的“美即表现”说,“这样明确地将美与表现直接联系起来的美学理论在西方美学史上是第一次”。它一经诞生就成为目前盛行于西方的现代派美学的代表性论点,“美即表现”说也几乎成为纷纭复杂的各类西方现代派美学的代表。这些美学理论尽管千差万别,但几乎都将“表现”作为自己的旗帜。正是从这个意义上,我指出克罗齐的“美即表现”说“开了西方现代派美学的先河”。

克罗齐的“美是非理性的情感之感性显现”代替了黑格尔的“美是理念的感性显现”。对于以阿恩海姆为代表的“完形心理学美学”,该书认为，它以其特有的知觉结构说、大脑力场说与同形同构说建构了一种以审美体验为出发点的“自下而上”的美学，代替了西方古代传统的以审美认知为出发点的“自上而下”的美学。我在其后的博士生教学过程中逐步将西方美学转向审美范畴，以其为主要方向，指出“范畴”是对美学史的一种“思想的总结”，正如列宁所说的范畴是思想之网上的“纽结”，黑格尔所说的“范畴”是一种精神的“纯化”。

张：《西方美学范畴研究》一书是什么时间出版的？

曾：在长期教学工作的基础上，我于 2018 年 10 月出版了《西方美学范畴研究》一书，共分八讲，涉及西方美学的八个基本范畴：和谐、神性、自由、生命、经验、间性、解构与分析。前三个是西方古典美学范畴，后五个是西方现代美学范畴。这里需要说明的是，这本书没有用“美是和谐”这样的结构，因为从古至今，西方美学史上并非都使用这样的表达方式，例如从未用过“美是间性”与“美是分析”等这样的表达，所以用“美与间性”“美与分析”来表述比较恰当。再就是八个范畴并未完全覆盖西方美学史，例如“美与符号”“美与批判”等就没有包括进去。同时，我又主编了一本《西方美学范畴讨论文集》，收录了博士生上课发言整理的文稿，并附上了我对每一讲写的“内容提要”与“推荐书目”。其中“内容提要”是我对每一讲精华的提炼，是我研究与思考的结晶和心血所在。通过两本书的配合，学习者应该能够对西方美学从古至今的基本理论要点有一个更精确的把握。

张：请您谈谈《西方美学范畴研究》这部书的创新之处。

曾：这本书的创新之处在于从更高的“美学范畴”的独特视角审视整个西方美学史，有利于对其进行更加宏阔的理论把握，并且在西方美学转型问题上有明晰的区分。从 19 世纪下半期即黑格尔 1831 年逝世后到叔本华、尼采，西方美学发生了由传统认识论美学到现代生命论（存在论）美学的转型，这是一种对传统工业革命工具理性的反思。20 世纪中期以后，由于信息技术与知识经济等后现代文化状貌的出现，人类社会逐步进入后现代，此时的美学领域中，欧陆现象学美学盛行，英美分析美学出现。

该书对现象学美学之“意向性”“主体间性”，解构论美学之“解构”“延异”，分析美学之“语言分析”“模式分析”均做了重点的学术解读。特别针对 20 世纪后期英美出现的“环境美学”，该书从分析美学之“环境模式分析”出发，对其进行理论剖析、探寻其理论源头，揭示“科学认知主义”的理论指归与局限性。该书还深入阐释了古希腊“诗”“哲”之争，及其对整个西方美学科学分析与现象学悬搁之区分的重要影响，重新认识了中世纪“神性美学”内涵与重要影响，以及对欧陆现象学之地位及其与东方美学之关系等问题。在对这些问题的理论解析中，该书均有自己的理解。

全书基本建立在历年讲稿的基础之上，经过我本人的通稿，与祁海文老师的整合，还是具有一定可读性的，但难免粗疏，毕竟成稿时我已接近80岁了。高龄人精力与体力均有限，这不禁让我产生了写书要趁早的感想。

张：您的西方美学研究始终伴随着对中西美学关系的判断以及对西方美学得失的审视。2001年您主持国家社科基金重点课题“新时期西方文论影响下的我国文论发展与有中国特色文学理论体系建构”，最终成果《中国新时期文艺学史论》自觉地以马克思主义为指导全面总结了新时期文艺学发展历程。

曾：该项目成果凝聚成2008年北京大学出版社出版的《中国新时期文艺学史论》一书，该书由我主编，整合了新时期以来，我对中西交往背景下形成的马列文论、古代文论、西方文论、文艺美学、审美教育、文化研究、网络文艺学、文艺美学与西方马克思主义文论等十个方面的基本看法。其一，关于性质问题，即西方文论之姓资还是姓社的问题。这一看法是“将政治、哲学立场与美学、文学理论价值加以必要的区分，得出政治哲学立场唯心，而其美学理论仍有其价值的看法”，而对西方现代文论之评价则为“先进性与没落性、创新性与荒谬性共在的基本特征，而从总体上适当肯定其当代价值”。其二，关于西方现代文论与我国社会现代的“时空错位”问题，主要是如何面对西方后现代文论的问题。我认为西方后现代有“解构”与“建构”之分，解构与摧毁的“后现代”显然对中国现实社会是不妥的，但对于西方建构的、反思的“后现代”，“这其实就是对于资本主义弊端的一种反思，是通过张扬一种新的人文精神，克服这种弊端的探索，具有‘建构’内涵的后现代对于我国具有借鉴的价值的”。其三，关于对新时期以来西方文论引进的评价。我提出，“我们总的认为发展是比较健康的，效果也是比较好的”，从积极的方面来说西方文论的引进与研究推动了中国文论的现代转型，从主客二分对立思维朝共生共荣间性思维的转型，从人类中心到生态整体的转型，以及向“日常生活审美化”的转型等，也促使我国文化领域由单一的局面走向马克思主义指导下多样共存的新局面。并为我国当代文论的发展找到一条“古今中外综合比较的发展道路”。其四，关于差距与问题。“新时期对西方文论吸收较多，消化不够，因而导致在国际上中国民族特色的当代文论至今尚未完成建构的任务”，这进一步导致在国际文论讲坛上很少听到中国当代文论独特声音的局面。而我国当代文论对现实的指导作用也有所不足，理论不能适应现实需要的情况没有得到根本的改变。

张：请您谈谈西方美学研究现状，如何增强参与国际学术活动与话语互动的实力，以求在世界学术讲坛上发出更多来自山大的声音。

曾：近几年来，美国华裔学者刘康教授组织了多场次“西方理论的中国问题”学术研讨，我于最近参加了上海、武汉与济南的三次会议，涉及诸多西方美学与中国文论走向世界的基本问题。首先，在视野上，我们充分肯定了刘康教授采取的“把中国视为‘世界的中国’，而非‘世界与中国’的二元对立”立场，从中国与世界的紧密联系出发，来研究西方美学在中国的传播以及中国美学之走向世界的问题。在研究模式上，研讨会提出“莫斯科模式”与“北京模式”的关系问题。所谓“莫斯科模式”即以斯大林主持的“联共(布)党史”与日丹诺夫“唯物与唯心二元对立”模式。这一模式曾于20世纪50年代至70年代影响到中国，文学领域以《夜读偶记》为其代表；而“北京模式”则以“延安文艺座谈会”及毛泽东“文艺为人民”讲话为其代表，这当然受到“莫斯科模式”的某些影响，但主要还是从中国工农兵文艺出发，并一直影响至今，成为我国基本的文艺政策与方针，但两者也不尽相同。研讨会提出了中国话语在国际美学与文论讲坛上的“缺席”问题，这是不争的事实，国际上具有重要影响的《斯坦福哲学百科全书》之中收有“日本美学”却没有“中国美学”，而文论领域也鲜有中国学术话语。

对于“缺席”问题的解决，首先要从理论上解决“西方中心论”问题。早在19世纪，黑格尔及其弟子们就从西方标准出发，认为中国没有哲学，乃至没有历史，当然也没有美学，甚至认为中国传统美学是所谓“象征型艺术”，处于“前现代”阶段。这就是我们所谓的“黑格尔之问”，实在是荒唐得很！对于这一理论的荒唐性，中国学术界应更加积极深入地加以批驳，并形成一定的舆论氛围。当然，中国美学家与文学理论家更要加紧自己对于中国美学与中国文论的学术创造，以更好的理论与话语形态使之走向世界！

第二节
构建了特色的美育体系

1981年我开始进行审美教育研究

张：在审美教育研究方面，您作为新时期审美教育的主要倡导者之一和教育部艺术教育委员会成员推动了我国审美教育学科的发展。您从1981年即开始审美教育的理论与实践的探索，出版专著《美育十讲》《走向21世纪的审美教育》《现代美育理论》等，主编《中外美育思想家评传》，并主持教育部哲学社会科学研究重大课题攻关项目"现当代中西艺术教育比较研究"；发表有关论文20余篇，在审美教育的性质、作用、地位与内涵等诸多领域有所创新；长期担任教育部艺术教育委员会常委和高校组组长，并作为课题组组长主持起草了教育部《全国普通高校公共艺术类课程指导方案》，对全国普通高等学校公共艺术教育的实施起到了推动作用。请您谈谈您在审美教育领域取得的成就。

曾：西方美学和审美教育几乎是连在一起的。我在山大中文系没有开设过审美教育这门课程，但是审美教育我关注得很早。审美教育（美育）研究是新时期以来我的另一个研究重点，从1981年开始直至2021年，我从未中断过美育研究。

我的审美教育研究是从1981年开始的，当时有两个契机。第一是自己经历了十年"文化大革命"，痛感"文化大革命"中美丑颠倒所带来的严重后果，这成为我从事审美教育的最大动力；第二是当时山东省教育厅在山东大学举办高教干部培训班，让我给这个班上美学课。我当时讲的是审美教育课，效果非常好，很受欢迎，这促使我进一步认识到审美教育的重要性与迫切性。1981年我写了第一篇审美教育的文章《美育初探》，发表在1982年5月山东《高教研究》上。文章关注的是"文化大革命"把那么多美的东西清除、破坏，匪夷所思。我们既然改革开放，就要把这段历史重写，所以才有审美教育这一说法。有了这一说法以后，我写了第一篇文章，兴趣就越来越浓了。

2001 年曾繁仁在“美学、艺术与素质教育”学术研讨会暨教师培训班上发言

1981 年，山东省教育厅在山东大学召开山东省高教干部培训班，主办方让我给培训班开设美学课，当时我就给他们开设了“美育专题课”。我在讲课的基础上于 1985 年 12 月在山东教育出版社出版了自己的第一部美育专著《美育十讲》，初步构建了自己研究美育的体系。在我看来，美育不仅是现代素质教育的重要组成部分，也能通过培育想象力成为发展现代生产力的重要因素，而且还能成为拓展人的思维、平衡人的性格的重要手段。我觉得美育的根本任务是培养“生活的艺术家”，就是说，审美教育让每个人即使不以艺术为专业，也能够用艺术的、审美的态度去看待生活、社会和人生，让每个人都能有健康的审美观与较强的审美力、创美力。

这一年我在《文史哲》第 1 期发表了一篇在全国有影响的美育论文《试论美育的本质》。该文对于“美育的本质”，采取了“情感教育论”的立场，认为“美育就是借助美的形象的手段(包括自然美、社会美与艺术美)达到培养人的崇高情感的目的”。美育借用了席勒和康德的观点，把美育归结为情感教育，产生了美育的价值。这篇文章的影响很大。

张:《美育十讲》这部书的出版,初步构建了您研究美育的体系。

曾:我那本书出来以后很薄。当时我儿子生病住院,我是在病房里写的。我自己认为构建了美育的体系,培养生活的艺术家,美育具有中介地位,这些都是那个时候提出来的。尽管是10万字的书,还是系统地认识了美育的作用、地位,美育与政治、社会、人的培养的关系,美育的途径。可以说,我认为第一次构建了自己的关于美育的体系。

张:2012年1月,北京大学出版社又出版了您的《美育十五讲》,请您谈谈创作过程。

曾:2006年北京大学出版社主编温儒敏教授约我参与北京大学出版社的"十五讲"系列丛书,写一本《美育十五讲》。由于当时琐事较多,加之《现代美育理论》刚刚出版,我感觉要马上写一本有差异的同类书籍还是有些困难的,所以并没有马上动笔。直到2010年暑假才正式动手写作《美育十五讲》,因为当时正在给研究生上课,只有利用课余来写,前后共写了将近一年的时间。由于知识本身具有承续性,所以我改写了以前的一部分书稿,以前的内容大约占全书的三分之一,其余三分之二则是新写于第二个暑假,并在2011年7月20日完稿。

张:《美育十五讲》被列为国家级规划教材,还被公认为是我国美育的经典著述之一。

曾:《美育十五讲》现在是国家级教材,有很多高校在使用。这部书的特点有以下几个。一是把国际、国内、中外关于美育的理论,能概括进去的全部概括进去。我担任国家艺教委高校组的组长,所以对中国美育发展方面国家层面的评价和工作也比较了解,所以也概括进去了。我对美育的评价,实际上是基于国家层面的评价。再一个,我是研究西方美学的,把西方美学里面的现当代的美育资源也补充进去了。我认为这部书比较全面。我现在要修订的话时间比较长,等我更有空的话,我再认真修订一遍。我认为这本书还是影响比较大,基本上解决了美育是什么、美育的内容是什么的问题。

张:2006年,河南人民出版社还出版了您的《现代美育理论》。

曾:2001年山大文艺美学研究中心成立之时,通过招标等途径共确定了五项教育部基地重大项目,有两项是关于美育研究的,包括"审美教育的理论与实践"。该项目由我领衔,经过三年的努力于2003年完成,其中一项重要成果就是《现代美育理论》，该书于2006年由河南人民出版社出版。该书从现代社会文化与哲学转型的高度探索了现代美育的产生、发展与基本内涵。

全书共分为三编。第一编为现代美育原理，汲取了席勒美育思想的理论资源，在传统"情感教育论"基础上，突出了席勒对"自由"的强调；同时强调了马克思主义人学理论对美育建设的指导地位；在美育的地位与作用上强调了其特殊的"综合中介"作用。第二编探讨西方美育的现代演进，将西方美育放到西方现代文化与哲学转型的广阔背景中，着重探讨西方现代美学的"美育转向"，从而得出整个西方现代美学成为广义美育的"人生美学"这一结论。第三编论述中国美育的发展，回顾中国传统美学与美育的"中和论"思想，并对比了中国传统"中和论"美育思想与西方古代"和谐论"美学思想的区别。同时论述了我国新时期美育的建设与发展状况，特别论及1999年第三次全国教育工作会议提出的"素质教育"这一重要思想及其对美育发展的重要作用。

张：2004年12月，您领衔申报了教育部社科重大攻关项目"现代中西高校公共艺术教育比较研究"，该项目成果于2009年9月由经济科学出版社出版。

曾：该项目成果《现代中西高校公共艺术教育比较研究》在我国是一种全新的尝试，因为传统意义上的中西艺术教育比较研究曾经有过，但作为高校公共艺术教育的中西比较研究却是首次，而非专业的高校公共艺术教育的比较研究更能审视中西教育理念的差异和效果，探究通识性的人文教育在中西高校之间的实施情况。该项目还具有较强的实证性特点：美国哈佛大学、英国伯明翰大学、日本东京大学、中国清华大学等高校艺术教育的研究结果，均出自各校相关学者的亲自考察，研究成果基本上都是出自第一手材料。

《中国美育思想通史》（九卷）获得"高等学校科学研究优秀成果奖（人文社会科学）一等奖"

张：您主编的《中国美育思想通史》（九卷），2017年6月由山东人民出版社出版。2020年该成果获得第八届高等学校科学研究优秀成果奖（人文社会科学）一等奖。请您谈谈这套书的创作过程。

曾:该书系教育部2006年人文社会科学重点研究基地重大项目"中国古代'中和论'美育思想研究"课题成果。从2010年开始,我的学生祁海文与刘彦顺就计划组织编写一套《中国美育思想通史》,这个计划得到山东人民出版社胡长青社长的支持。该书于2017年6月由山东人民出版社出版,2020年获得第八届"高等学校科学研究优秀成果奖(人文社会科学)一等奖"。

2017年9月17日,曾繁仁出席《中国美育思想通史》出版座谈会

张:山东大学文艺美学研究中心一直将美育作为科研的重要方向。请您谈谈有关美育方面的学术活动。

曾:2002年8月22—25日,我们中心在青岛召开了中西交流对话中的审美与艺术教育国际学术研讨会。这是21世纪以来我国召开的第一次高层次的有关审美与艺术教育的国际学术研讨会,围绕"面向新世纪人类应该审美的生存"这一重要议题展开热烈的学术讨论与交流。由此,众多学者在会上提出,新世纪的主要任务是培养"审美的生存的一代人",认为应该将"审美的生存"作为新世纪的世界观,提到本体的高度。如果说原始时代是一种巫术世界观,农业文明时代占统治地位的是宗教世界观,工业文明时代占统治地位的是工具理性世界观,那么在今天这个生态文明时代占据统治地位的就应该是审美的世界观。

当代最重要的是确立广大人民特别是青年一代的“审美世界观”，即以审美的态度对待自然、他人与自身。因为，由于长期以来主客二分思维模式、人类中心主义理论与工具理性思想的泛滥，致使人类社会出现严重的美与非美二律背反的情况，表现为自然生态的严重恶化，社会矛盾加剧，其中包括局部战争与冲突不断，人的精神疾病泛滥、身心创伤，等等。因此，以培养“审美世界观”为其主旨的美育在当代显得尤为重要。最后，会议取得圆满成功，会议文集于 2003 年由山东大学出版社出版。

2002 年，曾繁仁（前排右五）参加审美与艺术教育国际会议合影

在会上，我提出，培养“学会审美生存的一代新人”，新的世纪青年一代不仅要会审美，还要审美地生存。对于人的生存，活着地生存和审美地生存是两个不同的概念，要学会审美地生存。当时国际美学界对中国美学很看好，但我们准备不够。美国的美学杂志向我约一篇园林美学文章，拿去就发表，但当时我没准备；后来有准备了，却也失去了联系。

张：错失良机了。2005 年，高等教育出版社出版了您主编的《文艺美学教程》一书。该书以论述艺术的审美经验为主要内容，吸收了国内外有关艺术的审美经验研究的最新成果。请您谈谈这部书的主要内容。

曾：本来我们文艺美学中心成立，就意味着文艺美学要在我们这落地生根了，对不对？那么我们理应要做文艺美学，对不对？文艺美学研究是我们文艺美学中心的一个方向，这肯定没问题。2001 年我成功申报了教育部教材《文艺美学教程》，这本教材由我主编，中心美学研究者及外校相关领域学者都加入了该教材的编写队伍。该教材经多次研讨，最后成稿于 2005 年，由高等教育出版社出版。《文艺美学教程》的观点基本是我的观点。文艺美学就是介于文艺学和美学之间的中介学科。我因为吸收了西方经验论的美学,因此认为文艺美学其实是研究人的审美经验,主要从作品出发研究审美经验。我们用这样一个观点串起来出版的《文艺美学教程》,本科生上课也用这个教材。

当前,国家层面对美育给予很高的重视,认为美育是一种"培根铸魂"的伟大工程,已经提得很高了。但在实际贯彻中,效果还有待提高。首先,广大人民的审美素质有待加强;其次,我国的艺术活动审美水平普遍不高,商业化趋势严重;再则,在大、中、小学教育过程中,美育并未真正融入。我个人觉得这是一个发展阶段的问题,中国还是处于工业化中期,是发展中国家,在国民素质上有待提高。但是,我们可以具有超前意识,将审美教育做得更好,这会有利于国家现代化建设。我的建议是,国家应该从总体上实施美育,包括教育,也包括社会文化与社会风气。这应该是更加重要的,单单依靠教育难以奏效。

第三节
为建设"美丽中国"贡献美学智慧

我于2001年提出生态存在论美学

张:您是60岁左右才开始生态美学的研究,这对一般人来说已经是退休的年纪,而您却开始涉足一个崭新的领域,并最终成为生态美学学科的奠基人和主要推动者,是什么原因促使您关注并投身于生态美学研究的呢?

曾:我关注生态美学比较早,源自我国新时期以来由乡镇企业发展所引起的严重环境污染。1987年深秋,我担任山大教务长。当时主持全校科研工作的王忠烈副校长要到北京开会,于是就委托我代替他与学校电子系的老师一同去开封参加电子系在中原油田联合开发的中型发电网项目的会议。电子系的老师开了一辆简易的小面包车乘载我们一行七八个人,跨越黄河大桥,穿越鲁中、鲁西南、河南兰考,直达开封市。一路上,我目睹了乡镇企业所造成的严重污染。一座座小型化工厂冒着一柱柱黑黑的浓烟，一个个小型造纸厂流出乌黑的水，流经近十几公里的一方方良田沃土，车窗外映衬着的是显得有些荒凉的村庄，看着实在是触目惊心。有关权威人士的一句话跳入我的脑海：西方发达国家分散在数百年间的污染，中国集中到几十年间释放。当时我想，也许我们国家经济现代化的成败在一定程度上就取决于如此严重的环境污染是否能够得到解决！我当时刚刚从美国和加拿大访问回来，它们的污染已经过去了。美国和加拿大是山明水净，我在飞机上面除了看到青山绿水就是停的汽车，看不见环境污染。心里面这一对比，我们乡镇企业把国家搞坏了。这样破坏下去，国家可能就倒在污染上。而且莱芜钢铁厂周边出现了癌症村，一个村百分之十的人得癌症。当时我把污染问题看得很重、很悲观，特别是对比西方国家后，深感中国不仅走不到前面，而且挺麻烦。

与此同时，我正给博士生上"西方美学"课程，在西方现代美学体系中，海德格尔在1950年所写的《林中路》提到天地神人四方游戏："天空、大地、人、神，在四种声音中，命运把整个无限的关系聚集起来。"海德格尔在1927年就看到了人与自然的对立问题。人与自然要统一，对吧？当时我脑子一亮，这就是生态美学。老子的道法自然，他的"天地神人四方游戏"，就是生态美学。

我当时就受到启发，认为海德格尔这里就是在讲生态美学，而这四方游戏与老子《道德经》"故道大，天大，地大，人亦大。域中有四大，而人居其一焉"的提法何其相似！有史料证明海德格尔十分重视老子《道德经》，并与中国台湾学者萧师毅共同合作试图翻译《道德经》。因此，有学者认为海德格尔的四方游戏说是老子《道德经》"域中有四大"之说的异乡解释。这样的论断应该不是妄言。由此，我由海德格尔四方游戏说联系到老子《道德经》"域中有四大"之说，进一步发展到与之有关的天人合一说，于是整个中国传统文化都与生态美学发生了关联，这就是我写作的首篇生态美学论文《生态美学：后现代语境下崭新的生态存在论美学观》的来龙去脉。

张：您一开始是从事西方美学研究，后来又转向美育研究，现在的重心则是极具中国特色的生态美学研究。这一系列转向的背后，是否有一种内在学术脉络的承接？

曾：我的学术研究中心除去学术的兴趣，主要是对人生的关注。西方美学之中现代欧陆现象学存在论美学对于人类生存的关怀，以及席勒的《美育书简》引导我于1981年开始关注审美教育，并于1985年出版《美育十讲》；海德格尔提出的天地神人四方游戏的观点引起了我的特别关注，引导我于2001年提出生态存在论美学。

张：能否简单介绍一下生态美学领域目前主要研究和关注的问题？

曾：生态美学目前关注的问题是：第一，克服传统实践美学的人类中心论，构建生态美学的人与自然共生整体论；第二，在美学理论中以"诗意栖居"代替"人化自然"；第三，建设自立于世界的中国传统"生生美学"。未来生态美学进一步发展的重要课题之一就是"中国话语"的建设，中国古典美学体现为以古代哲学中"天人合一"为文化基点、以"生生不息"为基本内涵的"生生美学"。挖掘中国本土生态美学资源，需要当代学者在中西互证、互应与交流的对话中，建设具有明显的中国文化元素与中国文化之根，又能够为世界学者所理解的美学形态。

致力于建设具有中国特色的生态美学理论

张：2001年您开启了生态美学研究，2003年吉林人民出版社出版了您的首部生态美学论著《生态存在论美学论稿》，请您谈谈这部书的创作过程。

曾：我真正介入生态美学研究是于2001年10月17日，中华美学学会、全国青年美学研究会与陕西师范大学文学院在西安合作召开了首届全国生态美学学术研讨会，该会由全国青年美学研究会负责人王德胜教授与陕西师大文学院刘恒健教授主持。王德胜是我的学生，刘恒健是周来祥先生的学生，和我关系也很好。他们邀请我在会上进行主题发言，于是我作了题为"生态美学：后现代语境下崭新的生态存在论美学观"的主旨报告。我当时发言讲了一个半小时，他们很惊讶，不知道我什么时候准备的，讲得应该是比较深刻，比较全面，也比较前沿，反响很好。

这篇文章先后以不同的角度，在两个刊物发表。第一个发表在《文艺研究》，第二个发表在《陕西师大学报》。《陕西师大学报》发表了我报告的全文，转载率很高，也引起了学术界的重视。该文基本上奠定了我从2001年至今研究的生态美学基本理论框架。著名环境美学家艾伦·卡尔森（Allen Carlson）在2016年发表的《东方生态美学与西方环境美学之间的关系》将该文作为参考文献，2019 年《斯坦福哲学百科全书》“环境美学”词条中提及该文及另一篇论文。该文被众多期刊转载，成为我国生态美学代表性的论文之一。此后，生态美学成为我长期主攻的学术方向。

曾繁仁(左六)参加“建设性后现代思想与生态美学”国际学术研讨会合影

张：据说此文发表后，也引起了业内学者的质疑？

曾：是的。首先是存在论——后现代语境下的存在论美学。关于存在论和马克思主义的关系，他们认为马克思主义讲的认识与反映一个事物，但我认为从《关于费尔巴哈的提纲》到《共产党宣言》，马克思关注的是广大的无产阶级和劳动人民的解放问题，关注他们的美好生存问题。我认为马克思主义的根本是人类的美好生存，是存在论问题。他们认为这违背了马克思主义的认识论，就开始批判、质询我。但当时我很坚定，认为马克思讲的就是人的存在问题，特别是《资本论》，讲了那么多人的存在问题，这肯定是没问题的。

第二个问题是后现代。在深圳开会的时候，有人质询我，前现代还没过完，你就过后现代。什么是后现代？后现代不完全是现代之后，现代过完了我们变得滞后了，是对现代的反思和超越。现代有很多问题，比如工具理性的问题，害怕自然、破坏自然的问题，我们对它的反思和超越就是后现代。这是当时的立场。基本上开会的时候，我是一方，别人是一方，实际上是批评。一直到了 2012 年以后，习近平总书记逐步提出生态文明问题以后，我的日子好过一点了。发表生态的文章，凡是有数据的时候，我就查国家版的数据。如果没有数据尽量回避数据，怕被他们抓住小辫子。2012 年以后才有好转，2017 年以后根本好转。他们一开始说曾老师搞存在论的生态美学，当个笑话说。到现在，生态美学得到认可了。我希望这个东西能引起大家对生态问题的关注，把学术扭转到对现实的关注上来。生态理论家有一句话：生态环境污染这么严重，我们的理论家、文学家不能保持沉默。这是大家公认的一句话，我们不能沉默。

2003 年，我在吉林人民出版社出版了自己的首部生态美学论著《生态存在论美学论稿》。由于那时距离我参加 2001 年 11 月的会议仅仅过去两年时间，该书仅收录了我的 14 篇文章，并附有编辑者刘彦顺博士的一篇综述，全书共 20 万字左右。后于 2007 年，在吉林大学李志宏教授夫妇的支持下，该书增加到 39 篇文章，约 25 万字，由吉林人民出版社修订再版，初具规模。

张：2007 年，《生态存在论美学论稿》再版后，完善了您的生态美学研究理论框架，此后您又提出了生态存在论美学观。

曾：在 2001 年的首届生态美学会议文章《生态美学：后现代语境下崭新的生态存在论美学观》与 2003 年出版的首部生态美学专著《生态存在论美学论稿》中，我明确提出“生态存在论美学”的理论，并在 2009 年版《生态存在论美学论稿》的封面专门印了这样一段文字：“生态美学问题归根结底是人类存在问题，因为，人类首先并且必须在自然环境中生存，自然环境是人类生命之源，也是人类健康并愉快生活之源，同时也是人类经济生活和社会生活之源。而由‘人类中心主义’所导致的日渐严重的资源缺乏和环境污染直接威胁到的就是人类的生存，这是使人类生存状态出现非美化的重要原因之一。而从环境恶化的遏制与自然环境的改善来说，最重要的并不是技术问题与物质条件问题，而是文化态度问题。人类应该以一种‘非人类中心’的普遍共生的态度对待自然环境，与自然环境处于一种中和协调、共同促进的关系。这其实就是一种对自然环境的审美的态度。”这里强调了生态问题归根结底是人的存在问题，批判了“人类中心主义”，提出环境问题不是技术与物质问题，而是文化态度问题，倡导人与自然“普遍共生”审美态度的确立等，这基本上概括了生态存在论美学观的要旨。而关于生态存在论美学观的具体出处，我引证了海德格尔所借用的荷尔德林诗句“充满才德的人类，诗意地栖居于这片土地”。而所谓“诗意的栖居”就是“审美的生存”，至于直接的生态存在论美学观的提出则使用了大卫·雷·格里芬(David Ray Griffin)在《后现代精神》一书中《和平与后现代范式》一文所提出的“生态论的存在观”。总之，生态存在论美学观的提出，充分体现了当代哲学与美学由传统认识论向现代存在论的转型。

张：生态存在论美学观是适应生态文明时代要求提出的包含生态纬度的生态存在论美学观。它是美学学科在当代的新发展、新延伸和新超越。标志着我国当代美学由认识论到生态存在论的转型。为什么生态美学的生态存在论美学观内涵决定了它一定要采取现象学的方法呢?

曾：海德格尔认为，存在论只有作为现象学才有可能。所谓“现象学”由德国哲学家胡塞尔于1900年提出，通过对“实体”“悬搁”的途径，“走向事情本身”，对事物采取“本质直观”。这其实是面对传统工具理性及认识论之主客二分对立、人与自然、身与心分离等诸多弊端和矛盾所采取的解决之道。最后是走向人与自然平等相待，成为“主体间性”。德国人U.梅勒曾提出“生态现象学”来进一步阐释生态哲学，但内容有所局限。我则从更加广阔的视野对生态现象学做了如下阐释：生态现象学摒弃工具理性主客二分、人与自然对立，将人类中心论与人对自然过分掠夺的“物欲”加以“悬搁”；回归人的精神的自然基础，探寻人的精神与存在的自然本性；扭转人与自然纯粹理性的、计算性的相处方式，走向平等对话的“主体间性”；适度承认自然的“内在价值”，尊重并敬畏自然；对自然的适度“复魅”；对当代“深层生态学”“生态自我”理论的适度吸收。

张：有学者认为，胡塞尔现象学是一种主观唯心主义理论，与马克思主义哲学相悖。您为什么要吸收它呢?

曾：在我看来，第一，我们要清楚马克思主义是一种十分开放的理论，列宁认为只有吸收全人类创造的一切文明成果才能建成共产主义。现象学是人类思想的新成果，是对传统工具理性与二分对立思维模式反思的积极成果，我们为什么不能学习与吸收呢?

第二，马克思主义本身也是一种反思与超越的理论，以其伟大的共产主义信念与理想反思了腐朽的资本主义制度，超越了一己私利与小团体利益，甚至不惜抛头颅洒热血，这难道不是一种伟大的“悬搁”吗？中国传统文化中道家的“心斋”“坐忘”也是一种“悬搁”。问题在于，我们应该以马克思主义唯物实践观对现象学加以改造，使其奠定于正确的哲学基础之上。

第三，关于生态存在论美学产生的后现代语境。马克思曾说，哲学是时代精神的精华。这就告诉我们，从宏观上来说，任何学术特别是哲学与美学等理论形态，都具有强烈的时代性，是一定时代经济、社会状态之要求的反映。美学作为哲学的分支形态当然也是如此。而人类社会从“二战”之后，逐渐暴露出资本主义现代化的诸多弊端，白领人数逐步超过蓝领，人类社会进入知识经济时代。于是，从经济与社会形态来说，人类社会逐渐走向“后现代”，这里的“后”，即是指“现代社会”之“后期”。20 世纪 50 年代至 60 年代，又是经济发展“之后”，标志着机械经济之后的知识经济与信息经济的到来，这一阶段更呈现出哲学理论“之后”的面貌，既包含着对资本主义“现代性”的反思与超越，也包含着“解构性后现代”与“建构性后现代”两种意涵。我们更愿意使用“建构（设）性后现代”来表述我们对后现代的界定。当然，我所说的“反思”与“超越”产生于时代背景的变迁——由人与自然对立的工业文明时代，走向人与自然共生的“生态文明”时代。1972 年斯德哥尔摩国际环境会议召开，会议明确提出了人与自然的“共生”，发展与环保的“共赢”，这标志着人类社会进入生态文明新时代。中国作为后发展国家尽管也是大会签字国之一，但那时国内工业化还没有大规模展开，直到 1978 年改革开放之后，中国的工业化进程才真正开始。

2007 年，中国政府正式提出生态文明建设，2012 年，党的十八大首次把“美丽中国”作为生态文明建设的宏伟目标。后现代，或者“生态文明新时代”包含十分丰富的内涵，它首先指向经济与社会的新发展，以及哲学与理论的新发展，包含着具有重大意义的诸多转型：由工业文明到生态文明的转型；由人与自然的对立到人与自然共生的转型；由传统认识论到唯物实践存在论的转型。“实践美学”产生于 20 世纪 50 年代美学大讨论之时，以“美是人化的自然”为其理论标志。“实践美学”的创建者李泽厚先生更是明确地提出“人本体”“工具本体”“情本体”等一系列概念。这是一种十分明显的人类中心论的美学观点。在那个倡导赶超资本主义工业国家的工业化时代，在那种“大干快上”的“大跃进”氛围之中，“美是人化的自然”适应了时代的需要。但是它却与新的“生态文明时代”以及“人与自然共生”的时代要求相背离。人与自然共生的生态美学代替人要“战胜”自然的“实践美学”，是时代的需要，是历史必然的趋势！

2019年，李泽厚先生在山东文艺出版社出版《从美感两重性到情本体》，在其文集中他批评我国当代生态美学“以生物本身为立场”，是“无人美学”。显然，李先生未读过我们关于“生态存在论美学”的论著与文章，而是以当年蔡仪的“客观论美学”为依据所下的判断。但因为李先生在美学方面的广泛影响以及这一批评被广泛传播，所以有必要给予回应。

我在2020年《文学评论》第3期发文《我国自然生态美学的发展及其重要意义——兼答李泽厚有关生态美学是“无人美学”的批评》。首先，该文从50年前美学大讨论中李泽厚与蔡仪的争论谈起，认为李泽厚的“实践美学”自然是美学大讨论中最具代表性的成果，“美是人化的自然”适应了那个时代的需要。但“美是人化的自然”的观点在当时就具有过分强调“人本体”作用的“人类中心论”弊端，在当今生态文明新时代，在生态灾难频发的新的形势下，更加显现出其忽视自然的理论局限性；蔡仪的“客观论美学”当然有其“无人”的弊端，但其对于自然作用的强调则具有立场的坚定性与时代的超前性。接着，该文论述了改革开放以来自然生态美学的引进与生态存在论美学的提出，立足于现代哲学由“人类中心”到“生态整体”的转型，其中包含强烈的“改善人的生存”状况的人文立场。另外，新时代以来，在突出中华文化自信的背景下，立足于中华优秀传统文化的“生生美学”应运而生。由此充分说明当代自然生态美学在美丽中国建设、应对生态危机与中国传统美学重放光彩等方面具有重要价值意义，生态美学不是“无人美学”，而是使人在与自然和谐共生中诗意栖居的美学。

第四，生态存在论美学倡导从“人类中心主义”过渡到“生态整体论”。生态美学的提出必然伴随着人类中心论的退场。传统美学，无论是西方的艺术美学还是中国的实践美学都是持有“人类中心论”立场的。“人类中心论”具有广泛的市场与巨大的影响力，它很难退出学术阵地，但“人类中心论”立场如果不退出，生态美学就不可能在学术领域立足。我们刚刚提出“生态美学”时即遇到如何批判“人类中心论”的问题。我曾专门撰写《人类中心主义的退场与生态美学的兴起》一文，发表在《文学评论》2012年第2期，并以此文观点为出发点在多个会议发言，指出“人类中心主义”的错误及其危害。所谓“人类中心论”，即力主“人是宇宙的中心”“人是一切事物的尺度”“根据人类价值和经验解释或认知世界”“人类是一切的出发点和归宿”与“人为自然立法”等观点。著名人文地理学家段义乎将“人类中心论”痛斥为对自然的“审美剥夺”，认为通过“幻想”对自然的剥夺是无止境的、随意的，这种剥夺的危害远远超过了“经济剥削”。其实，按照马克思主义唯物辩证法，一切理论形态都不是永恒的、绝对的，而是在历史过程中形成和发展的。

“人类中心论”同样是一种在历史中形成并逐步发展的理论形态。在东西方的农耕社会中，人与自然关系的理论表达一直是一种“万物有灵”的自然神论。只有到了工业革命之后，人类具有了较强的改造自然的能力，“人类中心论”才随之兴起。人类才有了“为自然立法”的勇气与豪气。但随着“人化自然”的盛行，环境的破坏与污染日益严重，“人类中心论”的恶果日益显现，随即遭到理论界和有识之士的批判与逐步抛弃。恩格斯于1873年至1882年写作了著名的《自然辩证法》对“人类中心论”进行了有力的批判。他认为：“我们不要过分陶醉于我们人类对自然界的胜利。对于每一次这样的胜利，自然界都对我们进行了报复。”又说：“人们愈会重新地不仅感觉到，而且也认识到自身和自然界的一致，而那种把精神和物质、人类和自然、灵魂和肉体对立起来的荒谬的、反自然的观点，也就愈不可能存在了。”法国哲学家福柯于1966年在《词与物——人文科学考古学》一书中提出了“人的终结”的著名观点。他说：“在我们今天，并且尼采仍然从远处表明了转折点，已经被断言的，并不是上帝的不在场和死亡，而是人的终结。”这里所谓的“人的终结”就是“人类中心论”的终结。他说：“自从人发现自己并不处于创造的中心，并不处于空间的中间，甚至也许并非生命顶端和最后阶段以来，人已从自身之中解放出来了；当然人不再是世界王国的主人，人不再在存在的中心处进行统治。”“人类中心论”的终结标志着理性主义工业文明时代的结束，一个新的生态文明时代即将到来，这是一场“哥白尼式的革命”。对于这场“革命”，人们的思想准备远远不足。许多著名人士对新的生态文明理论以及对于生态平等的倡导持有不同的看法。美国前副总统戈尔是著名的环保主义者，曾获得诺贝尔和平奖，但他却认为生态平等观有一种“反人类”的倾向。著名美学家李泽厚则认为生态美学是“无人美学”。当然，生态中心论所强调的“自然万物之绝对平等”确有问题，这种“绝对平等观”属于一种乌托邦，是难以实施的，这是一条行不通的路。

我们所倡导的是一种人与自然万物的相对平等，这种相对平等是一种生物环链中的平等。阿伦·奈斯在其深层生态学思想中认为生态平等是原则上的生态圈平等主义,德维尔和塞欣斯主张“生物圈中所有生物都拥有生存和繁荣的平等权利”。也就是说,人与其他物种一样都享有在生物圈中生存发展与维护生物圈良性循环的平等权利。但人类不能超越这种权利,从而破坏生物圈的良性循环,破坏这种良性循环必将导致自然环境的进一步破坏以及人与自然的对立,人类的美好生存也将不复存在。生态美学有自己特殊的、不同于艺术美学的范畴。生态美学是一种融入性的介入美学,而艺术美学则是静观的形式美学。

1966 年英国美学家赫伯恩在《当代美学及其对自然美的忽视》一文中,提出传统艺术美学是一种对于静观的艺术形式的欣赏,而环境美学则是一种身体各种感官介入的融入式审美。这种融入式审美符合中国传统美学天人合一、情景交融的基本特征。所以,从一定意义上讲,中国传统美学就是生态美学。如果说艺术审美是一种对象的形式审美的话,那么自然生态审美则是人与自然融为一体的“家园式”审美,这恰恰是海德格尔所强调的自然生态审美的“家园意识”。从生态美学特有的空间观念、时间观念来说,生态美学乃是一种身体五官参与其间的“参与美学”,是一种“此在”逐步澄明被遮蔽的“存在”的生命进程与生存过程。由于“环境”这一概念具有“环境围绕着人,而人在其中”的“人类中心论”的内涵,所以中国学者更愿意将研究自然生态之美的理论称作“生态美学”而不称作“环境美学”。

张:生态美学研究不可避免地会遇到生态美学与马克思主义经典作家的关系问题,如何解决呢?

曾:我们这里必须将马克思主义经典作家的理论与当下流行的生态学马克思主义理论相区别。因为,后者是一种资产阶级左翼形态的西方马克思主义理论,而马克思经典作家的理论则是无产阶级革命的武器。另外,马克思于 1883 年逝世,而恩格斯于 1895 年辞世,因此,说他们提出了产生于 20 世纪 70 年代的包括生态美学在内的生态理论肯定是不符合事实的。但是,我们认为马克思主义经典作家具有深邃的洞察力而对生态文明理论有所预见,这是具有充分根据的。因为当代生态文明理论首先是一种对资本主义现代性进行批判的理论,马克思主义对资本主义腐朽制度的批判已经包含了丰富的生态文明理论内涵,这也是马克思主义理论在历史长河中潜在的必然内涵。同时,生态文明理论既包含对传统理性主义工具论哲学的有力批判,也包含了对新的有机论哲学的预见与发展。

作为当代哲学大师的马克思主义经典作家,他们对传统的批判与对未来的预见是独具慧眼的,生态文明当然也是其理论的题中之义。首先,从批判的角度来说,马克思早在《1844 年经济学哲学手稿》中就提出了著名的"异化的扬弃",并批判了"自然的异化",即人与自然的对立状况。他提出:"异化劳动使人自己的身体同人相异化,同样也使在人之外的自然界同人相异化,使他的精神本质、他的人的本质同人相异化。"马克思在《资本论》中有力批判了资产阶级对工人与自然的双重剥削。他认为,资本把感性自然界仅仅看作是追求剩余价值的工具,自然界成为资本剥削的对象,资本本身对于剩余价值的无情压榨就违背了自然的生态规律,造成严重的生态环境危机。其次,在生态文明理论的建构上,马克思主义经典作家也起到了极为重要的奠基作用。马克思创立了具有浓厚生态审美意识的唯物实践观,这促使包括生态美学在内的当代生态文明理论有可能奠定在正确世界观的基础上。

众所周知,19 世纪中期以来,以过分推崇理性的黑格尔哲学为标志的德国古典哲学走向了终结,这开启了哲学界对绝对理性的认识论的反思和超越。同时,资本主义制度内在固有的私有制与生产社会化矛盾空前激化,资本主义的剥削程度进一步加剧,阶级矛盾也进一步激化,这导致无产阶级和劳动人民的自由解放被提上议事日程。由此,马克思、恩格斯在此前写作了《1844 年经济学哲学手稿》《关于费尔巴哈的提纲》与《共产党宣言》等理论名著。他们在这些论著中提出了诸多重要观点,如把一切事物当作人的感性活动,当作实践去理解;理论的对立本身的解决,只有通过实践方式,只有借鉴人的实践力量,才是可能的;彻底的自然主义或人道主义二者的结合;人应按照美的规律建造;无产阶级的运动是绝大多数人的、为绝大多数人谋利益的运动;等等。以上观点包含了极为丰富的理论内涵,如唯物实践论、生态人文主义,包含自然尺度的美学实践,以及当代最重大的课题——为无产阶级与绝大多数劳动人民美好生存谋福利。上述内容都充分体现了马克思主义经典作家早期的实践存在论及其所具有的宝贵生态理论内涵,这一思想资源为我们生态美学的建设指明了方向。

在这之后，马克思主义经典作家另一生态理论的重大建树是恩格斯的《自然辩证法》，这部论著写于1873到1886年。《自然辩证法》是一部旨在创立辩证唯物主义自然观的伟大论著，包含了十分丰富的内涵：其一，恩格斯重点论述了人与自然的关系，强调人与自然的统一，批判人类高于其他动物的唯心主义的观点；其二，这部论著从人类进化的角度进一步论证了人与自然的同源性；其三，恩格斯批判了资本主义为了直接利润对自然环境造成的严重破坏及其恶劣后果；其四，这部论著严肃指出，人类对于自身征服自然能力的过分乐观与过分陶醉必将受到自然的报复。恩格斯为我们提出警醒，"不要过分陶醉于我们人类对自然界的胜利。对于每一次这样的胜利，自然界都对我们进行报复。每一次胜利，起初确实取得了我们预期的结果，但是往后和再往后却发生完全不同的、出乎意料的影响，常常把最初的结果又消除了"。最后，恩格斯指出，人与自然根本对立问题的解决途径是社会主义革命，以此建立一种"能够有计划地生产和分配的自觉的社会生产组织"，只有这样的社会生产组织才能将人从动物中提升出来，人的生态审美本性才能得以复归，而这正是社会主义生态文明时代的开始。

为建设"美丽中国"贡献美学智慧

张：您从2001年开始进行当代生态美学研究，自觉地以党的"生态文明"理论建设目标为指导，紧密结合中国的经验，致力于建设具有中国特色的生态美学理论。请您谈谈您研究生态美学的心路历程。

曾：我于2001年积极参与我国的生态美学研究，当时即遇到中西生态美学研究关系的问题。我国生态美学在最初的发展阶段中，多是介绍和引进西方理论，如1992年《国外社会科学》杂志上最早刊登的汉译俄国学者的《国外生态美学》一文。在西方理论的引进过程中，美国的环境美学理论最受关注。由于我个人当时对国外环境美学理论知之不多，便不敢妄言。我国生态美学的起步阶段困难与阻力甚大。在我看来，"生态"与"环境"两个概念本来就有必然的内在联系，它们本应成为学术研究领域内的同盟军。

2006年，我到成都参加由中华美学学会举办的国际美学协会执委会，并在会议上做了有关“生态美学”的发言。发言之后即被与会的国际学者提问：如何理解“生态美学”与国际上流行的“环境美学”之关系？我此前也曾关注到这一问题，对“环境”一词持保留意见。2005 年，我们中心召开“当代生态文明视野中的美学与文学”国际学术研讨会，我在发言中提出，生态美学是 20 世纪 90 年代中期，在世界范围内工业文明转型和各种生态理论不断发展的情况下，由中国学者提出的一种崭新的美学理论。它以人与自然的生态审美关系为出发点，包含人与自然、社会以及人本身的生态审美关系，是一种包含生态维度的当代存在论美学观。实际上，它是美学学科在当代的新发展、新延伸和新超越。在此次发言中，生态美学“由中国学者提出”这一表述不仅包含生态美学与传统实践美学的区别，也包含它特有的中国现实和传统智慧，更包含“生态存在论美学观”的首次提出等内容。这一提法引起众多不同的看法。首先，“生态美学”一词不是我们最先提出的，而是由美国学者约瑟夫·米克（Joseph W. Meeker）于 1972 年首次提出的，他才是“生态美学之父”。这当然没有问题。但我所指述的并非米克的“认知论”生态美学，而是指包含中国现实与中国智慧、区别于西方“环境美学”的生态存在论美学。

2017 年曾繁仁（右六）出席“生态美学：文献基础与理论拓展”学术研讨会暨 2016 年国家社科基金重大项目“生态美学文献整理与研究”开题报告会

从我们目前看到的文献来说，西方的环境美学，包括西方学者提出的

“生态美学”大体都是以科学的“认知论”为主导。米克在其文章中指出，人们对生态本位之美的感知，就等同于对生物完整性的认知。而另一位美国学者保罗·戈比斯特(Paul Gobster)1995年发表的最早使用“生态美学”的论文中提出，以适当性作为解决风景价值与生物多样性冲突的短期策略。[①] 这与卡尔森环境美学审视环境审美的“适当与不适当”的论题是相同的。所以，具体而言，西方学术界无论是环境美学还是生态美学大体都以科学认知为其主旨，而这是英美分析哲学与分析美学所使然，诚如著名的环境美学家卡尔森所言：知识促成了欣赏的恰当典型。这就是卡尔森所认为的环境美学的主流“认知模式”。

当然，卡尔森也接受了另一位环境美学家伯林特的“参与模式”。参与模式有主体参与之义，吸收了欧陆现象学哲学之“主体构成”理论。后来我读到刘蓓博士翻译的著名美国生态批评家劳伦斯·布伊尔(Lawrence Buell)的《环境批评的未来》，才进一步了解到分析哲学之科学认知主义影响深远。布伊尔坚持使用“环境批评”而拒绝“生态批评”。他说，“environment”可以指一个人、某一物种、某一社会或者普遍生命形成的周边。另一位环境美学家约·瑟帕玛(Yrjä)对“环境”做了更加明确的解释：环境围绕我们(我们作为观察者位于它的中心)，我们在其中用各种感官进行感知，在其中活动和存在。很显然，包括布伊尔在内的理论家所说的“环境”概念是模糊的，既有卡尔森的倾向于“生态”之内涵的居所，也有其他理论家所言的与人分离的、带有“人类中心论”色彩的“周边”和“围绕”的意涵。但布伊尔则出于“知识肤浅”“不再适用”“不够准确”三个原因选择“环境批评”，“特意避免在书中使用生态批评”。由此可见，“生态”与“环境”之辩并非无意义，这一学术辨析表明了作为中国学者的一种自有的学术立场。

围绕“生态”与“环境”之辩，我于2008年在《探索与争鸣》发表《论生态美学与环境美学的关系》一文，以此作为对2006年成都会议海外学者疑问的一种回应。2009年，《求是》杂志在当年的第1期组织了生态美学与环境美学关系的笔谈，伯林特、程相占与我分别发表文章，我的文章题为《关于“生态”与“环境”之辩——对于生态美学建设的一种回顾》。现在

① Gobster, Paul, “Aldo Leopold's Ecological Esthetic: Integrating Esthetic and Biodiversity Values,” *Journal of Forestry*, vol. 93, no. 2(February 1995).

回顾，有关“生态”与“环境”之辩并不是一般的字词之辩，更不是所谓“意气”之辩，而是关系到探索生态美学的哲学本体论之辩，以及中国文化是否能够自然融入生态美学话语的原则之辩。首先，这是一种探索生态美学哲学本体论之辩。因为“环境”一词的英文为“environment”，这一概念有“包围、围绕、围绕物”的意思，“环境”明显是外在于人的环绕物，它与人是二元对立的。环境美学家瑟帕玛也认为，“环境”一词暗示了人类中心的观点，人类在中心，其他所有事物都围绕着人类。而“生态”(ecological)则有“生态学的、生态的、生态保护的”之义，而其词头“eco”则有“生态的、家庭的、经济的”等意思。这就已经具有了“居住”“逗留”与“在家”的意思，而海克尔 1866 年提出的“生态学”更明显已包含“有机”与“家园”的意思。很明显，“环境”一词有十分明显的“人类中心”色彩，而“生态”则指向人与自然有机联系的整体论。看似简单的两个词语却关系到“人类中心”与“有机整体”之哲学本体论的区别，这难道不是原则性问题吗？论辩涉及的另一个重要原则性问题是中国传统文化如何更好地进入生态美学话语。众所周知，中国传统文化以“天人合一”为其文化模式，该模式与“生态”之“家园性、有机性”恰恰相融合，可以自然而然地成为“生态美学”的有机组成部分；而“天人合一”的文化模式却与分离性的“环境”一词不相兼容。因此，“生态”与“环境”之辩涉及的关键问题就是中国传统文化能否顺利融入当代生态美学建设，而这就不容轻易妥协了。

生态美学与中国传统文化的有机结合还与后者的根本特点有关，即它是一种原生性的生态文化。我曾于 2012 年底在《河北学刊》第 6 期发表文章《生态美学的东方色彩及其与西方环境美学的区别》，该文集中探讨了中国传统文化作为原生性生态文化的基本特点，文章主要根据现代文化人类学的“原生性文化”理论。现代文化人类学提出“族群原初性文化”的概念，认为一个民族由于其特定的地理区域与经济生活模式，经过长期的“调适”，从而形成一种特定的文化形态，即“族群的原生性文化形态”。我即以此理论考察中国传统文化，并将其与西方古代希腊文化相比较。

钱穆认为，“中国文化是自始到今建筑在农业上面的，西方则自希腊、罗马以来，大体上可以说是建筑在商业上面。一个是彻头彻尾的农业文化，一个是彻头彻尾的商业文化，这是双方很显著的不同点”[①]。农业文化必然造就重视天人相合的生态文化，而商业文化特别是古希腊航海文化则必然形成相应的科技文化，因此，生态文化对于中国传统文化来说是一种“族群的原生性文化”。西方古代的主流文化都是科技文化，生态文化在西方的产生是英国工业革命之后的事情，其在一定意义上也受到了中国生态文化的影响。生态文化在中国是原生性的，在西方则是后生性的、外引性的。无论是海德格尔的“天地神人四方游戏”，怀特海的“有机哲学”，还是阿伦·奈斯的“深层生态学”都有东方文化因子，特别是中国生态文化的元素。

由此证明，渗透于儒释道思想之中的中国传统文化，特别是道家的生态文化思想，以其深刻丰富且具有超前性的生态文化因子而彪炳于世。道家思想中有“道法自然”“道为天下母”“天均”“守中、心斋、坐忘”与“至德之世”等生态观念；儒家思想则有“天人合一”“敬畏自然”“和而不同”“不违农时”“节俭素朴”“智者乐水，仁者乐山”“仁者爱人”“民胞物与”“生生之谓易”“阴阳相生”等生态观念；佛家思想也有“佛性缘起，依正不二”“众生平等”“善恶业报，善根果报”等生态观念，可见，儒释道生态思想均无比丰富。

另外，我还思考了如何在国际生态美学领域内推介中国传统生态文化的问题。在国际生态美学领域，以海德格尔为代表的欧陆现象学依靠其“天地神人四方游戏”来诠释生态美学，而英美则以卡尔森为代表，其“环境模式”呈现出分析哲学领域内的环境美学。那么，以“天人合一”为文化模式的中国传统文化，要如何将自身呈现给国际学术界呢？2017 年 5 月 27 日，美国著名环境伦理学家杜赞奇在昆山召开“环境公平与可持续发展公民”的国际学术研讨会，会议语言为英语，但杜赞奇教授特邀鲁枢元教授和我在会上以中文发言，特请该校华裔学者张嘉如教授为我们两人翻译。

长期以来，西方学者如黑格尔等认为中国没有现代意义上的哲学和美学，“哲学”“美学”乃至“生态”等概念均由西方创造并引进中国。所以，中国学术界很谨慎地谈中国哲学、中国美学、中国生态美学，而多谈中国哲学智慧、美学智慧与生态美学智慧。2012 年党的十八大以来，党中央

① 钱穆：《中国文化史导论》，商务印书馆 1994 年版，第 15 页。

与国家主要领导强调了文化自信与坚守中华立场，这给我们以信心与鼓舞。同时，新时期以来，我国比较文学研究也给我以重要启发。据我国比较文学学会前会长乐黛云教授所言，国际比较文学研究呈现为三个发展阶段：第一阶段为法国学派的“影响研究”，第二阶段为美国学派的“平行研究”，1978年改革开放以来，中国学者逐渐加入国际比较文学行列，提出了相异于两派有中国学派特色的“跨文化研究”，以“跨文化”与“中国话语创造”为其特点。

张：您认为生态美学最重要的研究价值和意义是什么？

曾：其重要价值是为建设“美丽中国”贡献美学智慧。当前，人类社会逐步进入生态文明时代，我国也将生态文明建设作为重要任务，“美丽中国”被纳入社会主义现代化强国目标。生态美学对现实的回应与思考，对于建设“望得见山，看得见水，记得住乡愁”的富有生命活力的“美丽中国”，具有重要价值。

第四节

生生美学是对黑格尔“美学之问”的一种回应

2017年我在昆山会议上提出“生生美学”

张：2023年2月，山东文艺出版社出版了您的专著《生生美学》，请问“生生美学”的观念您是何时提出的？

曾：今天，在中国文化走向世界之际，中国生态美学研究者应在欧陆现象学之生态美学与英美分析哲学之环境美学之外，努力呈现具有中国文化血脉与文化特色的生态美学。为此，我专门请教了深谙于中国古代美学的华东师范大学朱志荣教授，决定采用新儒学代表人物方东美的“生生之德”与“生生之美”的提法，正式在昆山会议上提出“生生美学”，以与国际学者交流。

2017年5月27日，我正式以“中国传统生生美学”为题，在杜克大学昆山分校“环境公平与可持续发展公民”国际学术研讨会上作了主题发言。我作中文发言，专门给我们配翻译，我就讲了“生生美学”。讲的那一天，杜先生太累了，打瞌睡了，我说坏了，杜先生在睡觉。因为其他学者全英文发言，我也听不懂，我又着急看望100岁的母亲，因此离开会场到了上海。会议结束后，中国台湾的张老师给我打电话，她说曾老师你走了，结果你发完言讨论的时候，很多人找你对话，可惜你离开了会场。杜老师说："我没听曾老师发言，我太累了，我睡了一觉，我下来以后又把他的PPT仔细读了一遍，还是很好的。"杜老师在会上对我的发言给予了充分肯定，认为挺有价值。很多人找我对话，但因故而未能充分交流，我感到非常遗憾。

那时候我提出来叫"生生美学"。从生态文化的发生来说，在中国传统文化中生态文化是一种原生性文化或者叫作"族群原初性文化"，是在原始社会农耕文化中形成的亲和自然的文化形态，而在西方文化中生态文化是一种反思的后生性文化。中国传统农业社会中强调"天人合一"，因而生态文化是中国的原生性文化。中国哲学以"天人相和"为其文化模式，中国古代艺术基本上就是一种自然生态的艺术，如山水画自魏晋以后成为画之正宗，山水诗、山水游记特别发达。甚至传统艺术中文房四宝以及古琴、竹笛等的材料均来自自然界。而西方古代文化是一种科技文化，它的生态文化是20世纪产生的反思的后生性文化，是对于工业革命破坏自然进行反思的产物。在很大程度上借鉴了包括中国文化在内的东方传统文化。

例如，德国著名的生态哲学家海德格尔对于老子《道德经》"道大，天大，地大，人亦大，域中有四大，而人居其一焉"加以借鉴，提出"天地神人四方游戏"；美国著名生态文学家梭罗在《瓦尔登湖》中对于孔子与孟子"仁爱"思想的借鉴，提出著名的"人与自然为友"的主旨等。梭罗在《瓦尔登湖》中引用《论语》"子为政，焉用杀。子欲善，而民善矣"，作为其亲和自然的依据。

中国是农业社会，所以天人合一、生态之美是原生性文化，这是我首先提出来的。那么为什么说在西方是后生性文化呢？它一开始是科技文化。生态美学的很多东西是借鉴自东方的，所以"生生美学"的原生性文化就是我们的"生生"，阴阳相合之"生生"。方东美先生说：前面这个"生"和定语后面这个"生"，是生命的创生。生命的创生在甲骨文中的表述是草生土也，草在地上生为生。

2017 年 7 月 6 日，我又以“我国传统文化的生生美学”为题在青海师范大学首届鲁青论坛上作了发言，在这场论坛中也听取了各方面意见。2018 年 1 月，应《光明日报》之约，我在山东大学文学院作了“解读中国传统生生美学”的学术报告，这篇报告于 2018 年 1 月 7 日在《光明日报》上正式发表。在此之前，2017 年 10 月 20 日，我在《人民日报》理论版发表《生生美学具有无穷的生命力》一文，文章产生较大影响。此后，我连续发表一系列有关“生生美学”的文章。

“生生美学”：对黑格尔“美学之问”的一种回应

张：黑格尔认为中国没有美学，而中国传统的“生生美学”就是对黑格尔这一“美学之问”的回答。在您看来，“生生美学”是如何回答这一问题的？

曾：我在 2019 年 12 月《中国社会科学报》的文章中回答过这一问题。首先，“生生美学”回答了中国古代有没有美学的问题。我们认为，“生生美学”是一种中国形态的价值之美与交融之美，区别于西方的实体之美与区分之美；其次，“生生美学”是一种中国形态的生命美学，所谓“生生”乃生命的创生，其审美乃是对生命伟大之处的“体贴”；最后，“生生美学”回答了中国古代美学有美学理性的问题，说明“生生美学”包含着丰富的道德理性精神。

张：您认为“生生美学”对当前国际生态美学建设的贡献是什么？

曾：我们的“生生美学”，试图以“生生”这一特殊审美范畴，与欧洲存在论美学之“存在”以及与英美环境美学之“环境”相并立，成为国际生态环境美学之一，构建具有中国特色的生态美学形态。欧陆存在论美学主要使用阐释学的方法与话语，而英美环境美学主要运用科学的分析方法和话语。我们将中国传统的生态美学智慧概括为“生生美学”。它是一种整体的文化行为，既不同于英美环境美学的分析之科学性，也不同于欧陆存在论美学的阐释之结构性，从而与国际其他生态美学话语形成对话。我们的愿景是希望能使“生生”成为生态美学共同的理论范畴，得到国际学者共情的理解和适度的接受。我们认为，中国传统的“生生美学”完全能够作为生态美学之东方呈现而成为国际生态美学的重要组成部分。

张：请您谈谈《生生美学》这部著作的主要内容。

曾:2021年5月,人民出版社出版14卷《曾繁仁学术文集》,其中第十卷即为《生生美学》,这是《生生美学》一书的首次出版。2023年2月山东文艺出版社又单独出版了《生生美学》一书。《生生美学》包括"基本理论"与"艺术呈现"上下两编。上编"基本理论"较全面地记述了"生生美学"的提出和内涵。"生生美学"的提出,包含了梁漱溟、宗白华、方东美、刘纲纪与蒙培元等前辈学者的耕耘与贡献,而其内涵则直接来源于《周易》之《易传》中"天地之大德曰生""生生之谓易"等命题。"生生"为动名词结构,是生命的创生,"生生"不是一个实体,而是一种生命的创造过程,这实际上是东方古典形态的价值论与存在论结合的哲学、美学,与海德格尔"此在与存在"结构中"此在"对"存在"的阐释有接近之处。

张:您将生生美学的文化背景概括为"天人合一""阴阳相生""太极图式""线性艺术""意在言外"等五个方面,结合中国传统的国画、书法、戏曲和民间艺术等,发掘中国传统美学思想中的生命意识特征。请您具体谈一谈。

曾:"生生美学"包含了强大而丰厚的中国传统文化资源,包括"天人合一"的文化传统,"阴阳相生"的生命美学,"太极图式"的文化模式,"线性艺术"的艺术特征与"意在言外"的意境审美模式,等等。我认为,中国传统美学相异于西方美学之处,在于西方美学基本上体现在各类哲学与艺术美学论著之中,而中国传统美学不仅体现在各种艺术理论论著中,而且大量呈现于各种艺术形式及其研究之中。因此,我在"生生美学"研究中,特别将"生生美学"的研究对象从理论论著拓展至实践文本,包含音乐、诗经、唐诗、宋词、书法、国画、戏曲、园林、古琴、汉画像、敦煌壁画、《聊斋》与《护生画集》,等等。结合具体艺术形式,《生生美学》一书更加深入地探讨了丰富的"生生美学"内涵。2020年下半年,我将上述《生生美学》的有关内容在博士生课上进行讲解,组织博士生对"生生美学"进行研讨和具体化,并进行必要的推敲。

张:您根据对中国文化传统的研究,发掘出"生生美学"这样一个重要的观念。其要旨是立足于作为中国传统文化与哲思源头的《周易》的"生生"之学。《易传》之言乃"生生之谓易",并没有说"生生之谓美"。那么,"生生之易"何以转化为"生生之美"呢?

曾:生态美学若要形成相对独立的学科,它就必须符合现代学科形成的条件：相对稳定的学术范畴、相对稳定的研究方法与相对稳定的学者群体。从相对稳定的学术范畴来说，中国生态美学的学术范畴即可确定为“生生之美”。这一看法要成为共识还需要一个过程，在这一过程中，我们的阐释研究要逐步取得一致意见。因为《易传》之言乃“生生之谓易”，并没有说“生生之谓美”。那么，“生生之德”何以转化为“生生之美”呢？这是许多朋友都要询问的问题。最近，在文艺美学研究中心与美国中美后现代发展研究院联合召开的“后疫情时代的生态美学发展”国际学术研讨会上，我做了“《黄帝内经》的生生之道及其当代价值”的发言。樊美筠教授在讨论中提出了生生之道与美学的关系问题，说明“生生之德”如何转换成“生生之美”这一问题具有普遍性。

对于这个问题，方东美先生早有预料，他在 1937 年所写的《哲学三慧》中论述了“生化之无已”的六个过程，其中包含由“生之理”经“爱之理”到“化育之理”的转化等，即所谓“生之理，原本于爱，爱之情取象乎易。故易以道阴阳，建天地人物之情以成其爱。爱者阴阳和会，继善成性之谓，所以合天地，摩刚柔，定人道，类物情，会典礼”。这就说明“生生无已”之道必须由生之理，经过“爱之理”，才能发展到“化育之理”，“原始统会之理”“中和之理”“旁通之理”。而所谓“爱之理”则由“情”所决定，天地以其对宇宙万物无限的深广之情，道阴阳、合天地，定人道、类物情、会典礼，以成万物。万物之生命乃来自天地之大德。天地给万物所倾注的无限深广之情与爱使之闪耀着美的光辉。由此“生生之德”转换为“生生之美”。方东美基于此，引用庄子所言“天地有大美而不言”。而且，《易传》之中已经对“生生”与“美”的关系进行了阐释。《易传》“文言”说道：“乾始能以美利利天下。”那么，“乾”如何做到“以美利利天下”呢？《易传》回答道“保合太和乃利贞”。也就是说只有做到“阴阳乾坤各在其位，天地相和，风调雨顺，万物繁茂，农业丰收，才能达到占卜之贞”。这里的“贞”就包含着美，即所谓“君子黄中通理，正位居体，美在其中，畅于四肢，发于事业，美之至也”。由此说明，在中国传统文化中天人相和、农业丰收就是一种美的景象。这里的“生生”包含着一种区别于西方形式之美的特有的“天人合一”的东方美学内涵。

由此“生生之德”转换为“生生之美”。这就是美与善交融，万物所具无言之美的缘由。本书下编结合中国传统艺术论述了十三种传统艺术形式，各有其特定的艺术范畴，但择其具有共通性者，应是“中和之美”“意境之美”“气韵生动”“筋血骨肉”等。中国传统艺术仍然留存至今，这些艺术都显现出活泼的生命样态。“生生之美”与上述艺术范畴包含着浓郁的生态存在论美学思想，它们应该作为当代中国美学范畴走进国际生态美学话语体系的建设之中，中国“生生美学”应该与欧陆生态美学、英美环境美学并肩而立。

“生生美学”的基本特点

张：“生生美学”产生于丰厚的中国传统文化土壤之中，具有明显区别于西方美学的中国气派与中国风格。可否请您谈谈“生生美学”的基本特点？

曾：第一，“天人合一”的文化传统是“生生美学”的文化背景。“天人合一”是中国古代具有根本性的文化传统，诚如司马迁所言“究天人之际，通古今之变，成一家之言”，成为中国人观察问题的特有立场和视角，影响甚至决定了中国古代各种文化艺术形态的产生发展与基本面貌，构成“生生美学”的文化背景。“天人合一”最早来源于原始宗教的“神人合一”，发展为老子的“道法自然”、《易传》的“与天地合其德”、董仲舒的“天人感应”，等等。宋代张载明确提出“天人合一”。“天人合一”体现了中国传统文化对于天人关系的理解，也体现了中国传统美学追求一种宏阔的东方式“中和之美”的诉求，相异于西方古代希腊对于微观物质“和谐之美”的诉求。

第二，阴阳相生的古典生命美学是“生生美学”的基本内涵。“天人合一”之“一”就是“生”，即生命也，“天人合一”构成了人与自然的生命共同体。《周易》泰卦所谓“天地交而万物通也，上下交而志同也”，天地交万物通是说风调雨顺万物繁茂，生命繁盛。“生”的甲骨文即为“”，草生地上，万物繁育。这里的“生”有一个中间环节就是“气”，阴阳二气相交，万物诞育。《道德经》有言，“道生一，一生二，二生三，三生万物，万物而负阴抱阳冲气以为和”。《周易·咸卦》“彖曰”“天地交而万物化生”，由此说明阴阳之气为生命化生之本，阴阳之气交感诞育万物生命，成为宇宙人生的根本规律。《周易》系辞上言道“一阴一阳之谓道，继之者善也，成之者性也”，阴阳之道成为万事万物社会人生，包括艺术创作的基本规律，继承这一规律是最高的至善，运用这一规律则是人性之必然。在这里，阴阳之道成为中国传统文化中美善的统一体，人性的必然体现，也是中国古代生命哲学的艺术体现，成为中国古代艺术包含无限意蕴“言外之意，味外之旨”的根本动因。阴阳之道在中国传统艺术中无所不在，书法的黑白对比、绘画的线条曲折伸张、诗文的比兴、文辞的抑扬顿挫、音乐戏曲的起承转合等等，无不是阴阳相生的体现，成为中国特有的美学智慧。

第三，“太极图示”的文化模式是“生生美学”的思维模式。“天人合一”文化传统中的阴阳关系呈现一种极为复杂的“太极图示”。宋初周敦颐在《太极图说》中阐述了太极的基本特点。首先，关于什么是“太极”？所谓“太极而无极”，即指太极无边无极，无所不在。其次，回答了太极的活动形态，阐述了“太极”是一种阴阳相依，交互施受，互为本根的状态。这是对生命的产生与终止、循环往复，无始无终形态的现象描述，是中国的哲学思维与艺术思维之所在。中国传统艺术均表现为一种圆柔的包含生命张力的形态。有学者将此视为艺术的圆形思维模式，其言有理。这种圆形艺术思维使得艺术极富张力，如嫦娥之奔月，飞天之以 S 形升空，汉画像中两只拱背相向蓄势待发的虎豹，等等。

第四，线型的艺术特征是“生生美学”的艺术特性。根据宗白华的论述，中国传统艺术是一种线型的艺术，时间的艺术；而西方古代艺术总体上说是一种块的艺术，空间的雕塑的艺术。线型艺术呈现一种生命的时间音乐之美，一切都犹如乐音在时间中流淌，一切艺术内容都在时间与线型中呈现，化空间为时间。国画中的多点透视，如《清明上河图》在动态的多点透视中呈现了清明时节汴河两岸的完整风情画面，而最能反映线性艺术特点的是书法，被称为中国文化核心的核心，是一种时间之流中笔的生命之舞，成为中国传统线性艺术的典型代表。

张：您在研究中国“生生美学”之时将对中国传统艺术与艺术理论的考察放到更加重要的位置，从中总结概括出有关的“生生美学”范畴。请您具体谈谈“生生美学”的范畴包括哪些内容。

曾：众所周知，西方美学主要体现在各种经典的理论著作之中，例如柏拉图的《文艺对话集》、亚里士多德的《诗学》、康德的《判断力批判》、黑格尔的《美学》以及杜威的《艺术即经验》等论著之中。当然，中国也有自己的美学论著，例如集乐舞诗一体的《乐记》，还有《文心雕龙》与《二十四诗品》，等等。但中国美学主要不是体现在论著之中，而是体现在国画、戏曲、古琴、园林、建筑与民间艺术等各种传统艺术之中。宗白华认为，中国传统美学思想更多是总结自艺术实践，因此“研究中国美学史的人应当打破过去的有些成见，而从中国极为丰富的艺术成就和艺人的艺术思想里去考察中国美学思想的特点”。由此，我们在研究中国“生生美学”之时必然将对中国传统艺术与艺术理论的考察放到更加重要的位置，从中总结概括出有关的“生生美学”范畴。

诗歌之“意境”。“意境”是中国传统艺术中一个最基本的美学范畴，是“生生美学”的重要内涵，反映了“意”与“境”、“天”与“人”的有机统一，相反相成，生成象外之象、意外之韵的生命力量。唐代王昌龄首先提出“意境”范畴。这种“意境”在司空图看来即是一种可望而不可置于眉睫之前的象外之象、景外之景，正是中国“生生美学”的特殊性所在。“东城渐觉风光好，縠皱波纹迎客棹。绿杨烟外晓寒轻，红杏枝头春意闹。”此诗先以记事开头，记述了早春时光驾船湖中划波游春之事；后即借景抒情，以绿杨在晓寒中轻摆与红杏在枝头开放相对，抒发诗人对春景的热爱与歌颂。王国维曾在《人间词话》写到“红杏枝头春意闹”，着一“闹”字而境界全出。“闹”字不仅写出了红杏与绿杨相对的艳丽色彩，而且点出了红杏之闹与晓寒之轻的声音对比，此时无声胜有声。因而，在诗中充分抒发了诗人对于早春特有之春景的欣赏，对于勃勃生机的歌颂。一个“闹”字写出了生命的色彩与声音，化静为动，化视觉为听觉，是一种艺术的“通感”，体现了自然的生命力量。

书法之“筋血骨肉”。“筋血骨肉”是中国书法艺术特有的美学范畴，属东方传统文化中的身体美学。这是通过抽象的点线笔画与雄健笔力形成一种艺术想象中的筋血骨肉。魏晋书法家卫夫人在《笔阵图》中指出，“善笔力者多骨，不善笔力者多肉；多骨微肉者谓之筋书，多肉微骨者谓之墨猪；多力丰筋者圣，无力无筋者病”。这里的所谓“骨”指笔力强劲；所谓“肉”指笔力贫乏；所谓“筋书”指多骨微肉笔力强劲；所谓“墨猪”指多肉微骨笔力软弱之书，犹如一头肥胖乏力的墨猪。而所谓“血”乃要求水墨“如飞鸟惊鸿，力道自然，不可少凝滞，仍不得重改”。筋血骨肉彰显了中国传统艺术特有的顶天立地、骨力强劲的生命之美。

古琴之“琴德”。“琴德”是中国琴艺的重要美学范畴，是传统文化对文人顺天敬地、效仿圣贤的高尚要求。嵇康在《琴赋》中提出“愔愔琴德”之说。所谓“琴德”乃是和谐内敛、顺应自然的愔愔之德，要求达到体清心远，良质美手，艺冠群艺，敬畏雅琴，以至人为榜样的境界。诚如《乐记》所言“大乐与天地同和”体现了生生美学的“天地境界”。这其实是传统文化对于文人的普遍要求，传统文人应该达到的“与天地合德”的境界，这也是一种生生美学的境界。有种说法是，嵇康清高孤傲不向权势低头，最后为司马昭所杀，临刑前他抚琴弹奏著名的《广陵散》，激扬高昂，听者无不为之动容。《广陵散》为我国十大古琴曲之一，以聂政为父报仇毁容弹琴刺韩王为背景，抒发激越慷慨之情，是一曲生命之歌。

国画之“气韵生动”。“气韵生动”是国画的基本美学范畴，也是“生生美学”最重要的范畴之一。南朝谢赫在《古画品录》中提出“画有六法”，第一即为“气韵生动”。明代唐志契在《绘画微言》中对之进行了阐释：“气韵生动与烟润不同，世人妄指烟润为生动，殊为可笑。盖气者有气势，有气度，有气机，此间即谓之韵，而生动处则又非韵之可代矣。生者生生不穷，深远难尽；动者动而不板，活泼迎人。”说明气韵生动是一种由象征生命之力的气势形成的生命的节奏韵律，是活泼感人的生命力量。宗白华简约地概括道，气韵生动就是“一种生命的节奏或有节奏的生命”。齐白石的《虾图》以其“为万虫写照，为百鸟传神”的精神，将充满生命力量的虾呈现在纸上，画作里并没有水，但一只只虾却俨然活跃于大江大河之中。

戏曲之“虚拟表演”。“虚拟表演”是中国传统戏曲的重要艺术特点，是相异于西方戏剧实景实演之处，是一种虚实相生、演员与观众一体的东方戏曲模式。在中国传统戏曲中，布景、景致与空间都是虚拟的，完全通过演员的表演将其表现出来。这就是所谓“实景清而空景现”，运用清简的实景给予想象以广阔的空间。万水千山只是跑龙套的在舞台上走几步，千军万马只是几个小兵与将官的活动，上楼下楼只是小姐端着灯模拟着走几步，如此等等。这就是通常所说的“三五步千山万水，六七人千军万马”。当然，中国传统戏曲仅仅利用这种虚拟表演，光靠演员在舞台上如此简略的动作表演是完成不了戏曲任务的，还必须要依靠观众的介入。依靠观众通过这种简略的表演而进行想象来完成戏曲任务，有学者将之称作“反观式审美”，即观众调动自己的艺术想象力，与演员共同完成艺术的创造。这就是所谓“真景逼而神景生”，即由简略的真景引起观众想象的神景，犹如画之留白，给予想象以无限的空间，无限的余地，神妙无比。例如，川剧《秋江》陈妙常渡江追赶潘必正的戏剧情节中，舞台上只有陈妙常与老艄翁两人，全凭老艄翁一人左右划桨，以及两人起伏上下的舞台表演，使得满江秋水波涛起伏，甚至给人以晕船的感觉。

园林之“因借”。“因借”是我国园林艺术中以因应自然实现自然审美的美学与艺术原则，具有极为重要的价值意义。“因借”由明代著名造园家与造园理论家计成在《园冶》中提出，即所谓“巧于因借，精在体宜”。这里所谓“因”指造园时对自然环境的充分因顺借助，在此前提下适当创造。所谓“借”就是指突破园林自身的空间，不分内外远近，均可借景，有远借、仰借、邻借、应时而借等。借景既是景致的丰富，更是中国园林不是静态观赏，而是动态中多视角融入式观赏，是一种以动观静，恰与当代西方环境美学之融入式审美相切合。苏州留园之近借西园，远借虎丘山。中国园林之“因借”也是一种多视点的动态审美，犹如国画之“四面八方看取”，以及“景随人迁，人随景移，步步可观”，是一种生命活动的呈现。

年画之“吉祥安康”。前已说到，中国传统美学渗透于百姓的日常生活，反映于普通节庆与民间艺术之中。其中，年画既是一种节庆活动，也是百姓的一种日常生活。年画是中国传统文化中的一种装饰性艺术，主要用在春节过年的时候，发端于汉代，发展于唐代，成熟于清代。年画主要有驱凶避邪与祈福迎祥两大主题，来自中国传统文化中对于“元亨利贞”美好生存的追求。首先是驱凶辟邪之贴门神。年画中的门神逐渐从神荼、郁垒演变为人格神钟馗、秦叔宝、张飞、尉迟恭等，以这些被人们敬畏的神与半神守卫在门，保佑着老百姓的平安吉祥。其次是祈福迎祥。祝福吉祥安康，包括五子夺魁、鲤鱼跳龙门、福禄寿三星、年年有鱼、倒写的“福”字与百子图等，另外就是反映生产丰收的牧牛图、五谷丰登、大庆丰年等。这些都是对于美好生活的期盼，是生生美学在日常生活与节庆中的体现。

建筑之“法天象地”。建筑是中国传统艺术的重要形式，包括宫殿、宗庙、寺观、庙宇、人居庭院与园林别业等。它们典型地体现了中国传统文化“天人合一”的传统以及人与自然相亲相和的审美追求。中国传统建筑的核心观念即为“法天象地”。天坛就是“法天象地”的典型代表。天坛为明代所建，是帝王祭祀皇天，祈求五谷丰登的地方，包含圜丘与祈谷两坛，坛墙南方北圆，象征天圆地方，是一座与天地相应的建筑。

张：您倡导的生态美学理念已经渐渐走向世界，能否请您谈谈新时代中国“生生美学”的建设和发展？

曾：山大文艺美学研究中心和韩国成均馆大学每年举行一次关于生态美学的对话，他们用的大多都是我们的话语。他们讲生态美学、生生美学，是中国理论的韩国运用，他们已经认可了。我曾在成均馆大学跟他们五名博士生专门对话交流生态美学，接受他们三个小时的咨询。他们基本上接受了生态美学。在新时代，尽管“生生美学”所凭借的传统艺术仍有生命力，但其理论基本上还是前现代形态，本身也还缺乏系统性，需要使之补充某种科技的理性，并对其进行创造性改造与创新性发展，在中西古今对话中构建面向新时代与世界的新的“生生美学”理论，使之更加具有理论的自洽性与时代性。总之，我们仍然需要继续艰苦努力，创新发展，才能讲好中国“生生美学”的故事。

张：2017 年 4 月 21 日，李克强总理考察山东大学时，在《文史哲》编辑部与您进行了亲切的交谈，能否回忆一下当时的见面情景？

曾：李克强总理来山大时，有一个在《文史哲》编辑部与山大代表性学者见面的安排。学校建议我将自己的《中西对话中的生态美学》一书送给总理，原因是学校有关部门和领导认为，这本书表明了我尝试在世界欧陆现象学生态美学与英美分析美学环境美学之外，建立中国特色的以“天人合一”为文化模式的生态美学的探索，具有一定特色。在送书过程中，我简单地介绍了山大在生态美学方面基本建设的情况。总理非常关心我如何处理中外美学关系，包括如何处理中国古代美学与西方鲍姆嘉通及康德美学等著名美学流派的关系等。在谈话时，总理表现出了很强的专业性。总理勉励大家继续沉下身子，潜心研究，既在传承中华优秀传统文化中担起更大责任，也要努力攀登国际科研高峰。

张：2023 年 6 月 2 日，习近平总书记在国家版本馆考察的新闻您看了吗？

曾：6 月 3 日我正在家中看《新闻联播》，这是新闻头条。6 月 1 日至 2 日，习近平总书记专程到中国国家版本馆和中国历史研究院考察调研，出席文化传承发展座谈会并发表重要讲话，从党和国家事业发展全局战略高度，对中华文化传承发展的一系列重大理论和现实问题做出全面系统的深入阐述，发出振奋人心的号召：“要坚定文化自信、担当使命、奋发有为，共同努力创造属于我们这个时代的新文化，建设中华民族现代文明。”习近平总书记走进保存古籍版本的兰台洞库，实地察看版本保存收藏情况。杜泽逊院长在兰台洞库为总书记汇报了《四库全书》的相关情况。我看了新闻很激动。

中国传统文化的凝聚，就体现在版本上，在传统版本目录上。杜院长师从王绍曾先生，他在读博期间就开始从事《四库全书》的研究工作，参加季羡林先生主编的《四库全书存目丛书》，后来开始独自承担教育部古委会重点项目《四库存目标注》等。他能够为总书记汇报《四库全书》的相关内容，说明他在这方面的造诣很深，在全国的影响很好。王绍曾先生在版本目录、文献这方面有很深的根基。我以前对王绍曾先生不了解。1995年11月26日在人民大会堂召开的《四库全书存目丛书》首发式暨专家鉴评会上，王绍曾先生在会上有专门发言。说老实话，这么多老先生，他讲得最好。为什么讲得好？并不是他的水平比他们好，而是他准备得最认真，也真有水平。王先生他们这一代传承下来的重文献、重版本、重目录的传统还是非常重要的。因为文化的传承，就是靠这些东西才能准确地一代一代传承下来。我觉得杜泽逊做得就挺好，而且一直坚持这样一个工作，很有价值，也反映了我们山大以文科见长的一个侧面。原来董治安老师他们也都很重视文献。

张：杜院长正在做的"《永乐大典》存卷综合整理研究"，是总书记亲自审批的一个重大文化传承保护项目。

曾：总书记很重视中国传统文化。传统文化传下来靠什么？就靠好的版本、好的书、好的文献一代一代传下来。我们过去的老先生，像冯、陆、高、萧就给我们讲原典。陆侃如先生讲《文心雕龙》，高亨先生讲《左传》《诗经》，都是重视原典文献，而且特别强调版本，这是一个好的传承。

张：2020年在您执教66周年之际《曾繁仁文集》(5卷本)由中国社会科学出版社出版发行，全面而深入地介绍了您的学术思想和美学方面的建树。该文集的出版，恰逢您80周岁生日，可以说这是送给自己最好的礼物，也是您66年学术研究的小结。

曾：人过八十应该有一个小结。2019年底，我已按学校规定办理退休并招收了最后一名博士生。但我的讲席教授还在聘期之内，还有博士生没有毕业，需要继续培养，还有国家社科重大攻关项目以及其他项目没有结项，还要继续工作，仍然很繁忙。但学术工作本身应该有一个小结。我的同事与学生都有这个想法。2020年1月，在我80周岁之际，恰逢中国社会科学出版社编辑的"马克思主义文艺理论与评论建设工程名家学术文丛"《曾繁仁文集》出版。该文集共5卷：第1卷《生态美学导论》，第2卷《西方美学范畴研究》，第3卷《西方美学论纲》，第4卷《美育十五讲》，第5卷《生态存在论美学论稿》，涵盖了我从学以来的主要成果。

2020年1月，曾繁仁（左十二）参加“新时代文艺美学发展新趋势暨《曾繁仁文集》出版”学术研讨会

山东大学文学院发起召开“新时代文艺美学发展新趋势暨曾繁仁文集出版学术研讨会”，全国各地文艺美学方面的专家学者一百多人参加会议。时任山大校长樊丽明出席会议，代表学校对我本人做了评价，她说：“曾繁仁教授爱教育、懂规律、极务实，是一位大先生、好学者、老领导，希望曾繁仁教授带领山东大学文艺学学科在新时代再创佳绩。”中华美学学会会长高建平代表学会在会上发言，他说：“曾繁仁先生几十年如一日，始终在美学学术园地里辛勤耕耘。我认识曾先生已经20多年。从20世纪90年代的‘和谐美学’，到21世纪初期的‘生态美学’，再到近年来提出的‘生生美学’，曾先生一步一个脚印，向理论的深度和广度进发。”会议的最后，我以激动的心情发表了答谢辞：

尊敬的各位专家，各位师弟师妹，各位好友：

首先，我要衷心感谢参加会议的各位专家和师弟师妹，在期末百忙之中，在严冬腊月，参加这样一个学术研讨会，对我表达了最美好的祝愿。感谢各位长期以来对我的关心爱护与支持。我无以为报，甚至因为年老患病，都不能参加与各位有关的会议，甚感惭愧。我深知，当前，学术界已经成为一个密切相关的学术共同体，我们中心与我个人的学术活动，包括会议、发表、出版与评价等，都离不开各位同行的支持与关心。我从学的几十年来，特别是我在文艺美学中心工作的近20年来，我们中心和我个人学术工作的每一步，都离不开学术界同行的参与及支持，离不开在座的各位。我还要感谢中国社会科学院大学各位领导将我的五本专著列入名家文库，得以再版，从而促成了这次会议。感谢中国社会科学院大学的关爱支持，感谢中国社会科学出版社在短短时间内出版文集，感谢编辑同志与有关同志的辛勤劳动。

今天我非常激动，也非常感动。因为从今天开始，我的人生将迈入80岁的行列，成为真正的“80后”。1959年我从上海考入山大，当年的8月23日从炎热的上海来到秋凉的济南，至今已经61个年头，超过一个甲子。61年的山东生活，将我从一个南方人变成一个山东人，也将我从一个学生变成一名美学工作者。有人说，人的一生总要遇见许多贵人。我一生中的贵人首先就是山大，山大中文系与我的老师。山大中文系以其优秀的师资、严谨的学风与活跃的学术给了我扎实的大学基础教育，给我无尽的滋养。我谨记高亨老师在《诗经》课上要求我们不要老说高亨怎么说，而要说自己怎么说，意在鼓励我们创新；我谨记孙昌熙老师鼓励我在系学术研讨会上与师长发表不同意见，培养我的求异精神；我谨记1964年刚刚留校之时，中文系对青年教师过教学关的严格要求，要求每个青年教师必须跟随一名导师系统听完一门课，写出全部的讲稿，并要试讲合格，备课与讲课的时间比例不得低于1∶8。我也谨记1977年教研室主任狄其骢老师要求我在1977级开设"西方美学"课，我从1981年开课直到今年，历时近40年。我还要感谢这个改革开放的伟大时代。我觉得我比我的老师们幸运，因为改革开放的时代是解放思想与对外开放的时代，为学术研究提供了良好的氛围。正是这个伟大的时代，我们的待遇与学术条件发生了实质性的改变。也是这个伟大的时代，让我们学者改变了只能当阐释者的命运而有可能成为理论家。正是这个伟大时代的鼓励与包容，我先后进行了西方美学、审美教育与生态美学的教学与科研。

我更要感谢这个时代给我们提供的平台与机遇，在这个平台上包括在座各位学者成为关爱我们中心与我本人学术发展的贵人。由于中华美学学会青年学术委员会与陕西师范大学联合举办第一届生态美学会，我才有机会走上生态美学的前沿，也正因为《文学评论》、《陕西师范大学学报》(哲学社会科学版)与《文艺研究》等刊物的发表，以及学术界各位前辈学者以及在座各位的推介，生态美学才能在学术界产生一定影响。我们中心与我个人学术成果、论著的发表、出版与评价全部有赖于包括在座学者在内的各位同行，没有大家的鼎力支持，不可能有我们中心与我本人今天的成绩。我还要特别说明的是，我们从事生态美学或生态文学研究的学者实际上是一个具有"共生相补"之生态精神的学术共同体，我的生态美学成果得到这个共同体的滋润、帮助和大力支持，从某种意义上来说是大家共同的成绩。俗话说大恩不言谢，贫乏的语言无法表达我此时的感谢，只能永存心中！我还要感谢我的同事与学生，感谢我们中心各位同事20多年来对我的支持，感谢我的学生长期以来对我的配合与帮助，教学相长，我的成果大部分与教学相关，在课堂上完成，我的每一点成绩都包含着你们的积极参与和辛勤劳动。谢谢你们，你们是我永远的依靠！

这次会上，各位对我本人给予了很多肯定，这是各位的鼓励与爱护。大家的鼓励给我指出了未来的方向。我一直认为，自己有先天的不足，后天又被行政工作耽误日久，因此只能是起到学术过渡者的作用，我的成果还有许多不可避免的缺陷，未来属于在座各位学术生力军与年轻学者。你们已经创造了很多辉煌，还会有更多的辉煌，一定会将中国美学推向更高，推向世界。我将会与大家一起共享未来，并尽自己的微小力量，做一点力所能及的工作。

最后，再次感谢大家百忙中与会，大家付出了宝贵的时间与精力，这种无价的友情将温润我的余生。让我给大家深深地鞠一个躬，表示我无尽的感谢！

曾繁仁

2020.1.12

张：《曾繁仁文集》全面汇集了您在美学和文艺理论领域从事学术垦荒、理论建构的丰富成果，鲜活地展示了一位孜孜以求、勤奋前行的中国学者的求索身影，也让我们充分感受到了理论创新的巨大魅力。文集的出版是您从事美学工作的学术总结，也是新中国美学发展的历史见证。2023年是山东大学建校122周年，您认为山大在建设世界一流大学过程中应该如何发展和定位？

曾：我就讲一下对山大未来发展的希望。

第一，要继承山大的优良传统。山东大学有120年历史，徐显明校长说山大是“中国高等教育起源性大学”，我觉得要继承这个传统。这个传统应该包括一流意识、面向全国和“文史见长”三个特点。一流意识，即一定要把山东大学办成一流大学。山东大学堂和国立山东大学时期就是一流；新中国成立后，山大是教育部九个重点大学之一，应该也是一流。山东大学对自身的定位决定了其发展的正确方向。这种定位包括对学校在社会大环境中的定位，在与一流大学比较中的定位，学校自身精神的定位，学科学术的定位，等等。

第二，要坚持面向全国，而不是面向山东。招生比例要有变化，不是在山东招生75%，而是在全国招生75%，山东招生25%。一定要做到这一点，山东大学才有希望。不是说山东的学生不好，而是采用这种策略对学生有影响，能够共同交流互补。

还要坚持“文史见长”。山大的传统就是“文史见长”。2023 年 6 月 1 日，杜院长在国家版本馆兰台洞库为习近平总书记汇报《四库全书》相关内容的时候，总书记问他：“你是哪里的？”“山大的。”“山大中文和历史很好、很强啊。”总书记用了“很强”这句话。他说：“我是文学院的院长。”毛主席对《文史哲》的评价也很高。两任中央最高领导对山大文史都有极高的评价。山大要将习近平总书记给《文史哲》编辑部的回信精神作为推动事业创新发展的行动指南，深学细悟习近平文化思想，以中华优秀传统文化的先行者和实践者的奋斗之姿，在建构中国自主知识体系中勇担作为，在深度融入中国式现代化、服务教育强国建设中开启“全面图强”新征程。

一流意识、面向全国、“文史见长”，这三点建设下来，山大才有前途、有希望。

第三，坚持办出特色，办出有特点的大学。中国海洋大学以海洋水产为特点，河海大学以水利为特点，同济大学以建筑为特点，山大有什么特点？一个没有特点的高校，是别人记不住的高校；一个不被重视的高校，也是别人容易遗忘的高校。山大有什么特点？文史为特点，数学为特点、工学为特点，还是医学为特点？得思考一下。有个特点，哪怕只有一项特点，全校来建设维护这个特点，这个特点就自然形成了。一定有特色，这个很重要。办出特色来，不要叫人家忘记，别叫人家认为不重要。我在中国海洋大学干过，知道中国海洋大学总体水平不如我们，但是它的海洋专业是第一，水产专业居全国前两名，别人忘不了它。

第四，坚持人才意识，人才第一。人不在多而在精。人才是一个非常大的问题，德才兼备，不要把数量或者某种成果看作唯一，最主要的是以德为先。他得道德水平高，他得热爱集体、奉献自己，不要一切都是个人第一。我们原来就是想把文艺美学中心建设好，没有特别想过个人地位待遇等，中心的每个人基本上都是这样，所以发展得很好！

人才意识一定要有。一流人才，不仅学问做得好，文章写得好，而且能奉献于集体，有很高的群众威信，把道德放在非常重要的位置。人品第一，才能持久，才能真正地为学校奉献，否则这个人又飞走了。我们为什么一直留在山大不走？因为我们的根就在这里，我们的老师就在这里。

第五，坚持创新。山大文科的传统就是创新。高亨先生跟我们说："你不要说高亨怎么说，谁谁谁怎么说。应该讲你怎么说？你说一句话我听听，说不一样的。说出创新的话来，你不创新你写它干吗？"陈寅恪讲过"四不讲"：前人讲过的，我不讲；近人讲过的，我不讲；外国人讲过的，我不讲；我自己过去讲过的，也不讲。现在只讲未曾有人讲过的。所以说一定要创新，要把创新意识放在非常重要的位置。

我认为最主要是这么几条：一流意识，办学特色，人才第一，以德为先，然后坚持创新。这样我们学校才能办成一所真正的一流大学、真正的好大学。

张：谢谢您！

附　录　曾繁仁山大感旧录

成老永远是我们学习的榜样

——在成仿吾铜像落成典礼上的讲话

同志们、同学们、朋友们：

今天，在山东大学95周年校庆的大喜日子里，我们在这里隆重举行成仿吾铜像的落成典礼，以崇敬的心情缅怀我们的老校长、著名的教育家和社会科学家成仿吾同志的光辉业绩和为山东大学所做的巨大贡献。

首先，请允许我代表山东大学党委和行政以及全校师生员工，对出席这次典礼的领导、来宾和校友表示热烈的欢迎！对成老亲属的到会表示衷心的感谢！

成仿吾同志是我国无产阶级革命家、忠诚的共产主义战士、新文化运动的重要代表。他1897年生于湖南省新化县，早年留学日本，五四运动之后，投身革命文化运动，是当时有影响的文学家和无产阶级革命文学的先驱之一。大革命失败后，他为了深入学习马克思主义理论离国赴欧，并于1928年在法国参加中国共产党，1934年10月参加了著名的二万五千里长征。1935年10月到达陕北后，先后担任陕北公学校长、华北联合大学校长、晋察冀边区参议会议长、中共晋察冀中央局委员等职。新中国成立后，先后任中国人民大学校长、党委书记，东北师范大学校长兼党委书记，山东大学校长兼党委书记，中央顾问委员会委员，中央党校顾问。

成仿吾同志从1958年5月开始主持山东大学工作，先后长达八年。

当时正是“左”倾思潮泛滥的不寻常时期，他以政治家的胆识，教育家的才能，为山东大学的建设和发展做出了巨大贡献，留下了宝贵的精神财富。他按教育规律办事，特别注重教育质量，在抓好教育管理和各个教学环节的同时，身体力行地深入实际，在艰苦的条件下为学校的建设做了大量的工作，为山东大学的进一步发展奠定了坚实的基础。当年成老亲自创建的政治系今天已经发展成为15个系，成老关心支持的晶体研究所已发展成国家重点研究基地。成老的一件件历史功绩铭刻在每一位山大人的心中，他那高瞻远瞩的领导风范，实事求是的工作态度和呕心沥血的奉献精神，永远是我们学习的榜样。

同志们，成老的一生，是为共产主义事业奋斗的一生，也是为社会主义教育事业奋力开拓和创造的一生。在庆祝建校95周年、回顾山东大学光辉历史的时候，我们更加怀念这位为山东大学的发展做出了巨大贡献的老校长。他的名字就像一座丰碑，永远矗立在山东大学的发展史上，千秋照耀，万代景仰。

今天，我国进入了第九个五年计划的发展新时期，山东大学也正在以新的姿态向21世纪的远大目标迈进。我们在这里纪念成仿吾同志，回顾过去山东大学的光荣历史，展望未来山东大学的宏伟前景，既深感责任重大，又满怀信心。在世纪之交的关键时期，我们将经受更为严峻的考验，我们所面临的任务更加艰巨和光荣。让我们继续发扬过去的优良传统和作风，以百倍的努力和不屈不挠的精神，把山东大学的百年基业推向新的辉煌，不断做出新的成绩，全面实现“把山东大学建成国内一流并在国际上有较大影响的大学”的战略目标，迎接21世纪和山东大学百年校庆的到来。

谢谢大家！

（原载《山东大学报》1996年10月16日）

吴富恒校长在改革开放初期对学校稳定发展所做出的重要贡献

吴富恒校长是我国著名的教育家与美国文学研究家，曾经担任许多社会职务，对于国家社会做出过多方面的贡献。他从 1951 年到山大工作直到 2001 年辞世，在山大整整工作了 50 年，足足半个世纪，对学校的贡献也是多方面的。今天在纪念吴校长 100 周年诞辰之际，我作为吴校长的学生与下级，着重回顾吴校长在他 1978 年担任山大校长到 1984 年因年龄原因离开校长岗位的六年间对学校的贡献。一方面，这六年是学校从十年“文化大革命”灾难中走出、进行拨乱反正的重要关键时期；另一方面，又因为这六年我先后担任中文系副主任和教务处副处长，直接在吴校长的领导下工作，从自己的角度对于吴校长的工作有着一定的了解。我想从四个方面归纳吴校长这个时期的贡献。

第一，坚持“解放思想，实事求是”拨乱反正，稳定大局，为学校的长远发展打下基础。

1978 年，吴富恒教授被任命为山大革委会主任；1979 年，被任命为校长。吴校长是我校新时期的第一任校长。那时山大真是千疮百孔，遗留的问题成堆。1971 年，因被强行一分为三而流失了大量优秀教师，仅政治类学科流失的骨干教师就有 36 人之多。校舍破败，资源缺乏，人心涣散，秩序松弛，“文化大革命”中的所谓派性仍然残存。吴校长与山大领导班子的第一个重大措施就是于 1978 年 10 月 21 日至 30 日召开“实践是检验真理标准学术研讨会”。这次会议的召开在全国是比较早的，而且还有一定风险。但会议却是非常成功的。何匡、高放、蔡尚思、李秀林、蓝翎等著名学者参加会议，作了重要发言，吴校长在东郊宾馆的会议开幕式上作了重要讲话。各系、各个学科结合学科特点召开了有所侧重的以打破禁区、解放思想为宗旨的学术研讨会。会议起到了解放思想、突破禁区、凝聚人心的作用，也在学术界树立了山大，特别是山大文科的良好形象，为山大的继续前行树立了信心。其次，稳定秩序，建立制度，使学校工作特别是教学工作纳入正轨。为此，在吴校长的领导下召开了教学工作会议，制定了教学计划与教学规范，重申了课表的法规性质，并严肃教学纪律，实行教学事故通报与处理制度等，使学校工作特别是教学工作逐步走上轨道。再次，在全国较早实行教学奖励制度，制定了教学工作量奖励办法，极大地调动了广大教师的积极性。我记得是1982年学校开始酝酿并逐步实行这一制度的，在高校第一次体现了多劳多得，并给奋战在教学第一线的教师特别是中青年教师以鼓励，起到较好的作用。吴校长对于这一举措是大力支持的。我记得在校长办公会讨论这一举措时是存在比较大的分歧的，但吴校长却顶住了各种不同看法，使得这一举措得以实施。最后，为学校的基本学术条件的建设付出辛勤劳动。主要是为《文史哲》《山东大学学报》与出版社的建设呕心沥血，付出艰辛劳动。我记得出版社的成立是吴校长亲自带领我们到省出版局开出证明文件的。对于《文史哲》，他更是分外关注，付出心血，这些基础性工作都是学校发展的重要前提。正是由于吴校长等老一代领导同志对教育事业的坚持执着与辛勤工作，学校才在较短的时间内逐步走上正轨。

第二，大力开展外事工作，为学校的对外开放与借鉴国外经验，开拓了新的境界。

吴校长由于具有教育家的深远视野，对于外事工作特别重视，在他六年任期中使得山大外事工作在同类学校中处于比较活跃的位置。他较早清醒地认识到外事工作在学校发展中所特具的打开眼界、扩大影响、借鉴经验的重要作用，所以在当时比较困难的情况下将山大的外事工作做得有声有色。吴校长广泛建立校际关系，建立了山大初期外事工作的基本格局，迅速建立了包括哈佛、牛津与东京大学等一批高层次高校的校际交流关系，同时也建立了山口、里贾纳、纽约市立学院、印第安纳等具有长期实质性交流的姊妹高校。吴校长还在外事工作中十分重视学科建设，将外事交流与我校的重点学科与重点学术领域的建设相结合，具体来说，就是与我校晶体、高能物理、微生物、数学、胶化以及义和团研究、美国文学、语言等学科紧密结合。有的在国外建立了科研基地，极大地推动了学校的学科建设。

第三，率先开展美国现代文学研究，为我校外国语言文学研究打开新局面。

美国现代文学在“文化大革命”前只是英美文学的一个领域，而不是一个独立的学科，但它却具有自己的特点与发展轨迹。吴校长在“文化大革命”后期就预见到美国现代文学的发展前景，开始关注这个新兴学科。改革开放初期具备了发展该学科的条件，以吴校长为首成立了山东大学美国现代文学研究所，出版与发表了一系列有影响的研究成果，如《美国现代文学研究》。为此，吴校长被推选为中国美国文学研究会会长。美国现代文学研究也因此成为山大外语专业与山大文科的重要特色学科与研究方向。

第四，以自己平易近人、平等待人与艰苦自律的精神为确立良好校风树立了榜样。

吴富恒校长长期担任领导职务，是重点大学校长、山东省政协副主席与全国政协委员。但他始终将自己定位于一个普通的知识分子，以平等的态度待人接物，温文尔雅，从不以势压人。他严于律己，我们陪他到教育部汇报工作，外出办事从来都是他自己拿钱请我们吃饭。有一次我陪他到北京外文出版社看望金诗伯先生，那时他已经将近 70 岁，但却让我陪他乘公共汽车到出版社去。

吴富恒校长离开我们已经 10 年了，但他的教育思想与奉献精神却是学校的宝贵财富。我们要继承他的遗志，发扬他的宝贵精神，将山大建设得更好。

（原载郭继德主编：《吴富恒先生百年诞辰纪念文集》，山东大学出版社 2013 年版）

事业长青，风范永存

——纪念邓从豪先生

在邓从豪先生逝世一周年之际，出版了他的科学论文选集。邓先生生前曾任山东大学校长、中国科学院院士，是一位德高望重、深受广大师生员工尊敬和爱戴的教育家，又是一位终生奋斗，成就卓著的化学家。他的不幸逝世是我国科学和教育事业的损失，是山东大学的重大损失。山东大学将邓先生一生主要的科学论文精选结集出版，是对尊敬的老校长的最好纪念。

《邓从豪科学论文选集》不仅记录了邓先生倾注毕生精神力所取得的科学发现。同时，从中我们还可以领略邓先生对科学和教育事业的执着追求，更可以体现他高尚的道德情操和丰富多彩的人生阅历。因此，这部论文选集是邓先生留给我们的一笔不可多得的宝贵精神财富，不仅对相关学科的科学研究具有重大参考价值，而且对我校学科建设的方方面面都具有重要的指导意义。

一

邓先生一生勤奋好学，读书破万卷。从青少年时代起直到去世为止，他一直孜孜不倦地读书学习、获取新知。刻苦读书培养了他的高尚情操，也为他科学研究和教书育人打下了深厚广博的基础。

邓先生出生在江西省临川县（现临川区）一个勤劳的贫苦农民家庭，其父是闻名乡里的种田能手，而且乐善好施，这就赋予了他智慧、坚韧、善良和勤奋的秉性，这种秉性影响了他的一生。他从小立下“科学救国”之志，仰望科学巨匠牛顿和居里夫人，发愤读书，成绩优异。1941 年，他同时考取了南昌中正大学和厦门大学，为长远发展计，他选择了厦门大学。为了供他上学，家中典当了仅有的土地，于是他背着书籍、行李，长途跋涉由老家步行到因战乱（抗日战争）而设在福建长汀的厦门大学求学。在这所著名的高等学府里，他废寝忘食、刻苦攻读，不仅取得了化学系的毕业文凭，而且同时也修完了数理系的几乎全部课程，为他今后从事化学基础理论研究打下了广博的基础。时任厦大化学系教授的傅鹰先生（傅先生曾任教于山东大学，解放后任北京大学副校长、教授、中国科学院院士）曾编写了一部《普通化学讲义》，在“原子结构”一章中，他写了许多关于原子结构的知识与公式，并注明每个公式都可以由量子力学到得。量子力学的这种神奇力量深深地吸引了邓先生，但是当时厦门并未开设量子力学课程。1948 年秋，邓先生离开南昌中正大学，应聘到青岛山东大学任教。途经上海时他买了肯姆波尔（Kemble）编著的《量子力学》，到了山大后，自制了小黑板挂在实验室的墙上，一边读书本，一边进行演算。解放后，又相继自学了鲍林(Pauling)的《量子力学导论》和艾林(Eyring)的《量子化学》,这使他的理论基础更为深厚扎实。克尔文(Kelvin)有一句名言,大意是一个现象如不能用数学式表达,就意味着对这个现象的本质还未弄清楚,这句话给了邓先生极为深刻的印象。为了在原子、分子层次上进一步探索化学世界的奥秘,他认为有必要扩充加深自己的数理基础。为此,除坚持自学以外,他还抓住一切可能的机会进修学习。1953年他参加了教育部在青岛举办的"物质结构进修班",此后(1953—1954年)又到东北人民大学(即吉林大学)化学系进修,并在唐敖庆教授指导下开始了系统的量子化学基础理论研究;1963—1965年,邓先生参加了唐敖庆教授主持的"物质结构学术讨论班",通过系统学习和研究,不仅量子化学基础得到了增厚拓宽,而且其科研水平也有了突飞猛进。他荣获国家自然科学一等奖的"配位场理论研究"成果,就是在这个讨论班期间奠定基础的。邓先生之所以能够在各个历史阶段始终走在化学科学的前沿,并不断取得新的成就,与他不断更新知识,不断"充电"是分不开的。在当今知识大爆炸的信息时代,邓先生这种勤奋读书、严谨治学、锐意进取的精神尤为重要。邓先生是真正实践了鲁迅先生"用别人喝咖啡的时间来读书学习"的人,甚至在历次政治运动(1959年"反右倾"和1966至1976年十年"文化大革命")受到错误批判时,他也不曾放弃读书做学问,他认为这是知识分子的天职,否则将是愧对知识分子称号的。邓先生的勤奋是闻名的,他曾星期天在图书馆查文献忘记了吃饭;他也曾过于专注读文献而未听到图书馆下班的铃声,直到很晚才发觉,不得已,只好招呼路人通知家人去借开门的钥匙;过年放假,他把自己反锁在房间里学习和研究;下乡参加劳动、外出开会或去外地疗养,他都要带上书籍,一有空就专心攻读;直至晚年生了重病住院时,在病榻上也从不放弃学习;最令人感动的是,他在去世的前一天晚上,还在研读文献,书本尚未合上,而他却永远地闭上了双眼。邓先生是周恩来总理所说的那种"活到老学到老"的人。

二

邓先生追求科学真理,以探索自然规律为已任,达到了较高的境界,他倾注了毕生心血,致力于量子化学基础理论研究,取得蜚声中外的学术成就,赢得了国际国内同行学者的高度赞扬。

邓先生在各个历史时期均取得了卓著的学术成就。从20世纪50年代的“双原子分子势函数”，60年代的“配位场理论”，70年代的“化学反应速率的量子理论”，到80—90年代的“量子多体理论”与“量子散射理论”，他始终占据现代化学前沿的一席之地，为中国理论化学研究赢得了国际声望。追根溯源，邓先生取得了如此巨大的成功绝非偶然。除了他本人的智慧天资之外，我认为还应考虑以下几个因素。第一，科研目的明确，那就是为了求知而不是为名为利。他在《既要努力教学，又要潜心研究》一文中写到，“特别敬仰牛顿和居里夫人，钦佩他们造福人类的丰功伟绩，并写下了座右铭，表示要像他们那样在科学的海滩上拾取贝壳”。在常人眼中，研究基础理论十分枯燥乏味，而邓先生则为此奋斗一生乐此不疲，从不为名利所累。第二，具有深厚广博的基础。邓先生十分赞赏唐敖庆教授所说的“有青藏高原才有喜马拉雅山，有喜马拉雅山才有珠穆朗玛峰”，他说，这话非常形象地说明了必须具备雄厚的基础，才能做出高精尖的科研成果，他常以此告诫学生并作为自勉。前边曾经说到，在厦大求学期间，邓先生实际上学完了化学系和数理系两个系的课程，而且不断地进修、提高、自学充电，始终跑在本学科的前沿。他常说，学无止境，研究无止境，因此，他能不断攀登上科学顶峰。第三，勤奋刻苦、意志坚强、坚韧不拔。邓先生具备敢于啃硬骨头、锲而不舍的精神，他鄙视那种“专挑木板薄处戳窟窿”的人，总是抓住理论化学前沿影响最大、困难最大的重大课题进行研究，从不急功近利，并且“咬定青山不放松”。一个最突出的例子就是“电子相关研究”，他认定了这个科研题目的重要性。从80年代初着手研究，历尽十余年艰苦探索与研究，终于在90年代取得重大突破：建立了“在超球坐标下原子、分子薛定谔方程的直接求解方法”，由此而获得了国家自然科学三等奖。邓先生即使身处逆境、遭受打击，也从不放弃他所钟爱的科学研究，在顺境的时候更是争分夺秒加倍努力。在“文化大革命”动乱年代，他也不放弃学习、不中断研究，因此，在“文化大革命”结束后不久(1978年)，他的“分子轨道理论研究”就获得了全国科学大会奖。邓先生十分注意锻炼身体，在近八十高龄的耄耋之年仍保持着旺盛的斗志与活力，学生们劝他注意休息、保重身体时，他总是微笑着说：“人生的乐趣在于创造，在于发现，保重身体的最好方法就是把科学研究不断向前推进。”

邓先生既是一位取得累累科研硕果、享誉中外的科学家，又是一位循循善诱、诲人不倦的教书育人的导师。他先后开设了近二十门本科生和研究生课程，其中不少课程为全国首次开设。邓先生的讲课特点是侧重推理、逻辑严密，内容新颖先进。他记忆力惊人，授课不用讲稿，演讲技巧超群，总是恰当而适时地介绍国内外同行及他本人的最新研究成果，使听者得以较快进入本学科的前沿。每逢他本人或研究室的同志出国参加学术会议，回国后总要举行学术报告会，发扬民主，自由讨论，开阔视野，增长见识。他的治学精神和授课风格影响了一代人。从 1963 年开始，已有三十多名研究生在邓先生的指导下毕业并获得硕士或博士学位，他们大都成长为教学科研的骨干，成为我国理论化学基础研究的生力军，有的晋升为教授，选拔为博士生导师，有的评为山东省专业技术拔尖人才，有的被国务院授予“做出突出贡献的博士学位获得者”。

三

邓先生除了繁重的教学、科研工作之外，还长期在不同岗位上担任过领导职务，他率先垂范、清正廉洁、兢兢业业为山东大学的建设和发展做出了重要贡献。

邓先生于 1956 年加入中国共产党，同年开始并先后担任化学系副主任、主任，光学系副主任、主任以及山东大学副校长、校长，创建了理论化学研究室并任主任，担任校系行政领导职务长达四十余年。我曾与邓先生共事多年，他为人朴实，作风踏实，具有较强的事业心和奉献精神；他对自己要求严格，团结同志，关心下级；他思路开阔，思想敏锐，很好地理解党的教育路线及各项方针和政策，为学校的建设和发展做出了重要贡献。

邓先生作为一名科学家成就卓著，蜚声中外；作为一名人民教师，教书育人，殚精竭虑，传道授业解惑，为国家培养了大批高级专门人才，桃李满天下；作为一名长期担任高校行政领导的教育家，他无限忠诚党的教育事业，统揽全局、高屋建瓴，知人善任，作风民主，虚怀若谷，心怀坦荡，淡泊名利，两袖清风，宽厚仁和。以下的几个方面尤为突出：第一，强调学风校风建设，在任校长期间，提出了“勤奋学习、刻苦钻研、实事求是、锐意创新”的十六字办校方针，对于推进改革，加强学科建设，争创教学科研佳绩，提升山大地位起到了很好的促进作用；第二，思想敏锐，突出重点。他始终把科学研究放在突出地位，强调“大学不是中学，大学老师不能定位于单纯的教书匠，必须教学与科研并重，以科研带教学”。以他作为学科带头人的物理化学专业成为我国首批博士点专业，化学系毕业生中已经涌现出五位中国科学院及中国工程院院士，他们都曾受教于邓先生，并不同程度地受到邓先生学术思想的影响；第三，重视国际学术交流与合作。多次率团或随团访问欧美澳加日等国及港台地区，与十余所著名大学建立了校际关系。他多次参加国际学术会议、访问讲学，并十余次邀请国际著名的学者来校访问讲学，这对我校的教学与科研工作与国际接轨，并对我校理论化学研究保持国际先进水平发挥了十分重要的作用；第四，选贤任能，注重培养青年人。无论是培养学术骨干或选拔院系党政负责人，他坚持能者上庸者下的原则，并甘为人梯，积极为青年人成才创造条件，保证了事业的连续不断地向前发展。

四

作为化学家、教育家，邓先生为山东大学建设和发展做出了重要贡献，赢得了广大师生员工的衷心爱戴与尊敬。这里，除了他的辉煌业绩之外，更是他的人格魅力使然。

邓先生著作等身，成绩卓著，先后被评为全国先进教育工作者、全国先进科技工作者和全国先进工作者，为学校争得了荣誉，赢得了全体师生员工的衷心爱戴与尊敬。在邓先生不幸逝世之后，人们的悲痛和对他的怀念之情发自肺腑。我想，邓先生之所以有如此高的威望，既是因他的卓越成就，更是在于他的高尚人格：正直无私，高风亮节。

在为人方面，邓先生堪称楷模。作为中共的一名党员，他为党的教育事业和科技进步无私贡献了自己的一生。他立场坚定，旗帜鲜明，敢于坚持原则，直抒陈言，绝不随风倒；他命运多舛，历经磨难，不论是1959年“反右倾、拔白旗”运动，还是十年“文化大革命”运动中，邓先生都遭到错误的批判，但是他矢志不渝，坚信共产党，而当加在他头上的不实之辞被推倒之后，他心态平稳，冷静对待，绝不怨天尤人；他还是一位平易近人，和蔼可亲的宽仁长者，生活简朴，严谨自律，平等待人，从不居功自傲；他从不以校长或学术界名人自居，无论对下级或学术界晚辈，总是宽厚仁和、海纳百川，从不因下级在工作中的顶撞或错误意见而心存芥蒂，使人们深深地感动和敬佩；他一生只为他人、集体和国家着想，尽自己所能帮助和照顾有困难的同志，从不以权谋私。所以，许多人听到他的逝世时，都失声痛哭，一位离休老同志说“邓校长是一位真正的共产党人”。邓先生同时也是一位具有强烈事业心和爱国热情的人，除了完成繁重的教学、科研和管理工作外，还对社会工作倾注了大量心血，兼任了许多社会职务。他是山东省第六、七届人民代表大会常务委员会委员，担任党委会教育组副组长，直到晚年他还惦念着我省欠发达地区的全民义务教育以及小清河的治污工作，曾提出过许多建设性意见，并有不少建议被采纳。现在我们可以告慰先生的英灵了。邓先生“是一个益于人民的人，一个脱离了低级趣味的人”。

在《邓从豪科学论文选集》出版之际，我们真诚地希望大家，通过努力学习和研究邓先生的科学论文，学习他严谨治学的精神、深邃的学术思想以及高尚的道德情操，在教学、科研工作中做出更大的成绩，不断“有所发现、有所发明、有所创造、有所前进”；要学习邓先生认真做人、敦厚朴实，勤奋敬业、勇于创新的高尚人格，努力实现学校的跨世纪发展目标，把山东大学顺利地带到21世纪。为我国“科教兴国”战略的贯彻实施以及社会主义现代化的建设做出应有贡献。

（原载《山东大学报》1999年1月13日）

在纪念潘承洞院士学术报告会上的讲话

各位来宾、同志们：

今天，我们学校领导、潘承洞的学生和数学界的专家学者以举办学术报告会的形式来纪念潘承洞校长逝世一周年，是很有意义的一项活动。我代表学校对各位来宾表示欢迎和感谢。

去年12月27日，大家尊敬的潘承洞校长永远地离开了我们。这是山东大学和我国高等教育界的重大损失。潘承洞教授是当代著名数学家，生前为中国科学院院士，曾任省人大常委会常委、省科协主席、中国数学会副理事长、国务院学位委员会数学学科评议组召集人、国家自然科学基金委数学学科评审组组长等职。他学术造诣深厚，在解析数论研究中成绩卓著，尤以对“哥德巴赫猜想”的研究成果为中外数学界所赞誉。他治学严谨，学风正派，奖掖后学，为我国基础科学研究事业的发展呕心沥血，不遗余力，做出了杰出贡献，在国内外学术界享有很高的威望。

潘承洞教授不仅是一位世界知名的数学家，也是一位著名的教育家。他努力学习马列主义、毛泽东思想和邓小平理论，坚持党的路线、方针和政策。他热爱党的科学和教育事业，在长达十余年的大学校长生涯中，殚精竭虑，兢兢业业，把整个身心都投入到了学校建设和发展上，为山东大学做出了突出贡献，最后病故于校长工作岗位上。他和学校党政领导一道，注重结合国家改革开放的新形势和学校的特点，制定并提出了“文理并举，新老共进，既注重综合性大学的基础理论研究，又积极扶持高新应用学科”的发展思路；他十分重视高等学校与地方经济建设和社会发展的结合，先后提出“立足山东，服务山东，面向全国，面向21世纪”的办学方针，倡导并推动了原国家教委和山东省人民政府对山东大学的共建，使山东大学的教育体制改革不断深化；他重视学校管理，强调学科建设，为不断提高高校的学术水平而努力奋斗，使山东大学的综合实力和办学水平不断提高。在各方面的支持下，我校于1996年初，通过了原国家教委和山东省人民政府联合组织的“211工程”部门预审，成为国家立项重点建设的高校之一；他重视师资队伍建设，并把它放在突出的战略地位，他爱才、惜才，具备鲜明的人才意识，不拘一格选人才，在他的领导下，学校采取一系列措施，使一批中青年优秀人才脱颖而出，成为学校教学科研工作的骨干。潘校长在任十余年，励精图治，奋发努力，为山东大学建设和发展做出了杰出的贡献，为我校下一步实现跨世纪发展打下了很好的基础。在此，我们对潘承洞校长富有特色的领导、兢兢业业的工作精神和一丝不苟的科学态度，特别是对潘校长在与疾病斗争中所表现出来的顽强意志和乐观精神表示深深的敬意和深切的缅怀！

我曾与潘承洞校长共事多年，从1998年开始担任常务副校长，协助潘校长工作，得到了潘校长的许多指导和关怀。在与他多年的交往中，我深深感到，在做人上，他直率坦荡；在工作上，他思路开阔、求真务实；在科学研究上，他态度严谨、勇于探索，具有不拘泥于前人、开拓创新、勇攀科学高峰的宏大气魄。可以说，潘校长的一生，是献身我国科学研究和高教事业的一生，是不息奋斗的一生。他献身教育和科学事业的奋斗精神无论过去、现在和未来，都是全校师生员工学习的榜样！

今天我们在此聚会，缅怀潘承洞校长的贡献与业绩。我想，我们最好的纪念就是继承潘校长的遗志，将潘校长始终关心的山东大学的各项事业搞好。我们要学习潘校长对党的教育事业忠心耿耿的精神。他几十年如一日努力工作，始终把党和人民的利益、广大师生员工的利益放在首位。保持政治的坚定，坚持社会主义办学方向。把培养大批又红又专的社会主义事业的建设者和接班人做为根本任务。他热爱教育事业，关心群众，充分体现了一名科学家和教育家的品格风范。

我们要学习潘校长献身科学、努力拼搏、勇攀科学高峰的科学精神。他一生中都一直把为国争光、为提高我国的科学水准来作为孜孜不懈追求的理想。他治学严谨、学风正派、奖掖后学、忘我无私，为我国的基础科学研究在世界占有一席之地而呕心沥血，进行了卓有成效的创新，取得了举世瞩目的学术成就。

我们要学习潘校长对待工作的认真负责态度和开拓进取的精神。在他十余年的大学校长生涯中，始终把提升山东大学的地位，提高山东大学的综合实力和水平作为自己在任的奋斗目标。他对党的教育方针有深刻的理解，注重审时度势，善于抓住学校建设发展中的关键环节，提出了一系列适应山大发展的工作思路。他严谨治校，注重学科建设，重视人才的培养和使用，努力提高学校的综合学术水平，表现出一位教育家的可贵品格。

今天，我们学习和缅怀尊敬的潘承洞校长，就是要努力把潘校长身上体现出来的兢兢业业的工作精神、一丝不苟的科学态度和无私奉献的高贵品格贯彻到每一位师生员工的思想和行动中去。在当前面对机遇与挑战并存，发展与困难同在的新形势，在学校党委领导下，高举邓小平理论伟大旗帜，不断解放思想，转变观念，团结一致，开拓进取，为实现我校跨世纪发展目标而努力奋斗！

（原载《山东大学报》1998 年 1 月 7 日）

《中国诗史》具有开创性与奠基性的贡献

第一,《中国诗史》是诗史的创新,同时也是中国文学全史的新探索。《中国诗史》出版于1931年,那时胡适的《白话文学史》只出版了上部,王国维的《宋元戏曲考》与鲁迅的《中国小说史略》还是专论,全史写作虽然已有几部,但难以令人满意。因此,陆先生说:"每个人都希望中国有好文学史,但却没有一个人肯自己动手去做一部文学史。"他与冯先生当时都是二十几岁的青年人,对于前作不满意,因此动手写作了《中国诗史》,成为鲁迅推荐的五部中国文学史著作之一,是全史之新探索,诗史之创新。因为1928年李维的《诗史》只论诗不论词曲,这就使《中国诗史》具有开创性与奠基性的重要地位。至今读来仍然具有启发意义。

第二,开创了中国文学史"以诗为宗"的特色。众所周知,西方某些学者如黑格尔长期持"西方中心论",认为中国古代既无历史,也无哲学与美学,所谓"理想的艺术在中国是不可能昌盛的"。但《中国诗史》却有力地证明了这一观点之不正确。它在开篇第一句就指出,"中国有悠久的历史,也有灿烂的文化。就诗歌方面讲,第一部伟大的作品,当推《诗经》"。它还打破西方人认为中国古代没有史诗的说法,认为《诗经》特别是"大雅"是"周的史诗"。《中国诗史》抓住了中国文学"以诗为宗"的特点,犹如古代希腊文学之以"悲剧"为宗。由此,两位先生进一步论证了"诗歌在发达的最初阶段,是和音乐、舞蹈密切结合着的",指出了中国文学之诗性与音乐性、节奏性的高度统一的特点,并借用顾颉刚之言,认为诗三百"均可入乐"。这种诗性、音乐性与节奏性成为中国文学的基本特征,也是一种中国文学广义的"诗性"。

《中国诗史》由此拓展了诗歌的范围,特别是包含散曲,这是学术史上的第一次。甚至古代散文、政论文均有诗性与节奏性。我个人认为甚至中国古代小说都有某种诗性,如《红楼梦》之大观园"女儿国"的诗性;《聊斋志异》之自然世界的诗性等等。《中国诗史》又由甲骨文"舞"与卜辞"今日雨"揭示出音乐性与节奏性。由此,从卜辞"今日雨"到最早诗歌总集

《诗经》,再到最早的音乐理论《乐记》,从而形成中国古代文学诗性特征的完美呈现,相异于古希腊亚里士多德《诗学》之“悲剧”。《中国诗史》第一次明确地以诗歌与音乐舞蹈的结合来概括中国的文学精神与美学精神!《中国诗史》回归了中国文学本位,相异于1958年《夜读偶记》之“以西释中”!《夜读偶记》以苏联日丹诺夫的“唯物唯心二元对立”哲学为基础,将“现实主义与反现实主义的斗争”作为主线阐释中国三千年文学史,造成了一定的不良后果,《中国诗史》则是立足中国几千年文学之实际。

第三,奠定了文学史的理论指导思想,即文学是生活的反映。《中国诗史》较早运用历史唯物论,奠定了文学史写作的基本理论指导,认为文学是生活的反映,一定的经济社会最终决定了文学。《中国诗史》之开篇论证诗歌的起源时,即从殷人的物质生活与精神生活谈起,认为“在这样的物质生活的基础上,产生了音乐和舞蹈”。《中国诗史》后面的每种文体均追溯其经济社会根源,如“元曲特盛的原因之一,即作者们要用曲子来抒写反抗异族的愤慨”。它对于深入反映生活的作品评价甚高,例如屈原之《楚辞》“实在是中国三千年文学史上数一数二的作品,对于后代诗人影响之大,没有第二篇可以比得上”;杜甫诗“在内容方面,他的诗和盛唐不同者,在以描写政治社会上的实际痛苦为主,而不仅以流连风月为能事”。同时对于包含在社会生活中的境外文化输入高度重视。在谈到词的诞生时,认为其主因之一是“外族音乐输入中国,并逐渐引起中国音乐上的变化”。

第四,确立了评判文学的主要标准——文学性。《中国诗史》以“文学性”为评价作品的主要标准,主要包含文学价值、文学的内容与形式、文学风格、文学之神韵、文学气魄、文学字句等等。文学性其实主要就是文学的诗性特征。《中国诗史》以文学性作为比较文学高下的标准,例如从文学价值比较《九歌》与《诗经》中的祭歌,说道:“就文学价值方面说,《九歌》较《诗经》中的祭歌进步得多了”,并说“就文学技巧说,《周颂》的价值是不高的”。

第五,强调了文学史的文献基础。陆先生1947年在《中古文学系年·序例》中提出著名的文学史三步骤:朴学、史学与美学,其中朴学与史学均涉及文学史的文献基础问题。《中国诗史》之文献基础特别扎实细致。例如,引卜辞《今日雨》:“癸卯卜:今日雨?其自西来雨?其自东来雨？其自北来雨？其自南来雨？”认为“恐怕是我国诗史上年代最早而又可靠的作品了”；再如对于采诗与孔子删诗说的考订，认为“采诗”之说乃后人通过汉武帝“立乐府”而推想出来的，属于“臆度”；而孔子“删诗”之说乃将孔子“正乐”误读为“删诗”。再如，对于陶渊明地位的考订：“他在当时人们的心目中，恐怕没有很高的地位，《诗品》列入中品可证。到唐代以后，如王孟韦柳等都极力模仿，宋代苏辛等也都崇拜他。到现在，他久已被定为第一流的诗人了”。《中国诗史》运用王国维“地下与地上互证”的观点，在先秦部分运用了考古材料，诸如出土的青铜器等。

第六，独创的文学史的文学书写。《中国诗史》独创了文学史的文学书写，即理论论述与情感赏析统一的书写。如第9页，论证《九歌》较《诗经》进步的书写：“由这样漂亮的地点、这样漂亮的人物、这样漂亮的歌舞、这样漂亮的肴馔，产生出这样漂亮的祭歌。这是《三颂》所比不上的”。理论与情感统一的书写，其实就是一种回归诗性的书写，《中国诗史》对于屈原的称赞是不惜笔墨的，反映了先生的情感，如：“这篇长诗不但是屈平的杰作，实在是中国三千年文学史上数一数二的作品。对于后代诗人的影响之大，没有第二篇可以比得上”。同时《中国诗史》也体现了先生细微的情感体悟，如对于王维诗歌之“静”的体味：“唯其能静，故他能领略到一切自然的美”。情感的书写即是个性的书写，我们几乎能够听到两位先生日常的语言习惯。《中国诗史》是一部极具个性的文学史！

包括词曲之崭新研究内容、以诗为宗的美学追求、以社会生活为源的历史深度、扎实的文献基础、以文学性为标准的文学本位与个性化的文学书写。以上六点使得《中国诗史》做到了朴学、史学与美学的统一，成为不败的经典之作！两位先生当时都是青年，所谓英雄出青年，《中国诗史》充分反映了青年勇于创新的精神！这是我对于《中国诗史》的评价，也是我崇高的敬意！

（2021年4月9日，在山东省古典文学学会、山东大学文学院联合主办的山东省古典文学学会年会暨陆侃如、冯沅君学术研讨会上的讲话）

在《吕荧全集》出版发布会上的致辞

首先要衷心地感谢安徽教育出版社的各位朋友，特别感谢本书主编许振轩先生历经各种困难终于将《吕荧全集》出版，给我们学术界特别是美学界提供特别珍贵的学术珍品。它的出版有利于我们继承弘扬吕荧先生的美学精神。吕荧先生不仅是我国现代著名美学家，主观派美学的代表，而且是不畏风险、坚持真理的典范，具有极其难得的高尚的风骨精神。同时，全集的出版对于我们山大文艺美学研究中心具有不同寻常的意义。因为，吕先生于1950至1952年曾经是我们山大中文系主任，文艺学教授，他与华岗校长一起成为我们山大美学研究的开拓者，我们更加应该学习继承吕荧先生的美学精神，将我们的美学研究做得更好。

吕荧先生不仅以其不畏风险坚持真理的学术精神让我们震撼，而且他的独特“主观论”美学思想的时代超前性也让我们震撼。众所周知，吕荧所处的时代以联共布党史的唯物唯心二元对立划分哲学与政治界限为其特点，在美学上就是所谓“客观的美先于主观的美感”，这是当时所谓“美学的铁律”。吕荧并不认同这一所谓“铁律”，他非常清醒地认识到“美的问题直到今天未能得到适当的解答”。他说“我的研究结果为：美是人的观念，不是物的属性。人的观念是主观的，但是它是客观决定的主观，人的社会生活、社会存在决定社会意识。在这一点上它也有客观性”。这一段内容非常丰富：第一，美是观念，是主观的；第二，美不是物的属性“而是人的属性”，由此，美即是美感；第三，作为美感的美是由客观存在的社会生活决定的。这一系列理论，观点比较完备，在一定程度上回答了上述所谓“铁律”，而且是符合马克思主义基本精神的，但一直处于被批判的地位。这一结论的超前性我们可以1993年蒋孔阳先生在《美学新论》中关于美与美感关系的论述加以印证。蒋先生指出在历史上与实际生活中很难确定有一个先于美感的美，而美与美感的关系则像“火与光一样，同时诞生，同时存在”。这也恰恰反映了20世纪50年代以降我们时代的学术倾向。大家知道早在19世纪中期马克思即以社会实践代替了客体的物，并以美的规律代替了美，而国际学术界则以意向性与分析对于所谓美的本质进行了“解构”。吕荧先生的“主观论美学”是具有时代超前性的。吕荧先生的美学思想内涵丰富，需要认真继续学习。仅以以上发言表达对于吕荧先生的敬意。

（2021年11月27日，在“吕荧先生美学文艺学思想研讨会暨《吕荧全集》新书发布会”上的讲话）

孙昌熙：文艺理论中国化的先行者

孙昌熙先生是我国著名的鲁迅研究专家、文艺理论家，是我们中文系文艺理论教研室主任，是我们1959级鲁迅研究与文学批评史的授课老师，而从我1959年进校到先生去世，30年来受到先生的直接教诲，先生的许多话至今言犹在耳。

孙先生对于我国的文学教育事业，特别是我们山大的文学教育事业有着杰出的贡献。如果说我们山大20世纪50年代的中文的辉煌，冯、陆、高、萧是标志性人物，那么孙先生也是这一辉煌的代表性人物之一。当时山大中文系有冯、陆、高、萧，韩、刘、孙、孟之说，孙先生就是其中的“孙”。他在鲁迅研究与毛泽东文艺思想教学研究方面都做出突出贡献，成为山大文科的亮点之一。由华岗校长开创的鲁迅研究，在山大由中文系的刘孙韩三位先生具体落实，第一次在全国开出了系统的主课《鲁迅研究》，并出版了系统研究专著《鲁迅研究》，在全国处于领先地位，许多学者纷纷到山大向三位先生请教，我就曾经陪同复旦的吴中杰与吉大的刘中树两位先生拜访过孙先生。而从1957年以来孙先生领导文艺理论教研室编写的《文艺学新论》就以毛泽东主席《在延安文艺座谈会上的讲话》的指导思想“文艺为人民”为中心线索，构建了崭新的中国化马克思主义文艺理论体系，将毛泽东文艺思想学术化与体系化，至今仍然具有重要价值。去年纪念《讲话》发表80周年，我专门在发表于《中国文艺评论》杂志的文章中介绍了这本教材的贡献，并列出了它的章节目录。孙先生对于毛泽东文艺思想研究的贡献一定会记录在中国化马克思主义思想发展史上。孙先生还是我国新时期现代文学研究的重要代表人物，他与田仲济先生联合主编的《中国现代文学史》是新时期最早的有关教材与论著之一，对于新时期现代文学研究的再次出发做出了重要贡献。

孙先生是一位非常勤奋的学者，他对于学术的献身与不懈追求，是我们的榜样。我们每次去看先生他都在读书写作，包括春节。他那时吸烟，偌大的写字台，几乎各个角落都放有烟，方便随时拿取。直到先生晚年，眼睛看不见，耳朵听不见，还要让他的学生给他读最新的文章，他还要口授写作，直到生命的最后。

（原载《中华读书报》2023 年 5 月 5 日）

对狄其骢教授的回忆

狄其骢先生（1933—1997），江苏溧阳人。1956 年于山东大学中文系毕业并留校任教。1986 年评为教授，1993 年由国务院学位委员会遴选为文艺学专业博士生导师。生前曾任中文系文艺理论教研室主任、文艺学综合研究所所长、文艺学学科带头人、山东大学文科学术委员会委员，兼任中国文艺理论学会理事、山东省比较文学学会副会长。狄先生为人温厚坦诚、淡泊名利，为学谨严锐进、开拓包容。

1958 年 5 月在《新建设》杂志上发表《关于形象思维问题》，一举成名。先后独著、主编和与人合著《文艺学问题》《马克思恩格斯艺术哲学》《文艺学新论》等著作多部，在《文学评论》《文史哲》等发表论文数十篇，在文学基本理论、比较诗学、马克思主义文艺理论的经典释读与当代形态建设、文艺学改革和教材建设的探索和实践等方面建树颇丰、成就突出，成为新时期具有重要影响的著名文艺学家。由他主编的《马克思恩格斯艺术哲学》从审美理想出发对马恩的艺术理论体系作了开拓性探索和系统化研究，获山东省社会科学优秀成果一等奖；由他主持编写的《文艺学新论》是其文艺学新体系建构的尝试与实绩，获原国家教委第三届优秀教材二等奖。

俗话说“师恩难忘”，狄其骢教授就是我的恩师益友。

狄其骢教授是我国著名的文艺理论家，他以学术严谨扎实而著称，在马克思主义文论、文艺理论基本问题研究、比较文学研究与文艺心理学研究等多个方面均有建树。他严谨治学、坚持真理、敢于执言，从不随声附和，是一位当今少有的原则性很强的学者。他是我们山大文艺学学科的重要学术带头人。他1997年的过早逝世是我们山大文艺学科的重大损失。随着时间的流逝，每当在学科发展中碰到难题之时，我就不免想到要是狄老师在世就好了。但这是永远的不可能了。狄老师就是这样在其64岁学术正处于发展巅峰之时过早地离开了我们。

早在20世纪90年代初期，医生就曾发现在狄老师的膀胱中长有一个小小的东西，在北京手术后，大夫说并无妨碍，但要注意观察。后来再未发现问题，我们大家都放心了，以为这件事情就像烟云似的过去了。岂不知，1996年深秋，狄老师发现咽食困难，到医院一查即确诊为贲门癌。这是一种长在非常麻烦部位的癌病，因为联结肺胃，开刀与治疗都较困难。然后就联系手术，狄老师的学生们都忙着给他找最好的大夫，进行着术前的准备。手术是顺利地进行了，但动手术的大夫却并不乐观，告诉我们已有扩散，但他已尽量将癌变部分割去。过了一段时间，狄老师回家养病了，情绪很好，我几次去看他，春节也去给他拜年，我们谈了许多问题，我在心里对狄老师的康复是乐观的。谁知，春节还没有过完，就接到狄老师又犯病的电话。我立即赶到狄老师家，将狄老师送到省立二院。那时突然感到狄老师下地走路有困难，心里犯嘀咕，不知是何原因。住院后，检查治疗，病情时好时坏，但总体上是朝严重的方向发展。直到有一天，我得知狄老师下肢瘫痪的消息，到病房去看狄老师时，看到狄老师躺在床上，下面插着管子。他看到我，对我轻轻地说了句“下肢瘫痪了，小便有血了”。我只能无声地点了一下头。这是狄老师第二次发病后给我说过的最重要，也是最完整的一句话。此后，每次去看他，他都只点头，说“来啦”！就不再说话了，眼睛定定地望着远方。我知道狄老师此时内心的痛苦，我希望他能把这种痛苦发泄出来，但他就是这种不愿以自己的痛苦加重别人负担的人。五月份，我们与狄老师的儿子小弟商量将他的片子送到北京找专家看过，诊断与山东省相同，宣告不治。有一天，我又去看他，这时狄老师更加虚弱，每次说话都要剧烈咳嗽。看我去突然挺身而起，要对我说话，但连续不断地咳嗽，却使他憋红了脸。我忙扶他躺下，然后对他说："狄老师，你好好休息，不要说了，我知道，你是不放心你现在带的博士生的毕业和修课问题，你放心好了，我们一定会安排好的。"听到这里狄老师才不说话了。也就是说，他一直到去世之前所关心的还是自己的学生。1997 年 6 月 3 日晚，系里通知我狄老师病情严重。我立即赶到医院，这时中文系的许多老师都在狄老师病房的里外，有许多女同志都在哭泣。狄老师一再出现危急，终经抢救无效而永远地离开了我们。

狄老师去世后，我想了许多许多。他的去世，不仅对我们文艺学学科是一个重要损失，而且对我本人来说也是一个重大损失。

我和狄老师的关系真的是不同寻常。我 1959 年入学时，狄老师是我们的级主任，并且给我们开文学概论课。那时候，狄老师才 26 岁左右，长得清瞿潇洒，两眼有神，语言是带有浓重吴音的普通话，讲课慢条斯理，非常清晰。那时狄老师的爱人荣老师在北大工作，因此狄老师时常请我们同学到他家做客，请我们吃糖，吃水饺。我记得非常清楚，我们临毕业时，许多同学聚在狄老师家吃水饺。后来，我们得知早在 1957 年，也就是狄老师刚毕业时他就参与了全国性的形象思维讨论，并在当时的重要刊物《新建设》上发表重要文章，产生很大影响。我大学毕业后留在文艺理论教研室与狄老师又成了同事。"文化大革命"中，我和狄老师一起参加过两次大的活动。一次是 1968 年 5、6 月间我们一起在青岛四方机厂参加劳动，接受"再教育"。也就是将我们与一些同学一起分到折车车间折那些淘汰了的火车车厢。这是一种很重很脏的活。我们每天都是一头土、一脸灰、一身汗。狄老师比我岁数大，但每次狄老师都要关照我注意安全，因为工地上到处是铁钉铁皮，很容易将手脚弄破，甚至导致破伤风病。再一次是 1975 年前后，狄老师与我一起被安排到淄博洪山煤矿给子弟中学的老师辅导中学教科书。当时中学教科书中收了"样板戏"的有关篇目，老师们尽管会唱，但该如何讲作为文学的戏剧却不会，于是由我们从戏剧的一般知识入手去给他们辅导。都是上的大课，有时好几百人听，窗台上都趴着看热闹的人。听课的人里面有大学毕业生，有师范生，还有只有小学程度的转业军人。我们师徒二人分别上去讲，真的像唱大戏一般，既要讲得切题还要讲得大家懂。每讲完一次课，我们都累得像骨头散了架似的，但吃了饭休息，第二天又要换一个点，都是自己背着包乘车前往，我们就这样奔波了二十几天。“四人帮”打倒后，我们又都在教研室工作，是狄老师力主我从西方美学入手进入美学与文艺学研究之路的，也是他鼓励我挑起了西方美学课的重担。他常常以简洁的语言，一下子明快地指出我业务工作的不足。当我写完一篇比较美学的论文请他审阅时，他说你将一个人的长处和另一个的短处进行比较这怎么行呢？这真是一下子打到我学术工作中带有某种偏向性、片面性、缺乏科学性的痛处。他还批评过我学术工作中其他的一些缺点。到现在常常想起都引为警戒。但在实际的业务工作中狄老师对我却是全力支持的。1987 年，我当时 46 岁，还算是“文化大革命”后的年轻教师，因为 1977、1978 级留校的青年教师还没有完全成长起来，我就在包括狄老师在内的许多师辈的支持下，晋升为教授。1995 年，我当时担任学校党委书记，承担着繁重的党务行政工作担子。我有些不堪重负，一度产生放弃业务的想法，狄老师找我谈话，从文艺学学科今后的发展和我个人今后的发展考虑，要求我无论如何要坚持将业务搞下去。他鼓励我参加文艺学学科培养博士生工作，甚至对我说，你忙就少上一点课，我多上一点课，我们共同把培养任务完成。狄老师的鼓励与支持使我坚持了业务工作，也使我能一直走到今天。不仅如此，狄老师对我的生活也是无微不至的关怀。1970 年，我妻子生小孩，我们与狄老师一起都住在三号楼三楼。狄老师与荣老师非常关心我们，经常做了菜给我们送来。就连我在青岛工作的二年，狄老师与荣老师也不断地给我留在济南的孩子送食品，关怀备至。我常想，如果没有狄老师的关怀、支持与帮助，我的业务的路与生活的路一定会比现在走得更加困难。

狄老师是一个非常严肃很有职业操守的学者。在学术活动中，他绝不与虚假自诩、互相吹捧等一切不良风气为伍，对一些腐败现象深恶痛绝。我因做了多年行政工作，对有些错误行为常常见怪不怪，甚至加以姑息，狄老师都不以为然，尽管没有对我直接批评，但也要明确表明自己的态度。在评价某些学术著作和成果时，狄老师既无“左”的打棍子行为，也从不庸俗吹捧，而常常是肯定成绩的同时，直言不讳地指出缺点。用语的直截了当，常使当事者难以接受。这并不是说，狄老师的批评过分，而是当前的社会与学术风气中这种直言批评的话几乎没有，所以难以为人接受。狄老师有很高的理论水平与敏锐的洞察能力，他对人对事的评价，常常一语中的。现在狄老师已去世多年，再回想起他说过的许多话都觉得特别深刻，仿佛有先见之明。狄老师的业务造诣达到很高的水平。他不仅早年在形象思维问题上发表不同凡响的见解，其后在马克思主义文艺理论体系的建构上也自成一说，而且早就力倡文艺学作为人文学科的特质。他所主编的教材《文艺学新论》几乎包括了当前文艺学研究的所有最新成果，直到现在仍在使用，并被同行所称许。他的比较文学研究突出理论建构，使之建立在更坚固的根基之上。他的科研工作不仅有创新，而且平实全面从不偏颇。在 20 世纪 90 年代初期“文艺主体性问题”的讨论中，狄老师没有跟随当时的批判潮流，而是全面分析、充分阐述，至今仍有其价值。狄老师的学术工作，既坚持马克思主义指导的方向性，更坚持学术工作的科学性。他不是共产党员，但在理论工作的马克思主义指导方面从未动摇。但他又绝不跟风，而是努力地坚持自己的学术研究之路。狄老师去世前的一段时间，应该是其学术走上更加成熟并逐步收获的季节。我们曾经经历了动荡的十年“文化大革命”和一系列政治运动与生产劳动，在 1978 年改革开放后，才得以静下心来做业务工作。在“实事求是、解放思想”思想路线的指导下，我国人文社会科学迎来从未有过的大好发展机遇，狄老师以其聪明睿智与勤奋刻苦，逐步进入学术研究的新的境界，他曾计划要做许多事情。他曾系统地给研究生讲授过“文艺学研究方法”，试图从新的视角对文艺研究加以突破，他还曾讲过“文艺心理学专题”，对突破传统的文艺心理学模式有着一系列创意。这些课程，凡是听过课的同学都反映深刻新颖、极富创见。他曾希望自己的学生进行语言学文艺学研究、中国传统气论文艺思想研究、西方当代美学家研究等，这说明他在这些方面都有新的想法并试图加以突破。但可恶的病魔却使这一切成为永久的遗憾。

我常常想，从表面上看，我曾有过的和现有的行政职务和学术职务比狄老师多得多，但从实际上说我的水平比狄老师差了一大段，而且永难企及。我很后悔，当年没有更多地向狄老师请教，没有更多地听他阐释自己的见解，现在只能反复地咀嚼狄老师说过的话与做过的事，从中汲取精神的营养。

狄老师虽然已经离开我们了，但他的事业和精神是永存的。我们作为他的学生将永远铭记他。

（2018 年 6 月在“《狄其骢文论集》出版纪念暨新时代文艺理论建设与发展学术研讨会”上的讲话）

山大给了我什么

首先我要感谢文学院让我给大家讲一下我在山大五十年的体会，这使我有一个回顾总结的机会，也使我有一个将山大所给予我的爱与教育传递给我的师弟师妹的机会。我从 1959 年秋天到山大转眼间马上就要近五十年了，我刚刚到山大时只有十八岁，因为北方寒冷，母亲专门给我做了一件棉袄，外面是一个红色的面子，所以穿在身上同学们给我开玩笑，问我是不是女孩子。再就是因为人显得小，我们有一个调干的师姐祖敏有一次晚自习在教室里问我：小鬼，你今年多大了？我说，十八。她说，我三十六岁，正好是你的两倍。但五十年后的今天我已经是一个脸上写满沧桑的老人了。时间过得真快。但愈是随着时间的推移，我愈发感到山大所给予我的教育帮助之深。最近美国奥巴马当选总统，人们都在说教育改变人生，这也许是真理。因此，我也要说山大对我的教育改变了我的人生，使我懂得如何做人，如何做学问，过一种平凡但有意义的生活。我从来都以自己作为山大中文系的学生与教师而自豪，因为我们有非常好的传统，非常好的教师，非常好的校风。山大中文系是我们每一个师生的美好的精神家园。下面我就分学习期间与教学期间介绍山大所给予我的教育与关爱。

首先讲一下学习期间山大所给予我的教育。我使用了三个关键词：大爱、素质、艰苦。首先讲“大爱”。所谓“大爱”是一种教育的爱，学校的爱，师长的爱，同学的爱，具有某种超越性。孔子说“有教无类”就是讲的教育之爱的超越性，学校教育的平等性、非功利性，不分贫富、男女、美丑、城乡、老幼，在学校教育中都应享受平等的权利，获得同样的“爱”。这种“大爱”是一所成熟高校的标志，也是名校的标志。蔡元培就任北大校长时提出“学术自由，兼容并包”就是高校“大爱”的表现。山大作为一所百年老校与北大一脉相承，山大青岛建校时的杨振声校长就是蔡元培推荐的。因此，山大与北大一样对于广大学生的“大爱”是其优良传统之一。山大的历任校长都以学生作为学校的主体，倡导为学生服务，一切为了学生。实际上如果没有学生就没有学校，也就没有教授、院长、主任、校长。这是历任山大校长的办学理念，也是山大所有员工的工作理念。在这里我给大家讲两个故事。一个是我校前校长赵太侔的故事。赵校长是早期留美生，著名戏剧专家，山东实验剧院的创办人。他曾两度出任山大校长，并曾经担任过国民党教育部的高教司长，也是国民党的省党部委员。政治信仰在当时当然是倾向于国民党的。当时山大中文系的老校友、著名文学研究家徐中玉先生应聘到山大中文系任教，他当时倾向进步，支持学生进步活动，被青岛国民党警备司令部密报国民党教育部部长朱家骅，将徐中玉列入黑名单。赵校长将密令给徐先生看了，让他赶紧离开，免得遭遇不测，并表示他到内地任何院校赵都可以介绍。徐先生后来离开山大到了上海沪江大学，避免了危险。应该讲，赵校长这件事表明了山大的一种超越性的“大爱”。中华人民共和国成立后，著名教育家成仿吾曾经担任山大校长接近二十年。他是爱护学生的典范，力倡高校与教职工要为学生服务，在陕北工大期间被同学们称为“成妈妈”。我1959年来校后见到的第一位校领导就是成校长。那时我们住在现在洪楼校区当时老校的二号楼，我们刚刚报到的晚上，成校长就到了我们宿舍，一间屋一间屋地看，问同学们习惯不习惯，亲自摸大家的被子，问大家冷不冷。每次开学前的教学检查，成校长都亲自参加，而且必然要到学生食堂检查，看看饭菜的质量，卫生不卫生等等，关怀备至。“文化大革命”中成校长受到冲击和批判，在一次批判成校长的会上，有一个学生念一句毛主席诗词《七律·冬云》“独有英雄驱虎豹，更无豪杰怕熊罴”，将其中的“熊罴”念成了“熊罢”。成校长低着头挨批判，听到念了白字，习惯性地抬起头来纠正，这个造反的学生很狼狈，只好喊“打倒成仿吾”，但下面却哄堂大笑。这是成校长在极为困难条件下仍然不忘自己育人职责的表现。我自己1964年毕业后只是一名普通的青年教师，曾经有幸与成校长住在一个大的家属院里。那时“文化大革命”还没有结束。成校长的处境还没有根本改变，但成校长每次在散步时看到我们都要停下来与我们聊天，关心地询问我们的生活与工作情况，关怀备至。1977 年，“四人帮”倒台后，成校长被调到中央党校，我被借到教育部临时帮助工作，成校长听说后还让人捎信，让我到他家吃水饺，非常感人。再说我们中文系，当时的系主任是章茂桐先生，他是老山大毕业生，也是老革命，非常严肃，但对教师学生非常关爱。1964 年我毕业后，原本分配到外事部门工作，分配过程中出了点问题，章主任立即表示让我留校并准备派我到武汉大学刘绶松先生那里进修。其实那时我就是一名普通的学生。正是由于章主任将我留校我才有了与山大的五十年缘分。后来，“文化大革命”还没有结束，学校机关要调我去做文字工作，章主任告诉我后，我不愿意去，章主任就派我出差，躲过了调动，才使我能够在业务工作中坚持下来。再就是我的老师狄其骢先生所给予我的关爱。1995 年，我已经是山大的党委书记，非常繁忙，因此想放弃业务工作，不再招研究生了。狄老师直接找到我，对我说你做行政工作是有时间限制的，但业务工作却是终生的，你一旦不做行政工作了，又做什么呢？于是狄老师决定让我与他一起带研究生，他可以多上点课，多带学生，为我多分担一些。正是狄老师的鼓励才使我在业务工作中坚持下来，才有我 2000 年 7 月离开行政岗位后在业务上的重新发挥作用。这只是几个例子，应该说我们每个人都有经受这种特有的“大爱”的感受。这是一种特殊的校园文化，是一种文化的与人类之爱的传承。我常想我们受惠于山大，受惠于我的师长，我就有责任将这种“大爱”传承下去。当然与我们的师辈相比我们做得还很不够，但我们不断地以此激励自己。

第二个关键词是“素质”。山大作为一所百年老校，非常强调基本素质的培养。当然现在关于素质的提法很多，但我们那时的提法是“三基”：基本知识、基本理论与基本技能。这在我们上学与工作时提得非常响亮，我认为目前仍然有其价值和意义。山大中文系非常强调对学生“三基”的培养。所谓“基本知识”就是指文化知识与专业知识。文化知识是指外语、逻辑与历史等基本文化课程。专业知识是指中外古今文学史与语言知识。我们完全可以自豪地说，我们山大中文系在基本知识的培养上与所有一流大学相比都是毫不逊色的。在古代文学史方面我们有冯、陆、高、萧四大名家，现代文学史方面我们的高、刘、孙、韩四位著名学者，在语言方面我们有“二殷”，在文艺学方面有华岗与吕荧。他们在全国都是第一流的。这些先生对我们的感染熏陶是非常大的。当时,高亨先生给我们上《左传》与《诗经》两门课,那时高先生已经六十多岁,而且有头疼病,所以学校同意他每次只上一节课,可是同学们非常愿意听高先生讲课,于是想出一个办法,那就是每次都在下课后问先生一个问题,让先生解答,先生常常一讲又是一个小时,而且先生特别喜欢学生提问题,问题提得越好先生越高兴,越愿意解答。有一次我向先生提出《邶风·柏舟》中"静言思之,不能奋飞"中"奋飞"二字如何解。先生先写出甲骨文中"奋"字,实为一只鸡在飞,然后又结合诗意讲解,整整讲了一小时。应该说,我们中文系注重基本知识的传统是一以贯之的。高兰先生是现代文学研究家与著名的诗人,他给我们讲现代文学史的抗战文学时结合自己当时在重庆的文学活动进行讲解,并朗诵自己的作品《哭亡女苏菲》给我们以深深的感染与熏陶。第二个是"基本理论",主要指马克思主义的基本理论,我们当时,除了马克思主义政治课还有文艺学、马列文论、美学、中国古代文论等课程。基本理论是看问题的视角,也是人文学科科学研究的立场、观点与方法,非常重要。我们山大解放后,由于华岗校长的带领,对于马克思主义理论是非常注重与强调的。中华人民共和国成立后人文学科领域几次大的讨论都从山大发起,例如历史分期讨论、农民战争问题、《长生殿》中爱情的性质问题以及《红楼梦》研究的讨论等等,而且我们的《文史哲》是全国领风气之先的刊物。《红楼梦》讨论以及李希凡、蓝翎的文章就是在山大中文系老师的支持下发表的。现在排除政治因素来看,李希凡他们运用马克思历史唯物主义观察《红楼梦》应该讲是有相当的学术价值的。重视理论是山大文科包括中文系的特点,一直延续到现在。第三个是"基本技能",包括独立研究能力、表达能力与社会交往能力,等等。独立研究能力的培养山大是很重视的,我们每门课都有作业,而且不是一次,每个学年都有学年论文,毕业有毕业论文,还有毕业答辩,对于独立研究能力的训练是很严格的。在表达能力上,山大中文系特别强调论文写作与口头表达。在文字表达上,中文系的师长给我们树立了榜样。一开始作为学生写文章都有学生腔,花里胡哨的,后来有一次陆侃如先生给我们上古代文论选,讲陆机的《文赋》,不久我们看到陆先生在《文艺报》发表的研究陆机的文章,真的朴素无华,与先生讲课时一样,我们才知道原来文字的表达关键在研究的深度与内在的逻辑,而不在外在文字的花里胡哨。当然还有一个社会交往能力，因为我们山大的学生常常下乡，所以社会工作能力较强。我毕业后曾经带领学生到曲阜搞“四清”，那时我也就是二十三岁，但我不仅与另外一位老师带领三个年级，而且我还在一个生产小队负责。与我们一起的有北京一所著名高校的毕业班的学生，与我们山大学生比起来，他们对于农村太陌生了，显得很呆板。

第三个关键词是“艰苦”。我们山大的重要传统就是学生的艰苦奋斗精神特别强，特别能够吃苦，任劳任怨。因此许多单位非常喜欢山大的学生。原因是我们山大非常重视对于学生的艰苦奋斗的教育。我们1959年进校时，新校刚刚开始建设，校园是一片荒地，到处是乱石。现在的校园是以我们同学为主在劳动课以及课外开出来的，文史楼也是我们参加建设的。小树林是我们好几届同学开荒培土植树营造出来的。我们参加过济南掘山植树、卧虎山水库修建、齐河救灾、花园庄抗洪、东郊农田建设，还参加过蓬莱的公社史写作，经历了1959年到1962年的三年生活困难，等等。所以，我们的同学特别能够吃苦。这种吃苦耐劳的精神成为山大的优良传统。

下面我讲一下我在山大的教师生活。我使用两个关键词：“创新”与“规范”。首先是“创新”，所谓科学研究，其本质就是创新，学问的本质也是创新。“创新”恰恰是山大特别是山大中文系的特点。中文系的老师告诉我们，所谓“创新”就是做到“三新”：新材料、新观点、新角度。没有这三新，你的文章就没有价值，某种程度上就是学术废品。当然，创新是要冒风险的。我们的前辈在创新方面给我们树立了榜样。例如高亨先生研究《诗经》，对于“风雅颂”提出“雅者，夏也”的观点，认为所谓“雅”实际上是夏地的民歌，一改“雅”为贵族歌曲的定见，也使《诗经》在总体上具有了民歌的性质。高先生的研究是有充分的文字学与地理学基础的，难以推翻。再如，“文化大革命”后期的1976年，陆侃如先生自身的问题还没有结论，就在刚刚恢复的《文史哲》上发表长篇论文与刘大杰先生商榷。刘先生当时受“文化大革命”中“批儒评法”错误思潮的影响，以“批儒评法”的观点来写文学史，陆先生不同意这种观点，就以杜甫为例，认真地考订了一千五百多首杜诗说明儒法之争不是杜诗的主要内容，杜甫也不是法家。再如，萧涤非先生是著名的杜甫研究专家，但“文化大革命”中郭沫若先生却在某种特定的氛围中出版《李白与杜甫》一书，采取“抑杜扬李”的立场，并对包括萧先生在内的杜诗研究专家点名批评。但萧先生始终未改变自己的看法，并在郭老仍然处于高位时发表文章反驳。在这些先辈前贤的影响下，我个人也努力在学术工作中追求创新。我的一位老师曾经对我说，一个学者五十岁以后不要改变自己的研究方向。这个意见基本上是对的。因为频繁地改变研究方向，肯定很难有研究的积累与深度。这样的教训是不少的。我完全回到业务岗位已经将近六十岁了，业务怎么做呢？我考虑到现在正处于非常重要的转型期，从国际上来说正在从现代走向后现代，从国内来说也面临着由计划经济向市场经济以及由工业文明向生态文明的转型。从美学理论的角度说将美学完全局限在艺术哲学以及单纯强调主体性即人类中心主义的理论明显已经难以完全适应时代要求，理论的与时俱进的品格要求我毅然选择生态美学的研究方向。从2001年11月至今，尽管遇到许多困难和阻力，但我始终坚持这一方向，不断完善自己。我常想自己实际上也是在进行一种探索，即便失败了，也是为后人留下教训。总之，努力创新应该成为我们终生追求的目标。

另一个关键词就是“规范”。所谓规范也是山大中文系这个具有百年历史的老专业的优良传统。“规范”包括经过严格的有规范的训练与遵循学术规范两个方面。我们中文系历来强调严格而规范的训练，就是科学研究中如何从已知到未知，从掌握材料到形成观点的创造性劳动的过程。我个人的最严格的科研训练是改革开放后。七七级入学时，需要开设西方美学史课程，当时教研室主任狄老师让我准备开课，我本来准备到复旦大学去听蒋孔阳先生的课，但由于联系中的差错，没有能够及时去，于是狄先生就鼓励我自己备课。因为，自己从来没有听过这门课，而且基本上是哲学专业的内容居多，比较繁难，参考材料缺乏。特别是德国古典美学，正如李泽厚先生所说，读黑格尔著作是每一句都明白，但看完后对于这一段到底讲什么却不明白。至于康德则是每一句都不懂，要理解康德必须反复读他的著作联系思考。为了弄明白这些理论家的美学，我整整用了两年的时间刻苦钻研，终于在七七级的最后一个学期开出了这门课。当时山大是全国较少的开这门课的学校。而且1983年，我就在讲稿的基础上出版了《西方美学简论》一书。这是自己经过的比较刻苦严格的一次科研训练。再一个方面就是要严格地遵循学术规范，这个规范要求有这样四条：第一，坚持马克思主义的指导与有关方针政策；第二，一定要有充分的文献资料支持，绝不能做无米之炊；第三，要有强烈的法治意识和学术道德观念，不能抄袭剽窃，侵犯知识产权，所有直接引用与释义引用均应注明出处；第四，写作认真，严防错讹。这四条就是学术工作的“方向、真实、道德与完善”四原则。我个人曾经在这方面有过惨痛的教训。1963年，我们在蓬莱写南旺人民公社史，其中有一篇是别的同学写的，老师让我改写，那时已经离开蓬莱回到济南，所以就没有到实地核实材料。结果书出版后与事实有出入，造成不良后果，非常痛心。这就是违背真实原则所造成的恶果。

我已经在山大生活工作了将近五十年，要说的话应该是很多。可以说山大塑造了我的人生，给了我许多。对于所有帮助关爱过我的师长与同仁，我都怀着感恩之心。我想在自己未来的日子里，还应该努力工作，为我的母校贡献自己微薄的力量。我毕竟是接近七十岁的老人了，山大与山大中文系的未来还会更加辉煌，但这个辉煌要依靠在座的同学去创造。我坚信在座的同学会做得更好，山大的明天也一定会更好。

（2009年10月在山东大学文学院新生入学会上的讲话）

后　记

曾繁仁先生是著名美学家，是山东大学原校长，是我们学院引以为豪的终身教授。我与曾先生的交往始于2017年9月。这一年因工作需要我调到了文学院，负责研究生教务管理工作。办公室与文艺美学研究中心同在知新楼A座9楼，曾先生在905室，我在911室。曾先生任文艺美学研究中心名誉主任，每年招收文艺学博士研究生，这时已不再招收硕士研究生了。2018年3月至2022年3月，曾先生还担任了文学院学位评定分委员会委员。

由于工作的原因我与曾先生的交往逐渐密切了起来。曾先生是我国美学界的大家，也是一名德高望重的领导，从起初的山东大学中文系副主任，到后来的青岛海洋大学党委书记，山东省教委副主任，山东大学党委书记、校长，但他毫无架子，说话和蔼可亲，温润如玉，颇有谦谦君子之风。

我记得每周三下午，曾先生在知新楼A906室给文艺美学研究中心博士生开设"西方美学范畴研究"课，除了中心的博士生、博士后、硕士生，还有其他学院的学生来旁听。每当文艺学专业博士生中期考核、博士学位论文答辩，曾先生都全程参与，并提出建设性的学术意见供学生参考。他还积极参加文学院学位评定分委员会会议，参与制订和完善研究生培养的有关文件和规章制度，为学院的研究生培养做出了积极贡献。

除了日常的研究生培养工作以外，曾先生还积极参加文学院有关研究生培养的其他活动。2019年7月，文学院举办了"一多"全国优秀大学生夏令营。文学院分管研究生教育的副院长李剑锋教授，专门邀请曾先生作学术讲座，先生爽快地答应了。7月8日下午，曾先生在知新楼A620室作了"生生美学的提出及其内涵"的主题讲座，他从提出动因、酝酿过程、"生生"之内涵、产生过程及其文化特点五个方面，为同学们介绍了提出“生生美学”的价值和意义。2019年11月16日，文学院“‘双一流’背景下的中文学科研究生培养新体系建设研讨会”在山东莱芜举行。曾先生应邀参会，并以“教学相长”为主题，从多年的教学经验出发，谈了对研究生的培养体会。2020年底，曾先生招收了最后一名博士研究生，这一年他按照学校规定办理了退休手续。虽然曾先生办理了退休手续，但是他还有几名博士生需要培养，经常到学校来讲课和做学术研究。以上是我到文学院工作以来，与曾先生在研究生培养工作方面的交往情况。

参与做曾先生口述史的工作，始于一次座谈会。2023年3月31日，山东大学出版社总编辑王贻社约我参加出版基金座谈会。会上，王总编简单介绍了出版基金的使用办法。他说：“学校每年拿出专项资金200万元，用于资助山大教师出版教材和专著。”他专门提到学校要做山大老先生口述史，建议先做山大老校长曾繁仁先生口述史。会后王总编又单独和我谈做曾先生口述史的事，并且让我来采访曾先生并整理这部书稿。

接到这个任务我诚惶诚恐，深知曾先生是学术大家，是山大文艺美学研究的一面旗帜，担心自己不能胜任本次工作。要做口述史首先要了解曾先生的家世和生平事迹及学术成就。我首先到山东大学档案馆查找了先生的学籍档案和人事档案，又到文艺美学研究中心找贾伟老师查找了先生的各种学术材料，进行了认真研读。

经过多次与曾先生商讨，最后商定本次口述史以先生在山东大学64年的学习生活经历为主线，全面讲述其在山东大学求学、治学、学术研究以及行政、党务等方面的经历；结合山东大学的历史变迁及发展成就，追忆山大中文学科以及文艺美学研究中心的发展历程；另外结合他从事美学与文艺学专业的教学、科研工作，全面回顾其在西方美学、审美教育、生态美学、生生美学等研究方面的学术发展演变过程以及学术创新成就。

2023年4月3日，我给曾先生打电话汇报口述史具体事宜，约定4月10日上午在先生办公室进一步商讨口述史具体工作。4月10日上午9:30，我带着口述史采访提纲来到先生办公室，汇报了第一次采访的具体准备工作。曾先生对采访提纲进行了修订完善，约定4月17日(星期一)上午9:00开始第一次录制，录制地点在文艺美学基地资料室A918室。

4月17日上午9时山大宣传部、出版社联合录制曾先生口述史第一期。我负责采访和全文整理。山大宣传部副部长孟丽，山大电视台金兆阳、郭坦，山大出版社李淼等同志参加录制工作。

第一次录制，耄耋之年的曾先生穿着得体，精神矍铄，温文尔雅，谈起往事如数家珍，娓娓道来，直到近12点第一次采访才结束。从此，我们约定每周三上午9时开始录制，遇有特殊情况再商定时间，每次两个小时。曾先生口述史一直录制到6月14日，共录制了9期。每次录制之前，曾先生都会在笔记本上详细记录访谈提纲和主要内容。曾先生严谨细致的工作作风给我留下了非常深刻的印象。9次采访录制，从乍暖还寒的春天到了烈日炎炎的夏日。

录制结束后，我立即投入到文字整理工作中。这年夏天我利用暑假开始整理采访文稿，其间多次给先生打电话进行请教。2024年3月10日，曾先生专门到学校就初稿整理工作与我商议具体细节。直到2024年5月9日，口述史初稿才整理完成。5月12日，我将口述史初稿纸质文稿呈送给曾先生审核。5月27日，我就收到了曾先生的修订文稿。曾先生严谨细致，在初稿本上用红色笔圈圈改改，进行了认真修订，几乎每页都有先生修订的痕迹。

照片作为“看得见的历史”，是对文字的补充和对历史事件的验证。本书刊用人物照片、书法作品和其他资料性图片近百幅，主要是曾先生提供，也有部分是从校档案馆及部分书籍文献资料中择选出来的。

感谢山东大学文艺美学研究中心主任谭好哲教授的悉心指导，感谢文学院杜泽逊教授、黄发有教授和郭春晓书记的大力支持；感谢文学院特聘教授徐俊先生为本书题写书名。感谢出版社编辑李淼老师，她全程参与了口述史的采访录制工作，她这种认真负责、一丝不苟的工作精神令我感动和钦佩；感谢研究生初敏、鲜林、庄媛、涂荣臻、丁雪媛、刘玉珊、齐浩男、王欣泽、林敏、武雨荷、王彦丁、张锦、侯亚琳、林才伟、王韵茗等同学整理校对书稿。在此一并向为本书提供帮助的朋友们，表示诚挚的谢意！

张洪刚

2024年7月17日于海岳楼